Jürgen Gaulke

Die Goldfinger

Die Investmentstrategien
der erfolgreichsten Geldanleger

Hoffmann und Campe

Die Deutsche Bibliothek – CIP-Einheitsaufnahme
Gaulke, Jürgen:
Die Goldfinger: die Investmentstrategien der
erfolgreichsten Geldanleger / Jürgen Gaulke.
– 1. Aufl. – Hamburg: Hoffmann und Campe, 1997
ISBN 3-455-11220-X

Copyright © 1997 by Hoffmann und Campe Verlag, Hamburg
Schutzumschlaggestaltung: Thomas Bonnie
Satz: Dörlemann Satz, Lemförde
Druck und Bindung: Graphischer Großbetrieb Pößneck
Printed in Germany

Inhalt

Einleitung

Wie investieren eigentlich die erfolgreichsten Anleger der Welt? Wie gelang es George Soros, in nur zwei Tagen 2 Milliarden Mark zu verdienen? Wie schaffte es Michael Steinhardt, 30 Jahre lang jährlich durchschnittlich 27 Prozent für seine Anleger zu erwirtschaften? Und wie machte Kurt Ochner aus dem Fonds SMH Special I den erfolgreichsten deutschen Aktienfonds mit einer Rendite von 75 Prozent in fünf Jahren – als der Aktienindex nur 50 Prozent zulegte?

Lernen von den Besten – dieses Erfolgsrezept gilt auch für die Geldanlage. Dieses Buch stellt die erfolgreichsten Anleger der Welt und ihre Strategien vor. Es erzählt die Geschichte, wie George Soros, Michael Steinhardt oder Kurt Ochner reich geworden sind. Was sind die Methoden, die ihnen dauerhaft Erfolg beschert haben? Gibt es eine geheime Formel hinter all diesen Gewinnen? Was machen sie besser als der Durchschnittsanleger? In den Porträts werden die Merkmale herausgefiltert, die den Anlageerfolg ausmachen. Das Buch gibt Einblick in die aktuellsten Investmenttechniken – und sagt, wie der Leser sie für seine eigene Anlage nutzen kann. Angesprochen ist nicht nur der erfahrene Investmentprofi, sondern auch der Durchschnittsanleger ohne großes Vorwissen. Die Fachbegriffe werden im Glossar am Ende des Buches erläutert.

Der Autor war im heruntergekommenen Büro des legendären Hedgefonds-Managers Michael Steinhardt (geschätztes Privatvermögen: 400 Millionen Dollar), er diskutierte einen halben Tag lang mit Futures-Spekulant Lawrence Hite, traf den umtriebigen Substanz-Anleger Mario Gabelli in seinem Glasbau nahe New York, saß am selbstentworfenen Aluminiumtisch von Computertrader David Shaw, der an manchen Tagen für 5 Prozent des Umsatzes an der New Yorker Aktienbörse verantwortlich ist, interviewte den ehemaligen Soros-Partner und Shortseller Jim Rogers während und nach einer Trimmstunde in dessen hauseigenem Fitneßstudio am New Yorker Riverside Drive, ließ sich im Keller einer Frankfurter Villa von Deutsche-Bank-Fondsmanagerin Elisabeth Weisenhorn ihre Methode erläutern und setzte die Diskussion mit dem deutschen Nebenwerte-Spezialisten Kurt Ochner schließlich im Eilschritt zu Fuß fort, bis dieser seinen Zug am Frankfurter Hauptbahnhof gerade noch zwei Minuten vor Abfahrt erreichte.

Vorgestellt werden nicht die typischen Anlagegurus, die mit gewagten Prognosen immer wieder für viel Wind in der Finanzpresse sorgen. Sie produzieren eine Menge Worte, aber keine nachweisbare Rendite. Und wenn sie selbst einen Fonds managen, verfehlen sie meist das Klassenziel – den Markt zu schlagen. Dies ist eine wichtige Erkenntnis dieses Buches: Es ist möglich, dauerhaft und beständig besser zu sein als der Marktindex. Es ist kein Zufall, wenn die besten Anleger mit klar definierten Anlagestilen über 30 Jahre mehr als 15 bis 20 Prozent Rendite erwirtschaften. Damit liegen sie weit über dem Aktienindex, der im Durchschnitt 10 bis 12 Prozent bringt.

Porträtiert werden Praktiker. Die Kriterien für die Auswahl waren in erster Linie eine sinnvolle Anlagestrategie und eine langfristig überragende Performance. Die Hedgefonds-Manager Michael Steinhardt, George Soros und Jim Rogers stehen für exotischere Strategien wie Trading, Devisen-Hedges und Shortselling. Die Aktienanleger fallen, vereinfacht gesagt, in zwei Gruppen: Die Value (»Wert«)-Anleger konzentrieren sich auf unterbewertete Aktien. Urvater dieser Strategie ist der 1976 gestorbene Benjamin Graham, dem deshalb das einzige Kapitel gewidmet wird, das einem nicht mehr lebenden Anleger gilt. Erfolgreichster Value-Investor ist Warren Buffett, der nach Microsoft-Gründer Bill Gates reichste Mann der Welt. Ebenfalls vorgestellt werden Shelby Davis, der als zuverlässigster Fondsmanager Amerikas gilt, weil er seinen Anlegern seit 1969 alljährlich fast 15 Prozent Rendite liefert, und Mario Gabelli, der die Value-Theorie um das Element des »Katalysators« bereichert hat.

Die zweite Gruppe sind Growth(»Wachstum«)-Investoren, die nach Wachstumswerten suchen. Sie wollen das nächste Microsoft, die nächste Coca-Cola oder die nächste McDonald's-Kette schon heute finden. Berühmtestes Beispiel für diesen Stil ist Peter Lynch, der legendäre Manager des Magellan-Fonds der amerikanischen Investmentgesellschaft Fidelity.

Die deutschen Anleger fahren meist Mischstrategien zwischen Value (Wert) und Growth (Wachstum). Kurt Ochner gilt als Nebenwerte-Spezialist, Elisabeth Weisenhorn von der Deutsche-Bank-Tochter DWS schafft es trotz eines milliardenschweren Fondsvolumens, stetig überdurchschnittliche Renditen vorzuweisen, und Wolfgang Seidel von der BHF-Bank-Tochter FT Frankfurt Trust erreicht das Ziel dank großer Vorsicht. Nicht immer also muß ein hohes Risiko eingegangen werden, um zweistellige Renditen zu erzielen.

Das glauben auch die internationalen Anleger. Der ehemalige Commerzbanker Michael Keppler analysiert in der 57. Straße in New York die Aktien an 46 internationalen Anlagemärkten – und kauft dann die billigsten Werte. Das hat er von John Templeton abgeguckt, der als einer der Pioniere der internationalen Anlage gilt: Er entdeckte als einer der ersten US-Anleger Japan und andere Länder.

Für sich stehen vier Anleger in diesem Buch: Vom Vermögensverwalter Peter E. Huber kann der Leser lernen, daß mit Zinspapieren weit mehr zu machen ist, als seine Bank ihm erzählt. Und von Michael Stammler erfahren wir, daß die richtige Auswahl der Märkte entscheidend ist – und daß gute Fonds selbst für steinreiche Leute eine gute Entscheidung sind. Lawrence Hite führt uns in die Geheimnisse des Future-Tradings ein, und David Shaw, ein aufgehender Stern in der Wall-Street-Szene, erlaubt einen kleinen Einblick in die Techniken, mit denen er durch raffinierte Computerprogramme winzige Kursineffizienzen an den Finanzmärkten ausnutzt.

Der Autor hat fast alle der vorgestellten Anlageprofis getroffen, ihre Strategien diskutiert und sie nach den besten Tricks gefragt. Nur die drei Altmeister Warren Buffett, George Soros und Peter Lynch verweigerten Interviews zu ihrem Anlagestil. Der mittlerweile 85jährige John Templeton hat sich aus der Öffentlichkeit ganz zurückgezogen. In diesen Fällen half die journalistische Umweg-Recherche: Freunde und Mitanleger lieferten Informationen und Einschätzungen.

Auffallend ist das Übergewicht amerikanischer Anleger in diesem Buch. Unter den 18 vorgestellten Geldmanagern sind nur sieben Deutsche. Eindeutig: Die erfolgreichsten Geldanleger sind in den USA zu finden – und sie haben meist die klareren Investmentstile.

Dieses Buch möchte einen Beitrag zur deutschen Investmentkultur leisten. Es ist ein Plädoyer für die Aktie: Unternehmensanteile bringen auf Dauer höhere Erträge – und das Risiko ist gar nicht so groß. Wer im Durchschnitt der vergangenen 30 Jahre alljährlich 15 Prozent vorweisen kann, der hat auch den schwachen Markt der siebziger Jahre und die Crashs von 1987, 1989 und 1990 bestens überstanden. Doch auch wer Aktien nicht mag, kann trotzdem lernen: Selbst aus Zinspapieren sind mit etwas Geschick und Nachdenken jährliche Renditen von rund 11 Prozent herauszuholen, wie Peter Huber zeigt.

Die besten Anleger		
Jährliche Rendite		
1. Warren Buffett	27,7 %	seit 1965 für Berkshire Hathaway
2. Peter Lynch	29,2 %	für den Fidelity Magellan zwischen 1977 und 1990
3. George Soros	35 %	mit dem Quantum-Fonds seit 1969
4. Michael Steinhardt	27 %	mit dem Hedgefonds von 1967 bis 1995
5. John Templeton	14,3 %	mit dem Templeton Growth Fonds von 1954 bis 1992

Grundlagen: Die Anlagestile

Ganze Abende lang hat David Shaw schon mit seinem Stiefvater debattiert. Der Streitpunkt: Ist es möglich, dauerhaft besser zu sein als der Markt? David Shaw beweist es immerhin schon seit fast zehn Jahren – mit jährlichen Renditen von 15 bis 20 Prozent. Sein Stiefvater Irving Pfeffer, ehemaliger Finanzprofessor an der Universität von Kalifornien, blieb bis heute ein Anhänger der Theorie der effizienten Märkte. Kein Anleger kann seiner Meinung nach dauerhaft einen Vorsprung gegenüber dem Markt haben, weil stets alle wichtigen Informationen bekannt seien. Sein Stiefsohn sei ein Sonderfall.

Amerikas Star-Fondsmanager Peter Lynch wollte nach einer rasanten Wertentwicklung seines Magellan-Fonds schon Mitte der achtziger Jahre in den Ruhestand gehen. Doch dann hörte er das leise Grummeln, mit einem milliardenschweren Fonds könne er den Markt ohnehin nicht mehr dauerhaft schlagen. Lynch blieb – und schaffte es Jahr für Jahr, bis er sich 1990 endgültig zurückzog. »Erstaunlich, aber ein Einzelfall«, sagen die Professoren.

Immer noch ist die Debatte innerhalb der Investmentszene nicht beendet: Lohnt es sich überhaupt, aktiv zu versuchen, den Markt zu schlagen? Die Diskussion in den wissenschaftlichen Journalen wird beherrscht von den Akademikern – und die Gelehrten vertreten fast übereinstimmend die Theorie der effizienten Märkte und des Random Walk, wonach Kursbewegungen unvorhersehbar sind. Ihr Sinnbild sind der amerikanische Senator McIntyre und ein Affe: Beide erzielten mit Pfeilwürfen auf die Kursseite des »Wall Street Journal« statt der Lektüre von Geschäftsberichten oder Charts bessere Ergebnisse als die Investmentprofis.

Dieses Buch führt keine Statistiken, es geht in die Praxis – direkt in die Werkstätten der großen Anleger. Doch zuvor werfen wir einen Blick auf die Debatten um Ertrag und Risiko. Die wichtigste Strategiefrage für jeden Anleger ist: Soll er versuchen, besser zu sein als der Markt – oder sich mit den Gewinnen des Marktes bescheiden? Zugleich werden die wichtigsten Begriffe der Anlagewelt erläutert, vom Momentum Investing bis zu Value-Werten. Fortgeschrittene Leser können dieses Kapitel auch überspringen oder einfach zu einem späteren Zeitpunkt Details nachlesen.

Aktives Investieren: Besser sein als der Markt

Fast alle Anleger in diesem Buch definieren sich als aktive Anleger. Sie kaufen Wertpapiere, die nach ihrer Meinung die höchsten Gewinne abwerfen werden – aus welchen Gründen auch immer. Alle großen Anleger haben nur einen Ehrgeiz: besser zu sein als alle anderen, also den Markt zu schlagen. Damit sie dieses Ziel erreichen, geben sie sich selbst häufig absolute Renditeziele vor, die über der langjährigen Marktrendite liegen: Warren Buffett strebt 15 Prozent an (und erreicht fast 25 Prozent), Mario Gabelli will 10 Prozent plus Inflation (und schafft dies).

Aktive Anlage erfordert einen hohen Aufwand: Die Geldmanager analysieren Unternehmen, reden mit Wettbewerbern und Kunden, sehen sich die Zahlen der Vergangenheit an und versuchen, die Zukunft zu prognostizieren. Erst danach entscheiden sie, ob sie eine Aktie kaufen oder nicht. Datenbanken und Computer erleichtern die Aufgabe. Die Rechenmaschinen »screenen« die Aktienmärkte der Welt und selektieren eine Auswahl von Aktien, die nach vorher festgelegten Kriterien besonders attraktiv aussehen. Teilweise werden auch technische Kennzahlen genutzt, wie etwa relative Stärke oder der Beta-Faktor.

Fundamentalanalyse. Das Schwarzbrot der aktiven Anleger ist die Fundamentalanalyse. Es gibt zwei Ansätze: Beim Top-down-Ansatz schaut sich der Anleger zuerst das Gesamtbild an. Wie entwickelt sich die Wirtschaft? Welche Branchen sind attraktiv? Welche Unternehmen sind die Marktführer? Musterbeispiel für diesen Ansatz ist Elisabeth Weisenhorn von der Deutsche-Bank-Fondsgesellschaft DWS: Sie sucht zuerst nach den großen Trends und wählt am Ende die Unternehmen aus, die am meisten davon profitieren werden. Aber auch George Soros geht so vor, wenn er auf ganze Aktienmärkte oder einzelne Währungen setzt, oder Michael Steinhardt mit seiner »Globalanalyse«.

Beim Bottom-up-Ansatz betrachtet der Aktienanalyst zuerst das Unternehmen – und sucht nach Unterbewertungen. Ökonomie und Statistik langweilen die eingefleischten Bottom-up-Anleger: »Kümmere dich nicht um den Markt«, sagen Peter Lynch und Warren Buffett.

Die meisten Fundamentalanleger kalkulieren quantitative und qualitative Kennzahlen der Unternehmen und vergleichen sie mit Branchenkennzahlen oder Marktdurchschnittswerten. Wichtige Faktoren sind:
- die gesamtwirtschaftliche Entwicklung,
- die Entwicklung der Zinsen und der Liquidität,
- die Branche des Unternehmens,
- die Gewinnentwicklung des Unternehmens,
- die relative Börsenbewertung des Unternehmens,
- die technische Verfassung des Marktes.

Die fundamentalen Anleger betrachten die Unternehmensperformance, die Geschäftsberichte, Management, Marktpotential und Wettbewerber. Danach bestimmen sie den Wert des Unternehmens und vergleichen ihn mit dem Aktienkurs. Ist der Unternehmenswert höher als der Aktienkurs, ist dies ein Kaufsignal.

Technische Analyse. Die einst populäre technische Analyse ist in den letzten Jahren an den Rand gedrängt worden. Die Chartisten sind die Deuter jener Kursverläufe von Aktien oder anderen Anlageinstrumenten, die in den Charts genannten Diagrammen aufgezeichnet werden. Sie versuchen aus dem Verlauf bestimmte Muster zu erkennen, die Namen wie »Wimpel« und »Kopf-Schulter-Formationen« tragen. Aus dem Muster schließt der Chartist auf den künftigen Kursverlauf. Da die Chartanalyse sich aber in jüngster Zeit als nicht gerade erfolgreich herausgestellt hat, sind die Charttechniker das Objekt milden Spottes geworden. Mild ist der Spott nur deshalb, weil sich der Ansatz ja eines Tages wieder als erfolgreich erweisen kann.

Die quantitativen Techniker dagegen wählen einen eher numerischen Ansatz: Sie analysieren den aktuellen Preistrend einer

Aktie und die Handelsvolumina. Sie nehmen an, daß die Performance der Vergangenheit die künftigen Preise bestimmt.

Nur ein Anleger in diesem Buch ist Anhänger der technischen Analyse: David Shaw, der sich auf algorithmisches Trading konzentriert. Mit der schlichten technischen Analyse aber hat auch er wenig zu tun. Die meisten Anleger in diesem Buch stützen sich auf die fundamentale Analyse, ziehen aber technische Faktoren zur Kontrolle und Unterstützung hinzu. Besonders beliebt sind die relative Stärke, Alpha- und Beta-Faktoren. Selbst Peter Lynch, ein Spürhund für attraktive junge Unternehmen, sieht sich zwischendurch die langfristigen Kursverläufe an.

Passives Investment: Demut vor dem Markt

Der passive Anleger – Indexer genannt – ist demütig: Er hat den Traum vom großen Reichtum aufgegeben und versucht gar nicht erst, den Markt zu schlagen. Statt dessen kauft er ihn einfach: Er legt sein ganzes Geld in langweiligen Portfolios repräsentativer Aktien an, die sich verhalten wie der ganze Markt, also der Index.

Die meisten Wissenschaftler propagieren nur eine Strategie aktiv – das passive Anlegen: Die Nobelpreisträger William Sharpe und Merton Miller bekennen sich ebenso dazu wie der berühmte Eugene Fama. Als Geldanleger berufen sie sich auf die Erfahrung: Nur wenige Portfoliomanager erzielten in der Vergangenheit eine bessere Performance als der Markt. Viele enttäuschte Anleger greifen daher nach einem Stück mehr Verläßlichkeit: 1980 hatten die Index-Fonds erst ein Volumen von 10 Milliarden Dollar, 1990 waren es schon über 250 Milliarden Dollar.

Das Ideal der passiven Anleger sind Index-Fonds, die einfach den Markt nachbilden, oder Index-Zertifikate. »Indexiert« – also ausgerichtet – wird das Portfolio entweder am Marktindex oder an einem speziell für den Kunden konstruierten Index. Die passive Geldanlage ist einfach und damit billig. Der Anleger verzichtet auf teure Trading-Strategien, er prüft nichts, er untersucht nichts, er verschwendet keinen Gedanken an den Markt, und er muß auch kein Cash-Polster halten, das seine Performance in guten Zeiten durch Magerzinsen verwässert. Sein Ergebnis ist mit einem Blick auf den Marktindex erkennbar.

Die Theoretiker führen für die Indexierung eine Reihe von Argumenten an. Allen voran geht das Performance-Argument: Die Mehrheit der aktiv gemanagten Fonds bringt weniger Rendite als der Marktdurchschnitt. Der Grund wird vor allem in den Kosten für regen Kauf und Verkauf, zahlreiche Umschichtungen, aufwendige Aktienuntersuchungen und teure Unternehmensbesuche gesehen. Die Index-Anlage sei kostengünstiger und bringe eine bessere Performance.

Hinter der Indexierung steckt noch ein theoretisches Argument: Langfristig könne kein Investmentmanager durch Fundamentalanalyse eine gute, beständige Performance erreichen. Der Grund: Er müßte dauerhaft bessere Informationen als andere haben. Das aber könne in funktionierenden Märkten nicht sein, denn Finanzmärkte nähern sich »vollkommenen« Märkten, in denen alle Informationen jederzeit allen verfügbar sind.

Markteffizienz-Hypothese. Dieses Argument stammt von der Theorie der Effizienz der Märkte (efficient market hypothesis, kurz EMH), auch die Theorie des »perfekten Marktes« genannt. Die Märkte seien zwar nicht in allen Punkten vollkommen, aber die Preise im Markt reflektieren alle relevanten verfügbaren Informationen. Tatsachen, die für den Aktienmarkt wichtig sind, schlagen sich sofort in den Kursen nieder. Was heute in der Zeitung steht, ist bereits im Kurs enthalten. Auch künftige Ereignisse, die von den Marktteilnehmern erwartet werden, sind im Kurs bereits berücksichtigt (Fachwort: eskomptiert). Beispiele sind Zinserhöhungen oder Dividendensenkungen. Nur Überraschungen können die Kurse unvorhergesehen bewegen. Aktienanalyse ist Zeitverschwendung, da alle verfügbaren Informationen in den aktuellen Preisen enthalten sind.

Die EMH ist das Rückgrat der Theorie der quantitativen Analyse. Sie analysiert Anlageinstrumente nach der erwarteten Rendite und dem auflaufenden Risiko aus den verschiedenen Investmentformen innerhalb eines diversifizierten Portfolios. Ein anderer Grundsatz sagt, daß Anleger, die zusätzliche Risiken eingehen, durch eine höhere Rendite entschädigt werden müssen.

Random-Walk-Hypothese. Gilt den Theoretikern des vollkommenen Marktes die Aktienbörse noch als Hort der Rationalität, so behauptet die Random-Walk-Hypothese das Gegenteil: Nach der Theorie der »Zufallswege« sind Aktienkurse irrational und in keiner Weise vorhersehbar.

Um die Entstehung der Random-Walk-Theorie rankt sich eine Legende: Der amerikanische Astrophysiker M. F. M. Osborne soll durch einen betrunkenen Matrosen, dem er in den engen Gassen eines Hafenviertels begegnete, auf die Idee der torkelnden Aktienkurse gekommen sein. Nur mit Mühe gelang es ihm, dem Mann auszuweichen, weil er sich unvorhersehbar von der einen auf die andere Seite bewegte. Das mag Legende sein, doch Osborne veröffentlichte 1959 in einem technischen Fachjournal einen Aufsatz, in dem er sagt, daß sich »die zeitliche Entwicklung der Aktienkurse analog zu den Brownschen Molekularbewegungen als rein stochastischer Prozeß« beschreiben läßt. Börsenkurse seien nicht vorhersagbar.

Sinnbild der Zufallstheorie ist der demokratische Senator Thomas McIntyre. Der nahm eines Tages – der wenig gewinnträchtigen Ratschläge seiner Anlageberater überdrüssig – schlicht die Kursseite des »Wall Street Journal«, heftete sie an die Wand und suchte sich seine Aktien per Pfeilwurf. Damit hatte er eine bessere Trefferquote als die meisten Fondsmanager. Das Motto: »Dummheit schlägt Mittelmäßigkeit«.

Heutzutage wird der Politiker durch einen Affen ersetzt. Das »Wall Street Journal« läßt immer wieder einen Affen gegen erfahrene Fondsmanager antreten. Und in der Tat: Oft schneidet der Affe wahrlich nicht schlecht ab. 1967 schuf Forbes ein Dartboard-Portfolio aus 21 Aktien, die durch Darts gefunden wurden. Als Forbes den Test nach 17 Jahren beendete, stand das Dart-Portfolio 370 Prozent höher – weit besser als der Marktdurchschnitt und extrem besser als jeder Money-Manager. Dazu Burton Malkiel, Professor in Princeton: »Die Vorhersage von Finanzdaten scheint eine Wissenschaft zu sein, die die Astrologie respektabel ausschauen läßt.«

Risiko messen:
Ist die Abweichung nach oben ein Risiko?

30 Prozent Plus, 50 Prozent Gewinn, 70 Prozent Wertentwicklung – die Zahlenlotterie in den Anzeigen der Investmentfonds ist mehr als irreführend. Was sagen die meist ein-, zwei- oder dreijährigen Betrachtungszeiträume schon aus? Um die Performance eines Geldmanagers beurteilen zu können, muß sein Risiko betrachtet werden, sagt die konventionelle Theorie. Vielleicht hat der Fondsmanager nur alles auf eine Karte gesetzt – und zufällig lag er richtig.

Am Kapitalmarkt gilt das Gesetz von Risiko und Chance: Wer hohe Risiken eingeht, hat eine Chance auf größere Gewinne – aber auch Verluste. Wer einen überdurchschnittlichen Ertrag anstrebt, muß auch ein überdurchschnittliches Risiko eingehen. Die ideale Anlagestrategie klingt logisch: maximalen Ertrag bei minimalem Risiko.

Doch die Risikomessung ist schwierig. Die wichtigsten Begriffe:

Standardabweichung. Die Standardabweichung mißt die absolute Volatilität eines Portfolios. Volatilität ist die Schwankungsbreite eines Preises oder Wertes – einer Aktie, eines Marktes oder eines Portfolios. Eine niedrige Standardabweichung bedeutet, daß die Kursperformance von Monat zu Monat innerhalb einer kleinen Spannbreite stattfindet. Eine hohe Standardabweichung dagegen zeigt, daß der Wert des Portfolios stark schwankt. Je größer die Schwankungen, desto höher das potentielle Risiko.

Beta. Der Beta-Faktor ist ein vielgebrauchter Indikator von Aktienanalysten und Fondsmanagern. Im Gegensatz zur Standardabweichung ist Beta ein relativer Maßstab. Der Beta-Faktor mißt die Volatilität einer Aktie oder eines Portfolios im Vergleich zum ganzen Markt. Meist wird der Deutsche Aktienindex (Dax) oder in den USA der Standard-&-Poor's-500-Index als Meßlatte herangezogen. Der Beta-Faktor macht keine Angabe über die Richtung des Kursausschlags. Sein Erfinder ist William Sharpe, der 1990 zusammen mit den Ökonomen Markowitz und Miller mit dem Nobelpreis für Wirtschaftswissenschaften ausgezeichnet wurde.

Ein Beta-Faktor von 1,2 zeigt, daß die Aktie 20 Prozent volatiler als der Markt ist. Steigt (oder sinkt) der Markt um 5 Prozent, dann legt die Aktie um 6 Prozent zu (oder sie sinkt um diesen Satz). Beta-Faktoren werden mittels einer statistischen Regression berechnet.

Der Beta-Faktor gibt wichtige Hinweise für die richtige Zusammensetzung des Portfolios. Bei der Erwartung einer Hausse konzentriert sich der Anleger auf Werte mit einem Beta-Faktor von größer als eins. Als solche Werte gelten zum Beispiel Aktien aus Luftfahrt, Computer, Halbleiter- oder Biotechnologie. Befürchtet er einen Kursrückgang, favorisiert er Aktien mit Beta-Faktoren nahe null. Diese Aktien reagieren kaum, wenn der Markt fällt. In Zeiten der Ungewißheit werden Titel mit einem Beta-Faktor von eins bevorzugt.

Passive Investoren legen für das ganze Portfolio ein Gesamt-Beta fest. Damit wird zugleich ein Maß an Risiko definiert, das sie maximal eingehen wollen. Bei allen Transaktionen muß stets auf diesen Beta-Faktor geachtet werden.

Der Beta-Faktor	
Kursänderung der Aktie = Beta × Änderung des Index (in Prozent) (in Prozent)	
größer 1	Die Aktie schwankt stärker als der Gesamtmarkt
gleich 1	Die Aktie bewegt sich wie der Gesamtmarkt
kleiner 1	Die Aktie schwankt nicht so stark wie der Gesamtmarkt

Relative Stärke. Dieser Indikator mißt das Verhalten des Kurses einer Aktie im Vergleich zum Aktienindex. Im Gegensatz zum Beta-Faktor wird der Wert nur für eine bestimmte Periode der Vergangenheit anhand der Kursveränderung der Aktie und des Index errechnet, beispielsweise sechs oder zwölf Monate. Danach wird die Aktienveränderung durch die Index-Veränderung geteilt. Je größer dieser kurzfristige Wert der »relativen Stärke«, desto stärker ist die Aktie im Vergleich zum Index gestiegen oder gefallen. Die relative Stärke ist also eine Volatilitätskennzahl: Sie zeigt, ob sich eine Aktie stärker oder schwächer als der Aktienindex bewegt hat. Die relative Stärke kann für Anlageentscheidungen genutzt werden: Erwartet der Anleger einen Anstieg des Marktes, setzt er auf Titel mit einer bereits hohen relativen Stärke, da diese überdurchschnittlich von einem Kursanstieg profitieren werden. Ein Anleger, der diese Kennzahl gerne nutzt, ist Wolfgang Seidel.

Alpha. Alpha analysiert die Performance eines Fondsmanagers. Wie groß ist der Teil seiner Rendite, die er dem Markt verdankt? Und – weit wichtiger – wie groß ist der Teil, den er seiner klugen Auswahl von Aktien verdankt? Einfach ausgedrückt, Alpha mißt die Rendite, die er nicht dem Markt zu verdanken hat. Das ist der Mehrwert (added value), den der Fondsmanager geschaffen hat. Ein Alpha-Wert von mehr als null zeigt, daß der Manager Mehrwert produziert. Unter null könnte der Anleger besser auf seine Dienste verzichten. Beispiel: wenn ein Markt um 15 Prozent steigt, das Portfolio aber 16 Prozent gebracht hat. Dann ist Alpha 16 minus 15 Prozent, also 1 Prozent. Das zeigt, wie gut der Manager war.

Sharpe-Ratio. Die Kennzahl mißt, mit welchem Risiko eine Rendite erreicht wurde. Sie teilt die Rendite, die oberhalb der risikofreien Rendite (also der Bundesanleihen) verdient wurde, durch die Standardabweichung (grob gesagt die Schwankungsbreite) für eine gegebene Zeitperiode. Das Ergebnis gibt die Zusatzrendite je Risikoeinheit wieder. Es sagt uns, wieviel Risiko ein Manager eingehen mußte, um eine bestimmte Zusatzrendite zu erzielen. Je höher die Zahl, desto mehr Rendite bekommt der Anleger für das Risiko. Dies gilt unabhängig davon, wie hoch das Risiko tatsächlich war.

Das Ziel aller Anlagemanager ist der »Nordwest-Quadrant« B. Der Grund: Dann hat er mehr Rendite als der Markt geschafft, aber mit weniger Risiko. Die Sharpe-Ratio bevorzugt konservativ gemanagte Fonds mit guten, aber nicht spektakulären Ergebnissen.

Die Risikomessung à la Sharpe & Co. ist jedoch umstritten. Die reine Volatilität reicht nicht zur Beurteilung des wirklichen Risikos, sagt der New Yorker Vermögensverwalter Michael Keppler: Nach der herrschenden Meinung bedeutet eine hohe Volatilität (also große Schwankungen der Kurse) hohes Risiko, niedrige Volatilität niedriges Risiko. Je größer die Spannbreite, desto höher ist das Risiko. Keppler argumentiert, den Anleger interessiere

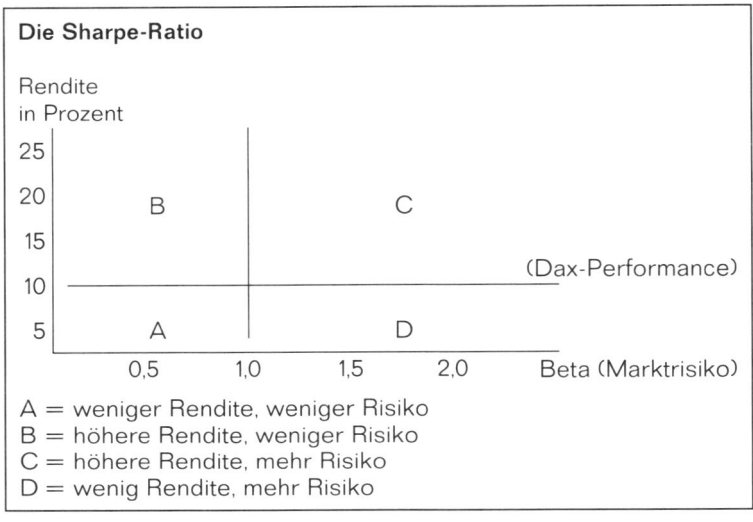

Die Sharpe-Ratio

Rendite
in Prozent

25					
20	B		C		
15					
10					(Dax-Performance)
5	A		D		
	0,5	1,0	1,5	2,0	Beta (Marktrisiko)

A = weniger Rendite, weniger Risiko
B = höhere Rendite, weniger Risiko
C = höhere Rendite, mehr Risiko
D = wenig Rendite, mehr Risiko

nur die negative Volatilität, also das Risiko fallender Kurse. Wenn der Kurs dagegen nach oben ausschlägt, könne das schwerlich als »Risiko« bezeichnet werden.

Investmentstile: Wert oder Wachstum?

Auf einer Analystenkonferenz stritten sich einst ein Quant (ein Anhänger der quantitativen Analyse) und ein Index-Anleger, was nun die beste Methode ist. Auf einmal bebte die Erde, und ein Papier segelte langsam vom Himmel herunter. Darauf stand: »Quants und Indexer sind gleich. Gezeichnet: Gott, Value-Anleger.«

Im Wall-Street-Jargon hat das Wort »Stil« nichts zu tun mit der Welt der Armanis und Gaultiers – nicht einmal mit gutem Benehmen. Das Wort beschreibt, wie ein aktiver Geldmanager seine Aktien findet und nach welchen Kriterien er seine Entscheidungen fällt. Grob gesagt gibt es zwei dominierende Kategorien: »Growth« (Wachstum) und »Value« (Wert). Der Growth-Anleger konzentriert sich auf das mögliche Wachstum von Umsätzen und

Gewinnen, der Value-Anleger dagegen auf das Verhältnis von Aktienkurs zu Gewinnen, Dividenden und Buchwert.

Zwischen den Stilen gibt es eine natürliche Rotation: Wenn Wachstumsmanager nicht so gut liegen, haben Value-Manager die Nase vorn und umgekehrt. Die meisten institutionellen Anleger haben daher Manager mit unterschiedlichen Stilen engagiert. Eine besonders raffinierte Variante ist das »Style tilting«, frei übersetzt mit »Stil-Turnier«: Je nachdem welcher Stil gerade weniger erfolgreich ist, wird der Anteil der Gelder in diesem Stil erhöht. Nach der Rotationstheorie muß der Nachzügler dann im nächsten Marktzyklus um so besser abschneiden. Die Gefahr aber ist, daß ausgerechnet der gewählte Manager schlechter abschneidet als seine Kollegen.

Wachstum. Berühmtester Wachstumsmanager ist Peter Lynch. Investoren wie er suchen nach verschiedenen Arten von Wachstum in den Unternehmen. Wachstumsunternehmen legen in Umsatz und Gewinn stärker zu als der Durchschnitt – und versprechen dies auch in Zukunft zu tun. Die Branche, in der sie sich bewegen, muß diese Chancen auch bieten: Niemand investiert in ein Wachstumsunternehmen in einer sterbenden Branche. Oft sind diese Wachstumsunternehmen kleine und mittlere Firmen: Die meisten Investoren in Small Caps (small capitalization stocks, also Aktien mit kleiner Marktkapitalisierung) und Mid Caps (mid capitalization stocks, also Aktien mit mittlerer Marktkapitalisierung) sind Wachstumsanleger.

Wachstumsunternehmen sind die Stars am Aktienmarkt. Es sind deutsche Unternehmen wie die Walldorfer Softwarefirma SAP, die den Standard für Unternehmenssoftware setzt, oder der Heidelberger Finanzvertrieb MLP. Weil jeder Anleger nach Wachstumsunternehmen sucht, sind diese Aktien recht teuer. Sie werden zu einem hohen Faktor ihres Gewinns je Aktie gehandelt. Die Anleger erwarten, daß dank ihres Wachstums die hohe Bewertung – also das hohe Kurs-Gewinn-Verhältnis (KGV) – schnell wieder aufgeholt wird. Wachstum-Investment ist eine Sache der Erwartungen: Was heute teuer erscheint, wird in ein bis zwei Jahren billig sein. Wachstumsanleger blicken weit die Zukunft und bezahlen die künftigen Ergebnisse. Für Wachstumswerte im Technologiebereich gilt die Faustregel: Das KGV darf nicht höher als die erwartete Rate des Gewinnzuwachses sein. Wachsen die Gewinne jährlich um 30 Prozent, darf das KGV 30 betragen. Der Marktdurchschnitt in Deutschland liegt zwischen 15 und 18.

Das Risiko dieser Star-Aktien: Ein hohes KGV erlaubt wenig Toleranz für Enttäuschungen. Wachstumsunternehmen sind vielen Gefahren ausgesetzt, sei es zunehmendem Wettbewerb oder veränderten Technologien. Beispiel SAP: Im Oktober 1996 brachen die Kurse ein, weil die Umsatz- und Gewinnwachstumserwartungen nicht erfüllt wurden. Erstmals blieben die Geschäftszahlen hinter den Prognosen des Vorstandes zurück. Die Aktie sank binnen Tagen von 280 auf 190 Mark. Solche Kursstürze sind typisch für Wachstumsaktien. Anleger in Wachstumsaktien sollten ihr Unternehmen genau im Auge behalten. Die Profis suchen einen engen Kontakt zum Management, um möglichst früh zu erfahren, wann der Wind dreht.

Das hohe Risiko wird jedoch durch hohe Gewinnaussichten relativiert. Zwar kann es bei einzelnen Aktien Kursstürze um 30 Prozent und mehr geben, doch wenn ein Wachstumsunternehmen wirklich wächst – dann kann sich der Kurs leicht verdrei- oder verfünffachen. Beispiele sind Xerox oder Microsoft, die aus kleinen Unternehmungen zu Superstars wurden. Schon einer dieser Volltreffer kann viele Fehlschläge wettmachen.

Wert (Value). Fundamental orientierte Investoren wie Warren Buffett oder Mario Gabelli sind immer auf der Suche nach Sonderangeboten. Value-Investoren suchen nach den vernachlässigten Werten, den Mauerblümchen oder Aschenputteln des Marktes. Sie schauen nach Aktien mit einem hohen Buchwert im Vergleich zum Marktwert. Der Buchwert ist vereinfacht gesagt die Haben- minus die Soll-Seite in der Bilanz. Wenn eine Aktie unter ihrem Buchwert je Aktie gehandelt wird oder eine Holding unter dem Verkaufswert ihrer Beteiligungen, dann ist dies ein Sonderangebot.

Doch Vorsicht: Teilweise gibt es gute Gründe für die Abschläge. Value-Investoren müssen vor allem herausfinden, ob die Aktie wirklich einen geringeren Kurs rechtfertigt oder nicht. Oft treiben Börsenängste die Kurse weiter herunter, als die Fundamentalien rechtfertigen. Immer wieder reagiert der Markt zu heftig und verkauft um jeden Preis. Value-Aktien finden sich oft in zyklischen

Industrien oder Finanzwerten, etwa Banken. Value-Investoren glauben an die Bilanz eines Unternehmens – und daß der Kurs irgendwann den inneren Wert erreicht.

Das größte Problem der Value-Investoren ist das Timing. Wann wird sich das Schicksal des Turnaround-Kandidaten drehen? Wann steigt der Kurs wieder? Mario Gabelli sucht daher nicht nur nach Value, sondern immer auch nach einem »Katalysator« (catalyst): Er wird dafür sorgen, daß die Aktie in absehbarer Zeit steigt. Doch fast immer brauchen Value-Investoren Geduld, bis der Markt den wahren Wert erkennt. Ein Zeithorizont von drei bis fünf Jahren ist üblich.

Wachstums- und Value-Anleger unterscheiden sich daher auch psychologisch: Wachstumsaktien sind riskanter. Der Wert kann sich leicht verdoppeln, aber auch schnell gegen null sinken. Diese Papiere sind ideal für den risikobereiten Surfer, der die nächste Welle des Marktes mitnehmen will. Wert-Aktien dagegen sind unerkannte Perlen. Sie werden von Einzelkämpfern gekauft, die sich gegen die Meinung der Mehrheit stellen. Der Value-Ansatz hat daher eine Nähe zum Contrarian Investing, das immer gegen den Strom schwimmt. Der Contrarian-Ansatz wurde von Humphrey Neill unter dem Namen »contrary opinion theory« popularisiert. Seine These: In fast jeder Marktlage ist es am sichersten, gegen die herrschende Meinung zu agieren. Studien zeigten übrigens, daß zumindest seit 1945 Value-Aktien eine höhere Rendite erzielt haben als Wachstumsaktien.

Wachstums- und Value-Aktien im Vergleich

Wachstum	Value
• attraktive Branchenaussichten	• häufig zyklische Branchen
• hohe Wachstumsraten von Gewinn und Umsatz	• günstiges Verhältnis von Kurs zu Umsatz oder Kurs unter Buchwert
• hohes KGV	• niedriges KGV
• gutes Management	• versteckte Substanz, stille Reserven
• Liebling des Marktes	• vernachlässigt vom Markt

Momentum Investing. Auf dem Momentum – der Markt- oder Kursrichtung – basiert ein derzeit recht populärer Stil, der je nach Marktphase hohe Gewinne einfahren kann. Die Frage ist: In welcher Richtung bewegt sich der Markt, und wie stark oder schwach ist dieses Momentum? Die Strategie: Der Fondsmanager springt auf Trends auf, er schwimmt also mit dem Markt. Steigt der Markt, kann diese Strategie sehr erfolgreich sein. Einige Anleger nutzen das Momentum auch, um das Risiko zu minimieren, indem sie immer auf den langfristigen Trend des Marktes setzen.

Indikatoren für das Marktmomentum sind beispielsweise die Zahl der gestiegenen Aktien im Verhältnis zu den gefallenen, die Zahl der neuen Höchst- im Verhältnis zu den neuen Tiefstständen und die Performance der Marktindizes wie Dax oder Dow Jones.

Momentum-Investoren müssen extrem schnell reagieren. Sie glauben an Newtons erstes Gesetz der Bewegung: Objekte, die in Bewegung sind, bleiben in Bewegung, bis eine andere Kraft auftaucht. Aktien, deren Kurs einen Höhepunkt erreicht, sind für sie interessanter als andere. Statt »buy low, sell high« (Kaufe billig, verkaufe teuer) lautet ihre Devise »buy high, sell higher« (Kaufe teuer, verkaufe noch teurer). In den meisten Fällen lösen steigende Gewinne je Aktie das Interesse der Momentum-Anleger aus. Eine Aktie kann dann 40 bis 50 Prozent in einem Jahr zulegen. Die Kehrseite: Sobald der Trend nachläßt, springen die Momentum-Investoren ab. Dann kann die Aktie 30 bis 50 Prozent fallen – und zwar binnen Tagen. Entscheidend für den Erfolg des Momentum Investing ist daher, daß der Investor den richtigen Moment zum Absprung nicht verpaßt. Wie bei jeder erfolgreichen Anlagestrategie müssen die Verluste klein gehalten werden, die Gewinne dagegen laufen und laufen.

Problematisch wird dieser Stil, wenn der Markt Jo-Jo spielt. Dann ist kein klarer Trend erkennbar; die Kurse steigen und fallen unregelmäßig. Die Momentum-Strategie funktioniert am besten, wenn der Markt einem großen Trend folgt. Historisch gesehen hat der Markt 75 Prozent der Zeit einen deutlichen Trend – nach oben oder unten.

Technisch definiert ist das Momentum die Differenz des aktuellen Kurswertes zu dem vor einer bestimmten Zahl von Tagen. Dieser positive oder negative Wert wird auf einer Kurve eingetragen. Diese Kurve zeigt Trendwenden und kann wie ein Chart analysiert werden. Die Momentumwerte schwanken um die Nullachse: Liegt der aktuelle Kurs niedriger als der Referenzkurs, ist der Momentumwert unter der Nullachse, also negativ. Positive Kursveränderungen liegen oberhalb der Nullachse. So sind Höchst- oder Tiefpunkte erkennbar.

Für die Prognose gibt es drei Möglichkeiten:

Trendgerade. Die Momentumkurve wird mit einer Trendgerade versehen. Diese Gerade wird oben und unten an den Verlauf des Momentums angelegt und verdeutlicht den Trend. Durchbricht die Kurve die Gerade, ist dies ein Kauf- oder Verkaufssignal. Stürzt die Momentumkurve unter die untere Linie, wird gekauft. Steigt sie über die obere Linie, wird verkauft.

Kanal. Die Momentumkurve wird durch eine obere und untere Linie begrenzt. In dem Raum zwischen den beiden Linien verlaufen 80 bis 100 Prozent der Bewegungen. Steigt die Kurve über die obere Linie, ist das ein Verkaufssignal; ein Fall unter die untere Linie ist ein Kaufsignal.

Nullachse. Steigt die Momentumkurve über die Nullachse, ist dies ein Kaufsignal. Fällt die Kurve darunter, ist es ein Verkaufssignal.

Trendfolgesystem. Der Money-Manager schichtet nach einem festen Regelwerk immer in das Marktsegment um, das gerade die beste Performance zeigt. Fundamentale oder technische Einschätzungen spielen allenfalls noch bei der grundsätzlichen Entscheidung, in welche Märkte investiert wird, eine Rolle. Diese Anlagetechnik soll das Risiko reduzieren, zu stark von der Benchmark – dem gewählten Vergleichsmaßstab für Rendite und Risiko eines Portfolios, meist dem Aktienindex – abzuweichen. Ihr Vorteil ist, daß große Bewegungen selten verpaßt werden. Der Anleger springt immer auf den Zug auf, der gerade abfährt. Je länger der Trend andauert, desto besser für ihn. Es gibt eine Reihe von Untervarianten der Trendfolgesysteme, beispielsweise das dynamische Hedging.

Exkurs: Wie Renditen gemessen werden

Preisfrage: Der Fondsmanager A hat in den vergangenen fünf Jahren durchschnittlich 15 Prozent Rendite pro Jahr erwirtschaftet. Manager B erzielte 8 Prozent. Nehmen wir an, beide Manager werden weiterhin so erfolgreich sein: Wem würden Sie Ihr Geld anvertrauen?

Mit der Antwort können Sie auf jeder Party für Aufsehen sorgen: Sie sollten Ihr Geld dem scheinbar schlechteren Manager B geben. Vergleichen wir die jährlichen Performancezahlen:

Jahr	Fondsmanager A	Fondsmanager B
1	40	8
2	35	8
3	−50	8
4	10	8
5	40	8

Fondsmanager A sieht trotz des Einbruchs um 50 Prozent beeindruckend gut aus: Er ist vermutlich ein Investmentstar, ein richtiger Guru. 40 Prozent im letzten Jahr – wow! Wenn die Zahlen für die fünf Jahre addiert und durch fünf dividiert werden, ergibt sich eine Rendite von durchschnittlich 15 Prozent pro Jahr. Anders bei Fondsmanager B, dem vorsichtigen Verwalter. Er hat keine Schwankungen, sondern legt jedes Jahr 8 Prozent Plus hin. Doch wer erreicht nun nicht die höchsten Prozentsätze, sondern macht das meiste aus Ihrem Geld? Rechnen wir nach:

Jahr	Fondsmanager A	Index	Fondsmanager B	Index
1	40	140	8	108
2	35	189	8	116
3	−50	94	8	126
4	10	104	8	136
5	40	145	8	147

Die Überraschung: Der Fondsmanager B war erfolgreicher als Fondsmanager A. Den 50prozentigen Verlust im dritten Jahr konnte Manager A nicht mehr aufholen.

Das Beispiel ist äußerst lehrreich für Anleger, die immer wieder irgendwelchen Drei- oder sogar nur Ein-Jahres-Performance-Anzeigen diverser Investmentfonds Glauben schenken. Sehen Sie sich die Rendite genauer an! Wie stabil ist sie?

Die wichtigsten Schlußfolgerungen:

- Für die Performance-Messung muß die geometrische Methode verwendet werden. Die Durchschnittsrendite sagt gar nichts.
- Die Beständigkeit der Performance ist wichtig. Die Konstanz schützt Ihr Geld. Wenn Sie Manager A Ihr Geld erst im dritten Jahr gegeben hätten, hätten Sie nach drei Jahren 23 Prozent Ihres Anfangsvermögens verloren. Die sicherste Methode, einen Fondsmanager oder Vermögensverwalter zu prüfen, ist das Szenario des schlimmsten Falls: Was wäre aus Ihrem Geld geworden, wenn Sie es ihm just vor seinem schlechtesten Jahr gegeben hätten?

Die Spekulanten: Erlaubt ist, was Gewinn bringt

Jim Rogers: Der Indiana Jones der Geldanlage

Das Interview findet im Fitneßraum statt. »Ich muß noch eine Dreiviertelstunde abarbeiten«, sagt Jim Rogers, »ich hoffe, das stört Sie nicht.« Natürlich nicht, wann hat man schon die Chance, einen der intelligentesten Anleger der Welt auf dem Heimtrainer schwitzen zu sehen?

James B. Rogers empfängt in seinem Beaux-Arts-Stadthaus am Riverside Drive. Auf dem Messingklingelschild steht lediglich »Private«. Seine polnische Haushälterin Anna öffnet die Tür. Das dreistöckige Haus ist vollgestopft mit Bildern und Souvenirs des Weltreisenden Rogers. Dreizehn Sessel und drei Sofas hat er in dem 30 Quadratmeter großen Salon untergebracht, in dem ich kurz auf ihn warte. Auf den Beistelltischen liegen Coffee-table-Bücher, »Manieren für Männer«. An den Wänden hängen erotische Radierungen – gleich neben dem Bild seiner Freundin.

Täglich verbringt der 55jährige Rogers 75 Minuten im Fitneß-raum. Wenn er dabei keine Interviews gibt, liest er per Lesehalter Zeitschriften und Bücher, oder er schaltet das Kurzwellenradio ein. Jim Rogers liebt die weite Welt und die Abenteuer. 1996 lief er zum ersten Mal den New York City Marathon. Als Startnummer 2554 brauchte er 4 Stunden, 28 Minuten und 10 Sekunden, wie zahlreiche Photos und Urkunden im Fitneßraum belegen. »Ich habe nicht gewonnen«, sagt er. »Vielleicht das nächste Mal.«

Rogers ist einer der reichsten Aussteiger der Wall Street. 1980 trennte er sich von seinem Partner George Soros, mit dem er den berühmten Quantum-Fonds groß gemacht hatte – und nahm 14 Millionen Dollar mit. Das war »mehr Geld, als ich gewußt hatte, daß es in der Welt gibt«. Seither kümmert er sich nur noch um sein eigenes Vermögen und agiert als Contrarian und Börsenbär. Der in der Öffentlichkeit stets mit Fliege gekleidete kleingewachsene Rogers ist heute ein Medienstar. Rogers ist regelmäßiger Kommentator beim Fernsehsender CNBC, lehrt Wertpapieranalyse an der Columbia University, leitet Talk-Shows über Investment für den New Yorker Kanal WCBS-TV und den Kabelsender Financial News Network, schreibt Kolumnen im Anlagemagazin »Worth« und tourt als Vortragsredner durch die Welt. »Was immer mir Spaß macht, tue ich«, sagt er. »Es ist gut, daß ich keinen Job habe, denn ich bin viel zu beschäftigt.« Dafür sorgen nicht zuletzt seine Frauen: Der Mann mit den blauen Augen ist zweimal geschieden, kinderlos und stolz auf seine Freundinnen – wie die Bilder in seinem Salon zeigen. Rogers pflegt seine Unkonventionalität: Er trägt zur Fliege ein sportliches Sakko, und die Hose paßt selten dazu. In den Jahren als Partner von George Soros kam er täglich mit dem Fahrrad ins Büro am Columbus Circle geradelt.

Welche Performance er seit 1980 mit seinem Geld gemacht hat, darüber schweigt er. »Ich kenne meine Wertentwicklung nicht. Ich zähle mein Geld nicht. Ich bin in mehr als 30 Ländern der Erde investiert, in allen möglichen Dingen.« Er habe den Überblick über sein Vermögen verloren: »Ich weiß nur, daß ich mehr als genug Geld habe, um meine Rechnungen zu bezahlen.« Er genießt das Leben und sucht Abenteuer aller Art in aller Wert. Heute managt er nur noch sein eigenes Geld, keine Kundendepots. »Ich nehme meinen Ruhestand ernst. Ich habe mich nicht zurückgezogen, um durch die Hintertür wieder zurückzukommen.« Er lehnt es ab, mit immer neuer Gier nach Gewinnen zu streben: »Ich habe noch niemand getroffen, reich oder arm, der sagte, ich wünschte, ich hätte mehr Geld gemacht.«

Dream Team mit George Soros

Rogers nennt sich selbst gern einen »armen Jungen aus Alabama«: Er wollte immer reich werden. Am 19. Oktober 1942 wurde er im nicht einmal 8000 Einwohner zählenden Städtchen Demopolis geboren. Die nächstgrößere Stadt war das 50 Meilen entfernte Selma, ebenfalls nur 19 000 Einwohner groß. Sein Vater war Betriebsleiter einer Formaldehydfabrik von Borden Chemical.

Aus der Provinz geht Rogers nach Yale und studiert Politik, Philosophie und Economics (Ökonomie), eine klassische Kombination, die kurz PPE heißt. Nach dem Abschluß 1964 wechselt er mit einem Stipendium über den Atlantik: nach Oxford. Nach der Rückkehr im Sommer 1965 beginnt er bei Dominick & Dominick als Trader. Dann geht er zwei Jahre zum Militär, wo er das Aktienportfolio seines Kommandanten managt.

1968 kommt Rogers mit 600 Dollar auf dem Bankkonto zurück an die Wall Street, wo er als Jung-Analyst bei Bache & Company anfängt. Es folgen mehrere Stationen bei anderen Brokern, bis er bei Arnhold und S. Bleichroeder landet, wo er 1970 George Soros trifft. Die beiden höchst unterschiedlichen Charaktere werden zum Dream Team der Investmentbranche. Von Anfang 1970 bis Ende 1980 fahren sie einen Gewinn von sagenhaften 3365 Prozent ein – sie verdreißigfachen also den Einsatz ihrer Anleger. Der Standard-&-Poor's-Index steigt im gleichen Zeitraum nur um 47 Prozent.

1980 verließ Rogers im »reifen Alter von 37« (Rogers) den Soros-Fonds. Seine offizielle Begründung: Der Fonds war zu groß geworden und damit nicht mehr vernünftig zu managen.

Suche nach säkularen Trends:
Hier ist die Deutsche Welle

Der Erfolg von Rogers, dem Analysten, und Soros, dem Trader, basierte auf der richtigen Prognose von großen und allgemeinen Veränderungen, den säkularen Trends. Sie verfolgen einen klassischen Top-down-Ansatz. »Kaufe, wenn die Dinge sich ändern«, nennt Rogers sein Rezept.

Der erste Schritt: »Kaufe billig, sehr billig, wo du eine Veränderung im Gang siehst. Selbst wenn du falsch liegst, verlierst du kein Geld.« Er folgt damit zunächst der alten Regel, spottbillige Papiere zu kaufen, die niemanden interessieren.

Doch Rogers legt die Latte im zweiten Schritt höher: »Ich kaufe nicht, weil etwas billig ist, sondern weil sich etwas verändert.« Was billig ist, kann auch noch Jahre später billig sein. »Ich suche daher nach einer wichtigen säkularen Veränderung, die Jahre anhalten kann.« Er denkt in Kategorien von 10, 20 oder 40 Jahren, vielleicht auch auf Sicht seines Lebens. »Mit solchen Trends kann man viel Geld machen. Die Aktie kann 30- oder 40mal steigen.« Jedenfalls wenn eine zweite Regel befolgt wird: Gewinn macht nur, wer Angebot und Nachfrage richtig einschätzt.

»Es ist kostet viel Zeit, diese Trends zu finden«, sagt Rogers. »Der Anleger muß seine Hausaufgaben machen.« In den zehn Jahren mit Soros hat er nicht einen Tag Urlaub genommen: »Reich werden ist harte Arbeit.«

Die wichtigsten Arten von Veränderungen sind:
- Krisen. Krisen von Unternehmen oder ganzen Branchen sind Chancen für Anleger. Bedingung: Es muß einen Anstoß von außen geben, eine Veränderung der fundamentalen Faktoren, so daß die Branche wieder nach oben geht. Wenn er glaubt, daß eine Branche vor einem Turnaround steht, kauft er praktisch alle Branchenwerte.
- Überbewertung. Rogers sucht stets nach überbewerteten Aktien, den Lieblingen von Analysten und institutionellen Investoren. Wichtige Bedingung: Es muß einen Grund für eine Wende geben. Sonst kann die Aktie auch noch höher gehen.
- Neue Trends. Als die Müllabfuhren privatisiert wurden, begab sich Rogers zum Erstaunen der Müllunternehmen auf eine Verbandsversammlung der Müllwerker. Er behielt recht, heute sind viele Unternehmen börsennotiert.
- Neue Gesetze oder Eingriffe der Regierung.

Die wichtigste Regel: »Der Anleger muß unabhängig denken.« Rogers spricht niemals mit Brokern oder Analysten. Sie folgen immer der Masse, glaubt er. Rogers liest lieber: »Ich bin altmodisch, ich mache alles auf Papier.« In seiner Soros-Zeit blätterte er durch Zeitungen aus fünf verschiedenen Ländern und rund 80 Zeitschriften bis hin zur Illustrierten »Variety« und dem Buchmagazin »Publishers Weekly«. Hinzu kamen Hunderte Geschäftsberichte, und er verfolgte das Handelsvolumen vieler Unternehmen. Sein Geheimtip aber lautet Kurzwelle: Er hört Radio Japan, Deutsche Welle und andere internationale Sender. »Wenn es heute noch Investmentgelegenheiten gibt, dann in anderen Ländern.« Einen Fernseher dagegen besitzt er nicht. Seinen Studenten empfiehlt er die Tageszeitungen »Financial Times« und »Wall Street Journal« sowie die Wochenzeitungen »Barron's« und »Economist«.

Nach dem Aufspüren der Trends folgt die Analyse der einzelnen Aktien. »Ein erfolgreicher Anleger muß die Zahlen verstehen, die Bilanzen und die Steuererklärungen.« Rogers versucht alles zu verstehen, wirklich alle Zahlen der Branche.

Am liebsten arbeitet Rogers mit seinen eigenen Spreadsheets (s. S. 34/35). Dies ist auch im Computerzeitalter weiter reine Handarbeit: Rogers bedient sich nicht einmal der Datenbanken oder Informationsdienste wie Value Line, Analystenberichte oder des Standard & Poor's. Er glaubt, daß diese Daten nur bedingt aussagekräftig sind. Daher verläßt er sich nur auf die Original-Geschäftsberichte. Er sieht sich die Zahlen extrem langfristig an: über 10 bis 15 Jahre. Wie hat das Unternehmen in schlechten Jahren abgeschnitten, wie in guten? »Wenn ich die Spreadsheets von Hand mache und Zahlen hineinschreibe, bekomme ich ein viel besseres Gefühl für Zusammenhänge.« Viele der großen Chartisten – er selbst ist keiner – fertigen ihre Kursdiagramme immer noch per Hand.

»Es gibt nicht eine Kennzahl«, sagt Rogers. »Alle Zahlen müssen zusammenpassen.« Wichtig sind die Eigenkapitalrendite, die Gewinnspanne, die Investitionsausgaben (in absoluten Zahlen, in Prozent der Abschreibung, in Prozent des Brutto- und Nettowertes der Betriebseinrichtungen und Ausstattung), das Verhältnis von Verkäufen zu Forderungen, von Schulden zu Eigenkapital – doch entscheidend ist immer der Trend. Daher wählt Rogers die langfristige Betrachtung: »Auch niedrige Gewinnspannen können

Redman Industries, Inc. ›Nasdaq: RDMN‹

(000s)	April 1 1984	April 1 1985	April 1 1986	April 1 1987	April 1 1988
Sales	345,391	339,283	341,531	372,727	356,977
Depreciation	3,642	3,799	3,886	3,904	4,238
Operating income	10,731	8,351	6,435	7,124	(13,164)
Operating margin	3.11 %	2.46 %	1.88 %	1.91 %	No
Other income	5,048	3,162	4,390	4,077	
Other expenses	2,751	2,387	2,124	2,443	256
Pretax income	13,028	9,126	8,701	8,758	(13,420)
Pretax margin	3.77 %	2.69 %	2.55 %	2.35 %	No
Taxes (tax benefit)	5,434	4,075	3,959	3,937	(6,076)
Tax rate	41.71 %	44.65 %	45.50 %	44.95 %	No
Earnings after tax	7,594	5,051	4,742	4,821	(7,344)
Equity income					
Minorty interest					
Net income (before extraordinary)	7,594	5,051	4,742	4,821	(7,344)
EPS	$ 0.78	$ 0.52	$ 0.49	0.49	($ 0.77)
Dividends per share	$ 0.30	$ 0.30	$ 0.31	$ 0.32	$ 0.35
Outstanding shrs (EOP)	9,752	9,755	9,755	9,755	9,590
Book value per share	$ 6.82	$ 7.05	$ 7.22	$ 7.40	$ 6.30
Equity	66,541	68,724	70,443	72,142	60,426
Net income / Equity (1st)	12.30 %	7.59 %	6.90 %	6.84 %	No
Pension arrears/equity		(7.40 %)	(7.80 %)	(9.30 %)	(2.40 %)
Cap lease commitments/equity	2.50 %	3.90 %	2.70 %	2.23 %	2.33 %
Receivables (net)/sales	7.80 %	8.00 %	8.40 %	8.60 %	7.90 %
Inventory/sales	7.20 %	5.70 %	9.00 %	8.00 %	6.80 %
Cap-ex/depreciation	210.10 %	103.58 %	137.57 %	162.94 %	101.46 %
Cap-ex/gross PP & E	13.90 %	6.40 %	8.50 %	9.70 %	6.10 %
Cap-ex/net PP & E	23.10 %	10.60 %	14.60 %	17.00 %	10.90 %
Advertising					
R & D					
Range-High	$ 27.5000	$ 12.3750	$ 12.6250	$ 11.1250	$ 12.0000
Range-Low	$ 11.5000	$ 8.0000	$ 7.0000	$ 6.8750	$ 5.2500
Backlog	18,300	11,100	13,200	11,600	13,500
Backlog/sales	5.30 %	3.27 %	3.86 %	3.11 %	3.78 %
Number of stores					
Sales/store					

September 23, 1993: Sold shares of common stock (7,008,186 after the offering) in an IPO (Dilon Read)
February 16, 1994: Sold 1,325,000 shares of common stock (7,340,686 after the offering) in a secondary offering (Dilon, Read & Co. Inc./Prudential/J. C. Bradford)
February 23, 1996: Declared a stock dividend payable March 8, 1996 (2 for 1)

Privateley Held

March 31 1989	March 30 1990	March 29 1991	April 3 1992	April 2 1993	April 1 1994	March 31 1995	March 29 1996
262,946	296,163	301,774	289,414	365,023	443,056	557,973	613,855
3,078	4,128	4,684	4,918	4,348	3,723	3,799	4,712
4,296	4,126	(2,872)	4,253	9,463	17,607	34,103	39,736
1.63 %	1.39 %	No	1.47 %	2.59 %	3.97 %	6.11 %	6.47 %
						1,012	2,156
4,534	10,016	7,983	7,316	6,848	3,313	573	495
(238)	(5,890)	(10,855)	(3,063)	2,615	14,294	34,542	41,397
No	No	No	No	0.72 %	3.23 %	6.19 %	5.74 %
47		(3,618)	(320)	1,883	6,526	14,602	17,362
No		No	No	72.01 %	45.66 %	42.27 %	41.94 %
(285)	(5,890)	(7,237)	(2,743)	732	7,768	19,940	24,035
(285)	(5,890)	(7,237)	(2,743)	732	7,768	19,940	24,035
		($ 0.47)	($ 0.18)	$ 0.05	$ 0.55	$ 1.40	$ 1.80
				None	None	None	None
		15,428	15,427	14,655	14,251	14,198	13,360
#DIV/O!	#DIV/O!	($ 0.70)	($ 0.87)	($ 0.80)	$ 2.51	$ 3.80	$ 4.72
5,541	83	(10,734)	(13,435)	(11,721)	35,819	53,972	63,039
	No (106.30 %)	No	No	No	No	55.67 %	44.53 %
				None	None	None	None
		0.00 %	0.00 %	(32.85 %)	9.51 %	5.26 %	3.49 %
			7.35 %	6.73 %	6.49 %	6.32 %	6.84 %
			5.22 %	4.37 %	3.87 %	3.79 %	3.68 %
87.36 %	133.41 %	38.79 %	32.92 %	45.91 %	116.63 %	227.98 %	243.06 %
			3.82 %	4.61 %	9.68 %	16.23 %	18.18 %
			5.32 %	7.16 %	16.13 %	27.17 %	29.91 %
				$ 10.2500	$ 13.2500	$ 10.3750	$ 21.0000
				$ 7.6250	$ 7.5000	$ 7.2500	$ 8.5000
			21,400	26,200	30,700	13,700	22,000
			7.39 %	7.18 %	6.93 %	2.46 %	3.58 %

35

steigen.« Patentrezepte aber gibt es nicht: »Ich wünschte, es wäre so einfach und der Anleger müßte nur Seite 74 aufschlagen.«

Rogers gibt ein Beispiel für seine Methode: Durch die Lektüre kommt er auf die Idee, in Blei sei Bewegung. Er sieht sich erst einmal alle Statistiken zu Blei an, beispielsweise von den Vereinten Nationen, der Bleivereinigung und dem Handelsministerium. Er studiert die Branchenzahlen. Gleichzeitig besorgt er sich alle Fachzeitschriften. »Die meisten sind ziemlich langweilig, aber man bekommt ein Gefühl, wie die Branche arbeitet.« Er durchforstet einen Stapel Geschäftsberichte der wichtigsten Unternehmen der Branche: »Ich suche nach Mustern in den Zahlen.« Rogers redet mit Leuten in der Branche, Abnehmern und Produzenten. Er prüft, ob seine Analyse korrekt ist. »Natürlich hat niemand die Antwort. Man kann nicht einfach den Osterhasen anrufen«, sagt er. Entscheidend ist beispielsweise, ob die technologische Entwicklung nicht Blei überflüssig gemacht hat. Die Nachfrage muß weiter wachsen. Erst danach prüft Rogers, wie er am besten auf Blei setzt, per Futures, Aktien oder durch andere Instrumente.

Investment-Biker: Der Geld-Abenteurer

Eine Rekordtour machte Rogers 1990 zum »Indiana Jones der Finanzen«, wie ihn das Magazin »Time« nannte. Mit seiner damaligen Freundin Tabitha Estabrook ging er auf eine Motorradtour über 22 Monate und legte 65 065 Meilen auf sechs Kontinenten zurück. Rogers saß auf einer BMW R100RT mit elektrischem Starter, Kassettenrecorder und beheizbaren Handgriffen – »ganz der Komfort wie zu Hause« –, Estabrook auf einer R80. Im November 1991 kehrten sie nach New York zurück. Die Tour brachte sie ins Guinness-Buch der Rekorde.

Rogers erfüllt sich damit einen Lebenstraum, den er in seinem Buch »Investment-Biker« beschrieb, das ein Bestseller wurde: »Ich wollte immer reich sein. Mir ging es nicht darum, Dinge zu kaufen, ich wollte mir Freiheit kaufen.« Der Besitzer von acht Motorrädern, allesamt BMWs, wollte das Abenteuer erleben, die fremden Länder, in denen er anlegt, selbst er-fahren. Rogers glaubt, daß der beste Weg, die Attraktivität eines Landes zu erleben, das Reisen und die Lektüre von historischen und philosophischen Werken ist. Sein Zitat von Kipling: »Was kann er schon von England wissen, wenn er nur England kennt?«

Jim Rogers liebt es, auf ganze Länder zu setzen, die er für unterbewertet hält. 1985 investierte er als einer der ersten Ausländer in Portugal, das nach der sozialistischen Nelkenrevolution der siebziger Jahre bei den Kapitalanlegern in Vergessenheit geraten war. Schon 1984 ging Rogers in das verschlafene Österreich, als er ahnte, daß die Regierung den Aktienmarkt liberalisieren und ausländische Investitionen fördern würde. Im gleichen Jahr setzte er auf Deutschland – und verkaufte 1986 nach achtzehn Monaten, in denen sich die Kurse verdoppelt hatten.

Rogers steigt aber nicht nur in attraktive Länder ein, noch lieber geht er in Ländern short, die alle anderen Anleger höchst attraktiv finden. Er verkauft also »leer«, d.h. Wertpapiere, die er noch gar nicht besitzt, sondern sich nur von Brokern leiht. Damit spekuliert er auf sinkende Kurse, denn er hofft, die Papiere später billig zurückkaufen zu können. Rechtzeitig vor dem Crash 1987 verkaufte er beispielsweise norwegische Aktien short, weil der für das Land wichtige Preis für das Exportgut Erdöl gefallen war.

Rogers hat drei Kriterien für attraktive Länder:

1. Das Land muß besser sein als in der Vergangenheit und besser als allgemein wahrgenommen.
2. Die Währung muß konvertibel sein.
3. Der Markt muß liquide sein.

»Heute macht jeder Länderanalysen«, klagt er. 10 000 Analysten und Geldmanager versuchten täglich ein neues Land zu finden. »Der Anleger muß dorthin gehen, wo die Leute noch nicht sind – aber das kann natürlich auch einen Grund haben.« Sein Rat für Emerging Markets, also aufstrebende Wirtschaftsnationen wie Thailand, Taiwan oder Argentinien: Investiere in Nationen, wo harte Bürokraten Fiskalreformen planen, den freien Handel befürworten, gesunde Währungen verteidigen und sich heraushalten aus Gebieten, die besser vom privaten Sektor besetzt werden.

Rogers ist immer noch in vielen verschiedenen Ländern rund

um den Globus investiert. Aktuell setzt er auf den Trend, daß immer mehr Länder die Notwendigkeit eines eigenen funktionierenden Kapitalmarktes und einer Öffnung der Wirtschaft erkennen. Eines seiner jüngsten Investments ist Uruguay. »Uruguay ist relativ gut gemanagt, mit seiner Lage zwischen Argentinien und Brasilien ist es die Schweiz Lateinamerikas.« Ähnlich wie die Eidgenossen böte man auch dort ausländischen Geldern einen sicheren Hafen. »Die Regierung wird also nicht das Geld konfiszieren.« Rogers zu seinen Gründen: »Uruguay war einfach: Es ist billig, es kommt eine Veränderung, es sind noch nicht viele Leute da, es war genug Zeit, Aktien zu kaufen.«

Ein schwierigeres Land, das er auf seiner Motorradtour entdeckte, war Peru. »Ich fuhr mit dem Motorrad hinein, es herrschte Bürgerkrieg. Wir kamen nach Lima, in jeder Bank standen Polizisten mit schußsicherer Weste. Es sah aus, als würde das Land nicht überleben.« Seit Mitte der achtziger Jahre ist die Währung mehrere Male zusammengebrochen, die Infrastruktur eine Katastrophe. In einer der ersten Städte, die er besuchte, hatte der Leuchtende Pfad, die marxistische Guerillagruppe, eine E-Station in die Luft gejagt. Es gab keinen Strom. Ursprünglich wollte Rogers nie in einem Kriegsgebiet investieren. Doch die vielen Straßengeschäfte und kleinen Unternehmen deuteten darauf, daß die neue Regierung erfolgreich sein würde. Der peruanische Markt lag darnieder, Rogers stieg ein und verachtfachte seinen Einsatz. »Ich habe noch keine Aktie verkauft, ich halte sie auf Jahre.«

Rußland dagegen schien ihm wie ein Land der Dritten Welt. In den meisten Hotels funktionierte der Aufzug nicht, die Sanitäranlagen waren kaputt, es gab keine Seife und kein Toilettenpapier. Die meisten Finanzzahlen russischer Unternehmen sind erfunden, sagt Rogers. Alle Gewinne werden von Insidern abgeschöpft, von der Regierung weggesteuert oder von der Inflation gefressen. »Wer Rußland für attraktiv hält, hat aus der Geschichte nichts gelernt: Wenn sich große Reiche auflösen, herrscht auf Jahre hinaus ein Chaos.«

In Botswana dagegen entdeckte Rogers gute Straßen, Einkaufszentren und moderne Bürogebäude in der Hauptstadt Gaborone. Das Haushaltsbudget war positiv, das Land betrieb die größte Diamantenmine der Welt, der Haupthandelspartner ist Südafrika.

Rogers kaufte alle sieben Aktien am Aktienmarkt: ein bunte Kollektion von Banken, Bierbrauern, Immobilien- und Minenwerten. Die Rogersche Regel für Länderinvestitionen: Wer an ein Land glaubt, sollte jede einzelne Aktie an der Börse kaufen. Wenn die Rechnung aufgeht, steigen alle Aktien.

Doch Rogers investiert nicht nur in unterentwickelten Märkten, sondern auch in Industrieländern. Beispiel Dänemark: Das Land war vor 15 Jahren in großen Schwierigkeiten, erläutert er. »Jetzt machen sie alles richtig.« Die sozialistische Phase sei beendet, die Währung gesund. Rogers hat in die sechs größten Banken investiert, als sie vor einigen Jahren Verluste machten: »Dänemark hat immer noch zu viele Banken.« Die Übernahmen werden die Kurse weiter in die Höhe treiben, da die Unternehmen rentabler werden.

Seine Investitionen in exotischen Ländern wickelt Rogers so ab: Er geht immer zur größten Bank des Landes, die meist einen Sitz in New York hat. Dort zeigt er seinen Paß und hinterläßt einen Scheck. In fernen Ländern kauft Rogers – ganz im Gegensatz zu seinen sonstigen Gewohnheiten – Standardwerte. Das sind meist die ersten Aktien, die steigen, weil sie zuerst von Ausländern gekauft werden.

Doch was machte er eigentlich mit seinem eigenen Geld, bevor er für zwei Jahre auf Reisen ging? Wichtig war, daß ihn nichts in den Bankrott treiben würde, während er unterwegs war. Die meisten seiner Investitionen waren langfristig, also ließ er sie stehen. Er kappte die volatilen Positionen, etwa Shorts, und verkaufte die Futures-Positionen. Er behielt Versorger, die unter der Atomkraft-Diskussion litten, amerikanische Staatsanleihen und ausländische Währungen, weil er darauf setzte, daß die US-Zinsen sinken, die Anleihen steigen und der Dollar schwach werden würde. Es funktionierte bestens: Nach seiner Rückkehr standen die Versorger auf neuen Hochs, der Dollar war gefallen, und der Anleihenmarkt hatte Rekordstände erreicht.

Rogers, der Börsenbär:
Leidenschaftlich gegen die Mehrheit

»Ich bin ein schlechter Trader«, sagt Rogers. »Vielleicht der schlechteste Trader der Welt.« Wenn er etwas kaufe, dann könne er sicher sein, daß das Papier erst einmal ein Weilchen sinke. Seine Stärke ist die Analyse: »Erfolg habe ich nur, wenn ich Dinge finde, die ich lange halten kann.«

Dafür hat Rogers eine andere Stärke: Er stellt sich gerne gegen die Mehrheitsmeinung. 1987 schlug er als einziges Mitglied des renommierten Barron's Roundtable, der zweimal im Jahr zusammenkommt, um die Entwicklung der Märkte zu prognostizieren, die Alarmglocken. Aber auch 1988 und 1989 warnte er vor einem weltweiten Wirtschaftskollaps. Und seit einiger Zeit schon vor einem Crash am amerikanischen Aktienmarkt – bis zum Sommer 1997 vergeblich.

Wer immer der Herde folgt, liegt garantiert falsch, sagt Rogers: »Das ist der sicherste Weg in den Bankrott.« Die Bezeichnung Contrarian jedoch lehnt er ab. »Ein Contrarian ist jemand, der seit 1959 jedes Jahr den Stahlkonzern U. S. Steel gekauft hat – und immer damit verloren hat.« Der wahre Contrarian müsse recht behalten und Gewinne machen.

Einer seiner denkwürdigsten Fehler gründet sich auf seinen Dauerpessimismus: Als 27jähriger Wertpapieranalyst ahnte er, daß die Aktien fallen würden. Er nahm sein ganzes Geld – 5000 Dollar – und kaufte Put-Optionen auf Werkzeugmaschinenindustrie-Aktien. Ein Put gibt das Recht, eine Aktie zu einem bestimmten Preis zu verkaufen. Je weiter der Kurs fällt, desto höher ist der Gewinn. Rogers verdreifachte seinen Einsatz.

Voller Selbstvertrauen stürzte sich Rogers in den boomenden Markt: Die Preise seien immer noch zu hoch, dachte er. Er leiht sich einige Aktien und verkauft sie short, um sie später billig zurückzukaufen. Doch der Markt steigt zwei Jahre lang, Rogers verliert seinen ganzen Einsatz. Rogers: »Ich wußte nicht, daß Märkte immer noch viel höher gehen können, als sie sollten.« Seine Warnung: »Wenn Bullenmärkte in vollem Lauf sind, gehe besser aus dem Weg – oder du wirst getroffen.« Bulle und Bär – das sind die Börsensymbole für steigende und fallende Kurse. Der Bulle steht für steigende Kurse (Hausse), denn mit seinen Hörnern stößt er stets nach oben. Der Bär dagegen schlägt mit seiner Pranke nach unten; das symbolisiert fallende Kurse (Baisse).

1986 stand der japanische Aktienmarkt bei 20 000 Punkten und war damit bereits überbewertet. Viele Anleger verkauften, doch der Markt verdoppelte sich noch einmal. Heute, 11 Jahre später, steht er bei 18 000 Punkten. Zweites Beispiel: Silber stieg von 1,29 Dollar je Unze in den frühen siebziger Jahren auf 13 Dollar Ende der siebziger Jahre. Viele Anleger verkauften, weil sie den Anstieg für übertrieben hielten. Doch Silber kletterte weiter bis auf 50 Dollar. Heute notiert Silber bei 4,70 Cent. »Alle Anleger, die eine Weile dumm ausgesehen haben, sind heute die großen Genies«, sagt Rogers.

Und er erzählt eine Anekdote: Baron Rothschild wurde einmal gefragt, wie er reich geworden sei. Die Antwort: Er habe immer zu früh verkauft. »Das sage ich auch: Es ist nie falsch, zu früh zu verkaufen.« Der Anleger dürfe nicht an seinem Investment so lange festhalten, um auch noch die letzte »Deutschmark« zu kriegen.

Und er darf sich auch nicht zu lange aus Boommärkten fernhalten: Trotz seines Pessimismus ist Rogers per saldo long im amerikanischen Aktienmarkt. Er besitzt also mehr Aktien, als er leer verkauft hat. »Aber ich fühle mich wie ein Idiot. Ich hoffe nur, ich komme rechtzeitig heraus, wenn etwas passiert.«

Shortselling: Teuer verkaufen

»Der Kollaps des Marktes war das schönste Geburtstagsgeschenk, das ich jemals bekommen habe«, sagt Jim Rogers. An seinem 45. Geburtstag, dem 19. Oktober 1987, sackte die Wall-Street-Börse um 23 Prozent. Rogers, der den Crash vorhergesagt hatte, konnte seine Short-Positionen Ende Oktober mit großem Gewinn glattstellen. Er kaufte also die geliehenen Papiere billig zurück, übergab sie dem Leihgeber und bekam die Differenz zum höheren Verkaufskurs vom Broker ausgezahlt. »Es gibt nichts Schöneres, als recht zu behalten, wenn jeder gesagt hat, du liegst falsch.«

Rogers ist ein leidenschaftlicher Shortseller. »Egal, wie die Märkte laufen, es gibt immer Highflyer, die zu hoch getrieben werden.« Shortselling (Leerverkauf) ist eine der interessanten Arten der Spekulation – und eine der schwierigsten. Wer eine Aktie kauft, hofft auf steigende Kurse. Shortseller kehren die traditionelle Börsenregel des »buy low, sell high« (Kaufe billig, verkaufe teuer) einfach um: Sie versuchen, hoch zu verkaufen und anschließend tief einzukaufen. Wer etwas short verkauft, verkauft etwas, das er nicht besitzt – in der Hoffnung, daß er es später zu einem geringeren Preis zurückkaufen kann. Der Shortseller leiht sich die Aktien von einer Bank oder einem Broker und verkauft sie. Später kauft er sie zurück und deckt damit seine offene Position.

Ein einfaches Alltagsbeispiel: Ein Arbeitskollege ist stolz auf den neuen Videorecorder, den er gerade erworben hat. Sie sind schlauer, leihen ihn sich einen Abend lang, bringen ihn in Wirklichkeit ins Geschäft zurück, erhalten den Kaufpreis zurück und kaufen für weit weniger einen identischen Videorecorder im Laden nebenan. Am nächsten Tag bekommt er seinen Videorecorder zurück – und Sie haben ordentlich Geld verdient.

Mit Aktien funktioniert es nach dem gleichen Muster. Doch statt des Videorecorders wird Daimler geshortet, und als Mittler zum Leihgeber fungiert ein Broker. Beispiel: Ein Anleger will 100 Aktien Daimler shorten. Der Broker nimmt die Aktien von einem anderen Kunden und verkauft sie für 1500 Mark. Den Erlös bekommt aber nicht der Shortseller, sondern er verbleibt beim Broker, bis die geliehenen Aktien ersetzt werden und die Position geschlossen (glattgestellt) wird. Fällt der Kurs der Daimler-Aktien auf 1000 Mark, hat der Shortseller 500 Mark Gewinn je Aktie gemacht.

Kleiner Trick am Rande: Große Shortseller wollen den Broker nicht am kostenlosen Geld verdienen lassen. Sie bekommen bis zu 80 Prozent der Zusatzeinnahmen, den »short rebate«, denn der Broker verleiht ihr Geld gewinnbringend weiter. Das Volumen der aktuellen Short-Verkäufe in den USA wird auf 150 Milliarden Dollar geschätzt, davon entfallen rund 80 Prozent auf Profis.

Optionen sind meist nur kurzfristige Wetten auf den Fall oder Anstieg von Aktien. Short-Verkäufe dagegen haben keine Zeitbegrenzung. Sie dauern schlicht so lange, bis die Aktie zurückgekauft wird (oder werden muß, weil der Leihgeber gerne seine Aktie zurückhätte). Die Meister ihres Fachs halten die Positionen über Jahre und warten, bis die Bullen die Schwäche des Papieres entdecken. »Die meisten Shorts dauern drei bis vier Jahre«, sagt Rogers. Shortselling hat eine lange Geschichte: Schon die Holländer übten es 1602 an der Amsterdamer Börse aus, der ersten Wertpapierbörse der Welt. Besonders populär wurde Shortselling in der Ära der Junk Bonds, der hochriskanten, aber auch hochverzinslichen »Schrottanleihen«. Viele Unternehmen konnten die große Schuldenlast der hohen Zinsen nicht mehr tragen.

Shortselling erfordert Kapital als Sicherheit. Für die meisten Short-Verkäufe wird zunächst nur ein Einschuß (margin) verlangt. 50 Prozent des Transaktionsvolumens muß in Cash oder Wertpapieren auf dem Einschußkonto (margin account) hinterlegt werden. Damit verdoppelt der Shortseller seine Gewinne, aber auch die Verluste. Beispiel: Der Anleger verkauft Aktien für 100 000 Dollar short. Dafür muß er 50 000 Dollar hinterlegen. Wenn der Wert um 15 000 Dollar steigt (oder fällt), hat der Anleger 30 Prozent Gewinn (oder Verlust) auf seine Einlage gemacht. Steigt der Verlust über einen bestimmten Prozentsatz, verlangt der Broker einen Nachschuß (margin call). Er stellt ein Ultimatum, entweder mehr Geld zu hinterlegen oder genügend Aktien zurückzukaufen, um das erforderliche Minimum zu erreichen, meist 30 Prozent des Portfoliowertes.

Shortseller sind nicht gerade beliebt. Sie buddeln nach Schmutz, wühlen in schlechten Bilanzen, decken die Tricks der Manager auf. Viele Vorstände schließen daher Fondsmanager, die für ihre Shorts bekannt sind, von wichtigen Treffen oder Telefonkonferenzen mit Analysten und Großanlegern aus. Besonders anrüchig macht die Shortseller, daß sie von den Verlusten anderer zu profitieren scheinen. In vielen Ländern ist Shortselling deshalb verboten – oder es wird verboten, wenn die Börsenlage kritisch wird. Auch in Deutschland sind Leerverkäufe bislang die Ausnahme.

Shortselling erlaubt zu spekulieren, wenn die Kurse die Bodenhaftung verlieren. »Wenn ein Bärenmarkt droht, muß ich meine Aktien nicht verkaufen, sondern kann short gehen. Dann schützen mich meine Shorts«, sagt Rogers. Shortseller stabilisieren den

Markt, denn sie begrenzen den Kursanstieg, indem sie frühzeitig auf die andere Seite wechseln. Damit reduzieren sie die Gefahr von Crashs. Umgekehrt ist jeder Shortseller ein späterer Käufer: Er kauft dann, wenn der Markt seinen Tiefpunkt erreicht, und stützt dann die Kurse. Damit werden die Ausschläge einer Aktie nach oben und unten begrenzt. Rogers: »Shortseller begrenzen die Extreme. Wir sollten froh sein, daß es sie gibt.«

Ein Shortseller hat wenig Konkurrenz. Die dominanten Spieler (Pensions- und Investmentfonds) dürfen oder wollen meist nicht shorten. Die meisten Anleger und Broker sind Daueroptimisten, die stets steigende Kurse sehen. Viele Anlageberater halten die Short-Strategie für zu riskant. Das Standardargument: Ein Aktienbesitzer kann nur 100 Prozent verlieren, ein Shortseller unbegrenzt. Wer eine Aktie für 100 Mark verkauft, muß, wenn das Papier auf 1000 Mark steigt, einen Verlust von 1000 Prozent wettmachen. Wer dagegen die Aktie kauft, kann höchstens 100 Mark verlieren. Genau dieses Risiko sorgt dafür, daß viele Shortseller vorsichtshalber sofort zurückkaufen, wenn der Markt steigt. Dieses »short covering« sorgt für teilweise große Kurssprünge bei Aktien. Umgekehrt ist der Gewinn des Aktienbesitzers unbegrenzt, während der Shortseller nur 100 Prozent machen kann – wenn eine Aktie auf null fällt. Eine Aktie dagegen kann sich verzehnfachen. Rogers: »Ich würde auch lieber aussichtsreiche Papiere kaufen und möglichst lange halten.« Shortselling hat aber taktische Vorteile. Überbewertete Aktien sind leichter zu finden als Sonderangebote. Die Highflyer machen die Schlagzeilen der Börsenberichte, oder sie führen die Hitliste der Top-Performer an. Viele hochgetriebene Papiere sind »story stocks«, die von Brokern, Analysten und Journalisten als potentielle Übernahmekandidaten oder Profiteure von neuen Trends promotet werden. Oft ist die Story besser als die Fundamentalien.

Der zweite Nachteil des Shortselling ist die negative Rendite. Wer eine Aktie kauft, bekommt Dividende. Wer dagegen die Aktie short verkauft, muß dem Leihgeber die Dividenden bezahlen. Eine weitere Gefahr: Shortseller werden manchmal »bought in«, wie die Amerikaner sagen. Sie müssen dann Short-Positionen von wenig liquiden Aktien glattstellen. Das treibt die Kurse hoch und macht die Aktion sehr teuer. Beispiel: Wenn die Leihgeber ihre Aktien verkaufen wollen, etwa um Gewinne zu realisieren, muß der Shortseller die Stücke am Markt besorgen.

Psychologisch ist Shortselling ein hartes Geschäft, denn der Anleger stellt sich gegen die Mehrheit. Er braucht starke Nerven und ein großes Selbstvertrauen, besonders wenn er erleben muß, wie seine Freunde in steigenden Märkten jubilieren, während sein Verlust immer größer wird. Wie Steinhardt ist auch Rogers ein Einzelkämpfer: »Es macht Spaß, wenn alle Leute sagen, das ist ein tolles Papier, und ich verkaufe es short«, sagt Rogers. »Die Leute hassen dich.«

Rohstoffe: Investment der Zukunft

Rogers rührt die große Trommel: »Rohstoffe sind das Investment der Zukunft, die Inflation steht vor der Tür, Aktien und Anleihen werden ein Desaster, der Dollar kollabiert.« Rogers sieht eine Reihe von Gründen für ein Comeback der Rohstoffe. Es gibt eine steigende Nachfrage von mehr als vier Milliarden Menschen in Asien, Lateinamerika, Afrika. Die Lagerbestände vieler Rohstoffe sind auf Rekordtiefs. Nach der Preisbaisse der achtziger Jahre wurden die Förderkapazitäten nicht mehr modernisiert und erweitert. Es werde so kommen wie in den siebziger Jahren – inklusive einer Ölkrise.

Kein Zweifel, Rogers hat Spaß an Rohstoffen. »Nach 15 schlechten Jahren sind nicht mehr viele Analysten übrig.« Rogers handelt gerne in Rohstoffen – von Orangensaft über Rapsöl bis zu Kartoffeln. Einst kaufte er sogar einen Sitz an der Zuckerbörse, um so von höheren Zuckerpreisen zu profitieren. Ein hohes Risiko sieht er in diesen Investments nicht. »Kennen Sie etwas, daß kein riskantes Geschäft ist?« fragt er. Er habe zwischen 1985 und 1990 viel Geld mit Anleihen verloren, als der Dollar fiel. Zwar schwanken Rohstoffnotierungen stärker als Anleihen oder Aktien. Doch Rogers investiert in diese Güter mit höheren Einschüssen: »Heute nutze ich keinen großen Hebel mehr. Mit 5 Prozent Margin muß ich täglich oder stündlich auf den Kurs starren. Mit 50 Prozent kann ich es schon einmal laufenlassen.« Die Anlage in Rohstoffen sei wie Rennfahren: »Rennen fahren wäre für mich sehr riskant bis tödlich, aber nicht für die Rennfahrer. Umgekehrt hänge ich wohl jeden Rennfahrer an der Rohstoffbörse ab.«

Der Börsenbär als Schweinesammler

Den zweiten Teil des Gesprächs führen wir in der Küche, wo Rogers nach der kurzen Dusche einen großen Krug Mineralwasser trinkt (seine sparsame Haushälterin kauft die »Weiße Marke« einer Handelskette) und die Banana-Chips einer eingetroffenen Freundin mampft. Wir sitzen um den großen Tisch in der Mitte. Überall in der Küche finden sich Schweine, auf Postkarten, in Stoff, als kleine Skulpturen, als Tontopf zur Aufbewahrung von Suppenkellen und in Form von Mehldosen. Ein Investment? »Nein«, sagt Rogers. Er mag Schweine und kaufte eines Tages ein süßes Exemplar für seine Küche. Dann schenkte ihm eine Freundin ein zweites Schwein, Gäste kamen, sahen zwei Schweine – und brachten beim nächsten Mal ein drittes Schwein mit. Vergeblich bittet Rogers heute seine Besucher, ihm keine Schweine zu schenken. »Es ist außer Kontrolle geraten«, stöhnt er resigniert. »Ohne es je zu wollen, bin ich jetzt ein Sammler und habe wahrscheinlich die größte Schweinesammlung der Welt.«

Tips von Jim Rogers: »Look for cheap, look for change.«

- Kaufe, wenn die Dinge sich ändern.
- Finde, was der Markt vergessen hat.
- Beginne mit dem, was du kennst.
- »Je mehr Hausaufgaben ich mache, desto mehr Glück habe ich. Wenn ich viel arbeite, dann habe ich einfach Glück. Mit halb soviel Arbeit habe ich oft Pech.«
- Vermeide Verluste. Wenn die Fakten unklar sind, laß die Finger davon. Der Anleger muß gar nichts tun. Ein typischer Anlegerfehler ist, zu glauben, er müsse immer investiert sein. Besonders nach ersten Erfolgen ist dies sehr gefährlich. Wer zwei Jahre hintereinander 50 Prozent gewinnt und dann 50 Prozent verliert, hat unter dem Strich nur 12,5 Prozent gewonnen. »Oft ist es die beste Strategie, einfach aus dem Fenster zu sehen.«

Michael Steinhardt:
Gewinn mit abweichender Meinung

Das Büro entspricht nicht ganz dem, was der unbedarfte Besucher bei einem der reichsten Amerikaner erwartet. Wer aus dem Aufzug durch die Glastür im 33. Stock eines schmucklosen Midtown-Hochhauses schreitet, glaubt im Sozialamt eines heruntergekommenen Vorortes zu stehen. Die fleckigen Teppiche sind durchgetreten, das Furnier splittert von den Möbeln, die ehemals weißen Tapeten sind über viele Jahre grau geworden. Selbst das Sozialamt hätte wohl längst eine Renovierung anberaumt, um seine Klientel nicht zu verschrecken.

Michael Steinhardt (geschätztes Privatvermögen: mehr als 400 Millionen Dollar) ist kein Hedgefonds-Manager, wie ihn sich Joe Sixpack (die amerikanische Variante von Lieschen Müller) vorstellt: Klein, glatzköpfig und dicklich, versucht er gar nicht erst den Grandseigneur zu spielen, wie es George Soros gerne tut. Er trägt keinen Maßanzug, sondern ein offenes Hemd, das seine Korpulenz noch unterstreicht. Und er steht zu seiner Schwäche für Süßigkeiten, besonders für Cashewnüsse, Macadamianüsse und getrocknete Früchte. Regelmäßig läßt er seinen Chauffeur auf dem Heimweg vor seinem Lieblingsladen in der 44. Straße East halten.

Ein wenig exzentrisch sei Michael Steinhardt, wurde ich bereits gewarnt. Doch so wie er mir im Flur entgegenkommt, könnte man ihn auch für den Buchhalter der Firma halten. »Setzen Sie sich doch schon einmal in mein Büro«, sagt er mit einer tiefen rauhen Stimme und verschwindet durch die Toilettentür. Ich nehme vor seinem großen Schreibtisch Platz, den ein befreundeter Architekt wie die Kommandozentrale eines Schiffes entworfen hat.

Einige Photos an der Wand zeigen Steinhardt mit exotischen Tieren. Auf seinem gut 200000 Quadratmeter großen Besitz in Bedford im Staat New York, durch den er am liebsten mit einem deutschen Militärjeep aus den sechziger Jahren braust, unterhält er einen Privatzoo. Rund 8000 Quadratmeter sind Vögeln vorbehalten, darunter afrikanischen Kranichen und Gänsen, den Rest bevölkern Säugetiere wie Känguruhs, Alpakas, Antilopen, Zebras und Kamele. Seine liebste Freundin ist Martha, ein blauer Kranich. Sie tanzt mit Steinhardt und springt vor Freude hoch, wenn er mit den Armen wedelt.

Allein die Gehälter für die Gärtner betragen monatlich 30 000 Dollar. Vor einiger Zeit kaufte er zwei Falklandinseln, um daraus ein Reservat für Pinguine, Robben und Albatrosse zu machen.

Eine ähnliche Leidenschaft wie für die Fauna hat Steinhardt für die Flora. Auf der jährlichen Pflanzenauktion des Botanischen Gartens von New York gaben er und seine Frau Judy 1995 das Spitzengebot von 2200 Dollar für eine Symplocos paniculata ab. Die zwanzig Jahre alte Pflanze war aus Samen von Netta Lockwood, der Grande Dame der Gartenwelt, gezüchtet worden. 1988 spendete Steinhardt drei Millionen Dollar für den Brooklyn Botanic Garden, der ein Konservatorium nach ihm benannte.

Doch Michael Steinhardt ist nicht so bemerkenswert, weil er exzentrisch ist, sondern weil er einer der erfolgreichsten Anleger dieses Jahrhunderts ist. Aus einem Dollar, der 1967 bei Steinhardt investiert wurde, wurden bis Ende 1995 stolze 462 Dollar. Ein in den S & P 500 investierter Dollar wäre nur vergleichsweise läppische 17 Dollar wert. Steinhardts durchschnittlicher jährlicher Gewinn (nach Abzug seiner nicht unbeträchtlichen Gebühren) betrug 27 Prozent. Noch erstaunlicher: Trotz der riskanten Anlagestrategien Steinhardts gab es seit 1972 kaum ein Jahr mit Verlusten.

Steinhardt geht es um Geld, Geld, Geld. »Wieviel Geld haben Sie gestern gemacht?« fragte ihn im Oktober 1995 ein Interviewer. Seine Antwort: »Etwas mehr als 10 Millionen Dollar.« Steinhardt ist ein strategischer Trader. Er nutzt alle Arten von Investments, Aktien, Anleihen bis hin zu Index-Futures. Sein Anlagestil ist zugleich mutig und diszipliniert. Mit riesigen aggressiven Wetten auf einzelne Aktien engagiert er sich im kurzfristigen Tageshandel, er steigt in riskante längerfristige fundamentale Wetten auf Marktrichtungen ein und kauft sich direkt als Großaktionär in einzelne Unternehmen ein. Steinhardt liebt es, mit ganzem Gewicht auf einzelne Papiere zu setzen. »Wir können unsere Wertpapierpositionen in einem hohen Maße konzentrieren«, sagt er. Diversifikation ist für ihn ein Fremdwort.

Hedgefonds: Die Finanzpiraten der neunziger Jahre

Hedgefonds-Manager sind die Bösewichter der neunziger Jahre. Die Herren des Geldes vom Schlage eines George Soros, Michael Steinhardt oder Julian Robertson werden verantwortlich gemacht für fast alle Finanzkrisen der neueren Zeit – für den Kollaps des Europäischen Währungssystems ebenso wie für Kursstürze an den Aktienbörsen. Spätestens seit dem Coup gegen das britische Pfund sind sie als die Piraten des internationalen Kapitals berüchtigt.

Leider eignen sich weder die Hedgefonds selbst noch ihre Anlagetechnik für kleine Anleger. Sie brauchen viel Kapital, starke Nerven, hohe Risikobereitschaft und schnelle Reaktionen. Hedgefonds investieren in die ganze Bandbreite liquider Kapitalanlagen: Aktien, Anleihen, Währungen, Optionen, Futures und Rohstoffe. Anders als gewöhnliche Publikumsfonds können sie komplexe Methoden nutzen: Sie betreiben Arbitrage, nutzen neue Finanzinstrumente, leihen Wertpapiere oder engagieren sich langfristig mit hohen Anteilen in Unternehmen.

Die meisten Fonds konzentrieren sich auf das Shortselling von US-Aktien. Sie setzen also auf einen fallenden Aktienkurs. Eine andere Gruppe von Fonds nutzt mathematische Modelle, um technische Unregelmäßigkeiten im Anleihenmarkt auszunutzen. Die großen Fonds sind längst internationale Player: Sie suchen nach Gelegenheiten in der ganzen Welt, egal ob Aktien, Anleihen, Währungen oder Rohstoffe. Sie vergrößern ihre Schlagkraft noch, indem sie sich auf Kredit engagieren.

Heute gibt es rund 800 verschiedene Hedgefonds-Gruppen – Tendenz steigend. Immer mehr Money-Manager gründen ihren eigenen Hedgefonds, schlicht weil sie damit mehr verdienen können. Die meisten Fonds sind mit einem Volumen von unter 200 Millionen Dollar relativ klein. Diese Fonds verlangen nicht mehr als 1 Million Dollar Minimumeinlage, einige neuere Fonds öffnen schon für 100 000 Dollar die Tür.

Mittlerweile sind Hedgefonds sogar gesellschaftsfähig geworden. Die Rockefeller-Stiftung beispielsweise verteilt bis zu 5 Prozent ihres Vermögen auf 10 verschiedene Hedgefonds.

Zwei Dinge machen Hedgefonds so attraktiv für reiche Anleger oder Stiftungen: Diskretion und die Aussicht auf enorme Gewinne. Hedgefonds sind private Partnerschaften mit begrenzter Haftung von maximal 99 Anlegern. Wegen dieser Größe unterliegen sie nicht der Aufsicht durch die amerikanische Wertpapieraufsichtsbehörde: Sie können Anlageinstrumente nutzen, die für normale Investmentfonds verboten sind. Sie müssen ihre Ergebnisse nicht veröffentlichen, dürfen aber auch nicht werben. Die amerikanische Aufsichtsbehörde SEC fordert, daß die individuellen Anleger ein Nettovermögen von mindestens 1 Million Dollar oder ein Einkommen von mindestens 200 000 Dollar in zwei aufeinanderfolgenden Jahren haben. Wegen der begrenzten Zahl der Investoren verlangen die Stars unter den Hedgefonds Mindesteinlagen von 1 bis 25 Millionen Dollar. Steinhardt fordert beispielsweise 2 Millionen Dollar. Gelegentlich werden die Anleger auch verpflichtet, ihre Gelder mindestens ein bis drei Jahre im Fonds zu lassen. Das Schlupfloch, um die Grenze von 99 Personen zu umgehen: Jeder Hedgefonds-Manager kann so viele einzelne Partnerschaften unter seinem Dach gründen, wie er mag. Steinhardt beispielsweise führte vier verschiedene Fonds.

Eine Beruhigung für viele Anleger ist, daß die meisten Hedgefonds-Manager den Großteil ihres eigenen Vermögens in den Fonds stecken. Steinhardts Vermögen stellt rund 10 Prozent des Volumens seiner Fonds. Für ihre Dienste verlangen die Hedgefonds-Manager eine Managementgebühr von 1 bis 2 Prozent jährlich plus 20 bis 25 Prozent der Gewinne.

Der erste Hedgefonds wurde 1949 von dem früheren Journalisten und Wissenschaftler Alexander Winslow Jones gegründet. Die Neuheit: Der Fonds kann Aktien short verkaufen, er wettet also darauf, daß diese Aktien im Wert sinken. Winslow erkannte, daß einige Teile der Wirtschaft boomen, andere dagegen schrumpfen. Darauf basierte sein schlichtes Investmentschema: Ein Anleger, der steigende Kurse sieht, geht mit 80 Prozent seiner Position long, mit den anderen 20 Prozent short. Ein sehr pessimistischer Anleger kann mit 75 Prozent short gehen und nur mit 25 Prozent long. Er startete die A.W. Jones & Co. Partnership und erreichte in der Bullenbörse der sechziger Jahre ein Vermögen.

Die ersten Nachahmer-Hedgefonds starteten in den sechziger Jahren. Eine Handvoll Manager begannen damals einige Aktien long zu kaufen und short zu verkaufen. Dadurch »hedgen« sie: Sie halten gleichzeitig Aktien, die mit dem Markt nach oben gehen, und Short-Positionen, die steigen, wenn der Markt fällt. Lange Zeit blieben Hedgefonds fast unbeachtet, viele erlagen dem Bärenmarkt 1973/74. In nur zwei Jahren verloren die Hedgefonds mehr als 70 Prozent ihrer Gelder. A.W. Jones überlebte, aber ebenfalls auf geringerem Niveau. Erst die Turbulenzen des Dollar in den achtziger Jahren machten die Spekulation wieder interessant.

Die Flexibilität, in guten wie schlechten Börsenzeiten zwischen long und short Gewinn machen zu können, ist der Grund des Performance-Vorteils: Die Wahrscheinlichkeit des Verlustes ist für ein Hedgefonds-Portfolio weit geringer als für ein konventionelles Portfolio. Denn ein Hedgefonds kann auch in schwachen Märkten mit sinkenden Kursen Gewinn machen.

Die Hedgefonds-Manager sind extrem anpassungsfähig in ihren Strategien. Sie wollen nur eines: möglichst viel Geld verdienen, für ihre Anleger und sich selbst. Machten sie einst das meiste Geld mit der richtigen Auswahl von Aktien, so engagieren sich die großen Fonds heute immer stärker in der globalen Richtung von Märkten, Zinsen oder Währungen. Ihr Volumen ist zu groß geworden, um sich noch auf einzelne Aktien zu beschränken. Das »Hedgen« ist praktisch ganz weggefallen. Nur der Name blieb.

Aufstieg eines Brooklyn-Kids

»Ich lebte weit weg da drüben«, erzählt Steinhardt und zeigt aus seinem Bürofenster in Richtung Süden, noch hinter die Türme der Wall Street. Im New Yorker Stadtteil Brooklyn wuchs der 1941 als Sohn eines jüdischen Juweliers geborene Steinhardt in bescheidenen Verhältnissen auf. Seine Eltern ließen sich scheiden, als er ein Jahr alt war. »Mein Vater war ein Spieler, und er ist es immer noch«, so Steinhardt. Er zockte mit einem Aktienbroker, und als der einmal verlor, gab er ihm statt Bargeld je 100 Aktien von Penn Dixie Cement und Columbia Gas System. Zur Bar-Mizwa mit 13 Jahren, einer Art jüdischer Konfirmation, bekam Michael Steinhardt statt der üblichen Geldsumme diese Unternehmensanteile. »Ich wußte nichts über diese Papiere und kannte auch niemanden, der etwas darüber wußte.« Steinhardt begann Brokerberichte zu lesen, studierte die Kurstabellen und wurde ein Dauergast im örtlichen Merrill-Lynch-Büro, wo die alten Männer Zigarre rauchten und das elektronische Laufband mit den aktuellen Kursen verfolgten.

Der hochintelligente Steinhardt verließ bereits mit 16 Jahren die öffentliche High-School. Nach nur drei Jahren erreichte er mit 19 Jahren einen Abschluß an der Wharton School of Finance an der University of Pennsylvania – die er übrigens auf Wunsch seines Vaters besuchte. »Als ich nach Wharton kam, wußte ich schon viel über Aktien. Doch als ich Wharton verließ, wußte ich weit mehr als Leute, die fünf oder zehn Jahre älter als ich waren.«

»Aktien waren meine Berufung«, sagt Steinhardt. 1960 beginnt er als Assistenz-Analyst (research assistant) beim Investmentfonds Calvin Bullock. Nach dem Militärdienst wechselte er als Redakteur zur Zeitschrift »Financial World«. Doch für die ihm zufallende Beantwortung der Leseranfragen war er denkbar ungeeignet. Die Fragen waren entweder einfach (»Was halten Sie von Ford?«) oder aber so schwierig, daß sie viel Recherche erforderten. Die Anfragen stapelten sich zusehends auf dem Schreibtisch des unwilligen Steinhardt. Als sein Boß den Haufen entdeckte, war Steinhardt gefeuert. »Ich dachte, damit sei meine Karriere an der Wall Street bereits beendet.«

Doch kurz danach wurde er vom gleichen Boß wieder eingestellt, und wenig später nahm er einen Job als Analyst bei Loeb Rhoades & Co. an. Dort machte er sich rasch einen guten Namen: Auf dem Höhepunkt des Booms der Konglomerate-Aktien war eine seiner ersten Empfehlungen Gulf + Western Industries, deren Kurs sich anschließend verdreifachte. Er entpuppte sich als einer der besten Analysten für Spezialsituationen.

Doch Steinhardt wollte selbst in das große Geschäft mit der Geldanlage einsteigen. Er verbündete sich mit den Wharton-Absolventen Howard Berkowitz von A. G. Becker, ebenfalls ein Analyst für Spezialsituationen, und dessen Studentencorps-Bruder Jerrold Fine, der das Kapital der Partner bei Dominick & Dominick managte. Zusammen gründeten sie am 10. Juli 1967 die Firma Steinhardt, Fine, and Berkowitz mit einem Startkapital von 7,7 Millionen Dollar. Die jährliche Gebühr wurde auf 1 Prozent plus 20 Prozent der Gewinne festgesetzt.

Die Geschäftsidee: Der Fonds sollte seine Gewinne durch Traden machen, also rein und raus aus Aktien, manchmal nur für ein paar Stunden. Im ersten Jahr erzielte die Firma eine Rendite von 39 Prozent, im zweiten 84 Prozent. Der S & P legte in diesen Jahren nur um 6,5 und 9,3 Prozent zu. Schon nach den ersten beiden Jahren waren alle drei Partner – immer noch keine 30 Jahre alt – Millionäre. Steinhardt wechselte die Strategie und setzte auf langfristige Investments: Er kaufte Aktien mit einer »Story« – und wartete dann, bis die anderen Investoren die Geschichte verstanden hatten.

Im schwierigen Markt 1970 ging Steinhardt vorzugsweise short: Er verkaufte Aktien, die er gar nicht besaß, sondern nur geliehen hatte, mit dem Ziel, sie später billiger zurückzukaufen. Die Rechnung ging auf: Der S & P sank um 6,2 Prozent, Steinhardt lag 11 Prozentpunkte besser. Legendär sind seine Ergebnisse im Bärenmarkt der Jahre 1973 und 1974. Der Markt sackte 1974 um 38 Prozent, Steinhardt erzielte für seine Anleger einen Gewinn von 34 Prozent. Er tradete nicht nur heftig, sondern ging auch erstmals netto short. Ende 1974 war er wieder long – und schaffte 1975 stolze 66,2 Prozent Plus, während der S & P nur um 37 Prozent stieg. Nicht immer lag er richtig: Im Januar 1976 hatte er eine der größten Short-Positionen im Markt – doch die Kurse stiegen.

Die ersten großen Erfolge machten Steinhardt satt und müde. Im Oktober 1978 nahm Steinhardt eine einjährige Auszeit (Sabbatical) und übergab das Fondsmanagement an Berkowitz. Er suchte ein neues Lebensziel, reiste nach Israel, studierte zusammen mit einem Rabbi das Alte Testament, nahm Klavierstunden, lernte Tennis, zog Himbeeren, verarbeitete sie zu Marmelade und baute eine Kunstsammlung auf – von neolithischen Artefakten bis zu modernen Malern wie Paul Klee oder Pablo Picasso. Nur das Jogging gab er nach drei Wochen wieder auf. Als Steinhardt zurückkehrte, war er bald alleine. Fine startete schon 1976 seine eigene Investmentgesellschaft Charter Oak Partners, und Berkowitz gründete 1979 HPB Associates, ebenfalls eine private Partnerschaft.

In den achtziger Jahren machte es der boomende Aktienmarkt Steinhardt leicht, ansehnliche zweistellige Gewinne zu erwirtschaften. Beim Crash 1987 verlor sein Fonds im vierten Quartal rund 30 Prozent, holte den Verlust aber schnell wieder auf.

Nach dem Mini-Crash vom Oktober 1989 dümpelten die Aktien nur noch so dahin. Steinhardt wechselte das Feld und engagierte sich Anfang der neunziger Jahre am Rentenmarkt. Dort liefen kurz- und langfristige Zinsen auseinander und verwandelten die Fondsmanager in Makromanager. Sie liehen sich Geld zu den günstigen kurzfristigen Sätzen und investierten es zu höheren Zinsen in langfristige Anleihen. Das brachte selbst dann Gewinn, wenn der Anleihenkurs gleich blieb. Beispiel: Die langfristigen Zinsen sind bei 7 Prozent, Tagesgeld kostet 3 Prozent. Ein Hedgefonds kauft für 1 Milliarde Dollar langfristige Anleihen auf Kredit, dazu braucht er nur 20 Millionen Dollar Bargeld. Die kurzfristigen Zinskosten liegen bei rund 30 Millionen Dollar, die langfristigen Anleihen bringen aber 70 Millionen Dollar. Das wird ein »positive carry« genannt. Die Rendite auf das eingesetzte Kapital beträgt also 200 Prozent. Steigen die Anleihenkurse, erhöht sich die Rendite noch. Kaum jemals war Geld verdienen bequemer – jedenfalls solange die Anleihenkurse stiegen.

Ende Januar 1994 kam Steinhardt aus seinen Ferien in Asien zurück. Die kurzfristigen Zinsen waren bereits gestiegen, was Steinhardt als eine leichte Korrektur einstufte. Er arbeitete mit einem so großen Hebel auf sein 30 Milliarden Dollar schweres Portfolio europäischer Anleihen, daß jeder Hundertstel Prozentpunkt Rendite ihn 6 bis 7 Millionen Dollar kostete. Steinhardt entschied, die Position innerhalb von drei Wochen zu reduzieren – genau in dem Moment, als sich andere Anleger auch von ihren Papieren trennen wollten. Er konnte die Papiere nicht unbemerkt abstoßen und wurde kalt erwischt.

Im Februar 1994 leitete die amerikanische Notenbank die Zinswende ein: Sie startete eine Reihe von Zinserhöhungen. Die Party war schlagartig vorbei, Panik brach aus. Binnen Wochen verloren Steinhardts Anleger fast 1,5 Milliarden Dollar. 1994 wurde zum schwarzen Jahr der Hedgefonds. Steinhardt heute: »Ich verstand den Anleihenmarkt nicht besonders gut.« Als die Zinsen nach oben gingen, sackten die Kurse in den Keller. »Es war reine Hybris«, sagt er selbstkritisch. »Ich glaubte, ich könnte es im Griff haben, und lag völlig falsch.« Nur wenige Monate später verlor er über 400 Millionen Dollar in kanadischen Anleihen. Er hatte vier Milliarden Dollar dort angelegt, doch im Mai stiegen die kurzfristigen Zinsen von 4 auf 6 Prozent.

Selbst im Aktienmarkt hatte er Pech. »Ich habe die zweifelhafte Auszeichnung, daß ich in den vergangenen drei Jahren zu den Bären gehörte.« Seit 1991 war er als Börsenpessimist short, nun stellte er viele Positionen glatt. Er ertrug bis zu 15 Prozent Verlust je Position – und kaufte viel zu früh zurück. »Wegen der jüngsten Portfolio-Liquidation profitierten wir ironischerweise nicht vom Rückgang des Marktes in dieser Woche«, schrieb er am 4. April 1994 an seine Anleger. Die meisten Aktien hatte er zu früh zurückgekauft. Ihre Kurse waren gefallen.

Steinhardt hatte das Gefühl für den Markt verloren. Er büßte fast 15 Prozent seiner Anlegergelder ein. Sein Anlagevolumen sank von 4,4 auf 2,6 Millionen Dollar. Die Fonds-Anleger verloren 1,1 Milliarden Dollar. Zu ihrem Ärger ließ Steinhardt seine Anleger mit ihren Verlusten alleine. Viele Hedgefonds haben eine »high-water mark«, eine »Hochwassermarke«: Das ist eine Vereinbarung, daß sie auf eine Erfolgsbeteiligung verzichten, bis sie Verluste der Anleger wieder wettgemacht haben. Wenn ein Fonds also um 33 Prozent absackt, dann muß der Manager zuerst einmal 50 Prozent Performance machen, bis er wieder auf 100 Prozent ist. Erst dann darf er wieder seine üblichen 20 bis 25 Prozent der Gewinne kassieren. Doch Steinhardt lehnte jede Hochwassermarke strikt ab.

Er hatte selbst 100 Millionen Dollar verloren. Für ihn, dessen Selbstbild von seiner Performance abhängig ist, ein ungeheurer Schlag. Außerdem mußte er 40 Millionen Dollar Bußgeld zahlen, um eine Untersuchung der amerikanischen Aufsichtsbehörde SEC loszuwerden. Ein ähnlicher Fall hatte die Investmentbank

Salomon in der Existenz gefährdet: Er wurde zusammen mit zwei anderen Firmen beschuldigt, 1991 den Markt für zweijährige Treasury-Anleihen manipuliert zu haben. Der Squeeze – eine künstliche Verknappung des Angebots, die die Preise hochtreibt – hatte seinen Hedgefonds einen Gewinn von 21 Millionen Dollar gebracht.

Steinhardt ging noch einmal richtig ins Geschirr und machte 1995 wieder rund 20 Prozent Gewinn – dank des Dollar, der gegen den Yen allein im August 10 Prozent gewann. Im März setzte er auf die richtigen Aktien, verbesserte sein Trading und schloß seine Short-Positionen. Seine mit Abstand größte Long-Position war IBM, die mit einem KGV von 8 bis 9 gehandelt wurde. Steinhardt glaubte, daß die größten Probleme im operativen Geschäft bewältigt sind. Außerdem hatte er in Banken und Finanzdienstleister investiert.

Doch der Aufschwung ist nur noch ein Intermezzo: Steinhardt hat den Spaß am Markt verloren. »Im Bullenmarkt der Aktien ist es schwer, Geld zu verdienen.« Im Oktober 1995 kündigt er an, seine vier Hedgefonds zum Jahresende zu schließen. »Ich glaube nicht, daß meine Tätigkeit sonderlich tugendhaft ist.« Und: »Wenn Sie meinen Nachruf schreiben, möchte ich nicht, daß dort steht, er machte reiche Leute noch reicher.« Das aber hat er in jedem Fall schon getan.

Grundtechniken: Intelligenz, Ego plus fanatisches Trading

Zwei Erfolgsgeheimnisse von Michael Steinhardt liegen in seiner Person. »Er ist extrem intelligent«, sagt eine seiner Mitarbeiterinnen. Das wird auch im Interview deutlich. Auf einfache Fragen weigert sich Steinhardt, einfache Antworten zu geben. Auf den Einwand: »Nun reden Sie aber wie ein Value-Investor«, entgegnet er: »Auf einem nicht so oberflächlichem Niveau ist das eine richtige Beschreibung.«

Stets will er tiefer bohren und sich von der Masse absetzen. »Er ist gut, aber nicht besonders tiefschürfend«, sagt er über den Investor Larry Tisch, der einen ähnlichen Ansatz wie Warren Buffett verfolgt. »Wenn er zehn Gebote für die Geldanlage aufstellt, dann sind die ersten neun Gebote einfach fünf Buchstaben: Preis.«

Den zweiten Grund für seinen Erfolg nennt er selbst: »Ich hatte eine unglaubliche Intensität. Mein Ego war direkt an meine Performance gekoppelt. Wenn der Tag gut lief, ging es mir abends gut, falls nicht, ging es mir schlecht, egal wie gut mein Leben sonst war.« Die extrem gewinnorientierte Hedgefonds-Struktur verstärkte seinen Performance-Drang noch.

Er habe keinen leicht formulierbaren Investmentstil, sagt Steinhardt: »Ich suche Dinge, die intellektuell faszinierend sind. Das sind fast immer unpopuläre Dinge.« Aber er sei kein einfacher Contrarian, der meint, man müsse stets gegen die Mehrheit kaufen, denn die würden oft zu früh kaufen. Das habe er häufig selbst getan: 1972 ging er in den hochbewerteten Aktien von Avon, Polaroid und Xerox short. Doch die Papiere stiegen zunächst weiter und sorgten in diesem Jahr für einen Verlust von 1,6 Prozent in seinem Portfolio, während der Markt um 15,5 Prozent zulegte. Erst im Jahr danach ging die Strategie auf.

Globalanalyse. Steinhardt beginnt seine Analyse mit einem globalen Blick: Er setzt auf »Richtungsbewegungen«. Zuerst betrachtet er das allgemeine Bild: Wohin geht der Markt? Er entwickelt Ideen. Steigen die Aktien weiter? In welche Richtung bewegen sich die Zinsen? Wohin gehen Dollar und Yen? Erst danach sieht er, welche Aktien oder Wertpapiere am besten zu seiner Idee passen.

Abweichende Meinung (variant perception). Aus Steinhardts Globalanalyse folgt meist eine »variant perception«, wie er es nennt: eine Idee, die vom Konsensus abweicht. »Das ist der Schlüsselweg, um Geld zu machen«, sagt er. »Es gibt praktisch keine Ausnahmen.« Das sei zwar eine Binsenweisheit, aber sie werde wenig beachtet. Beispiel: Steinhardt glaubt, McDonald's werde im nächsten Jahr nur 5 Dollar je Aktie verdienen, und der Rest der Welt (= der Markt) glaubt, es sind 10 Dollar. Wenn der Rest der Welt sich später korrigieren muß, sinkt der Kurs. Steinhardt hat bereits vorab short verkauft und macht Gewinn. Das funktioniert auch mit Anleihen: Wenn er glaubt, daß die Inflation im nächsten Jahr 4 Prozent betragen wird und nicht 2 Prozent, dann kann er gewinnbringend gegen Anleihen wetten. »Das schwierigste für einen Anleger ist, gegen die herrschende Meinung zu investieren«, sagt Steinhardt. Der Anleger muß gegen den objektiven Maßstab des Marktes handeln.

Große Positionen. Hat sich Steinhardt für ein Engagement entschieden, dann heißt es klotzen, nicht kleckern. Er kauft große Positionen, also gleich mehrere hunderttausend Aktien oder für viele Millionen Dollar Anleihen. Liegt er richtig, reicht ein großer Deal schon für ein ganzes Jahr: 1980 verdankte er seine 41,5 Prozent Performance vor allem einem Großengagement in das Unternehmen Esmarck. Sein Analyst hatte vom Management erfahren, daß eine Restrukturierung bevorstand. Steinhardt kaufte bis zu 500 000 Aktien zu einem Preis von unter 30 Dollar – insgesamt für fast 150 Millionen Dollar. Als die Pläne schließlich bekannt wurden, stieg die Aktie auf 55 Dollar – ein Gewinn von mehr als 125 Millionen Dollar.

Risiko (exposure). Steinhardt ist trotz seiner großen Engagements kein Anleger, der Kopf und Kragen riskiert. Penibel achtet er auf sein Risiko. Täglich mißt er das Gesamtrisiko »mit einem ein wenig oberflächlichen Maßstab«, wie er selbst zugibt: als Beziehung zwischen dem Gesamtinvestment auf der langen Seite und dem Gesamtinvestment auf der kurzen Seite im Verhältnis zum Kapital. Er rechnet selbst ein Beispiel vor: Wenn er 100 Dollar Kapital hat, mit 70 Dollar long ist und mit 45 Dollar short, dann beträgt sein Nettorisiko 25 Prozent. Sein Marktrisiko entspricht seinem Engagement auf der langen Seite. Sein Durchschnittsrisiko betrug 35 Prozent, erzählt er stolz. »Wenn ich mit null Prozent Risiko Gewinn machen kann, ist das weit besser, als wenn ich das gleiche Geld mit 90 Prozent Risiko mache.« Der Grund für das möglichst geringe Risiko: Immer wieder erlebt der Aktienmarkt schwache Jahre.

Die Vorsicht geht sogar so weit, daß Steinhardt mehr als 50 Prozent in Cash hält. Dies tat er beispielsweise nach dem Zins-Crash im ersten Quartal 1994 und nach dem Aktien-Crash 1987 – immer dann, wenn er glaubt, das Gefühl für den Markt verloren zu haben.

Shorts. »Ich habe vermutlich mehr Papiere short verkauft als

58

irgendein anderer Mensch auf dieser Erde«, sagt Steinhardt und formuliert sein Credo: »Ich glaube an den aktiven und offensiven Gebrauch von Shorts.« Steinhardt nutzt das Shortselling immer fundamental, beispielsweise wenn sich die Wettbewerbsposition verschlechtert oder wenn die institutionellen Anleger wie Pensionsfonds oder Versicherer unrealistischen Träumen nachhängen. Die Kriterien für das Shortselling sind das Gegenteil seiner Kaufkriterien: schlechtere fundamentale Daten, ein hoher Aufschlag auf den Buchwert, hohes KGV und niedrige Dividendenrendite. Steinhardt achtet auf die relative Preisbewegung und shortet oft die stärksten Aktien, also die Lieblinge der Analysten und institutionellen Anleger. Sein Short-Side-Portfolio sehe oft aus wie das »Who's Who in Corporate America«, sagt Steinhardt.

Hebel. Die guten achtziger Börsenjahre nutzten viele Spekulanten, um auf Kredit zu spekulieren. Der Vorteil der Kreditspekulation: Durch den Kredit ist die Hebelwirkung der Gewinne weit höher. Wer mit 20 000 Dollar eigenem Geld spekuliert und 10 Prozent Gewinn macht, hat 2000 Dollar gewonnen. Wer für die gleiche Spekulation noch einen Kredit von 20 000 Dollar aufnimmt, hat auf einmal schon 4000 Dollar gewonnen und seinen Gewinn auf 20 Prozent verdoppelt. Das Risiko ist der umgekehrte Hebel: Wer auf seine kreditfinanzierte Spekulation 10 Prozent Kursverlust macht, verliert gleich 20 Prozent seines Eigenkapitals.

Wegen der Verlustgefahr schwebt über der Spekulation auf Kredit das Damoklesschwert der »Exekution«: Sinkt der Depotwert der Wertpapiere unter die Beleihungsgrenze von beispielsweise 50 Prozent des Marktwertes, fordert die Bank einen Nachschuß, also eine weitere Sicherheitsleistung. Wer nicht nachzahlt, kann zwangsweise liquidiert werden. Bei schlechten Nachrichten und fallenden Kursen muß oft auf jeden Fall ein Teil der Papiere verkauft werden. Nach der Meldung vom Putsch in der Sowjetunion im August 1991 zum Beispiel mußten viele Anleger, die auf Kredit engagiert waren, Papiere abstoßen, obwohl sie gar nicht unbedingt der Meinung waren, daß der Putsch erfolgreich sein würde.

Trading. Steinhardt ist ein heftiger Trader. »Working the street«, nennt er dies. In der täglichen Handelszeit entwickelt er eine frenetische Aktivität: »Durch aktives Trading bekomme ich ein Gespür für den Markt, das kein anderer Weg bietet.« Tag für Tag produziert Steinhardt einen riesigen Umschlag in seinem Portfolio. Teilweise dreht er sein Portfolio jeden zweiten Monat. Seine Umschlagsrate liegt bei 5 bis 10 pro Jahr. Ein interner Bürowitz sagt, er lasse seine Trader morgens kaufen, was sie wollen, doch in der Mittagspause verkaufe er alles. Denn Steinhardt geht nicht einmal zum Lunch, er ißt lediglich einige Bagels an seinem Schreibtisch.

Steinhardt ist ein harter Boß: Er schreit seine Trader an, wenn sie einen Fehler machen. »Ich bin ein Perfektionist.« Der Preis der Unerbittlichkeit: Steinhardt schaffte es nicht, einen Nachfolger aufzubauen. Die Fluktuation unter seinen Angestellten ist hoch. Der erfolgreiche Anleger Bruce Kovner verließ ihn nach sechs Monaten und startete seinen eigenen Hedgefonds.

Steinhardt nimmt lieber viele kleine kurzfristige Gewinne mit, als auf ein großes langfristiges Plus zu warten. Selbst die Stellen hinter dem Komma sind wichtig. Nicht vieles in seinem Portfolio wurde als langfristiges Investment besteuert. Kurzfristig realisierte Gewinne von 5 bis 15 Prozent sind ihm wichtiger als langfristige Perspektiven. So steigt er oft massiv in eine Aktie ein, wartet, bis sie zehn Prozent gewonnen hat, dann steigt er ebenso massiv aus. Teilweise wechselt er sogar unmittelbar in der gleichen Aktie auf die Short-Seite, um die Abwärtsbewegung, die er mitangestoßen hat, auszunutzen.

»Ich dachte nie langfristig, in Zinseszinsbegriffen, sondern meist kurzfristig.« Praktisch nie habe er ein Papier länger als ein oder zwei Jahre gehalten. »Ich hatte fast keine Positionen, die sich verdrei- oder vervierfachten, nicht einmal bei meinen besten Investments.« Er benutzt ein Bild aus dem US-Football: »Ich bin immer nur drei oder vier Yards durch die Mitte gegangen und habe wenige lange Pässe gespielt.« Nie ließ er seine Gewinner laufen: »Ich habe fast immer zu früh und fast nie zu spät verkauft.« Und woher die Gewinne stammen? »Ganz einfach«, sagt Steinhardt ausnahmsweise: »Ich lag die meiste Zeit richtig.«

Das kurzfristige Trading begrenzt sein Risiko und führt zu höherer Disziplin. Dreht der Markt in eine unvorhergesehene Richtung, klebt Steinhardt nicht an seinen Positionen, sondern liegt dank seines ständigen Tradings automatisch im Trend.

Auch psychologisch kommt ihm das Trading entgegen: Er kann aktiv sein, täglich Gewinne machen – und muß sich nie die existentielle Frage stellen, warum er eigentlich heute ins Büro gekommen ist. Wenn er mehrmals sein Portfolio überprüft, konzentriert er sich auf die Aktien, die sich nicht wie erwartet entwikkeln. Warum? Hat er etwas übersehen?

Steinhardt verkehrt den Nachteil, daß er durch sein intensives Hin-und-her-Traden den Brokern hohe Kommissionen gewähren muß, in einen Vorteil. Bis zu 10 Prozent seines Volumens zahlt er jährlich an Kommissionen – obwohl seine Sätze äußerst niedrig sind. Die Broker nehmen eine Schlüsselstellung in seiner Strategie ein; Steinhardt verlangt den »ersten Anruf«, wenn ein Research-Haus seine Einschätzungen für bestimmte Aktien ändert. Namhafte Investmentbanken haben so großen Einfluß, daß die Veröffentlichung ihrer Schätzungen den Markt bewegt. Wenn Steinhardt als einer der ersten davon erfährt, kann er legales »frontrunning« betreiben und vor der Masse kaufen. Der Broker ist ebenfalls zufrieden, wenn er mit einem Anruf sofort einen großen Auftrag bekommt.

Die Broker räumen Steinhardt die höchste Liquidität und die besten Leverage(Hebel)-Konditionen ein. Und manchmal bekommt er sogar eigentlich vertrauliche Informationen, beispielsweise wer gerade welche Aktien kauft oder welches Aktienpaket am Markt ist. Bei attraktiven Neuemissionen fordert Steinhardt hohe Zuteilungen. Und weil er den Brokern immer wieder schwierige Aktienpakete abnimmt, wird er selbst schwierige Positionen schneller los. So hart Steinhardt gegenüber seinen Mitarbeitern ist, die Broker umwirbt er regelrecht. Auf seinem Telefon sind Dutzende von Knöpfen, die ihn direkt mit wichtigen Brokern verbinden.

Die Grundformen:
Steinhardts Tricks für Aktien und Anleihen

Aktien. Seine größten Erfolge verdankt Steinhardt einzelnen US-Aktien, in denen er je nach Einschätzung long oder short ging. »Auf der langen Seite suche ich langweilige Aktien mit einem niedrigen KGV, Nachzügler mit Erholungspotential.« Wichtiger Punkt: Steinhardt bevorzugt unter mehreren Aktien der gleichen Kategorie Unternehmen, die ein Aktienrückkaufprogramm haben. Kauft ein Unternehmen mit eigenem Geld seine Aktien zurück, stützt es den Kurs. Außerdem kann Steinhardt seine Papiere später leichter loswerden – weil immer ein Käufer da ist. Bisher ist deutschen Unternehmen Aktienrückkauf verboten, doch soll dies bald geändert werden.

»Auf der Short-Seite will ich die bekanntesten Unternehmen der USA haben.« Sie sind das Gegenteil seiner Long-Aktien: hohes KGV, beliebte Aktien mit hohen Ergebniserwartungen in den Preisen, die bald enttäuscht werden. Das größte Problem der Short-Spekulation sei das richtige Timing: Wann brechen die Erwartungen zusammen?

Steinhardt reagiert stark auf aktuelle Nachrichten. Beispiel: Eine Fusion zweier Unternehmen wird angekündigt. Der Kurs eines dritten Unternehmens verliert bei Börseneröffnung, weil die Anleger befürchten, daß es einem härteren Wettbewerb ausgesetzt sein wird. Doch Steinhardt glaubt, daß die Fusion die Wettbewerbsbedingungen nicht sehr verändern wird. Also kauft er die Aktien – natürlich massiv.

Dauerhaft long geht Steinhardt, wenn er einen wesentlichen Anteil an einem Unternehmen kauft und dann auf Veränderungen drängt. Steinhardt und Hedgefonds-Kollege Michael Price erwarben 1988 das Konglomerat Allegheny International, das bis zum Hals in Schwierigkeiten steckte. Sie wendeten den drohenden Konkurs ab, kauften die Gläubiger aus, reduzierten die Schulden und brachten das Unternehmen als Sunbeam Corp. an die Börse – mit einem riesigen Profit.

Anleihen. »Ich bin selten in Anleihen gegangen«, sagt Steinhardt. Das war auch gut so, denn mit Zinspapieren hat er meist schlechte Erfahrungen gemacht: 1981 wagte er sich erstmals in den Anleihenmarkt. Im Frühjahr lagen die langfristigen Zinsen bei 14 Prozent. Steinhardt setzte mit einem Hebel von 5 zu 1 auf fünfjährige Staatsanleihen. An »häufige Schocks und Schwierigkeiten« erinnert sich Steinhardt: Im ersten Jahr verlor er Geld, erst danach fielen die Zinsen drastisch, und er machte einen Gewinn von 78 Prozent. Sein Engagement in Treasury-Anleihen endete in einer Anschuldigung, den Markt zu manipulieren. Und als er George Soros Ende 1992 in den internationalen Anleihen- und Währungsmarkt folgte, rutschte er bei der Zinswende 1994 in die Verluste.

Anleihen haben einen Vorteil: »Der Markt ist riesig und liquide.« Auch ein Großanleger wie Steinhardt kann jederzeit problemlos kaufen oder verkaufen. Der Hebel kann stärker angesetzt werden: Aktien werden nur bis zu 50 Prozent ihres Kurswertes beliehen, Anleihen bis zu 90 oder sogar 98 Prozent. »Es gibt praktisch keine Beschränkung des Kredites durch Einschuß-pflichten.« Der Hebel kann in der Spitze 50 zu 1 betragen. Doch mit diesem Turbohebel wird der Anleihenmarkt gefährlicher als der Aktienmarkt. Wenn die Kurse nur um 2 Prozent fallen, ist das eigene Kapital weg.

Die Jahre nach Steinhardt & Partners

Steinhardt stellt sich schon lange vor Auflösung seines Fonds Ende 1995 die Sinnfrage: »Ich wollte etwas tun, was tugendhaft ist, von einer höheren Qualität.« Er habe weit mehr Geld verdient, als er sich jemals erträumt hatte. »Geld hat keinen praktischen Wert mehr, und das Geld den Kindern zu geben ist ein zwiespältiger Segen.« Es gebe ein weises jüdisches Sprichwort: Wenn du viel Geld machst, ist das ein Segen. Wenn deine Kinder viel Geld erben, ist das ein Fluch.

»Ich glaube, es ist mein Schicksal, einen Beitrag zum weltlichen Judentum zu leisten«, sagt er. Steinhardt hält es für seine Berufung, die nichtorthodoxen jüdischen Werte für die kommenden Generationen in Amerika zu bewahren. »Meine jüdische Generation stand am Zusammenfluß zweier großer Ströme: der religiösen Traditionen der osteuropäischen Juden und der Offenheit des säkularen Amerikas. Das führt zu einer außergewöhnlichen Serie von Erfolgen.« Er nennt die Nobelpreise und die Wohltaten der Reichen als Beleg. Doch die heutige Generation spüre nicht die gleiche Verpflichtung gegenüber diesen Werten. Der jüdische Atheist beschreibt die Beziehung zu seiner Religion als »eine

Haßliebe«: »Ich hatte seit jeher Schwierigkeiten mit dem Glauben, aber ein intensives Gefühl für Israel.« Steinhardt hat fast alle Bücher über dem Holocaust gelesen.

Seine Berufung läßt er sich reichlich Geld kosten: Er will in den nächsten drei Jahren 4 Millionen Dollar in die »The Forward« investieren, eine kleine jüdische Wochenzeitung, die chronisch Geld verliert. Sie soll künftig täglich erscheinen. Für die von ihm geplanten Institute und Vereinigungen kaufte er bereits ein Haus auf der New Yorker West Side, das zu ihrem Zentrum werden soll.

Mit seinem eigenen Geld aber spielt er weiterhin: »Mehr um der Unterhaltung als um des Gewinnes wegen.« Den Markt vermisse er nicht: Er sei ja nicht so weit weg. »Das große Vergnügen an den Märkten war für mich immer, richtig zu liegen. Das kann ich auch mit meinem eigenen Geld, selbst wenn es weniger als vorher ist.«

George Soros: Der gute Mensch
vom Quantum-Fonds

»Solche Leute hätte man früher geköpft.«
(Ein französischer Zentralbanker über
George Soros)

»Meiner Meinung nach ist George Soros
der größte Anleger, der je gelebt hat.«
(Stanley Druckenmiller)

New York, 15. September 1992. George Soros lehnt sich in seinem hohen Ledersessel in seinem Büro in der 33. Etage eines unauffälligen Bürogebäudes mitten in Manhattan zurück. Doch der Blick in den Central Park zu seiner Linken beruhigt ihn nicht. Umgerechnet 15 Milliarden Mark stehen auf dem Spiel. Das ist beinahe das gesamte Kapital des Quantum-Fonds, des aggressivsten, berühmtesten und erfolgreichsten Hedgefonds der Welt. Und Soros spielt gegen den stärksten Gegner, den ein Spekulant haben kann: die mächtigen Zentralbanken, deren Kapitalfundus weit größer ist.

Doch Soros hat sich nie an jene alte Börsianerregel gehalten, die da heißt: »Spekuliere nie gegen die Zentralbanken.« Im Gegenteil: Immer wieder begibt er sich auf das Feld, auf dem die Zentralbanken das Sagen haben – den Devisenmarkt. Dort greifen die Notenbanken der großen Industriestaaten ein, wenn ihnen der Kurs der eigenen Währung unangemessen erscheint. Die Deutsche Bundesbank beispielsweise versucht, den Dollar zu stützen, damit die heimische Exportwirtschaft nicht zu sehr leidet. Sie unternimmt Stützungskäufe, das heißt, sie verkauft D-Mark, um den Kurs zu drücken, und kauft Dollar, um den Kurs zu erhöhen.

Soros spielt dieses Mal nicht mit dem Dollar, der beliebtesten Währung der Spekulanten. Er wettet gegen eine andere Traditionswährung, die bis 1914 die Leitwährung der Welt war, mächtig, strahlend und an das Gold gebunden – das britische Pfund. Sein Gegner ist kein Geringerer als die legendäre Bank von England.

Soros hat seinen Coup gut vorbereitet. Sein zweiter Gegenspieler ist das Europäische Währungssystem (EWS). Das 1979 gegründete System sollte einer europäischen Einheitswährung den Weg bereiten. Die europäischen Währungen wurden eng aneinander gebunden: Sie durften untereinander nur noch in bestimmten Bandbreiten schwanken. Wenn eine Währung das obere oder untere Ende dieses Bandes berührte, waren die Zentralbanken zur Intervention verpflichtet.

Die Schwäche des Systems war seine Vorhersehbarkeit und seine Inflexibilität: Die festen Ober- und Untergrenzen für jede Währung konnten nur durch Beschluß der Regierungen geändert werden. Wenn das Pfund schwach war, konnten Spekulanten unbesorgt Pfund auf den Markt werfen. Die Zentralbanken mußten am unteren Interventionskurs kaufen, der Spekulant bekam also immer den Mindestkurs.

Im Frühjahr 1992 glaubt Soros zu erkennen, daß das Pfund abgewertet werden muß: Es war aus politischen Gründen 1990 mit dem zu hohen Wechselkurs von rund 2,95 Mark in das EWS eingebracht worden. Nun aber steckte Großbritannien in einer tiefen Rezession. Hohe Zinsen belasteten die Wirtschaft; die Briten mußten also eigentlich die Zinsen senken, um die Konjunktur wieder auf Trab zu bringen. Das jedoch würde das Pfund schwächen, weil die internationalen Anleger in die höherverzinsliche D-Mark wechseln würden. Also drängte die britische Regierung die Bundesbank, ihre Zinsen gleichzeitig herabzusetzen. Doch im Wiedervereinigungsboom versuchten die Frankfurter Währungshüter die Inflation unter allen Umständen niedrig zu halten. Eine Zinssenkung hätte den Einheitsboom noch angeheizt.

Ende August trifft Soros auf einer Konferenz den damaligen Bundesbankpräsidenten Helmut Schlesinger. In seiner Rede warnt Schlesinger, daß die Investoren einen Fehler machen, wenn sie sich die europäische Kunstwährung ECU als festen Währungskorb vorstellen. Damit spielte er auf die Lira an, über deren Ausscheiden aus dem EWS und damit dem ECU damals spekuliert wurde. Soros fragte ihn, was er vom ECU als der künftigen gemeinsamen europäischen Währung halte. Er antwortete, es sei ihm lieber, wenn sie »Mark« hieße. Soros zog aus der genauen Beobachtung der Bundesbanker und ihrer Verlautbarungen seine Schlüsse: »Ich habe gewisse Ereignisse vorhergesehen, unter anderem, daß die Bundesbank die Lira und das Pfund ab einem bestimmten Punkt nicht mehr stützen würde.«

Soros geht aufs Ganze. Er leiht sich von den Banken britische Pfund und kauft dafür zum Kurs von 0,36 Pfund je Mark deutsche Währung und einen kleinen Teil Franc – insgesamt für sieben Milliarden Dollar. Gleichzeitig steigt Soros für 500 Millionen Dollar in britische Aktien ein, denn eine Abwertung der Währung läßt häufig die Aktienkurse boomen. Für mehr als 2 Milliarden Dollar kauft er deutsche und französische Anleihen. Die stärkere Mark, so seine Annahme, wird die Aktienkurse drücken, aber wegen der niedrigeren Zinsen zu einem Kursanstieg der Anleihen führen. Insgesamt investiert Soros 10 Milliarden Dollar.

Am Sonntag, dem 13. September, wird die Lira um 7 Prozent abgewertet. Doch die britische Zentralbank versucht immer noch, die Währung zu stützen. Soros verkauft noch mehr Sterling. »Ich fühlte mich sicher an der Seite der Bundesbank«, sagte er hinterher. Zwei Tage später, am Dienstag, bricht das Pfund ein. Premierminister John Major sagt eine Spanienreise ab. Das Pfund schließt unter 2,80 Mark, dem niedrigsten Kurs seit dem EWS-Beitritt. Abends ruft der britische Schatzkanzler Norman Lamont die Bundesbank an und bittet ein letztes Mal verzweifelt um eine Zinssenkung – vergeblich.

Am nächsten Tag beginnt die Bank von England mit offenen Käufen, um das Pfund zu stützen. Doch auch 2 Milliarden Pfund können den Schwarzen Mittwoch nicht verhindern, das Pfund fällt weiter. Um elf Uhr erhöht Großbritannien die Zinsen um zwei Prozentpunkte auf 12 Prozent. Das Parlament wird aus der Sommerpause geholt. Mittags interveniert die Bank von England ein weiteres Mal – wieder vergeblich. Insgesamt opfert sie 15 Milliarden Pfund, gut ein Drittel ihrer gesamten Währungsreserven.

Um diese Zeit, es ist 7 Uhr in New York, wird Soros von seinem Partner Stanley Druckenmiller geweckt. Als die amerikanischen Märkte eröffnen, fließen weiter Pfund in den Markt. Am Nachmittag erhöht die Bank von England den Zins um weitere drei Punkte auf 15 Prozent. Doch das Pfund ist inzwischen bei 2,703 Mark angekommen – weit unter dem unteren EWS-Interventionspunkt von 2,778 Mark.

Am Abend des 16. September 1992 gibt sich England geschlagen. Das Pfund verläßt das EWS. Die Zinsen werden wieder auf 10 Prozent gesenkt. Bis Ende September fällt das Pfund um weitere 17 Prozent auf 2,50 Mark.

Soros tauscht sein Geld zum Kurs von 0,40 Pfund je Mark zurück. Sein Gewinn betrug 4 Pence je Mark, Zahlmeister war die Bank von Engand. Die Verteidigung des Pfunds kostete jeden britischen Bürger 12,5 Pfund. Insgesamt soll die Aktion 6 Milliarden Dollar gekostet haben. Viele hatten am Pfund verdient, Banken, Pensionsfonds und zahlreiche Hedgefonds.

Doch Soros war der stille Triumph nicht genug. Er suchte die Öffentlichkeit und rief seinen alten Freund Anatole Kaletsky, einen Finanzjournalisten der Londoner »Times« an: Er habe 2 Milliarden Dollar Gewinn gemacht, indem er mit 10 Milliarden Dollar gegen das Pfund spekuliert habe, von denen 9 Milliarden Dollar geliehen waren. In den Tagen vor dem Zusammenbruch des Pfundes »müssen wir der größte Einzelfaktor im Markt gewesen sein«, teilt er dem Journalisten mit. Das Interview erscheint am 26. Oktober und macht Soros berühmt. Soros ist nun ein Star und darf fortan Fünfpfundnoten signieren.

In Wahrheit stammte nur die Hälfte des Milliardengewinns aus der Pfund-Spekulation, die andere Hälfte verdiente Soros in italienischer und schwedischer Währung sowie auf dem Tokioter Aktienmarkt. Nur ein Bedauern äußerte er nach dem Coup. Die überfällige Abwertung des Pfunds kam ihm zu früh: »Ich hätte meinen Einsatz auch verdoppeln können.«

Wer ist George Soros?

Das Jahr der Pfund-Krise 1992 katapultierte Soros an die Spitze der Rangliste der größten Verdiener an der Wall Street. 650 Millionen Dollar hatte er persönlich für sich verbucht, davon 250 Millionen Dollar aus Managementgebühren. Vier Plätze hinter ihm in der Liste von »Financial World« lag sein Mitarbeiter Stanley Druckenmiller, der heute die Fonds managt. Der Quantum-Fonds hatte 68,6 Prozent im Wert zugelegt. Die Gewinne aus der Pfund-Position machten nur 40 Prozent der Gesamtgewinne aus.

Die Pfund-Krise machte Soros nicht nur zum bekanntesten, sondern auch zum umstrittensten Spekulanten der Welt. In Großbritannien wird er »the man who broke the pound« genannt, der Mann, der die Bank von England sprengte. »Dieser Mann will unsere D-Mark kaputtmachen«, titelte »Bild«, nachdem Soros im Juni 1993 eine Spekulation gegen die D-Mark angekündigt hatte. In jedem Fall ist er »Der Mann, der die Märkte bewegt« (»Business Week«).

In Insiderkreisen war der stets in edlen Stoff gekleidete, fit und energisch auftretende Soros, den allein sein starker ungarischer Akzent vom Kosmopoliten unterscheidet, längst bekannt. Schon im Juni 1981 feierte ihn das Fachmagazin »Institutional Investor« auf der Titelseite als »The World Greatest Money Manager« (der beste Anleger der Welt): Soros hatte mit seinem Partner Jim Rogers gerade ein erstes Traumjahrzehnt abgeschlossen. Das setzte er fort: Wer 1969 10000 Dollar in den Quantum-Fonds investierte, verfügte Ende 1996 über rund 22 Millionen Dollar. Seine durchschnittliche Jahresrendite beträgt 35 Prozent.

Wer ist dieser Mann? Auf einem Zettel, der lange Zeit in Soros' New Yorker Büro hing, stand: »Ich bin arm geboren, aber ich werde nicht arm sterben.« Das war sein Credo – und er muß nicht mehr befürchten, arm zu sterben.

George Soros wurde 1930 in Budapest als Dzjchdzhe Shorash geboren. Sein Vater, der jüdische Rechtsanwalt For Tivadar Soros, war ein raffinierter, aber nicht unbedingt fleißiger Anwalt. Von früh auf lernte Soros den Umgang mit risikoreichen Situationen. Sein Vater war von 1917 bis 1921 Kriegsgefangener in Sibirien. Doch mit 30 anderen Gefangenen gelang ihm die Flucht, er überlebte in den Nachwirren der bolschewistischen Revolution.

Die Zeit ab März 1944, dem Jahr der deutschen Besatzung in Ungarn, hält Soros für die glücklichste Zeit seines Lebens. Seine jüdische Familie überstand die Besatzung mit falschen Pässen, die Vater Tivadar besorgte. Die gefälschten Papiere wiesen George als Enkel eines Beamten im Landwirtschaftsministerium aus, der für die Konfiszierung verantwortlich war. Der Beamte hatte eine jüdische Frau, deren Versteck Soros' Vater finanzierte. George Soros war häufig dabei, wenn dieser Beamte jüdisches Land konfiszierte. Tivadar Soros spürte immer wieder neue Wohnungen auf, wo die Familie sich verstecken konnte – und er rettete auch andere Menschen. »Das war eine Zeit aufregender Abenteuer. Es ist eine wichtige und paradoxe Tatsache, daß das Jahr 1944 das glücklichste meines Lebens war.«

1945 werden zwar die Nazis vertrieben, doch die Kommunisten lösen sie ab. 1947 flieht George Soros allein nach England. Dort studiert er an der London School of Economics, unter anderem Philosophie bei Karl Popper. Sein Studium finanziert er durch Kellnerei im »Quaglino's«, wo die reichen Londoner dinieren und tanzen, oder durch Anstreicherei und als Transportarbeiter. Als Hilfsarbeiter bei der britischen Eisenbahn bricht er sich ein Bein. Der Schadensersatz sichert ihm für einige Zeit sein Auskommen. 1952 macht er sein Examen.

Es folgt das, was Soros als »Tiefpunkt meines Lebens« bezeichnet: Zuerst verdingt er sich als Vertreter für Modeschmuck in London und Wales. Zahlreiche erfolglose Bewerbungen begleiten seine Reisen von Türklinke zu Türklinke. Nur durch einen Zufall kommt er 1953 bei der Londoner Investmentfirma Singer & Friedlander unter: Einer der Besitzer stammte aus Ungarn. Soros wird Trainee für 7 Pfund die Woche und kommt erstmals mit dem Aktienmarkt in Berührung.

Im September 1956 geht Soros nach Amerika. Eine gute Entscheidung: Selbst mit seinem bescheidenen Wissen kann er als Experte für europäische Aktienbörsen reüssieren. Zuerst wird er Arbitrage-Händler bei F. M. Mayer in New York. Die noch unterentwickelten Kapitalmärkte machen die einfache Arbitrage möglich. Soros kauft ein Wertpapier in einem Land und verkauft das gleiche Papier zu einem höheren Kurs in einem anderen, vor allem Ölaktien. Sein Gewinn besteht im Preisunterschied zwischen beiden Märkten. 1959 wird Soros bei Wertheim & Co. Spezialist für europäische Aktien, die nach der Gründung der europäischen Montanunion boomen. 1961 wird er amerikanischer Staatsbürger.

1963 wechselt er als Europa-Analyst zu Arnhold & S. Bleichroeder Inc., einer der führenden Investmentfirmen für ausländische Investments, die von einer alten Dresdner Bankiersfamilie gegründet worden war. Damals, als die amerikanischen Broker noch nicht einmal die Namen der Firmen aussprechen können, begreift Soros als einer der ersten Amerikaner die künftige wirtschaftliche Bedeutung Europas. Er hilft bei der Einführung von Dresdner Bank und Allianz in den amerikanischen Handel.

Soros ist ehrgeizig. Er schlägt seinem Arbeitgeber Arnhold & S. Bleichroeder einen eigenen Investmentfonds unter seiner Führung vor. 1967 startet der First Eagle Fund, ein konventioneller Investmentfonds. 1969 folgt der Double Eagle Fund, bereits ein Hedgefonds. Soros bringt sein eigenes Geld ein, mittlerweile 250 000 Dollar, seine besten Kunden aus Europa geben ihm weitere 6 Millionen Dollar. Der Double Eagle ist ein Offshore-Fonds; diese Fonds mit Sitz außerhalb der USA sind für amerikanische Bürger tabu.

Soros meets Rogers: Das erste Jahrzehnt

1973 macht sich George Soros mit Jim Rogers, der 1970 zu Arnhold & S. Bleichroeder gestoßen war, selbständig. Soros gründet die Soros Fund Management (SFM): Die Kunden können wählen, ob sie mit Soros gehen oder bei Arnold & S. Bleichroeder bleiben wollen. Soros und Rogers beziehen ein Büro außerhalb des Wall-Street-Zirkels am Columbus Circle, zwischen Times Square und Met. Als Sitz des Soros Fund wird die Karibik gewählt, Curaçao. Damit entgeht der Fonds der strengen amerikanischen Regulierung. Erst 1979 wird der Soros Fund in Quantum Investment Fund umbenannt, ein Tribut an das Unbestimmtheitsprinzip der Quantenmechanik, das der deutsche Physiker Werner Heisenberg formuliert hatte.

Rogers und Soros schaffen in den ersten zehn Jahren eine Wertsteigerung um 3365 Prozent. Selbst 1974, als der Dow Jones fast 24 Prozent absackt, können Soros und Rogers 18 Prozent Plus einfahren. Die Aufgabenteilung ist perfekt: Jim Rogers ist der Analyst, Soros der Trader. Rogers hält die Sicht der Mehrheit stets für falsch, Soros stimmt mit Rogers überein, fügt aber das Element hinzu, daß sie sich auch selbst irren können. Jim hat die Ideen, George entscheidet. Soros Mitte der siebziger Jahre: »Wir gehen von der Annahme aus, daß sich der Aktienmarkt immer irrt. Wer also alle anderen an Wall Street kopiert, ist zu schwacher Performance verdammt. Die meisten Wall-Street-Analysten sind reine Propagandisten des Unternehmensvorstandes, sie schreiben ihre Unternehmensanalysen aus den Geschäftsberichten ab oder gar voneinander, und sie entdecken kaum einmal etwas Nennenswertes.«

Soros findet wie Rogers ein »boshaftes Vergnügen« darin, die Lieblingsaktien der Wall Street short zu verkaufen. Beispiel: Disney und Polaroid, damals die Lieblinge der meisten Fondsmanager. 1985 ging er in Western Union short, damals wegen des gedrückten Kurses eine Kaufempfehlung vieler Broker. Doch Soros erkannte, daß das verschuldete Unternehmen noch die durch den Vormarsch des Fax veraltete Telex-Ausrüstung mit hohen Werten in der Bilanz stehen hattte.

1982 lieh sich Soros 10 000 Avon-Aktien zu einem Preis von 120 Dollar je Stück. Zwei Jahre später kaufte er sie für 20 Dollar zurück. Der Deal brachte dem Fonds einen Gewinn von 1 Million Dollar. Soros hatte erkannt, daß in einer alternden Bevölkerung zunehmend weniger Kosmetikartikel nachgefragt werden. »Die Banken bekamen nicht mit, daß der Nachkriegsboom der Kosmetika vorbei war.« Statt dessen wird der »natural look« und damit Kosmetikverzicht zum neuen Trend.

Ein weiterer Erfolgsdeal gelingt ihm in der Bankbranche. Sie galt damals als verschlafen, langweilig und verstaubt. Die Aktien dümpelten vor sich hin. Doch Soros erkennt 1972, daß eine neue Generation von Bankern von den Universitäten hereinströmt, die das Denken verändern wird. Bald stiegen die Bankaktien tatsächlich. Auch viele Länder entdeckt Soros als erster. Er erkennt, welche Märkte für ausländische Investoren geöffnet werden oder wo Marktreformen bevorstehen. Er hat den richtigen Riecher für Energie, steigt vor der Ölkrise in Energieaktien ein, sieht 1972 die Nahrungsmittelkrise voraus, und er investiert rechtzeitig in Rüstungsaktien.

Auf der Suche nach solchen Trends lesen Soros und Rogers alle wichtigen Wirtschafts- und Fachmagazine, alle wesentlichen Illustrierten und Zeitschriften – immer auf der Suche nach Trends. Der fleißige Rogers sammelt die Daten von mehr als 1500 Unternehmen und prüft jeden Tag 20 bis 30 Geschäftsberichte. Das

Ziel: eine große Veränderung zu erkennen, die noch niemand bemerkt hatte. Soros ist der spontane Anleger: »Ich bin sehr faul. Wäre ich nicht so faul, wie könnte ich dann so viele Dinge auf einmal tun? Ich reduziere jede Tätigkeit auf das mögliche Minimum. Es gibt Menschen, die lieben es, Bilanzen, Kurse und Tabellen zu studieren. ... Ich hasse es.« Bis heute hat er nicht gelernt, mit Computern umzugehen.

1979 und 1980, zwei Jahre hintereinander, verdoppelt sich das Kapital des Quantum-Fonds. »Es hat noch nie einen Investmentfonds gegeben, der vergleichbare Ergebnisse produziert hätte«, sagt Soros. Das Wachstum schafft Probleme: 1980 erreicht der Fonds ein Volumen von fast 400 Millionen Dollar. Soros will neue Mitarbeiter suchen und sogar einen künftigen dritten Partner einarbeiten. Rogers wehrt sich. Schließlich nehmen sie Mitarbeiter auf. »Rogers jedoch konnte niemanden neben sich tolerieren. Schließlich haben wir aus diesem Grund die Gesellschaft geteilt.« Rogers verläßt ihn im Mai 1980 und gibt seinen Anteil von 20 Prozent gegen 14 Millionen Dollar in bar zuück.

Die Erfolgsgeheimnisse von George Soros

»Ich bin auf Chaos spezialisiert.«
(George Soros)

Hebel. Die Hebelwirkung ist die dritte Dimension des Quantum-Fonds. Soros spekuliert fast immer auf Kredit. Das Eigenkapital des Fonds ist nur das Fundament, auf dem das Investmentgebäude errichtet werden kann. Beispiel: Wenn Quantum Aktien kauft, werden 50 Prozent in bar gezahlt, der Rest wird geliehen. Bei Anleihen beträgt der Baranteil nur 2 bis 10 Prozent. Erst der Hebel läßt Soros' Gewinne explodieren: Ein Kleinanleger mit 10 000 Dollar hätte im Kampf gegen das Pfund nur 2000 Dollar Gewinn gemacht.

Trader. Soros ist ein Top-Trader: Er hat ein Gespür für Marktentwicklungen, ein gutes Timing und eine extrem hohe Risikobereitschaft. Er ist bereit, Fehleinschätzungen blitzschnell zu korrigieren. Beispiel: Ein Freund spielte mit ihm 1974 Tennis, als das

Telefon klingelte. Es war ein Broker aus Tokio, der ihn darüber informierte, daß die Japaner kaum auf Richard Nixons Watergate-Affäre reagierten. Soros war stark im japanischen Aktienmarkt engagiert. Sofort gab er Verkaufsaufträge. Die meisten Anleger hätten erst einmal eine Weile gebraucht, um die Nachrichten zu verdauen. An einem Durchschnittstag kaufen und verkaufen die Soros-Fonds für 750 Millionen Dollar Wertpapiere. 1988 dreht Soros sein Portfolio 18mal um, 1992 8mal.

Hohes Risiko. Wenn ein Fondsmanager in einem Jahr bereits 30 oder 40 Prozent Gewinn gemacht hat, agiert er meist nur noch vorsichtig. Soros nicht, er zielt auf 100 Prozent.

Gewinnmaximierung/Verlustminimierung. Es ist nicht wichtig, ob jemand die Entwicklung richtig oder falsch einschätzt, meint Soros. Wichtig ist, daß der Gewinn möglichst hoch ist, wenn er richtig liegt, und der Verlust möglichst niedrig, wenn er falsch liegt. Druckenmiller: »Langfristige Gewinne werden durch den Erhalt des Kapitals und Home-Runs erzielt.« Das Ziel ist, Verlustjahre zu vermeiden und in guten Jahren hohe zwei- oder sogar dreistellige Renditen zu erreichen. Druckenmiller: »Man braucht Mut, um ein Schwein zu sein. Man braucht Mut, um mit einem riesigen Hebel auf Profit zu setzen.« Das einzige Mal, sagte Druckenmiller in einem Interview, daß Soros ihn kritisierte, war, als er bei einer Spekulation richtig lag, aber seinen Profit nicht maximierte. »Soros ist einer der besten Verlierer, die ich kenne. Es kümmert ihn nicht, ob er bei einem Trade gewinnt oder verliert. Wenn ein Trade nicht funktioniert, ist er selbstbewußt genug zu wissen, daß er bei anderen Trades Gewinn macht, so daß er die Position leicht abstoßen kann.«

Philosophischer Rahmen. Soros geht nahezu wissenschaftlich vor. Er formuliert eine These über den voraussichtlichen Verlauf der Ereignisse. Dann vergleicht er den tatsächlichen Verlauf damit.

Trends. Der Quantum-Fonds will von größeren Trends profitieren. Das nennt Soros »Makro-Investing«. Innerhalb der größeren Trends setzt er auf Stockpicking.

Stockpicking. Die wichtigste Frage ist: Welche Faktoren bestimmen den Kurs einer Aktie? Was läßt den Kurs steigen oder sinken?

Kein fester Anlagestil. »Das besondere bei mir ist, daß ich keinen bestimmten Anlagestil habe. Präziser: Ich versuche meine Taktik den Bedingungen anzupassen.«

Marktpsychologie. Das Timing zum Ein- und Ausstieg wird von der Liquidität am Markt und anderen technischen Faktoren bestimmt.

Globales Investment. Schon in den siebziger Jahren investierte Soros global, die Wall Street konzentrierte sich noch auf den Heimatmarkt.

Neue Märkte. »Ich halte mich gern in Gebieten auf, die andere nicht interessieren, denn solange das zutrifft, muß man nicht viel über sie wissen.« Soros versucht immer wieder, neue Märkte zu entdecken:

- Europa in den sechziger Jahren. »Damals gab es in Schweden so gut wie keinen Aktienmarkt, die Börse war starr, der Markt tot, bewegungslos … Ich habe den schwedischen Finanzmarkt als erster auf der Karte eingezeichnet.«
- 1987 kauft er ein großes Aktienpaket in Thailand.
- Anfang der neunziger Jahre engagiert er sich in Finnland und in Peru. »Wir sind sehr gut darin, uns einen ersten Überblick über eine Industrie oder ein Land zu verschaffen.«
- Anfang der siebziger Jahre kaufte Soros größere Anteile der Rüstungsindustrie. Nach dem Vietnamkrieg war diese Branche stark geschrumpft, doch inzwischen hatte sich ein großer Erneuerungsbedarf aufgestaut. Der syrisch-ägyptische Angriff auf Israel 1973 zeigt Soros, daß die Militärtechnik der USA ebenfalls veraltet ist.
- Er kaufte einige der führenden Biotechnologie-Unternehmen, als die Branche noch nicht im Zentrum der Aufmerksamkeit stand.

Neue Anlagen. Soros fährt exotische bis esoterische Kombinationen von Manövern: mit Futures, Optionen und Derivativen. Derivative sind künstliche, konstruierte oder zusammengesetzte Finanzinstrumente, die lediglich auf den klassischen Wertpapieren basieren, also von ihnen »abgeleitet« (lat. derivare) sind. Beispiele sind Optionen und Futures auf Aktien oder Anleihen, aber auch Kombizinsanleihen, Capped und Covered Warrants sowie Index-Zertifikate.

Den großen Vorteil der Derivative sieht Soros in ihrer »Lautlosigkeit«. Mit ihnen kann er in kurzer Zeit große Volumina bewegen, ohne die Märkte zu stark zu beeinflußen. Der Anleger muß die originalen Aktien oder Währungen nicht konkret kaufen, sondern er erwirbt nur Rechte und Optionen. Damit kann der Fonds seine Anlagepolitik geheimhalten. Heute nutzt Soros aber nur noch wenig Derivate: Index-Terminkontrakte dienen der Kurssicherung, manchmal auch zum Profitieren von positiven oder negativen Kursbewegungen. Das Problem der Derivate, so Soros: Die Risikokalkulation ist extrem kompliziert, und die Broker kassieren hohe Prämien.

Komplexe Strukturen. Die Beleihung von Wertpapieren ist meist billiger als der Kauf von Derivaten. Zwar ist das Risiko größer, aber der Kauf auf Kredit läßt sich besser in das Portfolio integrieren. »Wir sind auf allen Märkten präsent.« Quantum shortet Aktien oder Anleihen: Soros leiht sich Wertpapiere und verkauft sie weiter in der Hoffnung, sie später billiger zurückkaufen zu können. Quantum geht bei Währungen oder Index-Terminkontrakten long oder short. Eventuell engagiert sich der Fonds sogar an der Warenbörse. So entsteht eine komplexe Struktur mit einem gewissen Risikogleichgewicht. Die Positionen verstärken sich wechselseitig, sie bilden eine komplizierte Struktur aus Risiken und Chancen.

Portfolio-Gewichtung. Im April 1994 enthüllt Robert Johnson, einer der Soros-Partner, die Struktur des Quantum-Fonds: Normalerweise sind 60 Prozent in einzelnen Aktien investiert, 20 Prozent in großen Trading-Wetten (Makro-Trading) auf die Richtung der globalen Zinsen und Währungen und 20 Prozent in stockkonservativen Instrumenten wie amerikanischen Staatsanleihen und Bankguthaben. Diese Reserve wird für Nachschußforderungen gehalten. Die 20 Prozent Trading-Wetten werden per Kredit mit einem Hebel bis zu 12 versehen.

Contrarianism. Soros liebt es, gegen den Strom zu investieren. 1985 führte ihn seine Analyse der Reagan-Ära weg von den konjunktursensiblen (zyklischen) Aktien, die damals populär waren, und hin zu Finanzdienstleistern und Übernahmekandidaten, die nicht im Rampenlicht standen.

Selbstkritik und sofortige Korrektur von Fehlern. »Auch wenn ich schwach in Mathematik bin, analysiere ich ständig, was mit meinen Ideen und den vorherrschenden Ideen auf den Märkten nicht stimmt. Die meisten Menschen sind ärgerlich, wenn sie Fehler korrigieren müssen. Ich bin erleichtert.«

Die achtziger Jahre: Gemischtes Jahrzehnt

Nach dem Abgang von Rogers gerät Soros in eine tiefe Krise. 1981 läßt er sich von seiner Frau scheiden, von der er sich bereits 1978 getrennt hat. Auf die strahlende Erfolgsbilanz von Soros fällt der erste Schatten: Für 1981 – ironischerweise das Jahr, in dem er zum »besten Anleger der Welt« gekürt wurde – kann Soros keine Ausschüttung zahlen. Er hatte auf einen Anstieg der langfristigen Anleihen gewettet. Die kurzfristigen Zinsen sollten über die langfristigen Renditen steigen – und damit die amerikanische Notenbank zu Zinssenkungen zwingen. Doch der Markt dreht: Die Zinsen steigen weiter, die Anleihenkurse fallen. Soros kauft noch mehr. Sein Quantum-Fonds fällt um 23 Prozent, die Anleger ziehen ein Drittel der Gelder ab. Es war das erste Jahr, in dem Quantum mit Verlust abschnitt. Soros, der schon Rücktrittsgedanken hegte, geht wieder ins Geschirr. 1982 wird eines der besten Jahre, der Fonds legt um 57 Prozent zu.

Nicht immer geht bei Soros' Engagement alles mit rechten Dingen zu: 1986 mußte er eine Buße von 65 000 Dollar zahlen, die ihm die Commodity Futures Trading Commission auferlegt hatte, weil er Positionen hielt, die spekulative Grenzen überschritten. Soros hatte sie über mehrere private Konten gestreut. 1991 ist er mitverwickelt in den Salomon-Skandal um die amerikanischen Staatsanleihen, wird aber nicht angeklagt.

Schon 1979 unterschrieb er eine Einwilligungsverfügung (consent decree), mit der er eine Schuld weder zugibt noch leugnet. Die Aufsichtsbehörde SEC warf ihm Aktienmanipulationen vor: Soros hatte just vor einer geplanten Kapitalerhöhung mehr als 54 000 Aktien der Computer Sciences Corporation gekauft – und in den Tagen vor der Emission aggressiv wieder verkauft. Der Preis sackte um 50 Cent je Aktie auf ein Tief von 8,37 Dollar. Andere Anleger folgten Soros und trieben den Aktienkurs herunter:

Der Angebotspreis der neuen Aktien sank. Soros konnte sich wieder billig einkaufen, insgesamt 165 000 Aktien. Soros mußte 1 Million Dollar Entschädigung an die Fletcher Jones Foundation zahlen, die vom Rückgang des Kurses betroffen war.

Eine wenig glückliche Hand hat Soros auch beim Crash 1987. Am Schwarzen Montag, als die Aktienkurse weltweit einbrechen, muß er zwischen 650 und 800 Millionen Dollar Verlust ausgleichen. Eine tragische Geschichte: Soros lag richtig, aber doch falsch. In einem Artikel in der »Financial Times« vom 14. Oktober sagt Soros einen Zusammenbruch des japanischen Aktienmarktes voraus. Genau an diesem Tag erreicht der Tokioter Index den Höhepunkt von 26 646 Punkten.

Sein Pech: Er sieht zwar den Sturz der Märkte, doch er glaubt, die Runde würde in Japan beginnen. Er geht daher in Japan short und in Amerika long. Doch der Crash beginnt an der Wall Street, und die Kurse sacken dort weit stärker. Soros muß seine Long-Position auflösen, um Nachschußforderungen zu vermeiden. Quantum verliert im Oktober 1987 26,2 Prozent, der US-Aktienmarkt ist nur um 17 Prozent gefallen. Dennoch kann er das Gesamtjahr mit 13 Prozent Gewinn abschließen.

Tips von George Soros

1. Es ist in Ordnung, Risiken einzugehen.
2. Wenn du Risiken eingehst, setze viel Geld, aber niemals das Haus aufs Spiel.
3. Die Finanzmärkte sind chaotisch und instabil. Durchschaue das Chaos, und du wirst reich. Nicht die Mathematik bestimmt die Märkte, sondern die Psychologie. Wer als erster erkennt, wohin die Herde trabt, kann sich an die Spitze setzen. »Ich bin sehr vorsichtig, gegen die Herde anzurennen, denn dabei kann man leicht überrollt werden … Die meiste Zeit folge ich dem Trend, aber mir ist dabei immer klar, daß ich zur Herde gehöre und auf Umkehrpunkte achten muß.«
4. Alle unsere Ansichten der Welt sind in irgendeiner Weise fehlerhaft und verzerrt. »Nach der vorherrschenden Meinung haben die Märkte immer recht. Ich bin vom Gegenteil überzeugt und gehe davon aus, daß die Märkte grundsätzlich falschliegen. Selbst wenn diese Annahme falsch ist, nutze ich sie als Arbeitshypothese …«

5. Alle Marktteilnehmer arbeiten mit Vorbegriffen und -urteilen. Diese Vorurteile können den Lauf der Ereignisse beeinflussen. Die Voreingenommenheit der Anleger gegenüber einer Aktie, ob positiv oder negativ, bewirkt, daß der Preis steigt oder fällt.
6. Suche nach plötzlichen Veränderungen im Markt, die noch niemand bemerkt hat.
7. Wer im Spiel ist, muß den Schmerz aushalten können. »Ich will ja nicht klagen, aber anders als viele Menschen annehmen, ist das Spekulieren eine äußerst kraftraubende, anstrengende und ermüdende Tätigkeit. Ich gehe gewaltige Risiken ein, ich muß enorme Spannungen und Streß aushalten. Die Spekulation verbinde ich eher mit Schmerz als mit Spaß.«
8. Wenn du Aktien einer bestimmten Branche wählst, kaufe immer zwei Papiere. Aber kaufe nicht irgendwelche, sondern die beste und die schlechteste Aktie. Der dominierende Marktteilnehmer wird als beste Aktie vom Markt zuerst gekauft, der Preis steigt. Die schlechteste Aktie dagegen hat den größten Hebel. Wenn die Anleger sie später entdecken, sind große Gewinne möglich.
9. Habe eine feste Meinung. »Wie mein Freund Victor Niederhoffer sagt, ruiniert der Markt immer die Schwachen, nämlich die Investoren, die keine fundierten Überzeugungen haben.«

Die Finanztheorie des George Soros

>»Die philosophische Fundierung ist eine Ursache für den Erfolg meiner Investmentfonds.«
>»Was bisher gesagt wurde, ist nicht besonders bedeutsam, auch nicht sonderlich originell. Es erklärt auch nicht allzuviel, es besagt nur, daß die herkömmlichen Auffassungen vor Ökonomie in meinen Augen falsch sind.«

Soros wollte eigentlich immer Professor werden. Als er einen Ehrendoktor in Oxford bekam, nannte er als seinen Beruf »finanzieller und philosophischer Spekulant«. Doch auf dem Finanzparkett ist er weit erfolgreicher als beim Schreiben philosophischer Essays – sehr zu seinem Leidwesen. »Ich bin nicht wirklich zum Philosophen begabt. Mir fehlt die geistige Disziplin, um meine Gedanken zusammenhängend und überzeugend auszudrücken.«

Sein Buch »Die Alchemie der Finanzen« (1987) ist das beste

Beispiel: Viele große Anleger haben es im Regal stehen, doch selbst seine besten Freunde haben das Buch nach Lektüre weniger Seiten wieder geschlossen – zu kryptisch und verschlossen ist die Gedankenwelt des George Soros. »Mein Traum war es, eine allgemeine Theorie zu entwerfen, die den wirtschaftlichen Niedergang der achtziger Jahre ebenso gut erklärt, wie Keynes' ›Allgemeine Theorie‹ 1936 die Große Depression der dreißiger Jahre deutete. Aber wie sich am Ende herausstellte, bekamen wir keinen Zusammenbruch – und ich habe keine ›Allgemeine Theorie‹.«

Unbeirrt glaubt er, daß sein philosophisches System mitverantwortlich ist für seine Erfolge: »Ich glaube, daß ich den Prozeß, der abläuft, wirklich besser als andere Leute verstehe, diesen revolutionären Prozeß, weil ich eine Theorie habe, ein intellektuelles System, in das ich ihn einordne. Das ist meine Spezialität, weil ich mit ähnlichen Prozessen in den Finanzmärkten zu tun habe.«

Philosophische Werke. Sein Studium der Ökonomie sei verfehlt gewesen, sein Hauptinteresse habe immer der Philosophie gegolten, sagt Soros. In den sechziger Jahren schreibt er in seiner Freizeit an einem Essay mit dem Titel »The Burden of Consciousness« (Die Last des Bewußtseins), der von offenen und geschlossenen Gesellschaften handelt.

Soros' Denken basiert auf der Philosophie von Karl Popper: Der liberale Philosoph, der an der London School of Economics lehrte, vertrat in seinem Buch »Logik der Forschung« (1934) die Auffassung, daß menschliches Wissen aus fehlbaren Vermutungen besteht. Diese Vermutungen können aufgrund der Erfahrung unter Umständen als falsch widerlegt, aber nicht als wahr bewiesen werden. Unsere Sicht der Welt sei verzerrt, weil der natürliche Zustand des Menschen die Subjektivität, nicht die Objektivität sei. Jedes Lebewesen sei ständig vor Probleme gestellt. Sein Verhalten – etwa die Nahrungssuche – sei im Grunde nur der Versuch, diese Probleme zu lösen. Dies sei ein Versuch-und-Irrtum-Verfahren. Der Mensch lerne aus den nicht erfolgreichen Problemlösungen, also seinen Fehlern. In seinem Buch »Die offene Gesellschaft und ihre Feinde« (1945) wandte sich Popper politisch gegen Plato, Hegel, Marx und alle historischen Deterministen, denen er Totalitarismus unterstellte, und plädierte für eine »offene Gesellschaft«, die von Freiheit geprägt ist.

Die Theorie der Finanzmärkte: Boom und Bust

Soros nimmt im Grunde nur Poppers Theorien auf und wendet sie auf die Finanzmärkte an. Die konventionelle Sichtweise lautet: Angebot und Nachfrage sorgen auf den Märkten für eine Tendenz zum Gleichgewicht. Die traditionelle Ökonomie setzt vollkommenes Wissen der Marktteilnehmer voraus, die Theorie der Märkte in ihrer Idealform vollkommene Information. Damit will die Ökonomie dem Vorbild der Naturwissenschaften nacheifern. Weil die Märkte nicht perfekt sind, werden natürlich Divergenzen eingeräumt, aber es handelt sich um Random Walks, um Ereignisse zufälliger Natur. Die Märkte antizipieren die künftige Entwicklung im großen und ganzen genau.

Soros behauptet dagegen, Finanzmärkte könnten die Zukunft nicht korrekt voraussehen. »Der Idealzustand der vollkommenen Information, nach der sich alle richten und dadurch immer wieder neue stabile Zustände ansteuern, ist unerreichbar, auch im Computerzeitalter. Das ist der zentrale Punkt, an dem ich mit der herrschenden Lehre in der Wirtschaft nicht übereinstimme. Wir alle handeln auf der Basis unvollkommenen Verstehens. Unsere Handlungen haben unbeabsichtigte Folgen.«

Der Grund: Die Marktteilnehmer gestalten die Zukunft durch ihr Verhalten mit. »Entgegen der allgemeinen Erkenntnis, daß Märkte zum Gleichgewicht streben, gehe ich davon aus, daß Finanzmärkte wegen der Kluft zwischen den Ansichten der Teilnehmer und dem wirklichen Zustand zu einem Ungleichgewicht tendieren.« Soros sieht einen Zusammenhang zwischen wirtschaftlichen und politischen Prozessen und dem Bewußtsein der beteiligten Individuen: Menschen und Geschichte beeinflussen einander gegenseitig. Die Ereignisse werden von den Vorurteilen und Erwartungen der Menschen bestimmt. Beispiel: Wenn der Preis einer Aktie steigt, zieht sie Käufer an, nicht Verkäufer. Angebot und Nachfrage existieren also nicht unabhängig voneinander.

Statische Ökonomie. Die traditionelle Ökonomie ist statisch, geprägt von den Gleichgewichtszuständen, die in sich ruhen. »Märkte kann man besser verstehen, wenn man sie als einen historischen Prozeß betrachtet statt als eine zeitlos gültige Gleichgewichtssituation.« Die ökonomische Lehre vom Marktgleichgewicht hält er für unwissenschaftlich. »Die ökonomische Theorie versucht das Unmögliche, indem sie den Begriff des rationalen Verhaltens einführt.« In der Wirtschaft gebe es keine Kausalbeziehungen, die eine Tatsache logisch mit der anderen verbinden. Die Teilnehmer lassen sich nicht von Fakten leiten, sondern von Vorurteilen über Fakten. »Ich glaube, daß die Marktpreise insofern immer falsch sind, als sie Vorurteile über die Zukunft enthalten. Aber eben diese Vorurteile bestimmen die künftige Entwicklung.« In den menschlichen Beziehungen – in den Sozialwissenschaften, der Ökonomie – ist Objektivität eine Fata morgana und Ungleichgewicht der natürliche Zustand. Die Märkte können die Zukunft nicht korrekt vorwegnehmen, weil Vorstellungen über die Zukunft voreingenommen sind. Der Glaube ändert Tatsachen. Selbst die besten Analysten können die Richtung der Märkte nicht vorhersagen, weil Märkte sich nicht rational verhalten.

Instabile Märkte. Märkte funktionieren nicht einwandfrei. »Die Märkte reagieren immer übertrieben: Mal sind sie übertrieben optimistisch, mal übertrieben pessimistisch. Aber es sind Mechanismen der Selbstkorrektur eingebaut, ein Feedback.« Insbesondere die Finanzmärkte sind aus sich heraus instabil.

Wahrnehmung. »Marktteilnehmer handeln nicht auf der Grundlage von Wissen, sondern auf der Basis ihrer Wahrnehmung der Dinge«, schreibt Soros. Diese Handlungen verändern wiederum die Wirklichkeit, die über die Wahrnehmung zurückwirkt. Die Teilnehmer haben ein unvollkommenes Verständnis dessen, was passiert. Doch das Marktgeschehen wird durch dieses Verständnis bestimmt. Die Marktpreise sind immer verzerrt, weil sie die Vorurteile der Teilnehmer reflektieren.

Reflexivität. Die Realität spiegelt sich im Denken der Menschen (kognitive Funktion). Die Menschen treffen Entscheidungen, die die Wirklichkeit beeinflussen (Teilnahmefunktion). Zwischen beiden Funktionen gibt es einen wechselseitigen reflexiven Feedback-Mechanismus. Die Beziehung zwischen Marktteilnehmern und Markt nennt Soros Reflexivität.

Die reflexiven Verzerrungen können die Tatsachen beeinflussen, die die Märkte untergründig bestimmen. Im Falle der Aktien ist es die Lage der notierten Gesellschaft. Dieser Vorgang ist reflexiv, wie ein zweiseitiger Spiegel, in dem »die Richtung der

Wirtschaftspolitik und die Richtung der Finanzmärkte sich gegenseitig verstärken«. Der wechselseitige Feedback-Mechanismus ist immer da, aber manchmal zu schwach, um deutlich zu wirken. Der Abstand zwischen Vorstellungen und Realität kann groß oder klein sein.

Beinahe- und Fern-vom-Gleichgewicht. »Es gibt Zeiten, da ist diese Divergenz – dieser Unterschied zwischen Wahrnehmung und Wirklichkeit – recht klein. Dann wirken Mechanismen, die beides einander annähern. Das nenne ich ›Beinahe-Gleichgewicht‹. Aber es gibt andere Momente, wo Vorstellung und Realität weit entfernt voneinander liegen. Dann wirken die üblichen Anpassungsmechanismen nicht. Das nenne ich ›Fern-vom-Gleichgewicht‹. Dann gelten völlig andere Regeln, auf diese Situationen bin ich spezialisiert.« Zeiten der Krise sind nach Soros' Theorie »Fern-vom-Gleichgewicht-Bedingungen«.

Soros schreibt sich einen Vorteil gegenüber anderen zu, weil er eine frühe Erfahrung der Abwesenheit von Gleichgewichtsbedingungen hatte – unter dem Nationalsozialismus. »Mich fasziniert das Problem des Überlebens, vielleicht geht das auf meine Erfahrungen während des Zweiten Weltkrieges zurück. Ich probiere gern aus, wo die letzten Grenzen liegen. Wie weit man gehen kann, ohne das Leben in Gefahr zu bringen?« Seine einzige Schwäche: »Meistens sehe ich mehr Ungleichgewichtszustände, als wirklich vorhanden sind – das ist meine Art der falschen Wahrnehmung.«

Erfolgreiche Fondsmanager müssen die Realität vereinfachen, um zu Vorhersagen zu kommen. Soros nennt das Beispiel EWS: »Eine ausgeklügelte Struktur, die so lange sehr gut funktionierte, wie jene Bedingungen vorherrschten, die ich ›Beinahe-Gleichgewicht‹ nenne. Dann aber veränderte sich die Welt. Die deutsche Wiedervereinigung und der Kollaps der Sowjetunion führten zu einer Situation ›Fern-vom-Gleichgewicht‹. Seither gehorcht das System ganz anderen Regeln. Bestimmte Mängel, die immer schon da waren, werden dann plötzlich sichtbar und wirken sich aus.«

Ungleichgewicht. Im Ungleichgewicht ist der Ablauf der Ereignisse ganz anders als im Gleichgewicht. Soros unterscheidet zwei Ungleichgewichtszustände:

- exzessive Veränderungslosigkeit/statisches Ungleichgewicht: Es gibt gar keine Veränderungen, Beispiel Stalinismus.
- Exzeß von Veränderungen/dynamisches Ungleichgewicht: revolutionäre Zustände.Vorherrschende Neigung und dominanter Trend verstärken sich gegenseitig.
- das annähernde Gleichgewicht als dritter Zustand: wie die drei Aggregatzustände des Wassers – flüssig, gefroren und als Dampf.

Boom-Bust-Sequenzen (Boom-Zusammenbruch-Sequenzen). Exzessive Veränderungen sind am besten an den Finanzmärkten zu studieren, an sogenannten Boom-Bust-Sequenzen. Soros macht aus der »Boom-Bust-Theorie« eine Art Universallehre des Wirtschaftslebens. Ausgangspunkt ist wieder der Mensch, der die Realität nur verzerrt durch seine subjektive Brille wahrnehmen kann. Seine fehlerhaften Vorstellungen erzeugen Ereignisse, die die falschen Wahrnehmungen verstärken können. Angewandt auf Aktien oder Devisenmärkte kann dieses Muster einen Boom-Bust-Zyklus erzeugen: Die falschen Wahrnehmungen verstärken einander, bis die Märkte so überbewertet sind, daß sie zusammenbrechen müssen, um wieder eine feste Grundlage zu finden. Auf jeden Aufschwung muß notwendigerweise ein Absturz des Marktes folgen. Einfach gesagt, die Märkte tendieren zu Extremen – und eröffnen damit mutigen Anlegern große Chancen.

Diese Abläufe zwischen Boom und Zusammenbruch gibt es nicht immer. Wenn sie auftreten, kann der Anleger sie aber nicht wie normale Ereignisse zu verstehen versuchen. Beispiele:
- Kredite an die Dritte Welt nach 1973. Die Banken liehen Geld nach bestimmten Kriterien, beispielsweise dem Verhältnis der Schulden der Zinsrate zum Bruttonationalprodukt. Doch sie übersahen, daß die Kredite selbst das Nationalprodukt steigerten. 1979 erhöhte die amerikanische Zentralbank die Zinsen stark und beendete damit den Kreditboom.
- Boom der Mischkonzerne in den sechziger Jahren. Einzelne Konglomerate nutzten ihre überbewerteten Aktien als Zahlungsmittel, um künftige Gewinne zu finanzieren, die wiederum die Überbewertung rechtfertigten.
- Freie Wechselkurse. Währungsspekulanten sind meist Trendfolger und schaffen so die Voraussetzungen für reflexives Verhalten im Markt. Sie treiben die Kurse hinauf oder herunter,

und bei wachsenden Schwankungen kollabiert das System. »Fluktuierende Wechselkurse haben die Eigenschaft, im Rhythmus von etwa drei bis fünf Jahren von einem Extrem zum anderen zu schwanken.«

Boom-Bust-Sequenzen können sich nur entwickeln, wenn der Markt von Trendfolge-Verhalten bestimmt wird. Die Anleger kaufen bei steigenden Kursen in einem sich selbst verstärkenden Prozeß und lösen umgekehrt bei fallenden Kursen eine Verkaufslawine aus. Das ist eine notwendige, aber nicht hinreichende Bedingung für Crashs. Die Boom-Bust-Sequenz ist asymmetrisch – sie beschleunigt sich langsam und gipfelt dann in einem katastrophalen Umschwung.

Die Theorie von Soros sagt natürlich nicht den Tag voraus. Aber sie macht sensibel für diese Prozesse. »Ich habe viel Geld auf Märkten verdient, die aus den Fugen geraten waren. Ich glaube, daß ich sie mit dieser Theorie besser verstehe und besser vorwegnehmen kann als andere. Das ist, wenn Sie so wollen, mein Geschäftsgeheimnis.«

Schlüsselstadien des Boom-Bust-Musters

- Anfangsphase: Der Prozeß beginnt mit einem Trend, der erst nicht erkannt wird. Die zunehmende Erkenntnis des Trends verstärkt ihn. Die Marktteilnehmer entwickeln eine Neigung.
- Phase der Beschleunigung: Der Trend und damit die Neigung der Marktteilnehmer wird durch externe Schocks geprüft. Überstehen Trend und Neigung den Test, gehen sie gestärkt daraus hervor.
- Augenblick der Wahrheit: Die Divergenz zwischen Glaube und Realität wird so groß, daß die Neigung der Akteure als solche erkennbar ist.
- Phase des Zwielichts/der Stagnation: Wegen der Trägheit der Marktteilnehmer kann der Trend noch andauern, aber er verstärkt sich nicht mehr durch den Glauben an sich selbst.
- Wendepunkt: Der Glauben an den Trend geht verloren. Der Trend kehrt sich um. Die Neigung kippt mit katastrophaler Beschleunigung. Es kommt zu einem Crash.

Stanley Druckenmiller: Der Mann hinter Soros

Nach dem Crash 1987 trifft Soros Stanley Druckenmiller, damals Fondsmanager bei Dreyfus. Der 44jährige Absolvent des Bowdoin College in Maine hat bereits eine steile Karriere hinter sich: 1977 beginnt er als Analyst bei der Pittsburgh National Bank. Nach nicht einmal einem Jahr steigt er mit 25 Jahren zum Chef der Aktienanalyse auf. Drei Jahre später gründet er im Februar 1981 seine eigene Investmentfirma names Duquesne Capital Management. 1986 wird er Fondsmanager bei Dreyfus, darf aber weiter nebenbei seinen eigenen Fonds managen. Zu dieser Zeit hat sich sein Anlagestil bereits verändert: Statt ganz konventionell Aktien zu kaufen und zu halten, umfaßt seine neue eklektische Strategie fast alle Anlageformen von Anleihen bis Währungen, er geht sowohl short wie long. Druckenmiller beherrscht die ganze Klaviatur der Anlagestrategien – von Shortselling bis zum Kauf von exotischen ausländischen Währungsoptionen. Seine typische Strategie beschreibt er so: »Eine Kerngruppe von Aktien long halten und eine Kerngruppe von Aktien short, zusätzlich nutzen wir Hebel, um S-&-P-Futures, Anleihen und Währungen zu traden.«

Im März 1987 startet er den Strategic Aggressive Investing Fund, der für die nächsten 17 Monate der beste Fonds der USA ist. Mit Duquesne hat er seit 1980 jährlich mehr als 35 Prozent Gewinn gemacht, mit seinem flexibleren Anlagestil seit 1986 sogar 45 Prozent.

Soros hatte kurz zuvor sein Buch »Die Alchemie der Finanzen« veröffentlicht. Doch weder Absatz noch Resonanz entsprachen seinen Erwartungen. Druckenmiller hatte Soros' Buch gelesen und war davon beeindruckt. Das gefiel Soros: Sie diskutierten über das Buch. Im September 1988 steigt Druckenmiller bei Soros ein. Im Sommer 1989 – kurz vor dem Fall der Mauer – überläßt Soros ihm die Verantwortung für den Fonds. Die heutige Arbeitsteilung: »Ich mache Vorschläge, aber die Kontrolle liegt bei ihm.«

Die wichtigste Regel, die Druckenmiller von Soros lernte, war: Wer richtig liegt, kann gar nicht groß genug einsteigen. Eine berühmte Anekdote: Druckenmiller war eine große Short-Position in Dollar eingegangen. Soros fragte ihn: »Wie groß ist die Position?« Druckenmiller: »Eine Milliarde Dollar.« Soros: »Das nennst du eine Position?«

Soros engagiert sich immer stärker in Währungen – mit Erfolg. Im interessantesten Teil seiner »Alchemie der Finanzen« beschreibt er ein »Echtzeitexperiment« in Form eines Tagebuches während 15 Monaten der Jahre 1985 und 1986. Soros wettete damals gegen den Dollar: »Nach dem Treffen der Gruppe der Fünf letzten Sonntag [das Plaza-Abkommen auf dem Weltwirtschaftsgipfel im Plaza-Hotel vom 22. September 1985] machte ich den Deal meines Lebens. Ich kaufte Sonntag nacht weitere Yen (also am Montag morgen in Hongkong) und hielt sie in einem steigenden Markt. Die Gewinne der letzten Wochen glichen die gesamten Verluste im Währungstrading der letzten vier Jahre aus. Insgesamt liege ich nun komfortabel in der Gewinnzone.« Die Teilnehmer im Plaza-Hotel vereinbarten, den überbewerteten Dollar abzuwerten. Soros kauft noch mehr Yen und Mark, obwohl er bereits reichlich hatte. Das Plaza-Abkommen bringt dem Fonds in 15 Monaten 114 Prozent Profit.

Druckenmillers erster großer Trade für Soros ist die Deutsche Mark. Druckenmiller: »Einer der Gründe, warum ich so bullish für die Mark war, war die radikale Währungstheorie, die George Soros in seinem Buch ›Die Alchemie der Finanzen‹ vortrug. Seine Theorie besagt, daß ein hohes Staatsdefizit, das von einer expansiven Fiskalpolitik und einer harten Geldpolitik begleitet ist, für einen steigenden Wechselkurs der nationalen Währung sorgt.« Eines der besten Beispiele sei der Anstieg des Dollars von 1981 bis 1984 – obwohl alle Welt glaubte, das hohe Haushaltsdefizit werde seinen Wert drücken. Doch die Politik der hohen Zinsen zog ausländische Gelder an. Nach dem Fall der Mauer war die Situation ähnlich: Westdeutschland mußte sich für den Aufbau Ost verschulden, doch die Bundesbank würde keine höhere Inflation tolerieren. Druckenmiller investierte 2 Milliarden Dollar – und behielt recht.

Soros, der Wohltäter

»Früher dachte ich oft, wenn ich jetzt an
einem Herzinfarkt sterben würde, wäre es
kein Verlust für die Welt. Heute spüre ich,
daß es vielleicht doch einer wäre.«
(George Soros)

»Rockefeller gründete eine Stiftung, als er beschuldigt wurde, ein
Monopol errichten zu wollen«, sagt Soros. Die Imageverbesse-
rung durch Wohltaten sucht auch der Spekulant und verhinderte
Philosoph George Soros. Soros will der Bernard Baruch des aus-
gehenden 20. Jahrhunderts werden und jenem berühmten und
kultivierten Spekulanten nacheifern, der einst Präsident Roose-
velt beriet. Am liebsten sieht er sich selbst als »ein staatenloser
Staatsmann«. In einem Interview gab er »messianische Phanta-
sien« zu.
Schon 1969 gründet der damalige Jung-Spekulant den George
Soros Charitable Trust. Er zahlt im gleichen Jahr immerhin 7080
Dollar aus. Heute investiert Soros in seine Stiftungen nach eigenen Angaben 10 Prozent seines Einkommens und 90 Prozent seiner Zeit. Nach anderen Quellen stiftet er in einigen Jahren sogar
bis zu 50 Prozent seines Einkommen, mehr ist steuerlich nicht ab-
zugsfähig: »Je mehr Geld ich verdiene, desto mehr kann ich verschenken.«
Seit 1979 unterstützt Soros auch viele Projekte und Stiftungen,
die der »Förderung freier und offener Gesellschaften« dienen und
auf Reformtendenzen in den damals noch sozialistischen Ländern
setzen. Dafür soll er 200 bis 300 Millionen Dollar ausgegeben haben. Mit diesem Geld beginnt beispielsweise 1984 die 1979 gegründete Open Society Foundation in Ungarn mit der Unterstützung der Untergrundbewegung, die die demokratischen Kräfte
des Landes versammelte. Im Dezember 1992 gab Soros bekannt,
daß er 50 Millionen Dollar für humanitäre Hilfe in Bosnien spen-
det. 230 Millionen Dollar stiftete er für die Central European University, eine englischsprachige Graduate School in Budapest, die
er 1990 gegründet hatte. 100 Millionen Dollar gab er für ein Sti-
pendienprogramm für Wissenschaftler aus der früheren Sowjetunion aus. Weitere 250 Millionen Dollar werden für geisteswis-
senschaftliche Bildung in Rußland verwendet.
Dahinter steckt wieder eine Theorie: Der Philosoph Karl Popper
beschrieb Faschismus und Kommunismus als »geschlossene Ge-

sellschaften«, die zum Scheitern verdammt seien. Soros' Ziel ist die Förderung der demokratischen Werte einer »offenen Gesellschaft« nach Popper. Soros setzt darauf, daß er wegen der Instabilität der sozialistischen Systeme nur wenig Druck ausüben müsse, um eine größere Veränderungen zu bewirken. Zwei Beispiele:

- 1982 überzeugte Soros den IWF, ein Darlehen an Ungarn zurückzuhalten, bis die Regierung Pässe an ein halbes Dutzend führende Intellektuelle und Dissendenten ausgab, die er in New York treffen wollte. Es funktionierte.
- Mitte der achtziger Jahre verschenkte seine Stiftung Kopierer an ungarische Bibliotheken. Die Bedingung: Die Geheimpolizei durfte die Kopierer nicht länger kontrollieren. Auch das funktionierte, die Untergrundpresse konnte arbeiten.

Soros regiert heute über vier Stiftungen. 1984 entsteht die Soros Foundation, 1987 die Soros Foundation-Soviet Union. Der Fall der Mauer gab ihm besonderen Auftrieb: Hier sah er eine der typischen Ungleichgewichtssituationen, auf die er sich spezialisiert hat.

Die neunziger Jahre: Bröckelnde Performance

Nach dem Pfund-Coup gewinnt Soros eine ungeheure Popularität. Er genießt die öffentliche Aufmerksamkeit sichtlich – und verlegt sich methodisch auf öffentliche Ankündigungen. Doch seine Performance bröckelt.

Im April 1993 setzt Soros auf einen Anstieg des Goldpreises. Er kauft etwa 2 bis 3 Millionen Unzen für 345 Dollar. Soros übernimmt für 395 Millionen Dollar von Sir James Goldsmith ein Aktienpaket der amerikanischen Goldminengesellschaft Newmont Mining. Das tut er öffentlich kund, und siehe da: Schon seine Ankündigung sorgt für einen kleinen Sprung des Goldpreises nach oben. Die Strategie geht auf: Im August verkauft er seine Goldengagements wieder für 385 bis 395 Dollar je Unze.

Es funktioniert noch ein zweites Mal: Als er ankündigt, in den britischen Immobilienmarkt zu investieren, legen die Immobilienwerte an der Londoner Börse um sechs Prozent zu. Doch Ende 1994 löst Soros seinen neugegründeten Quantum UK Reality Fund nach nur 18 Monaten wieder auf.

Soros überreizt seine eigene Stellung. In einem offenen Brief, den er im Juni 1993 in der Londoner »Times« veröffentlicht, prophezeit Soros eine weiche D-Mark. »Ich erwarte, daß die Mark gegen alle wichtigen Währungen fällt.« Auch die Bundesbank könne die deutsche Währung nicht mehr retten. Die Frankfurter Währungshüter hätten die deutschen Zinsen zu lang zu hoch gehalten, sie müßten nun die kurzfristigen Zinsen stark reduzieren. Soros verkauft die Mark short. Er verpflichtet sich also, Mark, die er noch nicht beisitzt, zu einem späteren Zeitpunkt zu liefern – zu einem dann niedrigeren Kurs, wie er hofft. Den Gegenwert zu dem Kredit hat er in französischen Anleihen abgesichert, da er den Franc für stabil hält. Sein Kalkül: Je später die Bundesbank handelt, desto schlimmer wird die Rezession, desto stärker muß sie die Zinsen senken, desto mehr verdient Soros an den französischen Anleihen. Er irrt: Die Bundesbank hält die Zinsen hoch.

Dafür verdient er am Franc, der wegen der hohen deutschen Zinsen unter Druck gerät. Wieder veröffentlicht Soros einen Artikel: Am 26. Juli kündigt er im »Figaro« an, nicht gegen den Franc zu spekulieren. Er wolle sich nicht dem Vorwurf aussetzen, das EWS zu zerstören. Statt dessen schlägt er ein neues Wechselkurssystem vor, in dem Großbritannien, Frankreich, Italien und Spanien gegen die Deutsche Mark floaten. Als die Bundesbank den Diskontsatz nicht senkt, spekulierte der verärgerte Soros doch gegen den Franc. Am 30. Juli faxt er eine Erklärung an Reuters in London, daß er sich nicht mehr an seine Äußerungen im »Figaro« gebunden fühlt. Die französischen Behörden sind verärgert, Soros entgeht ein Teil der möglichen Gewinne, weil er zu spät einsteigt. »Diese Erfahrung war für mich eine Lehre: Spekulanten sollten den Mund halten und spekulieren.«

Die publicityträchtigen öffentlichen Wetten können nicht verhindern, daß die Performance des Quantum-Fonds zu bröckeln beginnt. 1993 macht er noch einen Gewinn von fast 70 Prozent. Die Wetten in Anleihen und Währungen gehen fast sämtlich auf. Doch 1994 dreht sich der Wind: Die internationalen Zinsen steigen, der Dollar verliert stark gegen den Yen. Soros hatte darauf gewettet, daß der Yen weiter fällt, sobald die Handelsgespräche zwischen den USA und Japan fortgesetzt werden. Doch die Gespräche wurden abrupt unterbrochen, der Yen stieg. Im Februar

1994 gibt Druckenmiller bekannt, daß Quantum bei der Wette auf den Dollar gegen den Yen 600 Millionen Dollar an einem Tag, dem 14. Februar, verloren hat – Soros' »Valentinstag-Massaker« kostete ihn fünf Prozent des Fondsvermögens. Soros hatte Druckenmiller angewiesen, mit dieser Nachricht an die Öffentlichkeit zu gehen. Er will den Leuten zeigen, daß er ein Mensch ist.

1994 macht der Quantum-Fonds nur ein Plus von 2,9 Prozent, sein zweitschlechtestes Jahr seit Gründung. 1995 kann der Fonds hohe Investments in Japan nicht rechtzeitig auflösen. Damit gerät er in eine doppelt prekäre Situation: Die Aktienkurse fallen, der Yen fällt mit. Auch 1996 war ein schlechtes Jahr für Soros: In einer Zeit weltweit steigender Aktienkurse mußten die Quantum-Anleger einen Verlust von 1,5 Prozent hinnehmen. Druckenmiller setzte zu Unrecht auf einen Anstieg der japanischen Aktienkurse – und ihm gelang das Kunststück, am boomenden amerikanischen Markt just zur falschen Zeit aus- als auch zur falschen Zeit wieder einzusteigen.

Soros privat mag all dies gleichgültig sein. Sein Vermögen von rund 2,5 Milliarden Dollar sichert ihn hinreichend ab. So kann er es sich auch leisten, heute öffentlich auf die Gefahren eines ungezügelten Kapitalismus hinzuweisen. Nicht mehr der Kommunismus, sondern das unbegrenzte freie Spiel der Marktkräfte sei die größte Gefahr für offene und demokratische Gesellschaften, schreibt er in seinem Anfang 1997 veröffentlichten Traktat »Die kapitalistische Bedrohung«. Er fordert stärkere Regulierungen. Nun ja, da hat ein Mann, den das System reich gemacht hat, gut reden.

Die Aktienanleger:
Realisten und Mathematiker

Benjamin Graham:
Urvater der Value-Anleger

»No one has ever become poor reading Graham.«
(Warren Buffett)

Er sah aus wie Edward G. Robinson: volle Lippen, rundes Gesicht, blaue Augen. Er war gebildet, sprach Latein, Portugiesisch und Griechisch. Der kleine Mann liebte den Tanz und gab ein Vermögen für Tanzstunden aus.

Auf dem Tanzparkett bewegte er sich bald so sicher wie auf dem Börsenparkett: Benjamin Graham ist der große Verfechter der sicheren Aktienanlage. Mit einem extrem konservativen Ansatz bewies er nach dem Aktienkrach 1929, daß richtig ausgewählte Aktien besser sind als Anleihen.

Was die »Grahamiten«, wie seine meist stockkonservativen Anhänger genannt werden, bis heute irritiert, ist das Liebesleben ihres Vorbildes: Graham verliebte sich stets aufs neue in gertenschlanke Blondinen. Dreimal geschieden starb er 1976 in der Obhut seiner letzten Geliebten in Frankreich. Stabile emotionale Beziehungen fielen ihm schwer: Die Beziehung zu seinen Kindern blieb distanziert. Bitter notierte er, daß er zwar fünf Kinder und zehn Enkelkinder habe, doch keines jemals nach seinem Rat in Gelddingen gefragt habe.

Doch zurück aufs Börsenparkett: Grahams Popularität schwankt mit den Aktienkursen – steigen die Kurse, wird er vergessen, fallen sie, studieren die Analysten wieder seine Werke. Dennoch besteht kein Zweifel: Jeder der für dieses Buch interviewten amerikanischen Anleger hat Graham gelesen. Benjamin Graham ist der wichtigste Investmenttheoretiker dieses Jahrhunderts und der Urvater aller Analysten, denn er machte aus der Geldanlage eine Wissenschaft mit festen Regeln. Sein erstmals 1934 erschienenes Opus magnum »Security Analysis« (Wertpapieranalyse) ist immer noch der Grundlagentext der Finanzanalyse. Sein für den Durchschnittsanleger weit zugänglicheres Werk »The Intelligent Investor« (1949) sollte die Grundlage jeder Anlageentscheidung sein, sagen viele. Sein Musterschüler Warren E. Buffett gibt sein Buch »The Intelligent Investor« regelmäßig neu heraus.

Immer wieder werden wir im folgenden aus dem Mund der erfolgreichsten Anleger die Glaubensbekenntnisse der Grahamiten hören: Die ständige Suche nach unterbewerteten Aktien, daß kurzfristige Ergebnisse nicht so wichtig sind wie die Rendite auf die Vermögenswerte und das Eigenkapital, die Bedeutung des Cash-flows und daß der Anleger ein Geschäft kauft und nicht ein Papier.

Wechselvolle Karriere: Erfolge und Rückschläge

Benjamin Graham wurde am 9. Mai 1894 in London als Benjamin Grossbaum geboren. Als er ein Jahr alt war, wanderten seine Eltern nach New York aus. Sein Vater arbeitete als Vertreter für das Porzellanunternehmen Grossbaum & Sons, das im Besitz seiner Familie war. Im Ersten Weltkrieg wird der Name in Graham geändert, denn deutsche Namen klingen nach 1917 wenig vertrauenerweckend. Als sein Vater stirbt, ist Benjamin, der jüngste von drei Brüdern, neun Jahre alt: Die Familie ist unversorgt. Benjamin muß Jobs annehmen, um die Familie und sein Studium an der Columbia University zu finanzieren. Er ist ein guter Schüler, besonders in Mathematik, liest sechs Sprachen, einschließlich Latein und Griechisch, und absolviert eine der besten High-Schools der Stadt, die Boys High School in Brooklyn.

1914 startet der 20jährige Benjamin Graham seine Karriere an der Wall Street – als Bote bei Newburger, Henderson & Loeb mit einem Wochenlohn von 12 Dollar. Seine Aufgabe: Er schreibt die Kurse von Aktien und Anleihen mit Kreide auf die Tafel. Bald schon greift er statt zur Kreide zum Füller: Er analysiert Geschäftsberichte. Diese formale Aufstellung und strukturierte öffentliche Erläuterung einer Bilanz war damals noch eine relativ neue Einrichtung. Die Banken hatten seit 1890 auf ihre Einführung gedrängt, um die Kreditwürdigkeit der Firmen besser prüfen zu können.

Graham macht rasch auf sich aufmerksam: 1915 will die Guggenheim Interests eine Gesellschaft names Guggenheim Exploration liquidieren, die damals zu 68,88 Dollar je Aktie gehandelt wurde. Graham merkt, daß viele der Vermögenswerte des Unternehmens Beteiligungen an anderen börsennotierten Unternehmen sind. Selbst bei konservativster Bewertung beträgt der Nettosubstanzwert der Aktien wenigstens 76,23 Dollar – also 10 Prozent mehr. Da er damals selbst noch kein Geld besitzt, investiert er Gelder anderer und kassiert eine üppige Erfolgsbeteiligung.

1917 wird Graham zum Analysten befördert, bereits 1920 als Teilhaber aufgenommen. In den frühen zwanziger Jahren erkennt Graham, daß der Marktwert von Du Pont nur dem Marktwert der Beteiligung an General Motors entspricht, die Du Pont besitzt. Graham kauft Du Pont und verkauft einen entsprechenden Teil General Motors short. Dann wartete er, bis der Markt die Diskrepanz wahrnahm: Du Pont stiegen deutlich, GM sanken leicht.

Am 1. Januar 1926 gründet Graham mit Jerome Newman seine eigene Investmentgesellschaft, die Graham-Newman Corportion. Das Anlagevolumen wächst in drei Jahren von 450 000 auf 2,5 Millionen Dollar. Graham kann es sich sogar leisten, das Angebot einer Partnerschaft mit dem legendären Investor Bernard Baruch abzulehnen.

Seine großen Erfolge basieren oft auf einfachen Kalkulationen: Graham studiert den Bericht der Interstate Commerce Commission über Pipeline-Unternehmen. Dort findet er, daß Northern Pipeline über 95 Dollar pro Aktie liquide Vermögenswerte (quick assets) verfügt. Der Aktienkurs beträgt aber nur 65 Dollar, die Dividendenrendite 9 Prozent. Graham investiert so massiv, daß er bei der Hauptversammlung 1928 rund 38 Prozent der Stimmen hat – und einen Sitz im Aufsichtsrat bekommt. Von dort aus überzeugt er das Management, 50 Dollar je Aktie auszuschütten. Was bleibt, ist immer noch 50 Dollar wert. 1928 erzielt er eine Rendite von 60 Prozent, der Dow Jones steigt um 51 Prozent. Im selben Jahr beginnt Graham seine legendären Abendkurse an der Columbia Business School, die er bis 1956 abhält. Der Titel:»Praktische Markttests von Investmenttheorien. Ursprung und Entdeckung von Diskrepanzen zwischen Preis und Wert«. Vorher war Graham bereits Dozent am New York Institute of Finance, das von der New Yorker Aktienbörse gegründet wurde. Doch schon ein Jahr später ist die Hausse vorbei, der Professor wird entzaubert. Der Crash 1929 ruiniert Graham. Dank des Anstiegs in den ersten Monaten 1929 fällt der Dow über das ganze Jahr 1929 gesehen nur um 15 Prozent, Graham aber verliert 20 Prozent. Als sich die Kurse Anfang 1930 wieder erholen, setzt Graham voll auf Aktien – der größte Fehler seiner Karriere. Bis Ende 1930 sackt der Dow Jones um weitere 29 Prozent ab. Grahams Investmentpool büßt 50 Prozent ein. Nur ein Kapitaleinschuß seiner Partner rettet die Firma. Graham mußte aus seinem Beresford Apartmenthaus mit Blick auf den Central Park in ein bescheidenes Apartment ziehen. Erst Ende der dreißiger Jahre hat er die Verluste wieder aufgeholt.

Nach Ende des Krieges kehrt Graham rasch wieder in die Liga der erfolgreichen Anleger zurück. 1948 fädelt er seinen berühmtesten Deal ein: Er investiert ein Viertel des Kapitals seiner Firma, insgesamt 720 000 Dollar, in den Versicherer Geico (Government Employees Insurance Company), einen Spezialversicherer für Regierungsangestellte, der im kostengünstigen Direktvertrieb (also ohne Vertreter) arbeitet. In den nächsten acht Jahren steigt der Kurs um 1635 Prozent. Zwar ging Geico Anfang der siebziger Jahre in Konkurs, doch da hatte sich Graham bereits zurückgezogen. Heute ist Graham-Schüler Warren Buffett der größte Aktionär der wieder gesundeten Geico.

1956 löst Graham seine Firma auf und verkauft seine Geico-Anteile. Im Ruhestand rechnet er den Dow Jones über 50 Jahre nach und beweist, daß seine in der»Security Analysis« vorgestellte Theorie den Markt um mehr als das Doppelte geschlagen hätte – in der Vergangenheit, wohlgemerkt.

Der Ansatz: Vorsicht ist die erste Anlegerpflicht

Ein gutes Gedächtnis sei eine Bürde, sagt Graham. Zweimal in seinem Leben sei er finanziell am Ende gewesen, daher bevorzuge er eine sicherheitsbetonte Anlagestrategie. Es gebe zwei Investmentregeln. Die erste Regel heißt: Verliere nicht. Die zweite Regel: Vergiß Regel Nummer eins nicht.

Graham entwickelt eine Methode, die jeder Anleger anwenden kann. Wertpapieranalyse ist für ihn ein Zweig der Mathematik. Sein Ansatz ist mathematisch, also quantitativ. Der quantitative Ansatz hat den Vorteil der Objektivität und der Regelhaftigkeit. Graham hält nicht viel von den Wachstumsinvestoren und ihrem Vertrauen in das Management. Die großen Trends, die Aussichten einer Branche, die Qualität des Managements – all diese Einschätzungen sind mit subjektiven Bewertungsunsicherheiten behaftet. Eine unterbewertete Aktie dagegen ist objektiv unterbewertet.

Graham unterscheidet zwischen Investment und Spekulation: »Ein Investment liegt vor, wenn nach gründlicher Analyse in erster Linie Sicherheit und dann eine zufriedenstellende Rendite steht. Geschäfte, die diese Bedingungen nicht erfüllen, sind spekulativ.« Ein Wertpapier braucht also einen gewissen Grad an Sicherheit und eine befriedigende Rendite. Die »gründliche Analyse« definiert er als »die sorgfältige Studie verfügbarer Fakten und den Versuch, daraus Schlüsse auf der Grundlage feststehender Prinzipien und fundierter Logik zu ziehen«.

Die Wertpapieranalyse funktioniert in drei Schritten: In der anschaulichen Phase sammelt der Analytiker alle wichtigen Fakten und präsentiert sie auf intelligente Weise. In der kritischen Phase bewertet er die Fakten fair. Und in der selektiven Phase fällt er das Urteil über die Attraktivität des Wertpapiers.

Unter seinen Studenten an der Columbia-Universität saß auch David Dodd und protokollierte seine Worte. Mit ihm zusammen schrieb Graham nach dem Crash 1929 sein Hauptwerk »Security Analysis«. Graham war ein intelligenter und unterhaltsamer Erzähler, aber kein Autor, dem empirische Arbeit und systematische Beschreibung lag. Dodd übernahm die Prüfung von Grahams Beispielen.

1934, nach vier Jahren Arbeit, erschien das Werk inmitten der größten Depression und einer Kursflaute an der Börse. Damals lautete die herrschende Meinung, daß nur Anleihen seriöse Investments seien. Aktien galten als reine Spekulation. Graham bewies, daß Aktien keine Casinochips sind, sondern einen Wert haben. Er analysierte eine Reihe von Branchen, diskutierte ihre finanziellen Merkmale und Kennzahlen. Der Wert der Aktien, die auf der Liste in der Ausgabe von 1940 als unterbewertet eingestuft wurden, legte in den folgenden acht Jahren um 250 Prozent zu. Der Standard & Poor's Industrial kam nur auf ein Plus von gut 30 Prozent.

Die Sicherheitsgrundsätze von Graham

Graham hatte die Lektion von 1930 gelernt, als er nach dem großen Crash wieder in den Aktienmarkt eingestiegen war – und die Kurse noch einmal absackten. Der Anleger dürfe nicht einfach Aktien kaufen, nur weil der Gesamtmarkt unten ist. Er benötige eine praktische Formel, um zu erkennen, ob der Markt immer noch teuer oder schon billig ist. Denn der Einstieg lohne nur, wenn eine Marktwende bevorsteht. Ist der Markt dagegen zwar auf einem Tiefstand, aber richtig bewertet, darf der Anleger nicht kaufen.

Sicherheitsrahmen (margin of safety): Graham sucht bei seinen Investments einen Sicherheitsrahmen: So nennt er die Differenz zwischen dem inneren Wert der Aktie und dem Aktienkurs. Grahams Rat: Der Anleger soll Aktien kaufen, die unter ihrem inneren Wert gehandelt werden – ohne Blick auf das Marktniveau. Diese Kauftechnik gibt dem Anleger einen »Sicherheitsrahmen«. Dieser Rahmen schützt den Anleger: Wer billig einkauft, kann in schlechten Marktphasen nicht soviel verlieren. Nach Grahams Methode muß der Anleger nicht einmal auf Kursrückschläge des ganzen Marktes warten. Im normalen Verlauf des Marktzyklus bieten sich ausreichend Chancen, weil immer bestimmte Aktien unter ihrem inneren Wert gehandelt werden. Der Grund ist die Irrationalität und Ineffizienz der Märkte. Angst und Gier treiben die Kurse rauf und runter. Nach dem aus der Statistik bekannten Phänomen treten die falsch bewerteten Aktien aber irgendwann die »Rückkehr zum Durchschnitt« an.

Grahams defensiver Ansatz der Aktienanlage ist rein quantitativ. Er basiert auf dem inneren Wert (intrinsic value) – praktisch dem Preis, den ein privater Eigentümer für das Unternehmen bezahlen würde. Den inneren Wert definiert Graham als den »Wert, der von den Fakten bestimmt wird« (Wertpapieranalyse). Die Fakten sind alle Aktiva (Vermögenswerte), ihre Erträge und Dividenden und alle sicheren Zukunftsaussichten. Graham unterscheidet quantitative Faktoren (Bilanzen, Steuern, …) und qualitative Faktoren (Management, Art des Unternehmens). Je mehr der innere Wert auf quantitativen Faktoren beruht, desto sicherer ist die Anlage. Der innere Wert ist aber nicht vollkommen objektiv wie etwa der Sustanzwert. Zur Substanz kommt als wichtigster Faktor der Wert der Erträge hinzu, den die Firma erwirtschaften wird. Die künftige Ertragskraft wird bewertet und mit einem Börsenkapitalisierungsfaktor multipliziert. Dieser Faktor wird durch die Stabilität der Firmenerträge, durch Vermögenswerte, Dividendenzahlung und Finanzstärke beeinflußt.

In der »harten« Variante seines Ansatzes zieht Graham vom Wert des Unternehmens alle Fabrikanlagen, Besitz und Ausrüstung der Firma ebenso wie alle kurz- und langfristigen Verbindlichkeiten ab. Übrig bleiben nur die liquiden Aktiva. Doch mit diesem Ansatz kann er praktisch nur in Baissen zum Kauf geeignete Kandidaten finden. In einer Baisse hat der Value-Anleger die freie Auswahl: 1976 zählte Graham über 100 unterbewertete Aktien, rund 10 Prozent der damals börsennotierten Werte. In einer Hausse werden solche Kaufgelegenheiten extrem rar.

Doch weil die Börsen auch Haussen erleben, entwickelt Graham eine zweite, »weichere« Strategie. Er lehrt, auf immaterielle Werte (intangibles) zu achten, etwa den Goodwill, also den Ruf oder das Image des Unternehmens. Wichtige Faktoren sind Betriebsvermögen (working capital) und Cash, dann fixe Vermögen wie Gebäude und Maschinen. Das Unternehmen sollte einen Nettokapitalwert haben, also weniger Schulden als Wert. Graham konzentriert sich bei der Aktienauswahl auf Firmen, die für zwei Drittel ihres Nettokapitalwertes zu haben sind.

Seine wichtigste Kalkulation:

| liquides Nettovermögen | = Betriebskapital (net current assets); + Bargeld und andere liquide Mittel + sofort verkaufbare Lagerbestände |
| – laufende Verpflichtungen | = alle laufenden Verpflichtungen inklusive außerbilanzielle wie Mietverpflichtungen oder ungedeckte Pensionsverpflichtungen |

= Wert des Betriebsvermögens (net current asset value)

Anleger, die weniger als den Wert des Betriebskapitals zahlen, bekommen die fixen Vermögenswerte und die immateriellen Vermögenswerte umsonst. Ihr Kalkül: Sobald der Markt den Irrtum im Kurs erkennt, steigt der Aktienkurs.

Sonderangebote: Suche nach Zigarrenstummeln

Graham propagiert den Kauf von Sonderangeboten: Wer etwas kauft, was eine Mark wert ist, aber nur 50 Pfennig kostet, hat die beste Chance auf einen Gewinn. Seine Definition des Sonderangebotes (bargain issue): Unternehmen, die unter dem Wert ihres Betriebsvermögens gehandelt werden. »Zigarrenstummel« (cigar butts) nannte er Unternehmen, deren innerer Wert höher ist als der Marktwert ihre Aktien.

Kaufregeln von Benjamin Graham

- Kaufe Aktien, die unter ihrem **Betriebsvermögen** gehandelt werden. Fabriken oder andere fixe Vermögenswerte werden nicht eingerechnet.
- Kaufe Aktien, die unter ihrem **inneren Wert** (intrinsic value) gehandelt werden. Das von Graham zuletzt bevorzugte Kriterium war das Siebenfache der Gewinne je Aktie in den vergangenen zwölf Monaten. Andere Kriterien sind eine Dividendenrendite

---

von mehr als 7 Prozent oder ein Buchwert von mehr als 120 Prozent des Aktienkurses.

- Kaufe Aktien, die bei weniger als zwei Dritteln ihrer **liquiden Vermögenswerte** (Umlaufvermögen minus aller Verbindlichkeiten; net quick assets) gehandelt werden.
- Die **Schulden** sollten unter dem Unternehmenswert liegen, im Idealfall sogar unter dem Eigenkapital.
- Die **Gewinnrendite** (earnings yield), der Kehrwert des Kurs-Gewinn-Verhältnisses, sollte das Doppelte der aktuellen Rendite von Anleihen der besten Schuldner (Rating: AAA) betragen. Eine Aktie mit einem KGV von 5 sollte also 20 Prozent Gewinnrendite bieten.
- Die Gewinnrendite sollte mindestens zwei Drittel der AAA-Anleihen-Rendite betragen.

Graham selbst war von seiner Methode absolut überzeugt: »Es schien immer und scheint immer noch lächerlich einfach: Wer eine diversifizierte Gruppe von Aktien zu einem Preis kauft, der unter den eigentlichen Umlaufvermögen liegt – nach dem Abzug aller Forderungen und bei Bewertung der fixen und anderen Vermögenswerte mit null –, für den sollten die Ergebnisse recht zufriedenstellend sein. Sie waren es nach unserer Erfahrung mehr als 30 Jahre lang.«

Grahams Rat: Der Anleger sollte immer das Unternehmen kaufen, nie die Aktie. Value-Investoren analysieren das Geschäft, um den wahren Wert zu bestimmen. Erst danach sehen sie sich die Aktie an. Der Kurs wird mit dem inneren Wert verglichen. Wenn der Kurs hinreichend unter dem inneren Wert liegt, gibt es eine Chance auf Gewinn für den geduldigen Investor. Das gilt sogar, wenn das Unternehmen nicht zu den besten seiner Branche zählt.

Die wichtigsten Kaufkriterien

- kein Verlust in den vergangenen fünf Jahren
- Gesamtverschuldung liegt unter dem gesamten materiellen Eigenkapital
- Aktienkurs unter dem inneren Wert
- Gewinnrendite = 1,5 bis 2 × AAA-Rendite

Diversifikation. Nach Graham macht es nur für einen Insider – also einen Aktionär, der direkt Einfluß auf das Unternehmen nimmt – Sinn, sein Investment bei einer Adresse zu konzentrieren. Ein Outsider werde meist zu nervös agieren, zu früh verkaufen und den großen Aufschwung verpassen. Da alle Anleger Fehler machen, ist die sicherste Strategie die Streuung der Investments. Der Anleger könne praktisch ohne großes Risiko Geld verdienen, »*wenn* er genug von diesen Aktien finden kann, um daraus eine diversifizierte Gruppe zu bilden, und *wenn* er nicht die Geduld verliert, falls sie nicht bald nach dem Kauf steigen«. Und dann ergänzt er: »Manchmal mag die erforderliche Geduld recht beträchtlich erscheinen.«

Geduld ist die wichtigste Tugend des Investors. Der Investor sucht nach den Mauerblümchen, den Aktien, die der Aufmerksamkeit des Marktes entgehen. Er hält sie einen vollen Konjunkturzyklus lang, also drei bis fünf Jahre. Das unterscheidet den Investor vom Spekulanten. Der Value-Anleger braucht keine aktuellen Aktienkurse. Er investiert in eine Aktie wie andere Anleger in Immobilien: Auch sie schauen nicht täglich, wöchentlich oder monatlich nach dem Kurs ihrer Anlagen. Graham investierte nie, bevor er nicht vollkommen überzeugt war. Die Kehrseite: Seine Suche nach der günstigsten Gelegenheit ließ ihn manche große Marktbewegung verpassen. In den dreißiger Jahren kehrte er zu schnell in den Markt zurück, in den fünfziger Jahren verpaßte er die große Hausse, die bereits Mitte 1949 begann.

Grahams eigene Strategie

In seiner Investmentgesellschaft Graham-Newman Corporation bevorzugte Graham verschiedene Investmenttechniken:
- Value Stocks: Er kaufte Aktien, die bei höchstens zwei Dritteln ihres Substanzwertes (net current asset) lagen. Er diversifizierte in über 100 verschiedene Werte. Bei kleineren Unternehmen versuchte er sogar häufig, die Mehrheit zu kaufen (oder zumindest einen größeren Anteil), um die Gesellschaft zum Verkauf ihrer Vermögenswerte zu zwingen.

- Turnaround-Werte: Er kaufte Unternehmen, die vom Konkurs bedroht waren oder bereits im Konkursverfahren steckten.
- Arbitrage: Graham war ein reger Arbitrageur.
- Convertible Hedge: Graham kaufte eine Wandelanleihe (convertible bond), die von einem Unternehmen ausgegeben wird und wie eine Anleihe mit einem festen Zins und einer festen Laufzeit versehen ist. Der Inhaber darf aber während einer festgelegten Wandlungszeit seine Anleihestücke zu einem festgelegten Kurs (Umtauschparität) in Aktien umtauschen. Gleichzeitig mit dem Kauf der Wandelanleihe verkaufte Graham die Aktie des Unternehmens short. Nun hat er gleichzeitig ein Recht auf die Aktie gekauft und die gleiche Aktie short verkauft. Je näher sich die Aktie und der Convertible zueinander entwickeln, desto größer wird sein Gewinn.

Graham hat nie mehr als 20 Millionen Dollar gemanagt. Immer wieder gab er seinen Anteilseignern Geld aus dem Verkauf der Vermögenswerte zurück. Er glaubte nicht, daß sein Ansatz bei größeren Volumina noch funktionierte.

Verkaufsregeln von Benjamin Graham

- Verkaufe, wenn die Aktie um 50 Prozent gestiegen ist, oder verkaufe nach zwei Jahren (je nachdem, was zuerst eintritt).
- Verkaufe, wenn die Dividende ausfällt.
- Verkaufe, wenn die Gewinne so stark fallen, daß der aktuelle Marktpreis 50 Prozent über dem neuen Zielkaufpreis liegt.
- Verkaufe, wenn die Aktie ihren fairen Wert erreicht oder sogar überschritten hat. Die Verkaufsgrenze kann schon bei 90 Prozent des fairen Wertes liegen. Der Anleger verkauft auch, wenn der innere Wert durch bestimmte Ereignisse gedrückt wird.
- Stelle dir eine einfache Frage: Wenn es keinen Markt für diese Aktien gäbe, würde ich in die Zukunft des Unternehmens nach dem heutigen Stand investieren? Falls nicht, verkaufe.

Ausblick: Viele Hunde sind des Hasen Tod

Nahe dem Tiefpunkt des Aktienmarktes beim Kursrückgang 1973 und 1974 wurde Graham gefragt:»Amüsiert oder frustriert es Sie, daß ein wirklicher Bärenmarkt notwendig ist, damit Analysten sich für Ihren Value-Ansatz interessieren?« Seine Antwort: »Der denkende Mensch betrachtet die Welt und sieht eine Komödie. Der fühlende Mensch betrachtet die Welt und sieht eine Tragödie.« Die Tragik seines Lebens ist, daß er vor seinem Tod seine Meinung änderte.

Heute gibt es weit weniger unterbewertete Unternehmen als zu Grahams besten Zeiten. Daher weichen seine Anhänger die Kaufkriterien auf: Statt einer Gewinnrendite in Höhe der zweifachen AAA-Bond-Rendite reicht das 1,5fache, statt eines KGV von 5 gilt heute beispielsweise 10 bereits als billig.

Grahams Buchwert-Betonung ist aus der Mode gekommen. Die Analysten der Wall Street konzentrieren sich auf die Gewinnentwicklung. Der Grund ist einfach: Die Analysten arbeiten bei Brokern, die Umsatz machen müssen, und Investoren finden heute kaum noch Unternehmen, die unter dem »net working capital« (Betriebsvermögen minus kurzfristiger Verbindlichkeiten je Aktie) gehandelt werden. Nur noch ein Ausweg bleibt den Graham-Anhängern, wie wir noch sehen werden: Sie analysieren die preiswertesten Märkte. Die wichtigste Frage: Gibt es einen wesentlichen, dauerhaften Grund für die niedrige Bewertung?

Graham selbst aber resignierte angesichts der Masse von Analysen. Kurz vor seinem Tod teilt er dem »Financial Analysts Journal« mit:»In der guten alten Zeit konnte jeder gut ausgebildete Wertpapieranalyst hervorragende professionelle Arbeit leisten, indem er detaillierte Studien erstellte. Doch beim Anblick des enormen Research, das heute betrieben wird, bezweifle ich, daß diese große Anstrengung in der Mehrzahl der Fälle zu ausreichend besserer Aktienselektion führt, die diese Kosten rechtfertigt.« Er gestand, daß er sich der »Denkschule des effizienten Marktes« zugewandt hatte,»die nun allgemein von den Gelehrten akzeptiert wird«. Bis sein Schüler Buffett kam.

Benjamin Graham: Sieben Regeln für Anleger

- Achte nicht allzusehr auf den Gesamtmarkt! Auch in einem teuren Markt gibt es Sonderangebote.
- Kaufe niemals eine Aktie, nur weil sie gerade gestiegen oder gefallen ist.
- Kaufe eine Aktie, als würdest du das ganze Unternehmen kaufen! Strebe nicht nach der schnellen Mark! Suche nach Unternehmen, deren Aktien du ein Leben lang halten kannst.
- Suche nach spezifischen Zeichen für Value. Die attraktivsten Aktien haben ein unterdurchschnittliches KGV, eine hohe Dividendenrendite, und ihre Gewinne haben sich in den letzten zehn Jahren verdoppelt (mit höchstens zwei Jahren, in denen die Gewinne um mehr als 5 Prozent sanken).
- Konzentriere dich auf Qualität. Anfänger sollten nur Standardwerte mit langjährigem Gewinnwachstum kaufen.
- Diversifiziere mit Aktien und Anleihen. Mindestens 25 % des Geldes sollte in Cash und Anleihen liegen. Halte mindestens acht Aktien!
- Vor allem: Denke selbst und sei geduldig. Die größten Gewinne kommen aus unterbewerteten Wachstumsaktien, die fünf Jahre oder länger gehalten werden.

Warren Buffett: Der Weise aus Omaha

Jedes Jahr erstellt das amerikanische Wirtschaftsmagazin »Forbes« eine Liste der reichsten Männer der Welt. 1993 präsentierte sie eine kleine Sensation: Die Nummer eins hieß nicht Bill Gates oder David Rockefeller, sondern Warren Edward Buffett. Mit einem Nettovermögen von 8,3 Milliarden Dollar stand er an der Spitze – vor lauter erfolgreichen Unternehmern, Filmstars oder reichen Erben. Was ihn von all diesen Reichen unterschied: Buffett ist der einzige, der sein Vermögen mit Aktien machte. Was er mit seinem Starteinsatz von 15 000 Dollar seit 1956 getan hat, hätte jeder Kleinanleger ebenfalls machen können. Wer 1956 10 000 Dollar in die Gesellschaft Berkshire Hathaway investierte, ist heute mehr als 70facher Millionär. Jährlich hat Buffett rund 23 Prozent Gewinn erzielt. Anders als George Soros oder Peter Lynch ist der »Weise aus Omaha« ein Idol vieler Anleger, die versuchen, ihn zu kopieren und jedes seiner Investments genau analysieren. Peter Lynch hält ihn für den »größten Investor aller Zeiten«, der Wirtschaftsnobelpreisträger Paul Samuelson für ein »Investmentgenie«.

In der Welt des computerisierten Hochgeschwindigkeitsgeldes wirkt der 67jährige antiquiert. Er arbeitet in seinem kleinen Büro am Kiewit Plaza in Omaha, der Hauptstadt des Kornstaates Nebraska, weit abseits der Wall Street mitten in den USA am Missouri River gelegen. Buffett hat keinen Aktienticker, nicht einmal einen Computer. Sein Büro ist mit Schlagzeilen der Zeitungen von den großen Finanzkatastrophen des 20. Jahrhunderts geschmückt. Nur drei Telefonleitungen, davon zwei Direktlinien zu Brokern, erinnern daran, daß wir es mit dem wohl größten Anleger der Welt zu tun haben.

Buffett ist ein Einzelgänger, ein etwas verschrobener Typ, witzig, schrullig, aber ein Anlagegenie. Der öffentlichkeitsscheue Asket lebt bescheiden: Buffett bezieht als Präsident seiner Beteiligungsholding Berkshire Hathaway 100 000 Dollar im Jahr. Der bebrillte Milliardär lebt immer noch im gleichen durchschnittlichen Einfamilienhaus, das er Ende der fünfziger Jahre für 31 500 Dollar gekauft hat. Wer an dem Haus in der Farnham Street vorbeispaziert, kann mit etwas Glück in die Küche schauen und zusehen, wie Buffett sich gerade eine Cherry Coke aus dem Kühlschrank holt. Die Putzfrau kommt nur alle zwei Wochen. Er soll noch nie Urlaub gemacht haben. Seinen Wagen chauffiert er selbst, jahrelang war es ein alter Cadillac, seit 1994 ein grauer Lincoln. Der Antialkoholiker trinkt täglich fünf Cherry Cokes. Sein Lunch besteht aus einem Big Mac und Pommes frites an seinem Schreibtisch. In seiner Freizeit spielt er via Computer Bridge mit seinen Freunden an der Ost- und Westküste. Einladungen zum Dinner mit Präsident Clinton schlägt er lieber aus. Er liest viel, vor allem Zeitungen (seine besondere Leidenschaft), Geschäftsberichte und Bücher von Keynes, Pascal und andere Philosophen.»Das werde ich auch noch im nächsten Jahrhundert tun.« Seine Frau über ihn:»Alles, was Warren braucht, um glücklich zu sein, ist ein Buch und eine 60-Watt-Birne.«

Sein Geiz ist legendär: Katherine Graham, die Verlegerin der »Washington Post«, war einmal mit Buffett am Flughafen und wollte einen kurzen Anruf machen. Sie bat ihn um einen Dime, ein 10-Cent-Stück. Buffett zog einen Quarter, ein 25-Cent-Stück, aus der Tasche und ging, um es zu wechseln. Als Buffetts Frau für 15 000 Dollar Möbel kaufte, beschwerte er sich bei einem Freund: »Weißt du, wieviel das mit Zins und Zinseszins in 20 Jahren ist?« Bis heute ist Buffett vermutlich der einzige Milliardär, der seine Steuererklärung selbst macht.

Nur zwei Dinge, die weder lebensnotwendig sind noch Rendite versprechen, leistet sich Buffett: Er besitzt ein Ranch House in Laguna Beach, Kalifornien. Sein größter Luxus aber ist der Firmenjet. Das weiß Buffett natürlich selbst und taufte den Flieger »Die Unentschuldbare« (»The Indefensible«).

Die Karriere: Mit elf Jahren aufs Parkett

Der am 30. August 1930 geborene Buffett stammt vater- und mütterlicherseits aus einer Familie von Zeitungsverlegern. Buffett glaubt, schon in jungen Jahren seine wahre Bestimmung erkannt zu haben – reich zu werden. Wie einst John D. Rockefeller ist er überzeugt, dazu bestimmt zu sein, noch vor seinem 35. Geburtstag zu Geld zu kommen – was er schon als Kind jedem mitteilt.

Es beginnt mit Kleingeld: Mit vier Jahren rennt der kleine Warren mit einem Geldwechsler am Gürtel um das Haus. Mit sechs Jahren kauft er am elterlichen Ferienort im Supermarkt einen Sechserpack Cola-Flaschen für 25 Cent, geht auf die Straße und verkauft jede Flasche für 10 Cent. Er sammelt vom Platz abgekommene Golfbälle und verkauft sie an die Golfspieler zurück. Später dehnt er das Geschäft aus und läßt seine Mitschüler die Golfbälle sammeln. Weniger einträglich ist die Herausgabe einer Pferdewettzeitung, die er nach kurzer Zeit wieder aufgibt, und das Austragen von Zeitungen.

Buffetts Vater Howard ist Aktienmakler bei Harris Upham. Warren verbringt viel Zeit in der Bank, umgeben von den Börsentickern. Er wird magisch angezogen von Zahlen aller Art. Mit elf Jahren kauft er seine ersten Aktien. Ein Jahr später wird sein Vater zum republikanischen Abgeordneten für Nebraska im Repräsentantenhaus gewählt. Die Familie zieht von Omaha nach Washington. Buffett sucht nach dem richtigen Weg zum Reichtum: Er liest in der Kongreßbibliothek Hunderte von Büchern über Geldanlage. »Ich las Millionen von Wörtern über dieses Thema, und sie waren im Grunde Mumbo Jumbo, Hokuspokus.«

Im Kongreß gilt Howard Buffett als Hardliner: Er kämpft gegen alle Regierungsprogramme wie etwa den Marshallplan, wider alle ihm auch nur entfernt kommunistisch erscheinenden Tendenzen und sogar gegen den Kongreß selbst, der seiner Meinung nach zu hohe Steuern erhebt, deren Einnahmen er anschließend verschwendet. Der Kongreß sei Teil einer Verschwörung gegen den amerikanischen Steuerzahler. Eine Diätenerhöhung leitet er einmal an einen Treuhandfonds weiter. Er sei schließlich zu einem niedrigeren Satz gewählt worden, sagt er.

Mit 15 investieren Buffett und sein Freund 25 Dollar in eine Flippermaschine, die sie im örtlichen Friseursalon installieren. Schon am ersten Tag nehmen sie 4 Dollar ein. »Ich dachte, ich hätte das Rad erfunden«, so Buffett später. Nach dem High-School-Abschluß in Washington geht Buffett mit 16 Jahren an die Wharton School of Finance an der Universität von Pennsylvania (wo auch Michael Steinhardt und Peter Lynch studieren). Zwei Jahre später kehrt er zurück nach Nebraska, wo er an der Universität von Omaha sein Studium beendet. Erst in seinem letzten Studienjahr findet er endlich das Buch, nach dem er so lange suchte: 1949 liest er Benjamin Grahams gerade erschienenes Werk »The Intelligent Investor« in einem kleinen Haus in der 1825 Pepper Avenue in Lincoln. Buffett ist so aufgeregt, daß er das Buch kaum niederlegen kann. »Es war wie eine Art Offenbarung. Es war ein rationales System, das funktionieren konnte.« Endlich hatte er den Weg zum Reichtum gefunden.

Nach dem Studienabschluß pilgert Buffett 1950 nach New York und studiert bei Graham an der Columbia Graduate Business School. 1951 erwirbt er den Grad Master of Business Adminstration (MBA). 1952 heiratet er im heimischen Omaha. Buffett beginnt als Aktienanalyst bei Grahams Investmentfirma Graham-Newman Corporation in New York.

Als die Gesellschaft 1956 aufgelöst wird und Graham in den Ruhestand geht, gründet Buffett mit vier Familienmitgliedern und drei Freunden die Buffett Partnership Ltd. Die sieben Teilhaber steuern zusammen 105 000 Dollar bei, Buffetts eigene Einlage beträgt 100 Dollar. Nach den Prinzipien von Benjamin Graham kauft Buffett unterbewertete Aktien und Kontrollmehrheiten an kleineren Firmen. Die Bedingung: Als Geschäftsführer muß Buffett keine Auskunft geben, wie er das Geld anlegt. Nur einmal im Jahr, am 31. Dezember, legt er Rechenschaft ab, nur an diesem Stichtag können die Partner ihr Geld zurückverlangen. Buffett verzichtet auf ein Gehalt, statt dessen will er nur eine Gewinnbeteiligung. Er verspricht mindestens sechs Prozent Rendite pro Jahr, von den zusätzlichen Gewinnen will er 25 Prozent behalten.

Damit dürfte er weit besser gefahren sein. Am Ende des ersten Jahres, 1957, hat Buffett bereits 500 000 Dollar Kapital, auf das er zehn Prozent erwirtschaftet. Der Dow Jones war um acht Prozent gefallen. Nach fünf Jahren hat Buffett 251 Prozent Rendite vorzuweisen, der Dow Jones ist nur um 74,3 Prozent gestiegen. Jahr für Jahr wächst Buffetts Partnership um mehr als 30 Prozent – weit stärker als der Dow Jones. Und sie legt sogar in Jahren zu, in denen der Aktienmarkt verliert.

1962 beginnt Buffett Aktien von Berkshire Hathaway, einer

notleidenden Textilfirma in New Bedford, Massachusetts, zu kaufen. 1965 übernimmt er Berkshire Hathaway für 20 Millionen Dollar – nachdem der Aktienwert unter den Liquidationswert gefallen war. Doch Buffett (»eines meiner größten Fehlinvestments«) scheitert bei der Rettung der Textilfabrik und muß das Unternehmen schließen. Seine Lektion: Unternehmens-Turnarounds gelingen selten.

1963 startet Buffett eine seiner erfolgreichsten Investitionen: American Express. Er steigt nach dem Sturz des Aktienkurses (wegen der Verwicklung in einen Skandal) ein. Die Anleger fürchten, das öffentliche Vertrauen in die lukrativen Travellerschecks könnte leiden. Buffett findet heraus, daß der Absatz nicht nachläßt und daß die Gesellschaft rasch im Kreditkartenmarkt expandiert. Der Wert der Aktien verdreifacht sich in drei Jahren, Buffett macht 20 Millionen Dollar Gewinn.

Dreizehn Jahre lang erreicht Buffett eine jährliche Durchschnittsrendite von 29,5 Prozent, das Vermögen der Partnerschaft wächst auf 100 Millionen Dollar. Aus 10 000 Dollar waren 300 000 Dollar geworden. 1969 löst er die Investmentgesellschaft Buffett Partnership Ltd. auf. Er bietet seinen inzwischen mehr als 100 Partnern Beteiligungen an Berkshire Hathaway an, von der inzwischen nur noch der Mantel existiert. Die Holding wird zuerst im Freiverkehr gehandelt, dann auch an der New Yorker Börse eingeführt. Er legt sein eigenes Vermögen von 25 Millionen Dollar in Berkshire Hathaway an und macht aus dem dividendenlosen Papier die teuerste Aktie der Wall Street und vermutlich der ganzen Welt. Im Mai 1997 lag ihr Kurs bei fast 40 000 Dollar. Allein 1996 stieg sie um knapp 32 Prozent. Buffett selbst besitzt 480 000 Berkshire-Aktien. Anleger können die Aktien übrigens auch an der Berliner Börse kaufen (Kenn-Nummer 854 075). Trotz der höheren Gebühren der Banken kauft der Anleger aber meist billiger direkt in New York (Kürzel: B R Ka / B R Kb).

In den siebziger Jahren nutzt Buffett den gedrückten Markt und kauft strategische Anteile an Washington Post und anderen Unternehmen. 1976 engagiert sich Buffett bei Geico, jener Versicherung, die schon zu Benjamin Grahams erfolgreichsten Investments gehörte. Das Volumen beträgt 45 Millionen Dollar, Ende 1995 hat die Beteiligung einen Wert von 1,68 Milliarden Dollar.

Danach kauft er weitere spektakuläre Beteiligungen an American Express, Capital Cities/ABC, Coca-Cola, Gannett, Gillette, Salomon Brothers, USAir und Wells Fargo. Ende 1996 hatten seine Beteiligungen einen Wert von rund 28 Milliarden Dollar.

Die Methode: Einfach und verständlich

Wie hat Buffett seine erstaunliche Performance geschafft? Ihn selbst können Anleger nur noch alljährlich auf der Hauptversammlung von Berkshire Hathaway Anfang Mai im 300000 Einwohner zählenden Omaha fragen. Dort thronen Charlie Munger, inzwischen über 70 Jahre alt und seit 1978 Vorstandsmitglied von Berkshire, und Buffett wie die beiden Alten aus der Muppets Show auf Stühlen mit geraden Rückenlehnen auf dem Podium des Orpheum-Theaters und beantworten die Fragen der Aktionäre. Alljährlich pilgern mehr als bis zu 7500 der insgesamt 70000 Aktionäre zu ihrem Meister. Sechs Stunden und länger beantworten Buffett und Munger alle Fragen. Den Rest des Jahres verweigert sich Buffett Interviews zu seiner Anlagestrategie: Er habe bereits alles gesagt.

Das ist richtig: Das faszinierende an der Erfolgsgeschichte Buffetts ist, daß alles öffentlich geschieht. Im Gegensatz zu Soros ist Buffett kein Geheimniskrämer. Seine Transaktionen werden komplett im Geschäftsbericht publiziert und von ihm selbst kommentiert. Er ist immer noch der Chef: Anders als Soros beschäftigt er keinen Riesenstab, sondern leitet Berkshire Hathaway mit nur sechs Angestellten.»Meine Vorstellung von Entscheidungen im Rahmen eines Teams ist, einfach in den Spiegel zu sehen.«

Sein Grundansatz beinhaltet nichts, was ein durchschnittlicher Anleger nicht auch tun könnte. Er investiert nur in Aktien und Anleihen, die ersten gut 35 Jahre lang ausschließlich im Inland. Er hält sich fern von Futures, Optionen, Optionsscheinen und Währungen. Er glaubt sogar, daß die heißesten Derivate verboten werden sollten. Buffett verachtet die »Spekulanten«. Er verzichtet weitgehend auf Kredite und ihre Hebelwirkung. Es gibt keine Charts, keine Geheimformeln und keine besonderen Handelsstrategien. Er braucht nicht einmal – wie es manche Ratgeber empfehlen – stets aktuelle Informationen:»Die Geschwindigkeit der Information ist nicht wichtig für uns. Ich könnte irgendwo sein, wo die Post mit drei Wochen Verspätung eintrifft, und könnte wunderbar investieren.« Mit einem Wort: Das faszinierende an Buffett ist, daß ihn jeder kopieren kann.

Allerdings ist das Kopieren mit Arbeit verbunden: Buffett ist Fundamentalist. Für die Markttechniker, Momentum-Investoren und Chartisten hat er nur Spott übrig:»Können Sie sich vorstellen, eine Unternehmung zu kaufen, einfach nur weil der Preis dafür in der letzten und der vorletzten Woche stark gestiegen ist?« Auch den Beta-Faktor der Akademiker, einen Lieblingsindikator vieler Anleger, der die Volatilität der Vergangenheit beschreibt, lehnt er ab:»In ihrem Hunger nach einer einzigen statistischen Kennzahl, um Risiko zu messen, vergessen sie ein fundamentales Prinzip: Es ist besser, ungefähr richtig zu liegen als exakt falsch.« Nach der Theorie hat eine Aktie, die stärker schwankt als der Börsen- oder Branchenindex, einen höheren Beta-Faktor und ist folglich angeblich riskanter. Beta-Faktoren geben die falschen Signale, meint Buffett:»Wenn das Unternehmen wegen des hohen Beta-Faktors statt für 60 Cent je Dollar für 40 zu kaufen ist, ist das nicht riskanter, sondern das bessere Geschäft.« Das Risiko sei zu komplex, um durch die statistischen Methoden der modernen Finanztheorie gemessen zu werden.

Die Grundregeln

• **Diversifiziere nicht!**
Diversifikation wird dem Durchschnittsanleger immer wieder als wichtige Regel für seine Geldanlage gepredigt. Buffett hält sich überhaupt nicht daran. Bis Anfang der neunziger Jahre hielt er den Großteil seines Milliardenvermögens in nur vier Unternehmen: Washington Post, Coca-Cola, Capital Cities und Geico. In den achtziger Jahren hielt er durchschnittlich neun Positionen – die Hälfte davon waren»Dauerbeteiligungen«. 1990 betrug sein Durchschnittsinvestment 900 Millionen Dollar. Noch heute sind

mehr als 75 Prozent der Aktienanteile von Berkshire in nur fünf Wertpapieren angelegt.

Buffetts Rat: »Nicht zu viele Eier in ein Nest legen, die aber sorgfältig auswählen.« »Das Risiko werde sogar reduziert, wenn nur wenige Aktien gehalten werden. Der Anleger müsse nämlich gründlicher recherchieren. Er sollte sich auf ein Dutzend Werte beschränken. »Kaufe einige stark unterbewertete Aktien, investiere viel Geld und halte sie.«

Die traditionelle Diversifikation sei ein »Arche-Noah-Ansatz«: Der Anleger kauft alles und hat am Ende statt eines Portfolios einen Zoo. Diversifikation ist nur wichtig für den »dummen« Anleger, glaubt Buffett. Bei Anlegern, die wissen, was sie tun, verhindert sie hohe Renditen. »Unwissenden« Anlegern empfiehlt Buffett das passive Investieren, beispielsweise in Index-Fonds. Damit könne er sogar besser abschneiden als die Mehrzahl der Anlageprofis. »Paradoxerweise hört ›dummes‹ Geld auf, dumm zu sein, wenn es seine Grenzen akzeptiert.«

Der zweite Erfolgsfaktor: Buffett trifft nur wenige Anlageentscheidungen im Jahr. Es gibt nur wenige Werte, die ein Investment lohnen, sagt Buffett. Manchmal ergibt sich nur einmal im Jahr eine Kaufgelegenheit. Statt mittelmäßige Werte zu sammeln, sollte der Anleger lieber abwarten und Anleihen kaufen. Damit steht er ganz im Gegensatz zum spontanen Fidelity-Fondsmanager Peter Lynch, der täglich sein Portfolio umgrub. Der Anleger muß in seinem Leben gar nicht oft richtig liegen. In seiner über vierzigjährigen Karriere waren nur zwölf Anlageentscheidungen wichtig, sagt Buffett. Er selbst nennt seinen Stil »Rip-van-Winkle-Ansatz«, nach jenem Helden in der 1819 erschienenen Erzählung des Amerikaners Washington Irving, der zwanzig Jahre lang schlummerte. »Mein Lieblingsansatz, eine Aktie zu halten, ist für immer.« Buffett vermeidet exzessives Trading und baut mit seinen Gewinnen die Beteiligungen weiter aus. Berkshire hat noch nie eine Bardividende gezahlt, sondern hat alle Gewinne stets reinvestiert.

Doch nur Buffetts Werte schlummern, er selbst ist allzeit bereit: »Noah fing mit dem Bau der Arche nicht erst an, als es regnete.« Mit Leidenschaft liest Buffett Geschäftsberichte. Von jedem Börsenwert kann er die wichtigsten Bilanzdaten aus dem Kopf hersage. Sein Tip: Kaufen Sie hervorragende Unternehmen, wenn diese ein vorübergehendes Problem haben oder wenn der Aktienmarkt fällt und günstige Einstiegskurse möglich sind. »Eine gute Chance pro Jahr reicht aus.«

• **Kümmere dich nicht um Marktbewegungen oder die Konjunktur!**

In Fondsgesellschaften und Banken denken gleich ganze Stabsabteilungen über die Entwicklung der Konjunktur nach: Nimmt das Wachstum zu oder läßt es nach? Steigen oder fallen die Zinsen? Buffett kümmert sich nicht um die Konjunktur: Niemand könne den Gang der Wirtschaft vorhersehen. Wer sich auf die Konjunktur stützt, muß kurzfristig ein- und aussteigen. Wer sich dagegen auf ein gutes Unternehmen verläßt, das in jedem wirtschaftlichen Umfeld erfolgreich ist, liegt immer richtig. Die Tendenz am Aktienmarkt, der Konjunktur, Zinsen oder Wahlen sind nicht wichtig – allenfalls die Inflation.

Eine Anekdote gibt Buffett gerne zum besten: Als er 1956 seine Investmentgesellschaft gründete, riet ihm sein Vater zum Abwarten, bevor er Aktien kaufe. Bei 200 Punkt stehe der Dow Jones Industrial zu hoch. In den folgenden Jahren vervielfachte sich der Index.

Buffett ist der Auffassung, das tägliche Marktgeschehen sei unbedeutend, wenn der Anleger eine gute Aktie über mehrere Jahre besitze. »Für mich existiert der Markt nicht. Er ist nur ein Referenzpunkt, um zu kontrollieren, ob jemand anbietet, etwas Idiotisches zu tun. Wenn wir in Aktien investieren, investieren wir in Unternehmen. Sie müssen sich einfach danach richten, was rational ist, statt danach, was gerade in Mode ist.« Die Märkte sind nicht immer effizient. In den frühen siebziger Jahren, als niemand etwas von Aktien wissen wollte, »fühlte ich mich wie ein Typ mit überschüssiger Lust in einem Harem. Wohin ich auch sah, überall gab es Gelegenheiten.«

• **Habe Geduld!**

Buffett ist der Prototyp des langfristigen Anlegers. Der private Anleger kann auf die große gewinnversprechende Aktie warten. Er sollte sich auf ein Gebiet konzentrieren, für das er das notwendige Wissen hat. Es ist eine Wildschwein-Strategie im Gegensatz zur Fuchs-Strategie, sagt Buffett: Der Fuchs weiß viele kleine Dinge, das Wildschwein ein großes Ding.

Der Anleger sollte kaufen, was gerade nicht in Mode ist und damit nur schwer zu verkaufen. Davon sollte er viel billig kaufen und geduldig warten. Wenn er richtig liegt, wird der Wert früher oder später auch von anderen erkannt werden. Diese Methode lernte Buffett an der Columbia University bei seinem Ziehvater, dem Investmenttheoretiker Benjamin Graham: Kaufe, wenn eine Aktie unterbewertet ist, und vertraue darauf, daß die Börse irgendwann einmal den wahren Wert erkennt.

- **Kaufe ein Unternehmen, keine Aktie! Bewerte ein Unternehmen wie ein potentieller Eigentümer!**

Buffett macht seine Hausaufgaben gründlich: Er studiert möglichst alle Jahresberichte und betrachtet Strategie und Entwicklung des Unternehmens. Der Anleger muß den inneren Wert einer Firma bestimmen und den angemessenen Preis oder sogar einen günstigeren Preis bezahlen.

- **Investiere nur in Unternehmen, die du gründlich verstehst, die eine durchgehend profitable Geschichte plus gute Aussichten haben und die unter ihrem inneren Wert notieren**

Die Gebote des »value-based investment«, der auf Wert basierenden Anlagestrategie Buffetts: Er legt nie in Firmen an, von denen er nichts versteht oder die außerhalb seines »Erfahrungshorizontes« liegen.

Bei der Bewertung wandelt er allerdings die Grahamsche Theorie gleich mehrfach ab:
- Statt des Liquidationswertes ist für ihn der eskomptierte Cash-flow entscheidend. Graham kauft nur, wenn der Aktienkurs klar unter dem Liquidationswert liegt. Seit den sechziger Jahren ist diese Situation aber selten. Buffett nutzt daher den eskomptierten Cash-flow, also den künftigen Zugang von flüssigen Mitteln, den das Unternehmen voraussichtlich verdienen wird. In den meisten Kennzahlentabellen werden die Gewinne pro Aktie als wichtigste Kennzahl ausgewiesen. Das ist laut Buffett falsch: Dieser Wert kann durch zurückgestellte Gewinne und Bilanzmanöver manipuliert werden. Verläßlicher ist

laut Buffett das Verhältnis der Betriebsgewinne zum Eigenkapital, also die Eigenkapitalverzinsung.

• Im Unterscheid zu Graham bewertet Buffett auch nicht exakt quantifizierbare Qualitäten wie Franchise.

Buffett bevorzugt Unternehmen mit Marktdominanz. Seine Definition eines guten Unternehmens ist ein dauerhaftes Franchise, also die Einmaligkeit der Marktposition. Diese Position darf nicht leicht durch Konkurrenz zu erschüttern sein:»Die wichtigste Sache für mich ist herauszufinden, wie breit der Burggraben rund um ein Unternehmen ist. Was mir am besten gefällt, natürlich, ist eine große Burg mit einem breiten Graben voller Piranhas und Krokodile.« Buffetts Ideal ist eine nicht staatlich regulierte gebührenpflichtige Brücke (non-regulated toll bridge): Jeder muß die Brücke benutzen, doch die Preise können frei festgesetzt werden. Der Wert einer Aktie hängt vom Unternehmen ab, seiner »Geschäftskonzession« (business franchise), dem Grad, in dem es eine privilegierte Position erreicht und andere Unternehmen nicht auf seine Märkte eindringen und Preise und Gewinne drücken können. Die Preissetzungsmacht war in den siebziger Jahren ein Schutz gegen Inflation. Dieses starke Franchise sieht er beispielsweise bei Coca-Cola, Walt Disney und McDonald's.

Der Wert eines Unternehmens wird dadurch bestimmt, wieviel Cash es erwirtschaftet. Allerdings brauchen Unternehmen mit hohem investiertem Kapital mehr Cash, weil sie einen Teil zur Erhaltung dieser Aktiva verwenden müssen. Buffett zieht daher die Kennzahl »Gewinne der Eigentümer« (owner earnings) heran, die seiner Meinung nach dem Cash-flow entsprechen: Nettogewinne plus Abschreibungs-, Minderungs- und Amortisationskosten minus der notwendigen Investitionen, um den wirtschaftlichen Status quo des Unternehmen zu bewahren.

Um den inneren Wert eines Unternehmens zu erhalten, müssen die künftigen Gewinne über eine sogenannte Diskontierung mit einem Faktor X auf den heutigen Wert heruntergerechnet werden. Der Unternehmenswert wird durch den Cash-flow bestimmt, der im weiteren Firmenleben erwartet wird und der mit einem angemessenen Zinssatz diskontiert wird. Je niedriger der Diskontierungsfaktor, desto höher ist der rechnerische Wert des Unternehmens. Die konventionelle Theorie sagt, der innere Wert eines Unternehmens soll sich errechnen durch die Diskontierung künftiger Gewinne mit einer Rate, die eine hohe Prämie – etwa sechs Prozent – für das Marktrisiko zu der langfristigen Anleihenrendite (der risikolosen Rendite der 30jährigen US-Staatsanleihe) addiert. Buffett dagegen diskontiert die »owner earnings« nur mit der risikofreien Rate, dem Satz der 30jährigen US-Staatsanleihe – ohne Risikozuschlag. Dies führt nach Meinung vieler Wissenschaftler zu einer zu hohen Bewertung.

Für die niedrigere Diskontierung hat Buffett einen Grund: Wachsen die Gewinne der Eigentümer mit einiger Sicherheit, kann der Diskontierungssatz reduziert werden. Buffett investiert oft mehr in die Qualität des Managements als des Unternehmens. Er will Manager, die für die Aktionäre arbeiten und sich ihnen verantwortlich fühlen. Daher sucht er als »aktiver« Anleger bei großen Investments den Kontakt. Gewöhnliche passive Anleger müssen ein größeres Risiko eingehen und daher mit einem höheren Diskontierungssatz arbeiten: Sie leiden unter der »Informationsasymmetrie« (das Management weiß immer mehr über das Geschäft als die externen Anleger) und möglichen »agency costs« (der Wahrscheinlichkeit, daß das Management seine eigenen Interessen vor die Anlegerbedürfnisse stellt).

Um die langfristige Unternehmensperformance zu messen, führt Buffett oft den »Eindollartest« durch. Jeder Dollar Gewinn, der vom Management zurückgehalten wird, muß durch mindestens einen Dollar an zusätzlichem Marktwert gerechtfertigt werden. Was macht das Management mit dem »freien Cash-flow«, also dem Zusatz-Cash, das nicht profitabel in das Unternehmen reinvestiert werden kann. Buffett meidet Unternehmen, die wachsen um des Wachstums willen. Er sucht Firmen, die überschüssiges Kapital nutzen, um ihre eigenen Aktien zu kaufen.

Diese Rechnung funktioniert so: Vom Nettogewinn der Firma werden die Dividendenzahlungen abgezogen. Es verbleibt der einbehaltene Gewinn. Er muß über die letzten zehn Jahre addiert werden. Dann muß der Unterschied zwischen dem Marktwert vor zehn Jahren und heute ermittelt werden. Ist er niedriger als der einbehaltene Gewinn, dann geht es mit der Firma bergab.

Das ideale Investment definiert Buffett so: ein Unternehmen mit starkem Franchise (einzigartige Reputation, außerordentliche Fähigkeiten oder Kundenbindung), einer langjährigen Bilanzgeschichte mit einer guten Kapitalrendite und einer gewissen Monopol- oder Preissetzungsmacht, einem positiven Cash-flow und einem eigentümerorientierten Management, dem er trauen kann.

Checkliste: Merkmale guter Unternehmen

- guter Ertrag gemessen am investierten Kapital: Das Unternehmen zeigt seit Jahren eine gute Eigenkapitalrendite und hat nur geringe Schulden. Der Gewinn je Aktie ist nicht so wichtig.
- verständliche Produkte: Allzuoft kaufen Anleger Unternehmen, deren Geschäft sie gar nicht verstehen. Buffett sucht einfache und verständliche Firmen. Das Unternehmen braucht kein Genie als Manager.»Sie sollten in ein Unternehmen investieren, das selbst ein Dummkopf betreiben kann, denn eines Tages wird es einer tun.«
- sichere Gewinne: Eine Firma sollte lange genug im Geschäft sein, um durch verschiedene Konjunkturzyklen und in wechselnden Umfeldern Gewinne gemacht zu haben. Wenn dann ein Tief des Aktienkurses kommt, kann es eine einmalige Kaufgelegenheit sein.
- hohe Gewinnspannen: Hohe Gewinnspannen sprechen für ein gutes Unternehmen mit kostenbewußtem Management. Buffett ist ein Verfechter von Cost-Cutting.
- hoher Cash-flow: An dieser Kennzahl läßt sich die innere Finanzstärke einer Firma ablesen. Je höher der Cash-flow, desto flüssiger ist das Unternehmen für weitere Investitionen. Ein Unternehmen sollte mehr Bargeld erwirtschaften, als für seinen Weiterbetrieb notwendig ist. Das Kurs-Cash-flow-Verhältnis (KCV) zeigt, zum Wievielfachen des bereinigten Gewinns die Aktie gehandelt wird.
- starke Marktstellung (Franchise): Buffett sucht nach Firmen mit einem Franchise. Sie verkaufen Produkte oder Dienstleistungen, für die Nachfrage besteht, die aber etwas Einzigartiges haben. Dieses Franchise gibt dem Unternehmen eine gewisse Preissetzungsmacht. Sie bietet einen Schutz gegen Inflation. Beispiele sind Coca-Cola oder Gillette.
- kleines Lager, wenig gebundenes Kapital

- aktionärsfreundliches Management: Die Manager spielen Eigentümer, sie arbeiten mit Leidenschaft und sind kostenbewußt. Entscheidend für Buffett ist, wie das Management Gewinne reinvestiert. Der rationale Manager legt das Geld in Projekten an, die mehr Gewinn als die Kapitalkosten erwirtschaften. Sonst gibt er das Geld über die Dividende oder per Aktienrückkauf an die Aktionäre. Legt er das Geld falsch an, ist dies ein Warnsignal. Zweiter Punkt ist die Kommunikation mit den Aktionären. Buffett bevorzugt eine verständliche Art der Kommunikation. Ein Management muß über Erfolge ebenso offen kommunizieren wie über Fehler. Das wichtigste aber: Das Management muß verkünden, daß das oberste Ziel der Firma die Maximierung der Rendite des Aktionärsvermögen ist. Eine der größten Gefahren sieht Buffett im »institutionellen Imperativ«. Dies ist ein Hang der Manager zur Irrationalität, der gegen die Interessen der Besitzer wirkt. Beispiel: Manager begründen ihre Handlungen damit, daß andere Firmen dies auch tun.

Warnsignale:
- Einzelhandel: Handelsgeschäfte lehnt Buffett ab: Sie verkaufen Produkte, die sich von der Konkurrenz nicht unterscheiden. Sie können daher nur über den Preis konkurrieren. Sobald ein Unternehmen mit Dumpingpreisen operiert, fällt der Gewinn aus.
- nur ein Produkt: Wer nur auf ein Produkt setzt, ist gefährdet, sobald die Konkurrenz ein besseres oder billigeres Produkt entgegensetzt.
- Landwirtschaft: Agrarwirtschaft bringt keine hohen Rendite. Das Geschäft ist wegen der Abhängigkeit von den Ernteerträgen oft zyklisch.
- zu abhängig von der Forschung: Erfolge in der Forschung sind kaum vorhersehbar.
- hohe Schulden: Wer kleine Rückschläge nicht wegstecken kann, gerät schnell in Konkursgefahr.
- unehrliches Management: Ob gut oder schlecht – zumindest ehrlich sollten Manager sein.
- viele Serviceverträge, die langfristig erfüllt werden müssen: Das Unternehmen hat einen festen Kostenklotz am Bein. Das schränkt die Beweglichkeit erheblich ein.

Die Tricks des Warren Buffett: Sonderfall Arbitrage

Arbitrage. 1987 teilte Buffett seinen Aktionären überraschend mit, daß er mindestens 25 Prozent Rendite vor Steuern mit Arbitrage-Aktivitäten gemacht hat. Buffett betrieb aktiv Risikoarbitrage: Er wettete auf den Ausgang von Übernahmeschlachten. Der Grund: Weder Aktien noch Anleihen gefielen ihm damals. Aber er investierte nur in angekündigte und vereinbarte Übernahmen, bei denen alle Informationen öffentlich sind. »Arbitrage ist eine Alternative zu Staatsanleihen als kurzfristiger Parkplatz von Geldern.« Denn sie bringt oft höhere Renditen.

Einfache Arbitrage funktioniert so: Der Anleger kauft das Wertpapier an einer Börse und verkauft es gleichzeitig an einer anderen Börse. Beispiel: Eine Aktie wird in New York zu 50,10 Dollar notiert und in Frankfurt zu umgerechnet 50 Dollar. Der Anleger kauft in Frankfurt und verkauft gleichzeitig in New York. Je Aktie macht er 0,10 Dollar Gewinn minus Kosten. Diese Arbitrage ist praktisch risikolos.

Bei der Risikoarbitrage dagegen kauft oder verkauft der Anleger ein Wertpapier in der Hoffnung auf eine Kursveränderung. Meist setzt der Arbitrageur auf einen Kursgewinn, beispielsweise durch Fusion, Liquidation oder Umstrukturierung.

Renditeturbo Versicherer. Eines der Geschäftsgeheimnisse von Buffett ist sein großes Versicherungsengagement. Buffett betreibt vor allem Rückversicherung: Berkshire versichert Großkatastrophen wie Erdbeben und Hurrikane, d.h., Buffett springt ein, wenn der Schaden für eine Rückversicherung zu groß wird. Das gibt ihm regelmäßig fließende Prämien. Die Versicherung kassiert die Prämie vorab, Schadenzahlungen werden später fällig. Das freie Kapital kann in der Zwischenzeit profitabel angelegt werden. Mit diesem Hebel beschleunigte Buffett seinen Aufstieg: Er kauft nur Versicherer, die ein positives technisches Ergebnis aus dem Versicherungsgeschäft erzielen, d.h., die Schadenzahlungen sind geringer als die Prämieneinnahmen. Gewöhnlich sind sie höher als die Prämien, die Differenz gleichen die Erträge aus den Kapitalanlagen des Versicherers aus. Erst 1996 schloß Buffett einen Rückversicherungsvertrag mit dem kalifornischen Erdbebenpool CEA: Er deckt nun Schäden in der Größenordnung von 7 Milliarden Dollar. Dafür bekommt er in vier Jahren ingesamt 1,5 Milliarden Dollar Prämie.

Steuersparen. Buffett versteht es, steuergünstig zu investieren. Auf das Investmenteinkommen, das durch die Versicherungsgesellschaft fließt, hat er durchschnittlich 15 Prozent oder weniger Abgaben gezahlt.

Warren Buffett: Regeln für erfolgreiche Anleger

1. Er muß angetrieben sein von kontrollierter Gier und fasziniert sein vom Spekulationsprozeß. Das Spiel muß ihm gefallen, und er darf nie der Gier folgen.
2. Er muß Geduld haben. Er muß auch dann glücklich mit seiner Aktie sein, wenn der Aktienmarkt morgen für zehn Jahre schließen würde.
3. Er muß unabhängig denken. Benjamin Graham: »Die Tatsache, daß andere Leute mit Dir übereinstimmen oder nicht, sagt nicht, daß Du falsch oder richtig liegst. Du liegst richtig, wenn Deine Fakten und Überlegungen richtig sind.«
4. Er muß die Sicherheit und das Selbstvertrauen haben, das aus Wissen entsteht, ohne unbesonnen oder halsstarrig zu sein.
5. Er soll akzeptieren, wenn er etwas nicht weiß.
6. Er soll flexibel in der Art der Branchen sein, die er kauft, aber soll nie mehr zahlen, als die Branche wert ist.

Die wichtigsten Engagements

Um Buffetts Vorgehen besser zu verstehen, schauen wir uns die wichtigsten Engagements Buffetts und seine Gründe für die Investition einmal genauer an. Die Buffett-Engagements lassen sich zumindest teilweise kategorisieren:
- gedrückter Kurs (Washington Post),
- Gleichgültigkeit der Investoren (Coca-Cola notierte bei der Hälfte des inneren Wertes),
- Spekulation auf Turnaround (Geico),
- besonders guter Manager (Bill Anders bei General Dynamics).

• **Washington Post: Wie Buffett den Unternehmenswert kalkuliert**
Auch deutsche Anleger kennen die legendäre Tageszeitung »Washington Post«, deren Reporter Carl Bernstein und Robert Woodward den Watergate-Skandal aufdeckten. Doch The Washington Post Company ist weit mehr als nur eine Tageszeitung: Sie gibt den Everett Herald heraus, besitzt eine Gruppe von 14 Wochenzeitungen, sechs Fernsehstationen, ein Kabelfernsehsystem, das Nachrichtenmagazin »Newsweek« und die Hälfte am »International Herald Tribune«. Ihr Jahresumsatz beträgt mehr als 1,5 Milliarden Dollar. Zum Vergleich: Die Frankfurter Allgemeine Zeitung setzt nicht einmal die Hälfte um.

1971 traf Buffett Katherine Graham, die Mehrheitseignerin der Post. Kurz danach begann sie mit der Emission von Aktien. Buffett nutzte eine Marktschwäche und kaufte Anfang 1973 exakt 467150 Aktien der Washington Post für ingesamt 10628000 Dollar – rund 22,75 Dollar je Aktie. Buffett folgte bei seinem Engagement seinen Grundsätzen: Er verstand das Geschäft, er war selbst einmal im Zeitungsgewerbe tätig. Und die »Post« war die dominierende Zeitung in Washington, eine Art Quasi-Monopol. Zeitungen haben niedrige Fixkosten und können die Preise jederzeit problemlos erhöhen.

1973 betrug der Marktwert der Washington-Post-Aktien 80 Millionen Dollar. Buffett dagegen kam auf 400 bis 500 Millionen Dollar. Seine Rechnung sieht nach Robert Hagstrom so aus:

Nettoeinkommen	13,3 Mio. Dollar
plus Abschreibung und Amortisation	3,7 Mio. Dollar
minus Investitionen	6,6 Mio. Dollar
Gewinne der Eigentümer	10,4 Mio. Dollar
dividiert durch Rendite der langfristigen	
US-Staatsanleihe	6,81%
Marktwert	152,7 Mio. Dollar

Nach Buffett entsprechen die Investitionen einer Zeitung langfristig den Kosten für Abschreibung und Amortisation. Daher teilt er das Nettoeinkommen von 13,3 Millionen Dollar durch die risikofreie Rendite von 6,81 Prozent:

Marktwert   195,3 Mio. Dollar

Da Zeitungen Preise setzen können, sogar mit Steigerungen über der Inflationsrate, geht Buffett davon aus, daß die Preise um 3 Prozent erhöht werden können. Damit steigt das Nettoeinkommen auf 23,8 Millionen Mark und damit der Firmenwert auf 350 Millionen Dollar.

Und schließlich betrug die Gewinnspanne der Post nur 10 Prozent vor Steuern. Wenn der Satz wieder auf 15 Prozent klettert, steigt der Wert um weitere 135 Millionen Dollar auf 485 Millionen Dollar.

Als Berater half Buffett aktiv mit, die Gewinne der Post zu steigern. Die Tarifverträge mit der Redaktion wurden neu und hart verhandelt. Die Gewinnspanne stieg bis 1978 auf 19,3 Prozent. 1988 erreichten sie sogar die Rekordhöhe von 31,8 Prozent. Auch die Eindollarregel ging auf: Jeder Dollar einbehaltener Gewinn verwandelte sich in mindestens einen Dollar Marktwert. 1992 betrug der Marktwert der Washington Post 2,63 Milliarden Dollar. Die Post schaffte für jeden einbehaltenen Dollar 1,81 Dollar Marktwert für die Aktionäre.

• **Geico: Spekulation auf den Turnaround**
Eines der Lieblingsgeschäfte Buffetts sind Versicherungen – ständig fließende Prämien. Seine sämtlichen Investitionen fließen durch eine Versicherungsgesellschaft. Der Grund ist die billige Finanzierung aus dem Cash-flow, der von den Versicherten stammt.

Geico, die Government Employees Insurance Company, wurde 1936 von dem Versicherungskaufmann Leo Goodwin als Spezialversicherer für Regierungsangestellte gegründet. Er erkannte, daß Regierungsangestellte weniger Unfälle als der Durchschnitt der Versicherten verursachen. Gleichzeitig wollte er die Vertriebskosten von bis zu 25 Prozent der Prämien kappen. Sein Rezept: Vertrieb nur über Direktverkauf (also nur per Telefon und ohne Vertreter) und eine Konzentration auf »gute« Risiken. Später wurde die Gruppe der Versicherten auf Fach- und Führungskräfte sowie technische und Verwaltungsangestellte erweitert.

Doch bald expandierte das Assekuranzunternehmen zu rasch. Ende der sechziger Jahre schrieb Geico auf einmal Verluste: Der Vorstand hatte die Reserven überschätzt. Die Probleme des einstigen Star-Unternehmens konnten nicht gelöst werden: 1972 stürzte der Aktienkurs von 61 Dollar auf 15 Dollar, 1973 und 1974 auf 10 Dollar, 1975 auf 7 Dollar und schließlich auf 2 Dollar. Buffett nutzte seine Chance. In aller Stille sammelte er 1294308 Aktien zu einem Durchschnittskurs von 3,18 Dollar. Zusätzlich investierte er 19,4 Millionen Dollar in wandelbare Vorzugsaktien, 1980 noch einmal 19 Millionen Dollar. Insgesamt besaß er bald 33 Prozent an dem Versicherer.

Mit Geico verbindet Buffett eine lange Geschichte. Er war bereits vor 25 Jahren einmal Aktionär: Sein Lehrer Benjamin Graham war Aufsichtsrat von Geico. An einem Wochenende fuhr Buffett zum Firmensitz nach Washington, traf den Hausmeister an und wurde in das Büro des zufällig anwesenden Geico-Chefs Lorimer Davidson eingelassen. Fünf Stunden lang fragte Buffett, danach kaufte er für zwei Drittel seines damaligen Vermögens von 15000 Dollar Geico-Aktien. Ein Jahr später verkaufte er die Aktien wieder mit einem Gewinn von 50 Prozent.

Warum kaufte Buffett nach 25 Jahren nun erneut Geico? Er hielt das Franchise, Policen zu niedrigen Kosten ohne Vertreter, für stabil. Doch nach Ansicht von Experten war der Firmenwert mathematisch nicht zu bestimmen: Geico wies keine Gewinne auf. Buffett ging volles Risiko und spekulierte auf den Turnaround.

Die Spekulation ging auf. 1976 übernahm John (Jack) Byrne die Führung von Geico. Er reduzierte die Kosten und verlängerte die Verträge mit risikoträchtigen Versicherten nicht. Schon 1980 hatte sich die Lage gebessert: Die Firma machte wieder 60 Millionen Gewinn bei 705 Millionen Dollar Umsatz. Geicos Aktien-Marktwert lag bei 296 Millionen Dollar. Buffetts Anteils betrug 20 Millionen Dollar des Grundkapitals. Bei der damaligen Rendite der 30jährigen amerikanischen Staatsanleihe von 12 Prozent bewegte sich der Unternehmenswert nach Buffetts Kalkulation um 500 Millionen Dollar. Seine Anteile waren mithin schon 166 Millionen Dollar wert. 1992 betrug Geicos Marktwert 4,6 Milliarden Dollar. Buffett besitzt heute 48 Prozent an Geico.

• Capital Cities/ABC: Der Bund mit dem Management

Capital Cities ist ein Medienkonzern mit mehr als 11 Milliarden Dollar Umsatz, der unter anderem den Fernsehsender ABC, den Sportsender ESPN, viele Radiostationen und Zeitungen besitzt. Buffett traf den damaligen Chef Tom Murphy erstmals Ende der sechziger Jahre. 1977 kaufte er die ersten Aktien, verkaufte sie aber schnell wieder.

1985 wurde Buffett um Hilfe gebeten: Er kaufte 3 Millionen Aktien von Capital Cities für 172,50 Dollar je Stück, um bei der Finanzierung der Übernahme von ABC American Broadcasting Corporation zu helfen. Es war der erste Verkauf eines Fernsehsenders und die bis dahin größte Medienfusion. Das Capital-Cities-Engagement war mit 517 Millionen Dollar das damals größte Einzelinvestment Buffetts. Die Gründe für Buffetts Engagement: ein einfaches und verständliches Geschäft, eine langjährige stabile Betriebsgeschichte, langfristig günstige Aussichten. Der innere Wert der Aktie lag allerdings nicht wesentlich über dem Kaufkurs. Buffett:»Ich bezweifele, daß Ben [Graham] mir applaudiert.« Er stieg wegen des Managers Tom Murphy ein.

Die Ironie der Geschichte:»Ihr Präsident, in einem charakteristischen Ausbruch von Brillanz«, schrieb Buffett über sich selbst im Jahresbericht 1985,»verkaufte 1978 bis 1980 einen Anteil von Capital Cities für 43 Dollar je Aktie – viel zu früh. Ihre Frage ahnend, verbrachte ich einen Gutteil des Jahres 1985 damit, eine schlagende Antwort zu finden, die Sie mit diesen Handlungen versöhnen würde. Ein bißchen mehr Zeit noch, bitte!«

Doch den Großteil der Aktien hielt er. Erst im ersten Vierteljahr 1996 verkaufte Buffett die Anteile von Capital Cities/ABC an Walt Disney Co. für rund 1,5 Milliarden Dollar. Für die 20 Millionen Aktien erhielt er Disney-Papiere und wurde damit Disneys größter Aktionär.

• Coca-Cola Company: Über Cherry Coke zum Großaktionär

Früher trank Buffett leidenschaftlich gerne Pepsi. Dann führte Coca-Cola Cherry Coke ein und schickte ihm ein paar Probeflaschen. Buffett wechselte seine Lieblingsmarke. Schon 1986 machte er Cherry Coke zum offiziellen Softdrink bei Berkshire Hathaways Hauptversammlung.

1988 und 1989 investierte er 1,2 Milliarden Dollar in Coca-Cola. Die hohen Kurse schreckten ihn nicht: Die Aktien waren in den sechs Jahren zuvor um mehr als das Fünffache und in den 60 Jahren davor um das 500fache gestiegen. Er vervierfachte sein Geld in drei Jahren. 1989 stellten die Aktien 35 Prozent des Wertes der Berkshire-Aktien. Sie sorgten bis Ende 1992 für einen Gewinn von fast 3 Milliarden Dollar.

Bei diesem Engagement blieb Buffett seinen Grundsätzen treu. Das Geschäft ist einfach und verständlich, die Firma beständig, die Aussichten langfristig gut. Coca-Cola ist der größte Softdrinkkonzern der Welt. Die Produkte des Brause-Brauers werden in mehr als 195 Ländern verkauft. »Solange Menschen zwei Liter Flüssigkeit am Tag brauchen, ist unser Wachstum unbegrenzt«, sagt Coca-Cola-Chef Roberto C. Goizueta. Coca-Cola kam 1919 an die Börse, zu einem Preis von 40 Dollar. 1920 fiel die Aktie auf 19,50 Dollar, als die Zuckerpreise haussierten. Heute wären daraus rund 2 Millionen Dollar geworden.

Buffett kaufte, als der Konzern in den achtziger Jahren umgekrempelt wurde. Der neue Chef Robert Goizueta steigerte die Gewinnspanne von 12,9 auf 19 Prozent. Er erhöhte die Rendite auf das Eigenkapital und berichtete offen an seine Aktionäre. Der Konzern expandiert mittlerweile vor allem in den Schwellenländern, den Staaten kurz vor dem Durchbruch zur Industrienation: In den letzten fünf Jahren investierte er allein 600 Millionen Dollar in Rußland.

Buffetts witzigste Beteiligung: Der Nebraska Furniture Mart

Buffett kaufte nicht nur Coca-Cola und American Express: Anfang der achtziger Jahre erwarb er von der heute 103jährigen Rose Blumkin (er nennt sie Mrs. B.) für 58 Millionen Dollar die Mehrheit am Möbelladen Nebraska Furniture Mart in Omaha, der immerhin 200 Millionen Dollar umsetzt. Seinen Regeln blieb er freilich treu: Er kannte den Laden und die Managerin. Rose Blumkin, eine russische Einwanderin, arbeitet immer noch sieben Tage die Woche und fährt in einem Golfwagen durch die Teppichabteilung. Die schrullige Dame startete einst mit 500 Dollar, heute setzt ihr großer Laden in Omaha 145 Millionen Dollar um. Ihr Rezept: »Ver-

kaufe 10 über den Kosten; sage die Wahrheit; betrüge niemanden; und nimm keine Kickbacks (versteckte Provisionen).« Klingt
ganz nach Buffett.

Fehlgriffe: Auch ein Buffett verrechnet sich

• **Salomon, Inc.: Verwicklung in einen Skandal**
Immer noch hält Buffett eine milliardenschwere Beteiligung an Salomon Inc., der Eigentümerin der Investmentbank Salomon Brothers. »Ein langfristiges Investment ist ein Kurzfristengagement,
das schiefgegangen ist«, scherzen Fondsmanager in solchen Fällen.
Im September 1987 bedrohte Ronald Perelman, ein bekannter
Unternehmenspirat, das Wertpapierhaus. Salomon litt damals unter einer schlechten Produktmischung und einer falsch geplanten
globalen Expansion, die an den Gewinnen zehrte. Der Aktienpreis war stark gefallen – und das machte Salomon zu einem loh-
nenden Übernahmeziel.
Die Direktoren von Salomon, allen voran Salomon-Chef John
Gutfreund, baten Buffett um Hilfe. Buffett akzeptierte den Sitz im
Aufsichtsrat und kaufte einen 12-Prozent-Anteil für 38 Dollar je
wandelbare Vorzugsaktie, auf die 9 Prozent jährliche Dividende gezahlt werden. Buffett hatte bewußt die Vorzugsaktie der
Stammaktie vorgezogen, denn sie bot eine Garantiedividende. Er
konnte den künftigen Cash-flow der Firma nicht abschätzen. Insgesamt investierte er 700 Millionen Dollar. Damit ist der Über-
nahmeversuch abgewehrt.
In den folgenden sechs Wochen halbierte sich der Kurs nach
dem Aktien-Crash von Oktober 1987. Buffett bleibt investiert –
ein weiterer Fehler. Am 16. August 1991 wird Buffett um 6.45 Uhr
angerufen: Der Vorstand teilt ihm seinen Rücktritt mit. Der Chef-
händler für amerikanische Schuldanleihen hatte die Vorschriften
für die Auktionen von Staatsanleihen verletzt: Im Mai hatte Salomon 95 Prozent der zweijährigen Staatsanleihen gekauft; erlaubt
sind maximal 35 Prozent. Salomon, bis zu diesem Zeitpunkt der
größte Käufer und Verkäufer dieser Anleihen, sollte diese Stellung entzogen werden.

Buffett sprang ein, im eigenen Interesse, denn seine Aktien drohten wertlos zu werden. 1991 leitet Buffett zehn Monate lang die Investmentbank und bewahrt sie vor der Schließung. Er wird Hauptaktionär und Geschäftsführer. Binnen kurzer Zeit bringt er wieder Ruhe und Ordnung in das Haus. Buffett krempelt das Unternehmen um, kreiert Profitcenter, statt des Wohls der Manager steht nun das der Aktionäre im Vordergrund.

Der Aktienkurs stieg wieder. Dennoch warf das Salomon-Engagement für Buffett bislang nur eine enttäuschende jährliche Rendite von gut 10 Prozent ab – weniger als der Aktienindex.

- **USAir Group: Bruchlandung mit Luftfahrtaktien**

Am 7. August 1989 kaufte Buffett für 358 Millionen Dollar wandelbare Vorzugsaktien der Luftfahrtgesellschaft USAir Group. Ende 1994 mußte er das Engagement bis auf ein Viertel seines Preises abschreiben: Buffett gesteht in seinem Jahresbericht, daß der Kauf von 1989 das Ergebnis von »sloppy analysis« (schlampiger Analyse) war, »ein Fehler, den ich gemacht habe«. Er hatte auf Synergie-Effekte durch den Erwerb von Piedmont Airlines gesetzt. Doch die Fusion schuf mehr Probleme, als sie löste. Und statt sich zu beruhigen, setzte sich der Preiskampf der Fluglinien fort. Die Aktie entwickelte sich nicht nur schlechter als der S & P 500, sondern auch schlechter als der Branchenindex.

- **Guinness: Ausflug ins Ausland**

Der britische Hersteller und Vertreiber alkoholischer Getränke – vor allem Whisky (Johnnie Walker) und Bier (Guinness) – war das erste bedeutende Investment von Buffett außerhalb der USA. Buffett begann 1991 mit Käufen, bis er insgesamt 1,6 Prozent der Anteile hat. Er nahm an, daß die Alkoholmarken von Guinness eine ähnliche Bedeutung hatten wie Coca-Cola. Doch diese Erwartung entpuppte sich als falsch. Ende 1994 lag die Aktie immer noch unter den Einstiegskosten.

- **Vornado, Inc.: Falsches Discounting**

Anfang der siebziger Jahre investierte Buffett in Vornado Inc., einen Discounter mit Sitz in New Jersey. Er verlor etwa die Hälfte seines 6 Millionen Dollar großen Investments. »Die Aktie sah unterbewertet aus, als ich sie kaufte. Aber es zeigte sich, daß ich unglaublich falsch lag in meiner Einschätzung des Discountkaufhaus-Sektors.« Die Branche war bereits übersetzt, der Gigant K-Mart drückte Vornado und andere Discounter aus dem Markt.

Die großen Beteiligungen von Berkshire Hathaway

	Beteiligung in %	Aktien in Mio. Dollar	Investment in Mio. Dollar
American Express	10,5	27,8	723,9
Walt Disney Comp.	3,5	20,0	345,0
Coca-Cola	8	100,0	1298,9
Federal Home Loan Corporation	9	12,8	270,5
Geico	48	34,3	45,7
Gillette	8,5	24,0	600,0
Washington Post	16	1,7	10,7
Wells Fargo	8	6,8	423,7

Berkshire Hathaway Inc. ist Eigentümer der Tageszeitung »Buffalo News« im Westen des Staates New York. Weitere Nichtversicherungsaktivitäten sind das Verlegen von Lexika und anderen Sachbüchern (World Book and Childcraft), die Produktion von Reinigungssystemen für das Haus (Kirby), eine Schokoladenfabrik (See's Candies), Möbelgeschäfte (Nebraska Furniture Mart und R. C. Willey Home Furnishings), Uniformherstellung (Fechheimer Brothers), Schuhfabriken (H. H. Brown Shoe Company, Lowell Shoe, Inc. und Dexter Shoe Company), Juweliere (Borsheim's and Helzberg's Diamond Shops) und Luftkompressoren (Campbell Hausfeld). Am 23. Dezember 1996 wurde der Erwerb von FlightSafety International, Inc. (FlightSafety) abgeschlossen, die Piloten und Schiffskapitäne trainieren.

Quelle: Jahresbericht von Berkshire Hathaway 1994/1996

Anlagenot: Buffett schaltet Kleinanzeigen

Grahamiten haben es heute schwer. Schon seit 1982 veröffentlicht Buffett im Jahresbericht Anzeigen auf der Suche nach Unternehmen, die zu verkaufen sind. Im Jahresbericht 1996 suchte er nach Unternehmen für 3 bis 5 Milliarden Dollar: »Je größer das Unternehmen, desto größer ist unser Interesse.« Er verspricht »absolute Vertraulichkeit und eine sehr schnelle Antwort – gewöhnlich innerhalb von fünf Minuten –, ob wir interessiert sind.«

1985 mußte Buffett zugeben, daß er »keine guten Ideen in diesem Jahr« hatte. Sein Ziel sind 15 Prozent Kapitalrendite. »Um dies zu erreichen, brauchen wir wenige große Ideen – kleine Einfälle reichen nicht«, schrieb er im 1984er Bericht. »Charlie Munger, meinem Partner in der Geschäftsführung, und mir fehlen diese Ideen im Moment, aber unsere Erfahrung sagt, daß sie gelegentlich plötzlich auftauchen. (Wie klingt das als strategischer Plan?)«

Buffett und die Zukunft: Wer folgt ihm nach?

»Es ist einfacher, Geld zu machen, als es auszugeben«, sagt Buffett. Die psychoanalytisch Geschulten schließen messerscharf: Der geizige Buffett kann sich von nichts trennen, nicht einmal von seinen profitablen Beteiligungen. Für Buffett hat der Reichtum andere Vorzüge, als ständig Geld ausgeben zu können. Der größte Vorteil: »Ich muß nicht mit Leuten zusammenarbeiten, die ich nicht mag.«

Buffett hat den größten Teil seines Vermögens zusammen mit seiner Frau Susan Thompson Buffett in einer Stiftung festgelegt. Die Verwalter der Stiftung sollen das Geld unter anderem für Geburtenkontrolle und die Reduzierung von Nuklearwaffen einsetzen. Doch die Buffett Foundation hat bisher nicht einmal 7 Millionen Dollar gespendet – typisch Buffett. Das Ehepaar lebt seit 1977 getrennt. Seine Frau, eine ehemalige Sängerin aus den Nachtclubs von Omaha, wohnt in San Francisco, sie reisen gelegentlich gemeinsam. In Omaha lebt Buffett mit Astrid Menks zusammen, der früheren Chefin eines französischen Restaurants, in dem seine Frau engagiert war. Das Trio ist gut befreundet, sie unterschreiben ihre Weihnachtskarten zu dritt. Susan hat Buffett ihre Nachfolgerin gewissermaßen vermittelt.

Zum Kummer seiner Kinder ist Buffett für eine hundertprozentige Erbschaftsteuer. Seine Kinder müssen eigene Karrieren verfolgen: Sohn Peter (37), ein Musiker, schrieb die Filmmelodie für die Feuer-Tanzszene in »Der mit dem Wolf tanzt« von Kevin Costner. Sohn Howard (41), Kommunalpolitiker, pachtete von seinem Vater eine 160 Hektar große Farm in Omaha. Die Miete berechnet Buffett pädagogisch nach dem Gewicht des Sohnes: Er hält ihn für zu dick. Seiner Tochter Susan (43) dagegen erlaubte er 30 Tage lang auf seine Kosten einzukaufen, bis sie einige Pfund zugelegt hatte: Buffett erschien sie zu dünn. Als sie schwanger war und 30000 Dollar brauchte, um ihre Küche zu erweitern, weigerte sich Buffett, ihr das Geld zum Marktzins zu leihen. Es sei unfair, wenn der Quarterback des Footballteams von Nebraska seinen Posten seinem Sohn vermache. Seinen Schwiegersohn hat er für magere 47000 Dollar Jahressalär eingestellt.

Wird er sich demnächst zurückziehen, fragen seine Anhänger besorgt? »Ich arbeite mindestens bis zum Grab, und wenn die Verbindung klappt, auch noch ein Stückchen länger.« Sein Lebensziel: »Der älteste Mann dieses Landes zu sein.«

Sein Nachfolger scheint jedenfalls schon bereitzustehen: Es ist Louis Simpson, Präsident und Vorstandschef von Geicos Finanzbeteiligungen. Doch ob er in die großen Fußstapfen treten kann? Buffett hat zahllose Imitationsversuche inspiriert, doch alle sind sie gescheitert. Besonders ambitioniert war einst der Versuch, das bekannte Buffett-Portefeuille mit Hebelwirkung über Optionen und Wertpapierkredite zu versehen. Zuletzt schrieb der Vermögensverwalter Robert Hagstrom mit »The Warren Buffett Way« einen Bestseller. Dann machte er am 1. Mai 1995 seinen eigenen Fonds auf, um seinem Vorbild zu folgen. Das Ergebnis nach 10 Monaten: Die Buffett-Aktie stieg um 63 Prozent, sein Fonds nur um 21 Prozent, was freilich auch nicht so schlecht ist.

Merksätze von Warren Buffett

»Die Zukunft ist mir immer ein Rätsel gewesen.«

»Alles, was man als Investor benötigt, ist erstens eine durchschnittliche Intelligenz, zweitens solide Prinzipien, nach denen man handelt, drittens und am wichtigsten Charakterstärke.«

»Eine dicke Brieftasche ist der Erzfeind herausragender Anlageergebnisse.«

»Sie müssen selbst denken. Es erstaunt mich immer wieder, wie Leute mit hohem IQ gedankenlos imitieren. Ich habe niemals gute Ideen, wenn ich mit anderen Leuten spreche.«

»Vollzeit-Profis in anderen Feldern, beispielsweise Zahnärzte, nützen dem Laien viel. Doch im Durchschnitt bekommen die Leute von professionellen Geldmanagern nichts für ihr Geld.«

»Mit genug Insiderinformationen und einer Million kann man nach einem Jahr ruiniert sein.«

»Wall Street ist der einzige Ort, wo Leute im Rolls-Royce vorfahren, um Rat von Leuten einzuholen, die U-Bahn fahren.«

»Der dümmste Grund, Aktien zu kaufen, ist, daß sie steigen.«

»Risiko entsteht, wenn man nicht weiß, was man macht.«

»Wenn Sie sich von den Emotionen des Marktes fernhalten können, werden Sie regelmäßig eine Chance bekommen, etwas Intelligentes zu tun – nicht sehr oft, aber immer wieder.«

Mario Gabelli: Der Totalisator

Erstaunlich, daß ein so öffentlichkeitsbewußter Mensch wie Mario Gabelli so weit weg von Wall Street ziehen kann. Nach 45 Minuten erreicht der Nahverkehrszug von der New Yorker Grand Central Station den kleinen Ort Rye. Noch einen Kilometer weiter entlang der Hauptstraße, vorbei an einem klassischen amerikanischen Diner, Weinläden und einem kleinen Einkaufszentrum taucht hinter der ersten Kurve ein Bürogebäude aus blauspiegelndem Glas auf: der Firmensitz der Gabelli Investments.

Die Empfangsdame im Glas-und-Marmor-Eckturm weist den Besucher eine Etage höher. Natürlich nimmt man in Amerika für diese Strecke den Aufzug und landet hinter einer weiteren Glastür in einer anderen Welt. Der kleine Wartesaal ist im englischen Stil eingerichtet: ein kurzes Sofa, ein Couchtisch, zwei Sessel und ein Schrank, in dem die Prospekte der Gabelli-Fonds ausgestellt sind. Auf dem Tisch liegen in zwei roten Kunstledermappen Zeitungsartikel, Photos, Aufsätze, Gratulations- und Dankschreiben für Diskussionsbeiträge und Referate aus – leider alle etwas älteren Datums, alle fein säuberlich in Klarsichthüllen verpackt. Das jüngste ist 18 Monate alt.

Dann erscheint Mario Gabelli selbst: Er bittet den Besucher vom englischen Warteraum in eine typische graue amerikanische Bürolandschaft mit Trennwänden und Konferenzräumen ohne Tageslicht. Das läßt Gabelli um so stärker in Erscheinung treten: Der in der Bronx geborene Italiener ist ein legendärer Stockpikker (Spitzname »Super Mario«). In den frühen achtziger Jahren war er der führende Guru für Leveraged Buyouts, jene kreditfinanzierten Übernahmen, die damals einen Boom erlebten. Seither sitzt Gabelli zweimal im Jahr am renommierten Barron's Roundtable, einer Konferenz der US-Anlagezeitschrift »Barron's« mit den besten Anlageexperten. Zu Recht: Gabelli verfeinerte den Grahamschen Value-Ansatz mit einigen persönlichen Zutaten, allen voran dem »Privaten Marktwert« und dem »Katalysator«. Seine durchschnittliche jährliche Rendite seit 1986 liegt bei 14,9 Prozent, der S & P 500 schaffte nur 11,5 Prozent. Sogar das Crash-Jahr 1987 konnte Gabelli mit einem Gewinn von 16,2 Prozent abschließen.

Erst der Golfplatz, dann Columbia

Wie Warren Buffett und Peter Lynch startete auch Gabelli auf einem Golfplatz. Im Sunningdale Country Club schleppte er die Hölzer und Eisen der Aktienmakler über den Fairway. Eine sehr amerikanische Tradition, findet Gabelli: Die erfolgreichsten Unternehmer beginnen als Zeitungsausträger, Schuhputzer oder Caddy.»Es muß etwas auf sich haben mit der Caddy-Arbeit.« Als 12jähriger hörte er zum ersten Mal von Aktien. Es packte in: Als er auf der Columbia Business School war, kaufte und verkaufte er bereits heftig Aktien – von einer Telefonzelle aus.

Auf der Business School lernte er 1965 die Grundlagen des Value Investing, Roger Murray, Koautor der fünften Auflage von Graham/Dodds»Security Analysis«, unterrichtete dort in der Nachfolge von Graham Wertpapieranalyse. Nach seinem Abschluß als Master of Business Administration (MBA) wählte Gabelli 1967 den klassischen Einstieg in die Finanzszene: Er begann als Analyst bei Loeb Rhoades, die später in Shearson Lehman aufgingen. Er war dort übrigens der Nachfolger von Michael Steinhardt und übernahm dessen Gebiet: Automobilbau, Konglomerate und Gesundheit. 1969 erhielt er die Zuständigkeit für die Medien- und Unterhaltungsindustrie, die zu seinem eigentlichen Spezialgebiet wurde.

Nach einem Zwischenspiel bei William D. Witter startete Gabelli im Oktober 1976 sein eigenes Unternehmen: Er wurde Broker (also ein Aktienmakler mit eigenem Research) für institutionelle Kunden und gründete eine kleine Vermögensverwaltung. Den Durchbruch schaffte er jedoch erst 1980, als ihm der US-Konzern Honeywell 10 Millionen Dollar aus seinen Pensionsfonds gab. Mit Hilfe dieses Türöffners kam er bis 1983 schließlich auf 280 Millionen Dollar Volumen. Erst 1986 startete Gabelli seinen ersten öffentlichen Fonds, den Gabelli Asset Fund. Heute bietet er eine ganze Familie verschiedener Fonds an. Insgesamt verwaltet Gabelli mit 140 Mitarbeitern ein Vermögen von 10 Milliarden Dollar.»Wir sind Nummer 163 in den USA und Nummer 363 in der Welt.«

Gabelli, der Geschäftsmann: Rund ums Geld

Gabelli ist mehr als ein Investor in fremden Unternehmen, er ist zugleich ein guter Manager seiner eigenen Geschäfte, ein Alleskönner – Totalisator sozusagen. Stolz erzählt er gleich zu Beginn unseres Gesprächs, daß Ex-Bundesbankchef Karl Otto Pöhl im Aufsichtsrat seiner Gesellschaft sitzt,»als einzigem amerikanischem Unternehmen«.

»Lassen Sie mich zuerst die Firma beschreiben«, setzt er dann hinzu. Sie hat drei Teile:

- den Broker, der auch einige spezialisierte Arbitrage-Fonds und Risikokapital-Fonds mit einem Gesamtvolumen von 250 Millionen Dollar führt,
- die Investmentfonds-Gesellschaft, die ein Dutzend verschiedener Fonds mit einem Volumen von 4 Milliarden Dollar anbietet,
- die Vermögensverwaltung, die 5,3 Milliarden Dollar für 900 Institutionen und wohlhabende private Investoren managt, darunter Honeywell, die Universität von Miami und das Boston College. Hinzu kommen einige Geldmarktfonds mit 1,3 Milliarden Dollar Volumen.

Im Research konzentrieren sich Gabellis zwölf Analysten auf Branchen, die ein großes Franchise und einen hohen Cash-flow haben: Kabel und Fernsehen, Telekommunikation, Entertainment und Verlage. Gabelli ist ein legendärer Anleger in Medienunternehmen. Bei einem Dinner saßen einmal die Chefs von Paramount, Viacom und MCA um einen Tisch. Ein weiterer Unternehmenschef zeigte auf Gabelli und rief:»Dieser Kerl da hat mit uns allen am meisten Geld gemacht.«

Gabelli hatte Mitte der achtziger Jahre den Trend richtig eingeschätzt: Der Kongreß wollte die Regulierung des Kabelfernsehens lockern. Die Preise durften erhöht werden, Einnahmen und Gewinne stiegen. Gabelli investierte und fuhr enorme Kurssteigerungen ein. Er prägte den Begriff der »interactive couch potatoe« für den künftigen amerikanischen Fernsehzuschauer und Medienkunden, frei übersetzt der »interaktiven Sofapflanze«, also des Kunden, der von sein Couch aus alles elektronisch und interaktiv regeln kann – von der Urlaubsbuchung bis zum Einkauf. Gabelli hielt große Anteile an CBS, Harcourt General, Paramount und Time Warner. Mittlerweile besitzt er selbst einige TV-Stationen.

Die Branchenkonzentration kann aber auch ein Nachteil werden: Verpaßt er nicht vielleicht die besten Branchen? Gabelli antwortet fast ein wenig aggressiv: »Als Spezialist kann ich größere Bets machen. Wenn ich völlig falsch liege, muß ich schließen.« Das könne besonders bei Branchen, die gerade in sind, schnell gehen: Wer im Dezember 1995 Internet-Aktien analysierte und kaufte, verlor 70 Prozent seines Geldes, sagt er. »Das war eine In-Branche – oder nicht?«

Die Gabelli-Fondsfamilie

- Gabelli Asset: unterbewertete Unternehmen
  Volumen: 1,1 Milliarden Dollar, Rendite 1996: 13,36%, Durchschnitt (Mid-Cap-Mischung): 19,11%
  Dreijahresrendite: 12,53% (Markt: 14,71%)
  Fünfjahresrendite: 14,61% (Markt: 13,89%)
  Strategie: ein Drittel Industriewerte, ein Drittel Konsumwerte, ein Drittel Medienwerte
- Gabelli Value: Der Fonds hält große Positionen in unterbewerteten Unternehmen. Er hatte 30 Prozent seines Vermögens in Paramount investiert, als das Unternehmen von Viacom übernommen wurde.
- Gabelli ABC: für ultrakonservative Investoren
- Gabelli Small Cap Growth
- Gabelli Global Interactive Couch Potatoe: Unterhaltung und Medien
- Gabelli Global Telecommunications
- Gabelli Gold
- Gabelli Equity Trust und Gabelli Global Multimedia-Trust
- Gabelli Growth

Gabelli, der Anleger: Private Market Value

Die hohe Inflation der siebziger Jahre brachte Mario Gabelli auf eine Idee: Zweistellige Preissteigerungsraten erschwerten es den Analysten, die wirkliche Steuerquote eines Unternehmens zu errechnen oder die realen Gewinne festzustellen. Gabelli fand einen Ausweg. Er stellt eine einfache Frage: Was würde ein informierter Industrieller für das ganze Unternehmen zahlen? Dies nennt Gabelli »private market value« (PMV, Privater Marktwert): »Wir wollen gerne wissen, was ein informierter Industrieller für ein Unternehmen zahlen würde – und warum.« Im Grunde ist der PMW der Preis, wenn das an der Börse gehandelte Unternehmen übernommen wird. Der PMW entspricht dem inneren Wert einer Aktie. Gabelli denkt, als würde er selbst das ganze Unternehmen kaufen. »Wir kaufen ein Geschäft, kein Stück Papier, denn wir kaufen auch keine Sojabohnen.«

Seine Methode sei ganz einfach, sagt Gabelli: »Jeder Betriebswirtschaftsstudent kann das.« Sein Ansatz habe nichts, daß nicht von jedem kopiert werden könne. Auch ein durchschnittlicher Anleger könne mit etwas Erfahrung die gleichen Unternehmen finden. »Wir schwimmen ohnehin in einem Aquarium«, sagt Gabelli. »Jeder kann sehen, was wir machen.« In den USA müssen alle Fondsmanager mit mehr als 100 Millionen Dollar verwaltetem Vermögen alle drei Monate gegenüber der Aufsichtsbehörde ihre Bestände offenlegen, die diese Daten veröffentlicht. Und auch die Trader wissen, was Gabelli macht. »Es gibt keine Geheimnisse. Wir betreiben unsere Methode lediglich mit einer größeren Disziplin.«

Gabelli konzentriert sich auf die Kennzahl EBITDA (Earnings Before Interest, Taxes, Depreciation and Amortization minus the capital expenditures needed to grow the business), also Gewinne vor Zinsen, Steuern, Abschreibung minus der notwendigen Investitionen, um das Geschäft aufrechtzuerhalten. Das ähnelt Buffetts »Gewinn der Eigentümer«. Im Prinzip läuft die Wertbestimmung durch den Analysten ab wie ein Treffen von Geschäftsleuten, die das Unternehmen kaufen wollen. Mit dem PMW blendet Gabelli die schwankenden Markttrends (Übertreibung, Momentum, Quartalsergebnisse) aus. Er nutzt sie im Gegenteil aus: Gabelli sucht Aktien, die 1 Dollar für Käufer wert sind, aber zu 35 Cent gehandelt werden. Die Unterbewertung ergibt eine Sicherheitsmarge.

Wie jeder Value-Ansatz erfordert die Gabelli-Methode Fleiß: »Der Anleger muß 100 Unternehmen intensiv untersuchen, um vielleicht 15 zu finden, die die Kriterien für Preis, Kosten und Sicherheitsmarge erfüllen.« Von der Theorie des effizienten Marktes hält Gabelli nicht viel: Es gebe 400 Analysten, die AT&T verfolgen. Nach einem Analystentreffen fiel die Aktie um 4 Punkte. »Sie wurden überrascht von der Darstellung der Wettbewerbsbedingungen – was sie längst hätten herausfinden können.«

»Wir betreiben einen Bottom-up-Ansatz.« Gabelli steht in der Tradition der alten Graham-&-Dodd-Schule. Jedes Unternehmen wird anhand des kompletten veröffentlichten Materials einzeln geprüft – Pflichtmitteilungen, Geschäftsberichte und Aktionärsbriefe werden durchforstet. Die Gesellschaften werden zu einem Industriezweig gebündelt. Damit erhält Gabelli die Branchendaten. Die wichtigsten Punkte der Bewertung sind der Wert des Franchise, die Fähigkeit des Franchise, Cash zu generieren, und die Qualität des Managements. »Die ideale Welt ist ein Wachstumswert, der unter seinem inneren Wert notiert.«

Der PMW ergibt sich aus der Addition der einzelnen Geschäftszweige. Wichtige Faktoren sind Cash, Forderungen und Lagerbestände, aber auch außerbilanzielle Faktoren wie Goodwill, der Wert des Franchise und die Ergebniskraft. Gabelli mag Franchises, weil die Märkte schwierig zu erobern sind. Wachstumsunternehmen und Firmen, die lediglich große Hoffnungen bieten, etwa Technologiewerte, meidet Gabelli ebenso wie Finanzdienstleister, wo ihm das Know-how fehlt.

Die Datensammlung ist einfach. Entscheidend für die Rendite seiner Investments ist die zweite Frage Gabellis: Was ist das Unternehmen in fünf, zehn oder fünfzehn Jahren wert? Je weiter weg in der Zukunft, desto höher ist die Unsicherheit der Vorhersagen. Gabelli betrachtet die Dynamik des Unternehmens auf Sicht der nächsten fünf Jahre: Er prognostiziert Umsatz, Margen, Gewinn je Aktie und vor allem den Cash-flow. Danach kalkuliert er den PMW in der Zukunft. Er muß vorhersehen, welcher Multiplikator des EBITDA für das Unternehmen gezahlt wird. Die PMW-

Multiplikatoren ändern sich: Sie wandeln sich mit den Zinssätzen, der Kapitalisierungsstruktur und den Steuern. Der entscheidende Dreh- und Angelpunkt ist der Cash-flow: Ein gutes Unternehmen produziert Cash, das sinnvoll genutzt werden kann. Damit werden Schulden bezahlt, Fabriken gebaut oder eigene Aktien zurückgekauft. Ein hoher Cash-flow steigert den Unternehmenswert. Gabellis Fragen: Wieviel Kapital wird benötigt, um den Cash-flow aufrechtzuhalten? Wie sieht die Wachstumsrate des Cash-flows aus? Wie zyklisch ist der Wert? Dann geht er in die reale Welt: Wieviel Geld bekommt ein Käufer des Unternehmens von den Banken? Welchen Multiplikator geben die Banken für das Geschäft und warum? Wieviel kann der Käufer über Junk Bonds (Schrottanleihen) bekommen? Welche Rendite kann der Käufer auf dieses Kapital erzielen?

»Das ist der schwierigste Teil: An wen kann man den Cash-flow in fünf Jahren verkaufen, und was zahlt er dafür?« Seine Kalkulation ergibt eine Bandbreite der künftigen Preise für das Unternehmen, den »private market value channel« (PMW-Kanal). Wenn der Kurs unter diesen Kanal fällt, kauft er. Steigt der Kurs über die Bandbreite, verkauft er.

Katalysator: Der Kurs-Treibsatz

Die Regeln des Value Investing sind einfach. Schwierig ist nur die Umsetzung. Der Anleger muß nicht nur billig kaufen, der Kurs der Aktie muß hinterher auch steigen. Gabelli investiert auf lange Sicht in ein Management: »Value Investing heißt, ein gutes Unternehmen zu finden, das von klugen Leuten geführt wird, zu einem vernünftigen Preis – heute und in fünf Jahren.« Sein Ziel sind Aktien, die in zwei Jahren 50 Prozent steigen können. Eine ideale Aktie ist für ihn ein Unternehmen mit einem niedrigen KGV, ohne Schulden und mit einem hervorragenden Management, dessen Ziel ein höherer Unternehmenswert ist.

Um sicherzustellen, daß der Aktienkurs steigt, hat Gabelli ein zweites Element in die Value-Theorie eingeführt: den Katalysator (catalyst). Gabelli sucht nach dem Faktor, der den Abstand zwischen dem PMW und dem Aktienkurs verringert. Unternehmen mit einem evidenten Katalysator nennt er »true assets plays«. Unternehmen mit den gleichen Anziehungskräften, aber ohne eindeutigen Katalysator nennt er »Wachstumsaktien«.

»Wir suchen nach Veränderungen«, sagt Gabelli. Der Katalysator kann aus dem Management kommen oder von außen. Er kann ein äußerer Faktor sein, etwa eine Übernahme oder ein interner Faktor wie eine Liquidation – manchmal auch beides.

Typische Katalysatoren sind:
- ein Managementwechsel,
- ein Regierungswechsel,
- ein Split up des Unternehmens, beispielsweise die Zerschlagung eines Konglomerates,
- Altern der Hauptaktionäre,
- Scheidung oder Tod des Gründers,
- Verkaufsabsichten der Erben,
- Branchentrends,
- veränderte Regulierung.

Auf viele Katalysatoren wird Gabelli durch die Beobachtung von Insidertrading aufmerksam: Wenn Insider kaufen, sind oft noch nicht erkannte Entwicklungen der Grund. Auch ein Anstieg des freien Cash-flows kann ein solcher Katalysator sein: Das Unternehmen kann das Geld zum Rückkauf eigener Aktien nutzen, wenn der Markt den Wert nicht erkennt.

Die andere Methode ist klassisch: »Wir lesen Geschäftsberichte und Zeitungen.« Die besten Informationsmedien sind die Tageszeitungen »Investors Daily«, »Wall Street Journal« und »New York Times« sowie die Magazine »Financial World«, »Business Week« und »Fortune«. Gabelli liest außerdem japanische Zeitungen, die in Hongkong erscheinende »South China Morning Post« und viele Fachzeitschriften. Seine zwölf Analysten verfolgen insgesamt 500 Unternehmen. Und es bleiben noch viele übrig: Mehr als 23 000 Unternehmen sind in den USA börsennotiert, davon 2000 an der großen New York Stock Exchange, 1000 an der American Stock Exchange und 20 000 an der Börse für Wachstumswerte Nasdaq. Zum Vergleich: In Deutschland sind lediglich 650 Unternehmen börsennotiert.

Gabelli nennt einige Beispiele für Katalysatoren: Als Walt Disney starb, stieg der Kurs der Aktie, weil das Unternehmen nun aussichtsreiche Engagements eingehen konnte, die er verhindert hatte. Als im TV-Geschäft die Maximalzahl der Fernsehsender, die ein Unternehmen betreiben darf, von 7 auf 21 erhöht wurde, stiegen die Kurse der besten Unternehmen. Vor 15 Jahren litt die Stadt Cleveland unter hoher Kriminaliät und Umweltverschmutzung, heute ist sie eine der florierendsten Regionen: Gabelli investierte in die Unternehmen, die davon am stärksten profitieren. Auch Südkalifornien gehörte zu den amerikanischen Problemregionen: Vor drei Jahren begann Gabelli dort Immobilien zu kaufen, weil er an einen Umschwung glaubte.

Ein säkularer Katalysator war der Fall der Berliner Mauer. Damit vergrößerte sich der weltweite Absatzmarkt um 3,5 Milliarden Verbraucher. Das hat die Dynamik vieler Märkte verändert. Coca-Cola und andere Unternehmen wurden noch internationaler, die Märkte globalisierten sich noch rascher.»Entscheidend sind heute die niedrigsten Kosten im globalen Vergleich«, sagt Gabelli. Er erweiterte die Perspektive seiner Analyse von der Konzentration auf den US-Markt auf die globale Basis.»Warum sollte ein deutsches Unternehmen ein niedrigeres KGV haben als das gleiche Unternehmen in den USA?« fragt er.»Mit der Zeit werden sich die Werte angleichen.«

Auf der ständigen Suche nach Katalysatoren besucht Gabelli sogar selbst die alljährliche New Yorker Alarmanlagen-Ausstellung. 1991 war er dort allein, heute treiben sich bei dieser Schau mindestens drei Analysten der Konkurrenz herum – alle mit dem Ziel, künftige Wachstumsunternehmen zu entdecken. Zwei der witzigsten Katalysatoren entdeckte Gabelli durch alltägliche Beobachtungen: Immer mehr Frauen arbeiten, es gibt mehr Singles oder Zweipersonenhaushalte – ein sozialer Trend. Diese Frauen können keine Hunde halten, sondern nur Katzen. Die Anzahl der Katzen wächst folglich – und damit auch der Absatz von Katzenbedarf wie Katzenstreu, Katzenfutter oder Katzenmedizin. Die einsamen Frauen geben immer mehr Dollar je Katze aus.»Das war eine unserer besten Investitionen«, sagt Gabelli. Wie er auf die Idee mit den Katzen kam?»Meine Sekretärin hat eine.«

Auf eine andere Anlageidee brachte ihn seine Tochter: Sie

rauchte auf einmal Zigarren, »nicht oft, das ist ihr zu teuer«. Noch vor zehn Jahren wurden Zigarrenraucher aus dem Büro geworfen. Vor fünf Jahren gab es gesellschaftliche Veranstaltungen im Smoking, auf denen Zigarre geraucht wurde. Gabelli kaufte 20 Prozent der Aktien einer Zigarrenfabrik.

Zum Suchprogramm Gabellis gehören viele Unternehmensbesuche. Bei den meisten dieser Unternehmen tauchen er und seine Analysten zwei- bis dreimal im Jahr auf. »Ich wohne bereits im Apartment 3 B bei American Airlines«, scherzt er über seine häufigen Flüge. Vor ein paar Jahren war er sogar als erster amerikanischer Analyst bei dem deutschen Maschinen- und Anlagenbauer KSB. »Ich sah nicht viel, aber ich bekam ein Gefühl für die Firma.«

Gabelli bereitet sich auf die Treffen mit dem Vorstand durch intensive Lektüre vor, spricht mit Wettbewerbern und berechnet aus den Bilanzen seine eigenen Zahlen. Er kommt mit einer Arbeitshypothese zum Unternehmen. Bei seinem ersten Besuch will er die Geschichte des Unternehmens und die Art der Entscheidungsprozesse verstehen. Welchen beruflichen Hintergrund hat der Vorstandschef? »Juristen, Ingenieure, Marketing- oder Finanzleute haben verschiedene Mentalitäten und Methoden.«

Gabelli sieht sich an, wie der Cash-flow genutzt wird. Wie will das Unternehmen Geld für seine Aktionäre verdienen? Welche Dynamik sieht der Vorstand in seiner Branche, wie positioniert sich das Unternehmen selbst? Gabelli analysiert die Fabriken, die operativen Kennzahlen, Kosten, Personal, Rohstoffe, Preisflexibilität, Margen und Steuern. Will das Unternehmen Aktien zurückkaufen, Kapital erhöhen oder andere Unternehmen kaufen? »Wir sind Wertpapieranalysten, die zu Portfoliomanagern gereift sind«, sagt Gabelli.

Trotz Katalysator ist ein wichtiger Gabelli-Faktor Geduld: Dank seiner Buy-and-hold-Strategie (Kaufe und halte) hat er eine niedrige Umschlagrate. Die typische Aktie hält er länger als fünf Jahre, Ziel ist eine Haltedauer von zehn Jahren. Der Verzicht auf schnelle Verkäufe spart Kursgewinnsteuern – und erhöht damit den Zinseszinseffekt.

Aktive Investments: Wann sich Gabelli einmischt

»Die meisten Value-Investoren wollen das ganze Unternehmen besitzen«, sagt Gabelli. »Wir auch.« An 120 Unternehmen sind seine Fonds mit mehr als 5 Prozent beteiligt. Eines seiner liebsten Unternehmen ist die Flughafen-Bodenservice-Gesellschaft Hudson General. Das Unternehmen tankt die Flugzeuge auf, putzt die Fenster und kümmert sich um das Gepäck. Bei 20 Dollar je Aktie ist Gabelli eingestiegen. Heute steht das Papier bei 40 Dollar, der Cash-flow beträgt 20 Dollar, das Unternehmen hat keine Schulden, und Gabelli hält 45 Prozent. Jüngst kaufte Lufthansa 25 Prozent – für 80 Dollar je Aktie. »Meine große Wette läuft: Lufthansa wird bald die ganze Gesellschaft kaufen wollen.«

Wenn Gabelli mehr als 5 Prozent an Unternehmen hält, versteht er sich als Ombudsmann der Anleger. »Wenn ein Anleger unzufrieden ist, kann er nur verkaufen oder wie ein Eigentümer handeln«, sagt er. »Mit mehr als 5 Prozent kann man nicht mehr einfach verkaufen.« Gabelli sieht sich als aktivistischer Aktionär (shareholder activist), aber »mit einem Gandhi-Ansatz«. Er votiert nicht selbst gegen das Management, sondern läßt andere dagegen stimmen. Die Stimmenthaltung sorgt dafür, daß dem Management wichtige Stimmen fehlen. Dann wird die Presse aufmerksam – und mehr will Gabelli meist nicht. »Kein Vorstand mag es, wenn er kritisiert wird.« Besonders erfolgreich war er mit dieser Strategie bei einer kalifornischen Rennbahn namens Santanido, an der er 10 Prozent hielt. Ein Direktor wollte die restlichen Aktien unter Wert für 14 Dollar einsammeln. Gabelli rief die »Los Angeles Times« an, nun steht die Aktie bei 29 Dollar.

Renditeziel: 10 Prozent nach Steuern und Inflation

Gabelli orientiert sich nicht am Markt, sondern an absoluten Zahlen. Er versucht nicht, den Markt zu schlagen, sondern seinen Anlegern jährlich 10 Prozent nach Steuern und Inflation zu liefern. »Wir streben 14 Prozent in den nächsten fünf Jahren an, dann verdoppeln wir unser Vermögen.« In den vergangenen zwanzig Jahren hat er 20 Prozent jährlich erzielt.

Um 10 Prozent Realrendite zu erzielen, müssen Gabellis Aktien jährlich 25 Prozent vor Steuern und Inflation zulegen. Beispiel: Er kauft eine Aktie, die zwei Jahre lang 25 Prozent steigt. Dann zahlt er die amerikanische Steuer auf langfristige Kursgewinne in Höhe von 28 Prozent des Gewinnes. Damit bleiben ihm 36 Prozent. Nach Abzug der Inflation von 3 oder 4 Prozent reduziert sich der Gewinn auf 30 Prozent, also 13 oder 14 Prozent pro Jahr.

Allerdings läßt die Performance seines Value-Fonds derzeit zu wünschen übrig. Vor drei Jahren hat Gabelli Asset zum letzten Mal den Markt geschlagen. In seinem jüngsten Jahresbericht teilte Gabelli seinen Anlegern mit, die Ergebnisse für 1996 seien »zugestandenermaßen trübe«. Auch die Medienaktien erwiesen sich nicht als Hit: Die Kabelunternehmen konnten keine ausreichenden Gewinne erwirtschaften, weil die Monopole zu schnell verlorengingen und der Wettbewerb die Preise drückte.

»Value funktioniert nicht so gut in dem liquiditätsgetriebenen Markt von heute«, sagt Gabelli. Die Anleger kaufen Index-Fonds und Standardwerte-Fonds. »Auch die Ausländer kaufen nun einmal nicht Hudson General, sondern Philip Morris oder General Electric.« Der zweite Faktor ist das Momentum Investing: Die Anleger kaufen, was bereits steigt. Aktien wie Intel und Microsoft werden auf einmal heiß. »Diese Papiere würden wir niemals als Value Stocks kaufen.« Doch Gabelli bleibt bei seinem Investmentstil – ganz antizyklisch denkend. Er setzt derzeit auf kleine Werte. »Wir kommen bald wieder.«

Tips von Mario Gabelli für deutsche Anleger

- Erkenne dich selbst: Wieviel Prozent des liquiden Vermögens soll wie angelegt werden?
- Denke langfristig: Wenn du nicht täglich nach dem Preis deines Hauses schaust, kümmere dich auch nicht täglich um den Kurs der Aktien.
- Kaufe ein gut gemanagtes Geschäft mit einem Zeithorizont von zehn Jahren. »Wenn der Anleger einen Unternehmensanteil für die Hälfte dessen, was die Deutsche Bank dafür zahlen würde, kaufen kann, sollte er froh sein.« Fällt der Kurs, kauft er am besten noch mehr.
- Anleger sollten Unternehmen kaufen, die in ihrer Branche dominieren. Verkaufe zweitklassige Unternehmen!
- Verliere nicht die historischen Renditeraten aus dem Blick! Sei nicht zu gierig! Die großen Anleger schaffen rund 20 Prozent Rendite pro Jahr. Wer 50 oder 60 Prozent erwartet, versteht nicht viel vom Risiko.
- Vertraue nicht grenzenlos auf den Rat der Broker und Banken. Du kannst nicht davon leben, daß die Kunden die Wertpapiere länger als zwei bis drei Jahre halten.

Shelby Davis: Family Business

Shelby Davis hat gerade einen Phototermin. »USA Today«, erläutert sein Sohn Christopher und grinst: »Na ja, das ist nicht unser Leib-und-Magen-Blatt, aber was tut man nicht alles, um neue Kunden zu gewinnen.«

Im Gegensatz zu anderen Fondsmanagern genießt Shelby Davis das grelle Licht der Scheinwerfer nicht. Mit seinen 60 Jahren wirkt Davis eher wie ein liebenswerter Pensionär denn wie einer der erfolgreichsten Anleger der USA. Der kleine Mann im grauen Anzug, mit grauem Haar und freundlichen Augen ist völlig unkompliziert. Sein Büro im 94. Stockwerk des World Trade Center ist nur durch Stellwände vom Rest der Großraumbüros getrennt – und er teilt seinen Eck-»Cubicle« mit einem anderen Manager.

Shelby M. C. Davis ist einer der beständigsten Geldmanager der letzten 25 Jahren. Die amerikanische Geldzeitschrift »Money Magazine« nannte ihn »Amerikas zuverlässigsten Fondsmanager«, der »diesen einen Fonds managt, der sie alle schlägt«. Von 1969 bis 1996 erzielte der Davis New York Venture Fund eine durchschnittliche jährliche Rendite von 14,4 Prozent. Der S & P 500 schaffte nur 11,6 Prozent, der durchschnittliche Investmentfonds 10,4 Prozent. Von 1990 bis 1995 steigerte Davis seine Rendite sogar auf 19,5 Prozent. In 21 der 28 Jahre währenden Historie war der 3,5 Milliarden Dollar schwere New York Venture Fund besser als der Index.

Shelby Davis verzichtet auf Computer, ausgefuchste Berechnungen und Winkelzüge. Seine Anlagestrategie ist äußerst einfach: Davis kauft Standardwerte mit guten Wachstumsaussichten zu vernünftigen Preisen – Punktum. Als seine Lieblingsanekdote gibt er einen Spruch des Vorstandschefs von Coca-Cola zum besten. Jeden Morgen wache dieser fröhlich auf, denn er wisse: Es gibt 5 Milliarden Menschen auf der Welt, und jeder wird heute Durst bekommen. Und sein Job sei es, diesen Durst zu stillen.

Coca-Cola ist ein amerikanischer Unternehmensmythos, und

die amerikanische Anlegerfamilie Davis ist auf dem besten Wege, ein Investmentmythos zu werden. Ihr gehört die Investmentgesellschaft Davis Selected Advisers, L. P. Shelby Davis' Vater, Shelby Cullom Davis, gründete sie 1948 und wurde durch eine Reihe ungewöhnlicher Investments bekannt, besonders durch seine Erfolge mit japanischen Versicherern in den frühen fünfziger Jahren. Er kannte sich aus: Vor dem Einstieg ins Investmentgeschäft war Vater Davis Versicherungsaufsichtschef (commissioner) des Staates New York – eine Erblast, die bis heute nachwirkt. Die Japan-Aktien stiegen in den nächsten 25 Jahren um das 50- bis 100-fache. Doch Vater Davis war mehr als nur Geldmanager: In den sechziger Jahren diente er als US-Botschafter in der Schweiz. Seine Frau, die ein Photo auf dem Fensterbrett in Shelby M. C. Davis' Büro auf dem Motorrad zeigt, besitzt immer noch einen Sitz an der New Yorker Börse.

»Ich habe praktisch nie für meinen Vater gearbeitet«, sagt Shelby M. C. Davis:»Er glaubte, er könnte mein ganzes Wissen umsonst beim Abendessen bekommen.« Shelby ging nach Princeton und erwarb einen Bachelor of Arts in Geschichte. Er stieg als Wertpapieranalyst bei der Bank of New York ein und brachte es in fünf Jahren zum Chef der Research-Abteilung. Mit 28 Jahren war Davis der jüngste Vizepräsident der Bank of New York seit dem amerikanischen Gründervater Alexander Hamilton.

Es waren Boomjahre: Zwischen 1958 und 1969 stiegen die Aktienkurse an der Wall Street rasant. »Wir dachten alle, wir seien Genies«, so Davis. Nach acht Jahren verließ er 1966 die Bank und gründete drei Jahre später den New York Venture Fund. Es war ein extrem schlechtes Timing, denn kurz danach drehte der Markt: In den späten sechziger Jahren war der amerikanische Markt so überbewertet, daß er 22 Jahre brauchte, um seinen Höchststand von 1967 wieder zu erreichen. Im ersten Jahr war Davis noch der beste Fondsmanager, doch dann hagelte es Verluste. 1970, 1973 und 1974 liefert Davis ein Minus zwischen 20 und 26 Prozent ab. Der Dow Jones verliert in der gleichen Zeit mehr als 50 Prozent. In seiner Verzweiflung sucht Davis sogar Benjamin Graham auf, der ihn tröstet: Zyklen kommen und gehen, und die Fundamentalanalyse zeige immer noch viele Sonderangebote auf. Davis faßt wieder Mut, und sechs Jahre später hatten seine

Anleger immerhin ihren Einsatz wieder erreicht. Davis hatte die Lektion gelernt – von der Gefahr von Euphorie und der Bedeutung der Fundamentalien.

Er wechselte seine Strategie: Aus den aggressiven wachstumsstarken Segmenten der Wirtschaft ging er in sichere Standardwerte. Und er mied künftig hochverschuldete Unternehmen, denn die steigenden Zinsen der siebziger Jahre hatten bei vielen das Wachstum abrupt gebremst.

Der Ansatz: Aktien als Familienmitglieder

Eine Familienphilosophie dominiert das Investmentgeschäft der Davis Selected Advisers. Zum einen ist die Davis-Familie der größte Besitzer der Fonds: Ihre Mitglieder stellen rund 15 Prozent der 7 Milliarden Dollar Gesamtvolumen. Shelby Davis investiert also stets auch sein eigenes Geld. Zum anderen prägt die Familienmentalität den Aktienkauf:»Wir denken langfristig, in steuerfreien Erträgen. Aktien sind für uns nicht bloße Papiere zum Kauf und Verkauf, sondern wirkliche Partnerschaften.« Wenn er Aktien kaufe, wolle er sie jahrelang halten.»Wir kaufen keine Papiere, sondern Unternehmen.« Diese Unternehmen seien lebendige Wesen mit allen Höhen und Tiefen:»Wir sind bereit, mit kurzfristigen Auf und Ab und kurzfristigen Enttäuschungen bei Ergebnissen zu leben – wenn wir denken, daß die Gesellschaft vernünftig bewertet ist und das Richtige macht, um zu wachsen.«

Die großen Anlageerfolge dieses Jahrhunderts basierten nicht auf Trading, sondern auf einer»permanenten Liebesaffäre mit Aktien«, sagt Davis etwas pathetisch. Die von ihm gekauften Aktien seien wie Freunde:»Wir gewinnen jedes Jahr ein paar neue Freunde und geben ein paar alte auf.« Ja, die Davis-Fonds seien für die Aktien wie eine Familie:»Wir schließen die Kinder ja auch nicht aus der Familie aus, nur weil sie einmal ein schlechtes Zeugnis nach Hause bringen.« Wenn er 50 Investments mache, dann habe er 50 Freunde, und er wolle seine 50 Freunde nicht alle drei Monate wechseln.

Eine andere Analogie, die die Davis-Familie gerne benutzt, ist der Garten:»Unser Portfolio ist ein Garten, in dem wir jedes Jahr einige alte Pflanzen herausreißen und einige neue Zwiebeln legen. So haben wir die Chance, daß zu jeder Jahreszeit etwas blüht.« Wenn in einem Jahr Ölaktien gut laufen und Elektronikwerte unten sind, dann versucht Davis nicht, ganz in Ölwerte einzusteigen und Elektronikwerte hinauszuwerfen. Im Gegenteil prüft er, ob die gedrückten Werte mögliche Kaufkandidaten sind.

Davis hat nur ein kleines Portfolio. Die besten 40 Aktien machen 80 Prozent des Fondsvolumens aus. Hinzu kommen kleinere Anteile an etwa 20 Unternehmen, bei denen Davis zukauft. Die durchschnittliche Haltedauer der Aktien beträgt sieben Jahre, die jährliche Umschlagsrate liegt bei nur 15 bis 20 Prozent. (Der durchschnittliche Fonds kommt auf eine Rate von 90 bis 100 Prozent. Das bedeutet, die Aktien werden dort nicht einmal ein Jahr lang gehalten.) »Wir besitzen selbst große Anteile an unserem Fonds«, sagt Shelby Davis. »Daher zahlen wir ungern Kursgewinnsteuern.« Im Gegensatz zu Deutschland müssen in den USA Kursgewinne versteuert werden. Der Satz beträgt 28 Prozent. Bis der Anleger den Gewinn durch einen Verkauf »realisiert«, also tatsächlich kassiert, kann er das Geld zu weiteren Kursgewinnen per Zinseszins nutzen – er hat praktisch einen zinsfreien Kredit vom Fiskus. »Wir sind immer voll investiert und halten höchstens 5 oder 10 Prozent Cash«, erläutert Davis seine Anlagephilosophie weiter. Die Anleger sollten selbst entscheiden, ob sie in Aktien oder Cash investieren wollen.

Die Investmententscheidungen basieren auf Research. »Warum sollten wir auf altmodische Weise intensives Research treiben, wenn wir die Aktie nur drei oder sechs Monate lang halten?« fragt Shelby Davis. Er sieht keinen Sinn darin, über Drei- oder gar Zehnjahresplanungen zu reden, wenn die Aktie nur drei Minuten lang gehalten wird.

Davis hat ein klares Ziel:»Wir sind zufrieden, wenn wir unser Geld in sieben Jahren verdoppeln können. Historisch gesehen ist das immer noch ehrgeizig.« Um sein Ziel zu erreichen, muß er eine jährliche Rendite von 10 Prozent schaffen.

Die Kraft des Zinseszinses

»Ich arbeitete für meinen Großvater in den Ferien«, erinnert sich Chris. Die beiden eilten zu einem Termin. Chris war hungrig, denn er hatte noch nicht zu Mittag gegessen. Er stoppte bei einem Hotdog-Verkäufer, doch er hatte seine Brieftasche vergessen. Er bat seinen 70jährigen Großvater, ihm einen Dollar zu leihen. Der sagte:»Weißt du, wenn du diesen Dollar sparst und er jedes Jahr um 15 Prozent wächst, dann ist er 3000 Dollar wert, wenn du mein Alter erreicht hast.« 3000 Dollar – so hatte Chris das noch nie gesehen. Sein Großvater fragte:»Ist dieser Hot dog etwa 3000 Dollar wert?« Chris aß keinen Hot dog, aber er lernte drei Dinge: »Den Wert eines Dollars, den Wert des Zinseszinses und den Wert, immer mein eigenes Portemonnaie bei mir zu haben.«

Unternehmensbesuche: Der Blick auf den Parkplatz

Die Sommerferien der Familie Davis hatten ihren besonderen Reiz, erinnert sich Shelby Davis' Sohn Christopher C. (32): Großvater und Vater Davis hielten vor vielen Unternehmenszentralen, ließen die Familie im Auto und sprachen mit dem Management. Mit zwölf Jahren durfte Shelby M. C. erstmals mit in die Vorstandsetagen:»Mein Vater wollte sehen, wie aufwendig die Vorstandsbüros eingerichtet waren, wie viele Autos am Freitagnachmittag auf dem Firmenparkplatz standen und ob die Manager schon auf dem Golfplatz waren.«

Shelby Davis setzt diese Tradition fort und verbringt viel Zeit bei Unternehmen: Er will dem Management die Hände schütteln, denn er sieht sich als»Investor für eine Generation«, also am liebsten für 30 Jahre.

Davis und sein Sohn analysieren die Branchen und ihre führenden Unternehmen. Die entscheidenden Fragen: Wie werden aus den Umsätzen Gewinne? Wieviel Kapital braucht das Unternehmen für sein Wachstum? Davis hält nicht viel von statistischen Unternehmensprofilen. Auf seinem Tisch stehen nur zwei Computer, ein Terminal mit dem Finanznachrichtendienst Bloomberg und ein normaler PC.

Nach der Analyse reden die beiden Davis-Investoren mit dem Management, um herauszufinden, was mit dem nicht benötigten Kapital geschieht: Wird es verpulvert, in Diversifikationen oder höheren Tantiemen für das Management, oder wird es den Aktionären gegeben? Wie sieht die langfristige Strategie aus? Wenn sich die Dinge anders entwickeln, wie sieht der Alternativplan aus? Wie steht es um die Gewinnspanne? Wie ist das Umsatzwachstum? Wie wachsen die Kosten? Wie hoch ist die Steuerquote? Davis mag Manager, die eine Vision haben – und auch noch einen Plan, um sie zu realisieren.

Doch auch bei diesen Gesprächen ist Davis nicht allzu zahlengläubig. Er zitiert Warren Buffett:»Wenn du es bis auf die Stelle hinter dem Komma wissen mußt, kaufst du es besser nicht.« Über die Gespräche macht Davis Notizen, die archiviert werden. Teilweise reichen die Unternehmensakten mit seinen Notizen mehr als zehn Jahre zurück. Davis zeigt als Beispiel IBM: Die Akte ist prallvoll mit Notizen und ausgeschnittenen Zeitungsartikeln, die an bestimmten Stellen markiert und mit Anmerkungen versehen sind. Offenbar findet in der Davis-Familie ein intensiver Ideenaustausch statt.

Seine Söhne hat Shelby Davis früh in das Geschäft einbezogen: Als seine drei Kinder – zwei Söhne, eine Tochter – zum College gingen, zahlte er ihnen 100 Dollar für jeden Bericht, den sie nach einem Unternehmensbesuch schrieben. Shelbys Söhne sind bereits in die Fußstapfen des Vaters getreten.»Meine Söhne sagen, wir haben ein 60 Jahre altes Hirn mit 30 Jahre alten Beinen«, sagt Shelby Davis. Die Beine braucht ein Investmentmanager in New York auch: Christopher zeigt seinen Terminkalender für den morgigen Tag. Nach dem morgendlichen Joggen mit einem Freund beginnt er mit einem Arbeitsfrühstück mit Credit Suisse, danach trifft er Vertreter der Unternehmen Rubbermaid, der Kreditkartenfirma MBNA, von Gillette, Merrill Lynch und Colgate. Dann ins Büro, um Notizen zu schreiben und den Fonds zu kontrollieren. Und abends noch einmal ein Dinner mit einem Unternehmensrepräsentanten.»Fünf Unternehmen an einem Tag sind der Durchschnitt«, sagt Christopher.»Doch wirklich intensiv kann jeder von uns nur etwa 10 bis 15 Unternehmen verfolgen«, sagt er. Doch nicht nur die Präsentationen in New York, auch das Reisen sei wichtig: Manchmal stoße er in einer kleinen Stadt in Oklahoma auf ein tolles Management in einer Firma, von der Wall Street noch nie gehört hat.

Der Kontakt zum Unternehmen ist auch bei akuten Krisen wichtig: Als Davis 1991 Wells-Fargo-Aktien kaufte, glaubten viele, die kalifornische Bank würde unter der Last ihrer Immobilienkredite zusammenbrechen. Der Vorstand beteuerte, er sei bei der Vergabe vorsichtiger als die Konkurrenz gewesen. Davis führte zwanzig Gespräche mit dem Management. Mehrmals wachte er nachts auf und dachte an ungelöste Fragen. Dann kaufte er für 65 Dollar je Aktie. Lohn der Mühe: Der Aktienpreis verdoppelte sich in drei Jahren.

Mitte Februar 1997 hat Shelby Davis seinem Sohn Christopher die Verantwortung für das Flaggschiff New York Venture Fund übertragen. Mit seinem eigenen 116 Millionen Dollar schweren Davis Financial Fund, der 80 Prozent in Finanzwerte investiert, lag Christopher 1996 mit 36,7 Prozent 6 Prozentpunkte besser als sein Vater im New York Venture. Insgesamt kann der 1991 aufgelegte Fonds über fünf Jahre auf eine jährliche Rendite von 25,86 Prozent zurückblicken. Bevor er den Fonds übernahm, war Christopher Analyst für Finanzwerte bei Tanaka Capital Management.

Shelbys Sohn Andrew, 33, verantwortet den Immobilienfonds Davis Real Estate und den Wandelanleihenfonds Davis Convertible Funds. Er war vorher Chef des Wandelanleihen-Research bei Paine Webber. Andrews Frau Sheila, früher Bankprüferin in der amerikanischen Notenbank, analysiert die Bankaktien.

Wie Shelby Davis Aktien auswählt

Als altmodischer fundamentaler Anleger sieht Shelby Davis in Aktien mehr als nur ein Stück Papier. Aktienbesitzer sind Eigentümer der Vermögenswerte, der Gewinne, Cash-flows und Dividenden. Der langfristige Preis einer Aktie wird vom Geschäftsverlauf des Unternehmen bestimmt. Wachsen Umsatz und Gewinn, steigen Aktienkurs und Dividende. Wieder zitiert Davis Warren

Buffett: »Kurzfristig ist der Markt eine Wahl-Maschine, langfristig ist er eine Wiege-Maschine.« Es gibt zwei Arten von Risiken für einen Anleger: Welche Art von Unternehmen er besitzt – und wieviel er dafür bezahlt.

Zwei Arten von Aktien kauft Shelby Davis grundsätzlich nicht: Neuemissionen und »heiße« Wachstumsaktien. Neuemissionen sind Aktien von Unternehmen, die erstmals an die Börse kommen, also meist junge Unternehmen. Viele Neuemissionen, so die Beobachtung von Davis, würden zwar nach der Emission steigen, doch schon ein Jahr später tendieren die Kurse wieder nach unten. »Das ist doch klar«, sagt Christopher Davis. »Die Eigentümer, die die Aktien verkaufen, wissen mehr als der Anleger.« Davis möchte gerne die Akte eines Unternehmens haben, das bereits durch eine Reihe von Konjunkturzyklen gegangen ist und sich über Jahrzehnte behaupten mußte. Untergrenze ist ein Jahrzehnt. »Ich will sehen, wie das Management in guten und schlechten Zeiten agiert.«

Auch reine Wachstumsaktien sind Davis zu riskant. Das sind schnellwachsende Unternehmen mit jährlichen Umsatz- und Gewinnzuwächsen von 20 bis 40 Prozent, die mit einem hohen Kurs-Gewinn-Verhältnis gehandelt werden. Das KGV reflektiert die Wachstumserwartungen des Marktes für ein Unternehmen. Je höher die Erwartungen, desto höher ist die Bewertung und damit das KGV. Es gebe eine gefährliche, aber durchaus übliche Faustregel, so Davis: Eine Aktie sei mit einem KGV bis zu seiner jährlichen Wachstumsrate fair bewertet. Ein Unternehmen mit einer Wachstumsrate von 30 Prozent dürfe also ein KGV von 30 haben. Doch kein Unternehmen könne auf Dauer ein jährliches Wachstum von 20 Prozent halten, meint Davis. Umsatz und Gewinn müßten sich alle 3,5 Jahre verdoppeln. Die Kurse der Wachstumsaktien werden von Momentum-Anlegern nach oben getrieben, sagt Davis: »Momentum-Investment funktioniert in einem Bullenmarkt, aber am Ende zerstört es sich selbst.« Die Philosophie des Momentum Investing sei: Je stärker eine Aktie steigt, desto attraktiver wird sie.

Was aber passiert, wenn ein solches Unternehmen in einem Quartal nur um 20 Prozent wächst – also immer noch ein hohes und gesundes Wachstum aufweist? Das KGV fällt von 30 auf 20, ein Rückgang von 38 Prozent. Die Aktie bricht ein. Der Anleger sitzt in der Falle. Ein solcher Kurssturz ist kaum wieder aufzuholen. Wenn eine Aktie 38 Prozent fällt, muß sie 61 Prozent steigen, bis sie ihr altes Niveau wieder erreicht hat.

Davis macht noch eine andere beeindruckende Rechnung auf: Der Wachstumswert Gogo wird mit einem KGV von 30 gekauft. Er wächst 1998 um 30 Prozent, 1999, 2000 und auch noch im Jahr 2001. Doch im Jahr 2002, dem fünften Jahr, sinken Wachstum und KGV auf 15 Prozent, der Kurs fällt. Welche Rendite hat der Anleger dann erzielt? Antwort: gerade einmal 6 Prozent.

Davis kauft solide wachsende Unternehmen zu Value-Preisen, »verkappte Wachstumswerte«. Das sind beständig wachsende Unternehmen, die mit einem Abschlag zu ihrer Wachstumsrate gehandelt werden. Diese Firmen:
- wachsen jährlich um 7 bis 15 Prozent. »Das ist ungefähr das Zwei- bis Dreifache der Wachstumsrate der gesamten Volkswirtschaft.«
- werden mit einem KGV zwischen 10 und 15 gehandelt.

Er kauft beispielsweise Unternehmen, die langfristig 13 Prozent im Jahr wachsen und mit einem KGV von 10 gehandelt werden. Wenn das KGV bis 2001 auf 13 steigt, hat der Anleger eine jährliche Rendite von 20 Prozent plus Dividende. Und er hat dieses Ergebnis mit weniger Risiko erzielt. Wenn die Gewinne wachsen, kommt es zum »Davis Double Play Effect«: Die steigenden Gewinne treiben den Aktienkurs, gleichzeitig steigt das KGV.

Viele Finanzunternehmen seien verkappte Wachstumsaktien, sagt Shelby Davis. Sie werden zum 10- bis 12fachen ihres Gewinns gehandelt und haben Wachstumsraten von 10 Prozent oder mehr. In den siebziger Jahren setzte Davis auf Ölaktien, in den achtziger Jahren auf Konsumgüterhersteller wie Campbell, Gap oder Coca-Cola. »Die neunziger Jahre werden ein gutes Jahrzehnt für Finanzwerte sein«, sagt er. Wie in der Konsumgüterbranche in den achtziger Jahren werden auch im Finanzbereich Markennamen entstehen. Beispiele sind die Investmentfondsgesellschaft Fidelity und der Discountbroker Charles Schwab.

Über 45 Prozent des Portfolios des New York Venture bestehen aus Banken, Versicherungen und anderen Finanzwerten. Shelby Davis' Obsession mit Finanzwerten erinnert an einen deutschen

Börsenspruch: »Versicherungswerte sind zum Halten da, niemals zum Verkaufen.« Unternehmen, die mit Geld handeln, erhalten einen stetigen Zufluß von Geldern, sei es als Prämien oder Einlagen. Sie leihen das Geld aus oder machen Investments. Der Gewinn ist die Spanne in der Mitte. »Das ist das alte Geldwechslergeschäft – wie in den äyptischen Tempeln«, sagt Davis. »Geld wird nie überflüssig.« Es nähre sich beinahe selbst. »It compounds in itself – das ist das neunte Weltwunder.« Für Davis sind Versicherer »Zinseszins-Maschinen«. Ihre Kapitalanlagen wachsen jedes Jahr, höhere Zinsen beschleunigen das Wachstum noch. »Daher sind wir gerne langfristig engagiert.«

Der Ansatz hat natürlich seine Nachteile. Die Preisdisziplin verhindert, daß Davis heiße Aktien kauft, die sich gut entwickeln. Davis verschmähte zum Beispiel große Kreditkartenunternehmen wie MBNA oder auch Star-Unternehmen wie Mercury Finance. »Da lagen wir 100 Prozent falsch«, sagt er. Aber die Vorsicht vermeidet auch katastrophale Verluste. »Unsere Performance beruht ebenso darauf, große Verluste zu vermeiden, wie darauf, große Gewinner zu finden.«

Shelby Davis: Die Kaufkriterien

1. Erstklassiges Management: Davis fordert Belege, daß die Manager auch tun, was sie sagen.
2. Insider-Eigentümer: Die Manager sollten Aktien ihres Unternehmens besitzen. Das sorgt für eine Kultur der Eigentümer-Manager.
3. Hohe Renditen (oder Cash-flow) auf das Kapital: Das Management muß verstanden haben, daß Kapital ein Kostenfaktor ist.
4. Schlanke Kostenstruktur, die das Unternehmen zum Niedrigkosten-Produzenten macht.
5. Führende Marktstellung oder wachsender Marktanteil in einem Wachstumsmarkt. Davis konzentriert sich auf Branchen, die immer gebraucht werden. In risikoreicheren Industriezweigen kauft er das beste Unternehmen. Seine Schwergewichte im Fonds sind Finanzwerte wie Banken, Versicherer, Investmentbanken und Broker. Nummer zwei ist Öl und Energie, Nummer drei Pharma, »ein wundervolles, globales Geschäft«.

6. Erfolgreiche Konsolidierer und Aufkäufer in der eigenen Branche: Unternehmen mit Erfahrung, andere Unternehmen ihrer Branche zu kaufen und zu sanieren, sind die sicherste Anlage. Wenn der Aktienmarkt fällt, kaufen sie ihre Wettbewerber. Damit nutzen sie einen schlechten Markt, um mehr Wert für die Aktionäre zu schaffen.
7. Gesunde Bilanz ohne oder mit wenig Schulden.
8. Produkte oder Dienstleistungen, die nicht veralten: Einproduktunternehmen sind immer riskant.
9. Erfolgreiches internationales Geschäft: Der Sprung über die Grenzen macht das Unternehmen offener und flexibler.
10. Innovationen, technologische Flexibilität und Aufgeschlossenheit:»Jedes Unternehmen muß den Anschluß an die Technologie halten, um zu überleben.«

Die Davis-Aktien müssen zumindest die Mehrzahl dieser Kriterien erfüllen.»Wir kennen kein Unternehmen, das alle zehn Eigenschaften hat«, sagt Chris. Die guten Unternehmen kommen auf sechs oder sieben.»Nur Coca-Cola erfüllt fast alle.«

»Eine Liste mit Kriterien aufzustellen ist einfach. Die eigentliche Herausforderung ist das Aufspüren der passenden Werte«, sagt Christopher Davis. Die Kaufkriterien sind schwer zu quantifizieren.»Anlegen ist mehr eine Kunst als eine Wissenschaft«, sagt er.»Wir müssen sehen, was jeder andere sieht, und erkennen, was niemand erkennt.« Der Standardwerteanleger muß ein Unternehmen finden, das unpopulär ist, aber wieder populär wird.»Wir müssen positive Veränderungen vorhersehen. Wir dürfen nicht warten, bis sie für jeden offensichtlich sind.«

Davis zitiert Benjamin Graham:»Der Anleger sollte Aktien kaufen, wie er Lebensmittel kauft, nicht wie Parfüm.« Im Lebensmittelladen schaut der Kunde nach dem Sonderangebot, er prüft das Produkt auf das Preis-Leistungs-Verhältnis. Die Entscheidung für Parfüm dagegen ist wenig rational: Der Kunde kauft das teuerste Produkt, das beste Image oder die ausgefallenste Verpackung.

Kaufgelegenheiten: Suche nach Pressure Points

Wie Shelby Davis die unterbewerteten Unternehmen findet? Ganz einfach: Er schaut in die Zeitung. Welche Aktie hat ein Tief erreicht? Oft steht unter den Verlierern der Woche, des Monats oder des Jahres ein gutes Unternehmen. Dann ist die Frage, warum steht es dort?

Es gibt eine Reihe typischer Kaufgelegenheiten, »pressure points«, wie Shelby Davis sagt:

- Die Krise einer Branche. Wenn ein ganzer Industriezweig in Verruf gerät, tendiert der Markt dazu, alle Unternehmen in gleicher Weise zu verschmähen, ohne zu erkennen, daß in schlechten Zeiten die besten Unternehmen noch besser werden und nur die schwachen Unternehmen aus dem Wettbewerb ausscheiden. Die Immobilienkrise der späten achtziger und frühen neunziger Jahre bot eine Chance für Investitionen in Banken wie Wells Fargo und Citicorp. Die Citibank-Aktie stand bei 9 Dollar, heute sind es 105. Wells Fargo war auf 50 Dollar gefallen, jetzt kostet sie 300 Dollar.

- Vergessene Branchen. Manchmal durchschreitet eine Branche nur ein langes Tal. Nach und nach verlieren die Anleger das Interesse, die Aktien werden nicht mehr wahrgenommen. Immer wieder verpaßt der Markt dann eine positive Veränderung oder sogar eine säkulare Erholung. Ein Beispiel ist die Energiebranche. Anfang 1997 notierte Halliburton in Texas immer noch unter dem Kurs von 1981: Damals stand der Kurs bei 81 Dollar, Anfang 1997 waren es 70 Dollar. Der Kurs litt unter den gesunkenen Ölpreisen, die Leute sparten Energie. Doch hier sieht Davis eine Wende: Seit einigen Jahren kaufen die Amerikaner wieder Trucks statt kleine Toyotas. Sie träumen von großen Cadillacs.»Die Leute glauben, daß Energie immer billig bleibt.« Trotz der Rezession sei der Ölverbrauch in Europa 1996 auf einen Rekordstand gestiegen. Der Absatz wuchs so stark wie schon seit den siebziger Jahren nicht mehr.

- Demographische Entwicklungen, die sich allmählich vollziehen, verändern die Wachstumsaussichten von Branchen dramatisch. Beispiel: Die Babyboom-Generation wird älter und denkt an den Ruhestand. Die Investmentunternehmen werden zur Wachstumsbranche.

- Wechsel an der Unternehmensspitze. Der Wechsel von Jack Grundhoffer von Wells Fargo zur First Bank Systems, Harvey Gollubs Aufstieg bei American Express und George Fischers Wechsel von Motorola zu Kodak eröffneten hervorragende Gelegenheiten, in überzeugende Gewinner zu Diskontpreisen zu investieren.
- Kurzfristige Enttäuschungen oder Gefahren drücken den Kurs. »Die beste Zeit zum Einstieg ist, wenn ein Top-Unternehmen ein schlechtes Quartal hatte«, sagt Davis. Dann verkaufen alle Momentum-Investoren, die Aktie sinkt um 30 Prozent. Intel beispielsweise kaufte Davis, als die Aktie nach einem enttäuschenden Quartalsergebnis nur noch mit einem KGV von 10 gehandelt wurde.
- Veränderte Analysteneinschätzungen. Die Analysten der führenden Wertpapierhäuser ändern ihre Einschätzung eines Unternehmens oft drei- oder viermal im Jahr – mit deutlichen, aber irrationalen Folgen für den Aktienkurs. Besonders bei Technologiewerten schafft die Herdenmentalität regelmäßig Kaufgelegenheiten in Unternehmen wie Hewlett Packard, Intel oder IBM.
- Globalisierung. Viele internationale Multis schienen Ende der achtziger Jahre bereits an ihre Umsatzgrenzen zu stoßen, als der Fall des Eisernen Vorhangs plötzlich den potentiellen Absatzmarkt verdoppelte. Bei Coca-Cola sorgten sich die Analysten im Cola-Krieg mit Pepsi um den schrumpfenden Marktanteil in den USA. Doch der Getränkehersteller wuchs einfach international weiter. Der Anteil der im Ausland erzielten Gewinne stieg von 45 auf 90 Prozent der Gesamtgewinne. Dies könnte auch bei McDonald's und Philip Morris geschehen.

»Wir kaufen dann, wenn andere verkaufen«, bringt Shelby Davis seine Kaufphilosophie auf den Punkt: »Wir haben einen größeren Horizont.« Die beste Zeit zum Einkauf ist, wenn Aktien billig werden. Das sei wie ein Sonderangebot im Supermarkt. »Wir kaufen das gleiche Geschäft für weniger Geld.«

Davis hat eine Liste von Unternehmen, die er gerne kaufen will. Darauf steht zum Beispiel Gillette: Zweimal im Jahr trifft

Davis Vertreter des Unternehmens, um sich auf dem laufenden zu halten. »Wir warten auf einen Pressure Point«, sagt er. »Und irgendwann wird etwas schiefgehen, und wir steigen ein.« Das hat beim Pharmaunternehmen Merck bestens funktioniert: Zehn Jahre lang stand es auf der Kaufliste der Davis-Fonds. »Wir sind sehr geduldig.« Dann sank die Aktie plötzlich von 60 auf 30 Dollar, als Clintons Plan einer Gesundheitsreform für eine Panik am Markt sorgte. Davis schlug zu und kaufte neben Merck auch Pfizer, Lilly und andere. »Die Börse hat falsch gedacht«, sagt Davis. Ärzte und Krankenhäuser mußten Kürzungen befürchten, aber nicht Pharmaunternehmen. »Medikamente halten die Gesundheitskosten niedrig, denn Pillen halten die Leute aus den Krankenhäusern heraus.« Die alternde Babyboom-Generation garantiert das künftige Wachstum der Pillenproduzenten.

Die Bilanz zum 25jährigen Jubiläum am 17. Februar 1994			
	1969 in Dollar	1994 in Dollar	Veränderung in Prozent
Durchschnitts-einkommen	8547,00	30891,00	261
Neuwagen	3278,00	1425,00	432
Neubau Haus	15525,00	125930,00	711
Brot	0,23	1,85	704
Benzin je Gallone	0,35	1,29	269
Milch je Gallone	1,26	2,89	129
Gold je Unze	41,51	383,60	824
Dow Jones Index	937,72	3937,27	320
New York Venture	10000,00	241015,66	2310

Quelle: Davis Funds

Verkauf: Die Gefahren der Popularität

Wann verkauft der Davis-Fonds je ein Papier? Selten. »Wir trennen uns höchstens von einer unter zehn Aktien im Jahr«, sagt Shelby Davis. »Wir verkaufen, wenn sich die Aussichten für eine

Branche oder ein Unternehmen verändern.« Konkret: Etwas läuft schief, der Wettbewerb in der Branche wird zu stark, oder der Davis-Familie paßt ein Managementwechsel nicht.

Die drei wichtigsten Verkaufssituationen:

- »Wir verkaufen, wenn es Anzeichen gibt, daß die Manager des Unternehmens Blender statt Macher sind.« Ein Anzeichen sei, wenn es ständig neue Entschuldigungen gibt, warum das Unternehmen seine Wachstumsziele nicht erreicht.

- »Wir verkaufen, wenn ein Unternehmen in rechtliche Auseinandersetzungen gerät.« Er sei kein Jurist oder Wirtschaftsprüfer, sagt Shelby Davis. Er will keine Zeit damit vergeuden, herauszufinden, was genau los ist.

- »Wir verkaufen, wenn eine Aktie überbewertet ist oder ein Unternehmen oder eine Branche zu populär werden.« Das beste Beispiel ist Coca-Cola: Zehn Jahre lang waren die Davis-Fonds im Brauseabfüller engagiert, »ein wundervolles Unternehmen«, sagt Christopher Davis. Doch bei einem KGV von 35 sei die Aktie zu teuer. »Wenn das Management nur einen Fehler macht, sackt der Kurs in den Keller.« Der beste Verkaufsmoment ist, wenn die Erwartungen der Anleger so hoch gesteckt sind, daß sie nicht mehr erfüllt werden können.

Tips von Shelby Davis

- Arbeite hart.
- Investiere langfristig.
- Sei nicht gierig, aber auch nicht zu ängstlich.
- Aktien sind Eigentumszertifikate; investiere wie ein Geschäftspartner.
- Suche nach den Machern (doers), nicht den Blendern (bluffers).
- Lasse dich nicht von Moden mitreißen.
- Investiere regelmäßig, um Geld über zehn, zwanzig oder dreißig Jahre anzusammeln – und ertrage geduldig, daß die Kurse schwanken. Kümmere dich nicht um kurzfristige Marktbewegungen.
- Sei optimistisch, was die Zukunft dieses Landes und seiner Unternehmen angeht. Unternehmen wachsen und machen mehr Gewinn. Shelby Davis: »Capitalism is a winning game.«
- Suche nach Unternehmen mit ehrlichen Managern.
- Wenn du ein Unternehmen nicht verstehst, wenn es zu schnell wächst oder zu populär erscheint, trete einen Schritt zurück. Die nächste Straßenbahn kommt bestimmt. Oder, wie Shelby Davis sagt: »Es gibt 10000 Aktiengesellschaften da draußen. Eine davon ist bestimmt eine Superanlage.«

Peter Lynch: »Ich kaufe, was mir gefällt«

Sein grauer Haarschopf und seine hagere Gestalt sind so legendär wie seine Performance: Peter Lynch ist eine Art Andy Warhol der Investmentszene. Doch nicht Marilyn Monroe oder Goethe sind seine Lieblingsobjekte, sondern die Aktien der Fast-food-Ketten oder kleinen Einzelhändler. Peter Lynch machte durch seine Performance die Aktie in den achtziger Jahren populär. Jeder 250. Amerikaner hatte schließlich durchschnittlich 13 000 Dollar in dem von Lynch geführten Magellan-Fonds angelegt, dem größten amerikanischen Investmentfonds. Amerikas größter und bester Fondsmanager verfolgte eine pädagogische Mission: Er wollte beweisen, daß es auch mit einem großen Fonds möglich ist, besser zu sein als der Markt. Drei Bestseller zur Aktienanlage geben auf unterhaltsame Art und Weise einen Einblick in seine Investmentphilosophie. Lynch war ein passionierter Stockpicker, also ein Anleger, der sich nicht um die Richtung des Marktes schert, sondern in jedem Umfeld auf einzelne attraktive Aktien setzt.

Am 31. Mai 1990 schloß er zum letzten Mal seine Bürotür in der Rolle als Manager des Fidelity Magellan Fund. 13 Jahre lang hatte er für die Magellan-Anleger gearbeitet, mehr als 15 000 verschiedene Aktien gekauft. Zu seinen besten Zeiten hielt er rund 1400 bis 1500 verschiedene Aktien, die 100 größten Werte machen rund die Hälfte des Portfolios aus. Er managte ein Volumen, das dem Bruttosozialprodukt von Ecuador entsprach – zuletzt 14 Milliarden Dollar. Über eine Million Menschen hatten ihm ihr Geld anvertraut. »Auch ich lebte mit einer Sucht – der Sucht nach Aktien.«

Selbst der sonst als Anhänger der Theorie des effizienten Marktes bekannte William Sharpe nannte Lynchs Performance »statistisch bemerkenswert«. Noch mit dem riesigen Volumen von 12,5 Milliarden Dollar schlug Lynch den S & P 500 im Jahr 1989 mit 34,5 zu 31,5 Prozent. In all seinen 13 Jahren als Magellan-Manager war er besser als der durchschnittliche Fonds.

Caddy für den Fidelity-Präsidenten

Der asketisch wirkende Lynch wurde als irischer Katholik in Boston geboren – wie übrigens auch die Kennedys. Bereits während seiner Studienzeit auf dem Boston College kaufte er die ersten Aktien: Er investierte 1250 Dollar seiner Ersparnisse in das Luftfrachtunternehmen Flying Tiger Line. Es war ein voller Erfolg: Der Vietnamkrieg sorgte dafür, daß jedes Flugzeug gebraucht wurde. Die Aktie verachtfachte sich. Mit dem Gewinn finanzierte Lynch nach dem Abschluß mit dem Bachelor of Arts ab 1965 sein Studium an der Wharton School of Finance, die er 1968 mit dem Master of Business Administration (MBA) abschloß.

1966 ergattert er einen Sommerjob bei Fidelity. Unter 100 Bewerbern wird er ausgewählt – weil er schon seit zehn Jahren den Präsidenten D. George Sullivan kennt. Er hat ihn auf dem Golfplatz getroffen, wo er sich sein Taschengeld als Caddy verdiente. Nach zwei Jahren Militärdienst beginnt Lynch als Analyst für Metalle bei Fidelity. Nach seinem ersten Jahr erhält er eine Gehaltserhöhung um 1000 Dollar auf 17 000 Dollar. Ein New Yorker Broker bietet ihm 55 000 Dollar. Lynch lehnt ab: Er will in Boston bleiben, dem Zentrum der Publikumsfonds. 1974 wird er Chef des Fidelity-Research und steigt in das Investmentkomitee auf, das die Grundentscheidungen über die Anlagestrategie von Fidelity trifft.

1977 übernimmt er mit 33 Jahren einen kleinen Fonds, Magellan, benannt nach dem portugiesischen Entdecker, den Fidelity-Gründer Ned Johnson 1963 aufgelegt hatte. Nachdem die Aktienkurse 1972 bis 1974 den schlimmsten Rückgang seit 1929 erlebt hatten, war das Volumen des Magellan bis 1976 auf 6 Millionen Dollar gesackt. Der Magellan fusioniert mit dem Essex-Fonds, der 12 Millionen Dollar mitbringt plus einen steuerlich vorteilhaften Verlustvortrag von 50 Millionen Dollar.

Bereits Lynchs erstes Jahr ist beeindruckend: Der Dow Jones Index knickt um 17,6 Prozent ein, der S & P 500 um 9,4 Prozent, doch Lynch verschafft dem Magellan ein sattes Plus von 20 Prozent. Im folgenden Jahr, 1979, erreicht er sogar 51 Prozent, der S & P nur 18,44 Prozent. 1980 liegt er 37 Prozentpunkte vorne – mit 69,9 Prozent gegen 32 Prozent des S & P. Lynch schichtet ständig in hektischer Aktivität um. Immer wieder findet er Firmen, die ihm noch besser gefallen. Jede Konstanz ist ihm fremd: Der Chemiesektor, auf den er als Analyst spezialisiert war, fehlt im ersten Portfolio völlig. Viele Aktien hält er nicht einmal einen Monat. Im ersten Jahr beträgt die Umschlagrate sagenhafte 343 Prozent, in jedem der drei nächsten Jahre mehr als 300 Prozent. Das heißt, er tauschte in einem Jahr sein Portfolio über dreimal komplett aus.

Lynch geht große Wetten ein und setzt auf unterbewertete Aktien:»Meine 10 Top-Aktien des Jahres 1978 hatten KGVs zwischen 4 und 6 und ein KGV zwischen 3 und 5 im Jahr 1979. Wenn die Aktien guter Firmen mit den drei- bis sechsfachen Gewinnen gehandelt werden, kann der Stockpicker kaum verlieren.« 1980 investiert er ein Viertel des Fonds in Sach- oder Schadensversicherer. Ein Jahr später wechselt er massiv in Bankaktien. Seiner Meinung nach unterschätzte Wall Street die Regionalbanken.

Trotz Lynchs großer Anlageerfolge schrumpfte der Magellan-Fonds zunächst weiter. Viele ehemalige Essex-Anleger zogen ihr Geld sofort ab, nachdem sie ihre Verluste wieder eingespielt hatten. Diese Entwicklung machte aus dem Magellan praktisch einen »Brutkastenfonds«, der seinem Manager große Freiheiten gibt: Das ist ein Fonds, den eine Fondsgesellschaft mit einem geringen Anlagevolumen startet. Erst wenn eine gute Performance gezeigt werden kann, wird der Fonds tatsächlich verkauft. Falls nicht, wird er einfach wieder aufgelöst. In der Anfangsphase durfte Lynch Fehler machen.»Meine Tagebücher sind voll von verpaßten Gelegenheiten, aber der Aktienmarkt ist nachsichtig – der Einfaltspinsel erhält immer eine zweite Chance. ... Fondsmanager und Sportler haben eines gemeinsam: Auf lange Sicht sind sie erfolgreicher, wenn man sie langsam aufpäppelt.«

Magellan ist erfolgreich, aber er braucht mehr Volumen und wird daher 1981 mit dem Salem Fund fusioniert, einer Tochtergesellschaft von Fidelity. Gleichzeitig wird der Fonds für neue Gelder geöffnet. Zum ersten Mal steigt das Volumen über 100 Millionen Dollar.

Im März 1982 landet Lynch seinen ersten berühmten großen Coup. Er stößt auf den Autohersteller Chrysler, dessen Aktien damals bei 2 Dollar notieren. Der Markt erwartete, daß Chrysler und andere kleinere Automobilhersteller nicht überleben würden. Doch Lynch erkennt, daß Chrysler nach dem Verkauf eines militärischen Teilbereichs über mehr als eine Milliarde Dollar Barvermögen verfügt. Die amerikanische Regierung garantiert ausreichend Kredit. Im Juni 1982 besucht er Chrysler und spricht zwei Stunden mit Chef Lee Iacocca. Bis Juli investiert er 5 Prozent des Fondsvermögens in Chrysler, mehr erlaubt die amerikanische Wertpapieraufsicht nicht. Der Chrysler-Kurs stieg um das 50fache. Lynch hatte außerdem auf Ford (nach einem Dividendenausfall 1981) und Volvo gesetzt.

Ein Auftritt in der beliebten wöchentlichen Börsensendung »Wall Street Week« mit Louis Rukeyser bringt Lynch einen Volumenschub. Im April 1983 erreicht der Magellan-Fonds ein Anlagevermögen von 1 Milliarde Dollar. Im Herbst 1983 zählt Lynch bereits 900 verschiedene Aktien in seinem Fonds. Er verfährt nun stetiger: Statt »Kaufen und verkaufen« folgt er nun der Strategie »Kaufen und halten«.

Doch er bewegt sich weiterhin auf ungewöhnlichen Pfaden: Er spezialisiert sich auf kleine Werte – ohne Angst vor den engen Märkten. Kleine und mittlere Werte werden häufig nur mit geringen Volumina jeden Tag gehandelt. 99 Prozent aller Aktien werden täglich mit weniger als 10 000 Stück gehandelt – ein rascher Ausstieg ist nur um den Preis eines Kurzsturzes möglich. Ein großer Fonds kann ein Mehrfaches des Tagesumsatzes besitzen. Will er sich dann schnell von seiner Position trennen, ist das nicht möglich, ohne daß der Kurs abstürzt. Es gibt zuwenig Käufer, der Markt ist »eng«. Nach Meinung von Lynch blockieren sich viele Fondsmanager selbst, weil sie vor jedem Kauf daran denken, ob sie notfalls in fünf Tagen oder weniger aus diesem Wert problemlos wieder aussteigen können. Lynch verschwendet daran keinen Gedanken: »Wenn die Firma ein Verlierer ist, wird der Fondsmanager mit der Aktie Geld verlieren – egal wieviel Papiere pro Tag gehandelt werden. Ist die Firma ein Gewinner, wird er sich darüber freuen und langsam und mit Profit seine Aktienposition abwickeln können.«

Lynchs hektische bis erratische Investmentpolitik fordert ihren Tribut: Er heißt Gesundheit. Als 1983 seine Mutter stirbt, denkt er ans Aufhören. Sein Vater Tom, ein Mathematikprofessor am

Boston College, war bereits mit 46 Jahren an Krebs gestorben. Damals war Lynch zehn Jahre alt:»Man beginnt sich sterblich zu fühlen, wenn man erkennt, daß man seine Eltern bereits überlebt hat. Man erkennt, daß man nur für eine kurze Zeit lebt, aber eine sehr lange Zeit tot ist ... Man erinnert sich daran, daß noch nie jemand auf seinem Sterbebett gesagt hat: ›Ich wünschte, ich hätte mehr Zeit im Büro verbracht.‹«

Doch er hört das Munkeln, der Magellan sei zu groß geworden und könne den Markt nicht mehr schlagen. Lynch packt der Ehrgeiz, und er beweist eindrucksvoll das Gegenteil. Er verdient bis zu 10 Millionen Dollar im Jahr und wird schließlich Fidelitys zweitgrößter Aktionär mit 5 Prozent der Anteile. Das verschafft ihm heute ein jährliches Einkommen von drei bis fünf Millionen Dollar.

Das steigende Volumen zwingt Lynch jedoch bald, sich auf Auslandswerte zu verlegen. Im Mai 1987 erreicht Magellan 10 Milliarden Dollar. Wenn Lynchs Bilanz einen Makel hat, dann diesen: Im Gegensatz zu anderen Anlegern wie Jim Rogers oder Sir James Goldsmith sieht er den Crash im Oktober 1987 nicht voraus. Er ist voll in Aktien investiert. Seine 39 Prozent Jahresgewinn bis Oktober verwandeln sich bis zum 1. Dezember in ein Minus von 11 Prozent. Doch bis Jahresultimo verbucht er wieder ein Plus von 1 Prozent. Er klagt über die Mentalität seiner Anleger, die ihre Magellan-Anteile in Panik zurückgaben. Statt nach dem Crash zukaufen zu können, muß Lynch gute Aktien billig verkaufen, um die Anleger auszuzahlen.»Die Anleger haben großen Einfluß auf den Erfolg oder Mißerfolg eines Fonds.« In den Folgejahren kehrt er wieder auf den alten Erfolgspfad zurück.

Mit Augen und Ohren:
Das Einkaufszentrum als Aktien-Fundgrube

Im Gegensatz zu manchem Familienvater zog es Peter Lynch in allen Gegenden der USA immer wieder in die Einkaufszentren: Dort entdeckte er einige seiner besten Aktien – die Kosmetikkette Body Shop, den Supermarktbetreiber Wal-Mart oder die Teigring-Bäckerläden von Dunkin' Donuts. Lynch kaufte die Aktien dieser Einzelhändler zu einem Zeitpunkt, als sie gerade die ersten Filialen eröffneten. Dann hielt er die Aktie, bis sie stieg – manchmal fünf Jahre und länger. Seine Investments entsprangen gesundem Menschenverstand. Was sprach beispielsweise für die Fast-food-Kette Taco Bell? »Taco Bell gefiel mir wegen seiner guten Tacos, weil 90 Prozent der Bevölkerung noch nicht in den Genuß eines guten Tacos gekommen waren und weil die Firma einen positiven Geschäftsbericht, eine starke Bilanz und einen Hauptsitz hatte, der aussah wie eine Garage in der Nachbarschaft.« Den Textilhersteller Hanes kaufte Lynch, weil seine Frau Carolyn verrückt nach deren L'eggs-Strümpfen war.

Lynchs Methode wird »Eyes-and-Ears-Investing« (Investieren mit Augen und Ohren) genannt. »Fast-food-Restaurants zogen mich an, weil sie so einfach zu verstehen waren«, gesteht er. Auf seinen Reisen fuhr er Umwege bis zu 150 Kilometern, nur um ein bestimmtes Restaurant oder ein Geschäft zu besuchen. So entdeckt er Home Depot, einen Heimwerker-Supermarkt mit extrem freundlicher Bedienung und einem riesigen Angebot. Doch er erkennt das Potential nicht und trennt sich zu früh davon, ebenso wie von Toys »R« Us.

Überall und immer fahndet Lynch nach jungen Wachstumsunternehmen. Die Einzelhändler und Restaurants haben einen großen Vorteil: Sie expandieren mit einem guten Konzept ebenso schnell wie High-Tech-Wachstumsfirmen, sind aber weniger riskant. Ein neues Produkt wirft sie nicht gleich aus der Bahn. Ein Doughnut-Laden in Neuengland wird nicht von der Konkurrenz in Ohio betroffen.

Fleiß: Urlaub neben der Telefonzelle

Als Fondsmanager steht Peter Lynch jeden Morgen um fünf Uhr auf. Um 6.05 Uhr steigt er in den Saab seines Freundes Jeff Moore, der ihn in die Stadt mitnimmt. Neben ihm auf dem Beifahrersitz sitzt Jeffs Frau Bobbie, wie ihr Mann Radiologe. Geredet wird kaum. Bobbie hält Röntgenaufnahmen gegen die Lampe auf der Beifahrerseite, Peter Lynch sitzt mit einer kleinen Taschenlampe auf dem Rücksitz und studiert Geschäftsberichte und Tabellen. Um 6.45 Uhr trifft er im Büro ein.

Auf seinem Schreibtisch liegt sein Handwerkszeug: der S-&-P-Aktienführer, ein alter Rolodex für die Telefonnummern, einige leere Schreibblöcke, weiche Bleistifte und ein Sharp-Compet-Tischrechner mit extragroßen Tasten, den er 15 Jahre lang benutzte. Hinter dem Tisch stand der Quotron-Kursterminal. Lynch ist ein Einzelkämpfer. Er wird lediglich von zwei Assistenten unterstützt: Ein Mitarbeiter sammelt die Neuigkeiten aus Wall Street vor Ort und besucht Unternehmenspräsentationen, der andere spricht mit Unternehmen und besucht Analystentreffen.

Abends gegen 19.15 Uhr kehrt Lynch nach Hause in die Vorstadt Marblehead zurück, wo er mit seiner Frau Carolyn, die er in Wharton kennengelernt hat, und seinen drei Töchtern Mary, Annie und Beth wohnt. Die ersten 18 Jahre nimmt er den Bus, erst danach stellt ihm Fidelity einen Wagen. Jeden Samstag fährt er mit seinem Wagen ins Büro, um Geschäftsberichte zu lesen, manchmal tut er dies sogar für vier Stunden am Sonntagmorgen, bevor er mit seiner Familie zum Gottesdienst geht. Bei ihrem ersten Rendezvous, erinnert sich seine Frau, habe er nur von Aktien geredet.

Tagsüber arbeitet Lynch äußerst effizient. Seine Telefongespräche mit Brokern beschränkt er auf exakt 90 Sekunden: Dann klingelt eine Küchenzeituhr, und er beendet das Gespräch mit seinem Standardsatz »Sorry, da ist ein Anruf auf der anderen Leitung«.

Lynch bevorzugt das Telefon gegenüber dem Computer: Er sucht Wachstumsunternehmen, indem er mit Vorständen, ihren Lieferanten und Wettbewerbern spricht. Letztlich ist dies für ihn wichtiger als der Geschäftsbericht und die Zahlen. Seine Aufmerksamkeitsspanne ist kurz, er macht sich ständig Notizen, nach jedem Kontakt kritzelt er einen Zweizeiler in sein Notizbuch. Er zieht seine Schlußfolgerungen und schichtet um und um und um. Schon nach einer kurzen Unterhaltung mit einem Unternehmensvorstand engagiert er sich mit voller Kraft quer durch eine ganze Branche.

Das Leben als Workaholic ist wohl Lynchs größter Vorteil gegenüber seinen Wettbewerbern. »Ich drehe über 10 Steine um und finde eine gute Idee. Wenn ich über 100 Steine umdrehe, finde ich vielleicht 10 Ideen.« Wer die meisten Steine umdrehe, gewinne das Spiel.

In den ersten zwanzig Jahren seiner Ehe macht er nur zweimal Urlaub – und selbst dort verbringt er die meiste Zeit mit Unternehmensbesuchen oder Aktiendispositionen. »Meine Entscheidung hinsichtlich eines Urlaubsortes richtete sich in erster Linie nach Zeitzonen und vorhandenen Telefonzellen.« Österreich ist günstig, da es dort bereits später Nachmittag ist, wenn die amerikanischen Aktienmärkte eröffnen. Lynchs Lieblingsurlaubsort in Amerika, Dixville Notch, New Hampshire, hat den Vorteil, daß gleich an der Liftstation eine Telefonzelle steht.

Methode: Der Aktien-Bluthund

»Ich verbringe ungefähr 15 Minuten im Jahr mit gesamtwirtschaftlicher Analyse«, spottet Lynch über den Top-down-Ansatz. »Und ich verbringe ebenfalls 15 Minuten im Jahr mit der Analyse, wohin der Aktienmarkt geht.« Wichtig sei allein, wie es einzelnen Unternehmen gehe.

Der Spott ist der unterhaltsame Teil, im ernsten Teil dagegen wird es für den Anleger verwirrend. Lynch kann seine Strategie nur schlecht vermitteln: »Ich hatte nie eine allgemeingültige Strategie. Meine Aktienauswahl war völlig empirisch, und ich schnüffelte mich von einer Spur zur nächsten, wie ein Bluthund, der auf einen bestimmten Geruch trainiert worden ist.«

So ist beispielsweise völlig unklar, ob er eher auf kleine oder große Gewinne setzt. Er setze auf die großen Gewinner, sagt Lynch. Eine Aktie, deren Kurs sich verdoppelt, kann die Verluste mehrerer kleinerer Werte mehr als ausgleichen. Bei kleinen Unternehmen ist die Verdopplungs- oder Verdreifachungschance weit größer als bei Dow-Jones-Werten. Lynch hat im Gegensatz zum Durchschnittsanleger keine Angst vor Verlusten. »Wenn ich richtig liege, mache ich 400 Prozent Gewinn. Liege ich falsch, verliere ich 60 Prozent. ... Der durchschnittliche Anleger versteht dies oft nicht.«

Schaut sich der interessierte Anleger freilich Lynchs eigenes Vorgehen an, so kommt er ins Staunen. Bei Umschlagraten von mehr als 300 Prozent dürfte nicht viel dran sein an der Strategie, Gewinne laufen zu lassen. Von seinen gekauften Aktien stößt er drei Viertel innerhalb von drei Monaten wieder ab. »Die meisten Aktien, die ich kaufe, waren ein Fehler.« Natürlich verkauft er oft zu früh. Seine Regel: Wenn du eine Aktie gekauft hast und die Idee funktioniert nicht, verkaufe sie wieder. Lynch nimmt häufig lieber viele kleine Gewinne mit statt auf den Durchbruch einer Aktie zu warten. Nur seine erfolgreichsten Aktien wie Chrysler und Ford hält er wirklich jahrelang.

1987 empfiehlt Lynch beim Roundtable der Anlagezeitschrift »Barron's« sage und schreibe 226 Aktien. »Barron's«-Herausgeber Alan Abelson ironisch: »Vielleicht hätten wir Sie fragen sollen, welche Aktien Ihnen nicht gefallen.«

Das ist typisch für Lynchs Investmentprozeß: Er hat eine Idee und kauft gleich eine Reihe von Aktien, die dazu passen. Ein Warren Buffett würde nach der attraktivsten Aktie suchen. Das überläßt Lynch dem Markt: Erst nach dem Kauf streicht er die Liste nach und nach wieder zusammen. »Die Aktienauswahl ist sowohl eine Kunst als auch eine Wissenschaft, aber zuviel des einen oder anderen ist gefährlich.«

Seine Methoden unterscheiden sich nicht sehr von denen eines neugierigen Reporters, sagt Lynch: Er liest die Pressemitteilungen und sucht nach Hinweisen, er spricht mit Mittlern wie Analysten und Beauftragten für Investor Relations (die Kommunikation mit Analysten und Aktionären), und schließlich stößt er an die Hauptquelle vor: den Vorstand selbst.

Unternehmensbesuche sind seine wichtigste Informationsquelle. Lynch besteht auf Informationen aus erster Hand, nicht durch das Research von Fidelity. Vor Ort versucht er, die Wachstumschancen einzuschätzen: Bei Chrysler spricht er erst mit Chef Lee Iacocca, dann mit den Arbeitern am Fließband. Doch bestenfalls jede zehnte Aktie von Unternehmen, die er besucht oder analysiert, kauft er.

Um Zeit zu sparen und mehr Fondsmanager auf den neuesten Stand zu bringen, führte Fidelity die Praxis ein, die Firmenrepräsentanten zum Mittagessen einzuladen. Die Idee erwies sich als so erfolgreich, daß nach einiger Zeit wegen des großen Andrangs auch noch Frühstücke und Abendessen veranstaltet wurden. Heute gibt es jeden Tag mehrere Menüs und Firmen zur Auswahl. Die typische Lynch-Frage gab es immer am Ende:»Von welchem Ihrer Konkurrenten halten Sie am meisten?« Und wehe der Vorstand gesteht, daß die Konkurrenz gut oder sogar besser arbeitet. Lynch kaufte nach solchen Gesprächen oft die Konkurrenz.

Die erfolgreichsten Investments von Peter Lynch

- Chrysler: Lynch kauft 1982 für rund 2,25 Dollar je Aktie, weil er an ein Comeback der Firma glaubt. Bis zu 5 Prozent des Fondskapitals hält er in Chrysler. Lynch setzt auf den 1982 auf den Markt gebrachten Minivan – und behält recht: Der Minivan erobert einen Marktanteil von 60 Prozent in diesem neuen Segment. 1986 kann Lynch seine Chrysler-Aktien für fast 40 Dollar verkaufen.
- Ford: Auch bei diesem Autobauer setzt Lynch Ende 1981 angesichts eines anstehenden Dividendenausfalls auf einen Turnaround. Er kauft für 4 Dollar und beginnt 1987, für 50 Dollar zu verkaufen.
- La Quinta Motor Inns: Lange Zeit dümpelt der Kurs der Motelkette im Westen der USA, die ordentliche Zimmer zu günstigen Preisen bot. 1978 kauft Lynch für 2 Dollar, 1982 stößt er die Aktien bei etwa 18 Dollar ab.
- Stop & Shop. Lynch gefielen die neuen Jumbo-Supermärkte der Kette. Er kauft 1979 für 3 bis 4 Dollar je Aktie, 1988 kann er für 44 Dollar verkaufen.
- Dunkin' Donuts:»Ich mochte den Kaffee«, sagte Lynch. Die Aktie stieg zwischen 1977 und 1986 um das 25fache.
- Zayre: Die Aktie der auf ein jugendliches Klientel zielenden T.-J.-Maxx-Kleidungsläden kauft Lynch 1978 für 1,50 Dollar, zwischen 1985 und 1987 verkauft er sie zu Kursen um 30 Dollar.

Aktienkategorien: Defensive Werte statt Cash

Lynch hat vier Kategorien von Aktien in seinem Portfolio: **Wachstumsaktien.** Wachstumswerte sind der wichtigste Bestandteil von Lynchs Portfolio. Sein Lieblingsunternehmen ist ein kleiner Wachstumswert, der seit einigen Jahren profitabel ist und nun einfach weiterwächst. Lynch schaut nicht so sehr auf das Wachstum der Umsätze und Gewinne als auf den Absatz in Einheiten gemessen. Er hat keine Angst vor hohen Kursen. Er glaubt nicht an die Regeln des »buy low, sell high« (Kaufe niedrig, verkaufe hoch): »Ich glaube, man sollte niedrig kaufen und man sollte hoch kaufen.« Sein Beispiel: Wer Home Depot nicht gekauft hat, weil er glaubte, der Kurs sei zu hoch, hat einen Fehler gemacht. Lynch warnt vor dem »bottom fishing«, dem gezielten Kauf der Aktien, die am stärksten gefallen sind: Nur weil der Kurs gefallen ist, ist die Aktie noch lange kein Sonderangebot. »Jede Aktie kann noch weiter fallen.«

Ein Unternehmen mit hohem KGV fällt häufig weniger stark als ein Unternehmen mit niedrigem KGV. Beispiel: Ein Unternehmen macht eine Mark Gewinn und wird für 20 Mark gehandelt. Die Wachstumsrate beträgt 20 Prozent im Jahr. Das andere Unternehmen verdient ebenfalls eine Mark, wird aber nur mit 10 Mark gehandelt. Die Wachstumsrate beträgt 10 Prozent. Nach zehn Jahren verdient das Unternehmen A 6,19 Mark je Aktie, das Unternehmen B 2,59 Mark. Wenn Unternehmen A weiter zum 20fachen des Gewinns gehandelt wird, beträgt der Kurs 123,83 Mark. Selbst wenn es nur noch mit den 15- oder 10fachen gehandelt wird, also zu 92,85 Mark oder 61,90 Mark, ist der Kursgewinn immer noch höher als bei Unternehmen B, das mit 25,90 Mark notiert.

Value Stocks. Aber auch unterbewertete Aktien kauft Lynch gerne. Sein Lieblingsunternehmen hat ein niedriges KGV, 15 bis 20 Prozent Eigenkapitalrendite, 10 Prozent Umsatzrendite und ein einfaches Geschäft. Lynch will nicht die großen Stars der Branche, sondern schlichte Unternehmen mit einem verständlichem und soliden Marktvorteil, der auch vom Nachfolgemanagement nicht so leicht ruiniert wird. Technologieunternehmen dagegen meidet er: Er kann ihr Geschäft nicht verstehen und nicht beurteilen, sagt er.

Defensive Aktien. Ein kleines Erfolgsgeheimnis: Statt wie viele Fonds große Cash-Reserven zu halten, investiert Lynch einen Teil seines Volumens in defensive Aktien. Diese Papiere fallen nicht so stark, wenn der Markt kippt, beispielsweise weil sie eine hohe Dividende zahlen und somit mehr einer Anleihe ähneln. Zu diesen Werten zählen Lebensmittelkonzerne, Versorger, Telefongesellschaften, Einzelhändler und Finanzdienstleister – allesamt konservative Aktien mit guten und stabilen Erträgen. Der Vorteil: Wenn der Markt nach oben geht, sind sie dabei, fällt der Markt, trifft sie der Rückschlag nicht so hart wie andere Aktien.

Sondersituationen und gedrückte Zykliker. »Mit den Zyklikern ist es das gleiche wie beim Black Jack: Spielt man zu lange mit, ist es allzu wahrscheinlich, daß man alle Gewinne wieder verspielt.« Lynch will die Wendepunkte eines Unternehmens erwischen. Im Idealfall steigt er mit einem Teil des Geldes vor dem Wendepunkt ein und investiert den Rest, wenn der Kurs tatsächlich nach oben geht.

Lynch hält jedoch nichts von Unternehmen, die keinen Gewinn mehr aufweisen, den klassischen Turnaround-Kandidaten. Zwar kann der Einsatz leicht verzehnfacht werden, aber meist – so lehrte ihn die Praxis – sei er weg. Das gleiche gilt für angebliche Geheimtips. Fast immer habe er damit Geld verloren. Auch die heißesten Unternehmen der Branche scheut er. Seine Erfahrung: Die Konkurrenz schläft nicht und steht schon in den Startlöchern, um dem Analysten-Liebling das lukrative Geschäft abzuluchsen. Dann aber kommt es zu einem negativen Dominoeffekt: Das Unternehmen muß hohe Investitionen vornehmen, um seinen Marktanteil zu verteidigen. Schrumpft der Marktanteil, sinkt der Umsatz, die Kosten sind zu hoch, das Unternehmen gerät unter finanziellen Druck. Damit werden alle Kaufempfehlungen zurückgezogen, der Kurs stürzt ins Bodenlose. Beispiele sind die Produzenten von Digitaluhren sowie Gesundheitsunternehmen.

Das riesige Magellan-Volumen managt Lynch äußerst geschickt: Ein weiteres kleines Geschäftsgeheimnis ist, daß er stets so kauft und verkauft, daß der Markt möglichst wenig beeinflußt wird. Seine typische Kauf- oder Verkaufseinheit liegt bei 5000 bis 10000 Anteilen. Die meisten US-Fondsmanager denken unter 100000 Einheiten gar nicht erst nach.

Magellans 50 wichtigste Aktien 1977–1990

Alza Corporation
Bank America
Boeing
Cardinal Distribution
Chrysler
Circuit City
Circus Circus
Coca-Cola
Comerica
Congoleum
Cooper Tire
Cracker Barrel Old Country Store
Dunkin' Donuts
Envirodyne
Federal National Mortgage Association
Ford Motor Company
General Public Utilities
Gillette
Golden Nugget
Great Atlantic & Pacific
Great Lakes Chemical
International Lease Finance
King World Productions (Rechte an Sendungen wie »Wheel of Fortune« [Glücksrad] oder »Jeopardy!«)
La Quinta Motor Inns
MCI Communications
Medico Containment
Metromedia
NBD Bancorn
Owens Corning Fiberglas
Pep Boys-Manny, Moe & Jack
Pepsico
Philip Morris
Pic 'N' Save
Reebok International
Rogers Communications
Royal Dutch
Sbarro
Service Corporation International
Shaw Industries
Skandia

Warum Aktien besser als Anleihen sind

Lynch ist ein engagierter Verfechter von Aktien: Er will die Öffentlichkeit von seinem Credo überzeugen. »Es ist weitaus profitabler, Geld in Aktien statt in Anleihen, Sparbriefen oder Geldmarktdepots zu investieren.« Seine Berechnung:
- Wer am 31. Januar 1940 1000 Dollar in den S-&-P-500-Index angelegt hat, hätte 52 Jahre später 333 793,30 Dollar gehabt.
- Wer jährlich 1000 Dollar zugefügt hätte, wäre bei 3 554 227 Dollar angelangt.
- Und wer jedesmal 1000 Dollar extra investiert hätte, wenn der Markt um 10 Prozent und mehr fällt, hätte aus 82 000 Dollar Gesamteinzahlungen bis heute sogar fast das Doppelte, 6 295 000 Dollar, gemacht.

Die achtziger Jahre waren in den USA das zweitbeste Jahrzehnt für Aktien in diesem Jahrhundert. Nur die fünfziger Jahre bescherten den Aktienbesitzern noch höhere Gewinne. Dennoch sank der Prozentsatz der Haushalte, die ihr Vermögen in Aktien anlegen, beständig auf heute gut ein Drittel. Zum Vergleich: In der Bundesrepublik beträgt der Anteil gut fünf Prozent.

Die Bevorzugung von Anleihen basiert nach Meinung von Lynch vor allem auf einer Irrmeinung: Rentenwerte seien angeblich sicherer. Das sei falsch: Sobald die Zinsen steigen, fällt der Wert der Anleihen, weil ihr Kurs sinkt. Denn der Anleger kann ja nun bei neuen Anleihen höhere Zinsen bekommen. Besonders

175

groß ist die Gefahr für Langläufer: Schon ein Anstieg der Inflation kann für herbe Kursverluste sorgen. Das gilt auch für Rentenfonds, die paradoxerweise häufig in Zeiten sinkender Zinsen hohe Zuflüsse erhalten, weil sich die Anleger durch die guten Vergangenheitswerte für die Rendite täuschen lassen.

Aktien entwickeln sich fast immer besser als Anleihen: Firmen, die wachsen, erhöhen ihre Dividende oder verzeichnen Kursgewinne.»Ohne Aktien kann man sich ein angenehmes Leben nicht sehr lange erhalten – außer man ist sehr, sehr reich.«

Allerdings gibt es eine Ausnahme von der Grundregel, daß es besser ist, Aktien als Anleihen zu kaufen:»Übertreffen die Zinserträge aus langfristigen Staatsanleihen die Dividendenerträge aus dem S & P 500 um 6 Prozent und mehr, dann sollten Sie von Aktien auf Anleihen umsteigen.« Als 1982 die Zinssätze der langfristigen T-Bonds auf 13 bis 14 Prozent stiegen, kaufte Lynch Anleihen. Diese Zinsen waren höher als die Rendite, die er von Aktien erwarten durfte.

Anleihen sind freilich zumindest in einem Punkt bequemer als Aktien: Die Auswahl fällt nicht weiter schwer. Wer eine Anleihe kauft, geht meist nur zu seiner Bank. Er bekommt die Zinssätze für verschiedene Laufzeiten und Emittenten genannt und kann dann wählen. Eine Aktie zu kaufen ist schwerer – jedenfalls sollte es das.»Wer eine Aktie kauft, tut dies in der Praxis oft aus dem Bauch heraus«, sagt Lynch. Er fordert, bei der Auswahl zumindest so viel Zeit und Mühe zu investieren wie beim Kauf einer Waschmaschine: Da informieren sich die meisten Kunden bei Stiftung Warentest, besuchen mehrere Fachgeschäfte und vergleichen die Preise.»Ein Amateur, der mit geringem Aufwand Firmen aus Industriezweigen studiert, von denen er etwas versteht, kann 95 Prozent der Fondsmanager übertreffen – und dabei auch noch Spaß haben.«

75 Prozent der Fonds erreichen nicht einmal den Marktdurchschnitt. Warum schneiden Fonds schlechter ab als der Markt, fragt Lynch und gibt vier Antworten:

• Fondsmanager sind oft schlechte Stockpicker. Sie denken eher makroökonomisch.
• Der Herdentrieb an der Börse sorgt für die Dominanz des Index. Das höchste Ziel der Manager ist es, mit dem Index

Schritt zu halten. Doch weil ihre Transaktionen Gebühren Kosten, können sie mit dieser Strategie nie besser als der Index sein.

- Die Aktien im Index sind meist Aktien größerer Unternehmen. Doch sie legen nicht so stark zu wie sorgfältig ausgewählte Nebenwerte.
- Die Index-Fonds nehmen an Volumen zu, dadurch steigt der Index automatisch überproportional. Die Index-Fonds kaufen ausschließlich Index-Werte.

Viele Investmentclubs privater Anleger schlagen die Profis – häufig mit einfachen Mitteln. Berühmt ist die Strategie der Schulklasse St. Agnes in Arlington: Kaufen, was der Anleger kennt. Die Schüler machten ansehnliche Gewinne, indem sie McDonald's, Coca-Cola, die Spielwarenkette Toys »R« Us und Pentech, einen Hersteller von bunten Füllfederhaltern und Markern, kauften.

Regeln für Anleger

Wohl kaum ein Fondsmanager hat so viele Regeln für Anleger aufgestellt wie Peter Lynch:
- Eine gute Firma erhöht in der Regel jährlich ihre Dividende.
- Der Anleger kann Geld in sehr kurzer Zeit verlieren, aber es dauert sehr lange, um Geld zu vermehren.
- Die Börse ist kein Glücksspiel, wenn der Anleger gute Firmen danach auswählt, ob er sie positiv bewertet, und nicht aufgrund ihres Aktienkurses. Der Anleger sollte eine Aktie nicht kaufen, weil sie billig ist, sondern weil er eine Menge darüber weiß.
- Der Anleger sollte niemals einfach eine Aktie auswählen – er sollte seine Hausaufgaben machen. Er muß eine Firma überprüfen, bevor er in sie investiert.
- Wer an der Börse investiert, sollte immer diversifizieren.
- Der durchschnittliche Anleger sollte die Entwicklung von fünf oder sechs Unternehmen verfolgen.
- Verlieben Sie sich nie in eine Aktie, bleiben Sie immer für neue Werte aufgeschlossen.
- Es ist gut, Versorgeraktien zu kaufen, weil sie eine hohe Dividende zahlen. Geld macht der Anleger jedoch mit Wachstumsaktien.

- Nur weil eine Aktie fällt, heißt das nicht, daß sie nicht noch weiter fallen kann. Langfristig ist es besser, Aktien von kleinen Unternehmen zu kaufen.
- Halten Sie nur so viele Aktien, wie Sie überblicken und prüfen können und über die Sie sich regelmäßig auf dem laufenden halten können.
- Investieren Sie regelmäßig.
- Achten Sie zuerst darauf, daß Umsatz und Gewinn je Aktie mit einer angemessenen Rate steigen. Erst danach ist wichtig, ob Sie die Aktie zu einem günstigen Kurs einkaufen können.
- Betrachten Sie die Kapitalstärke und Schuldenstruktur der Firma, um zu sehen, ob ein paar magere Jahre das langfristige Wachstum der Firma gefährden würden.
- Lassen Sie sich nicht aus Aktien herausängstigen, kaufen Sie monatlich dazu.
- Kaufen Sie eine Aktie nur, wenn das Wachstum des Unternehmens Ihren Vorstellungen entspricht und der Kurs vernünftig ist.
- Wenn Sie die Gründe für steigende Umsätze in der Vergangenheit verstehen, können Sie die Wahrscheinlichkeit für weiter steigende Umsätze besser einschätzen.
- Fünferregel: Der Anleger sollte in mindestens fünf verschiedene Aktien investieren, denn von fünf Aktien ist ein Papier super, eines absolut schlecht, und drei sind okay.
- Setzen Sie niemals auf eine Aktie, solange sie noch auf dem Weg nach unten ist.
- Sehen Sie sich die Entwicklung des Anleihekurses an, bevor Sie in die billigen Aktien einer gebeutelten Firma investieren. Der Grund: Am Rentenmarkt dominieren konservative Anleger, die sehr genau prüfen, ob eine Firma das geliehene Kapital wieder zurückzahlen kann. Zunächst werden die Forderungen der Anleihenbesitzer erfüllt, erst danach kommen die Aktionäre an die Reihe.
- In den Vereinigten Staaten gibt es eine Liste der Agentur Moody's von 134 Firmen, die seit 20 Jahren ununterbrochen ihre Dividende erhöhen. Weitere 362 Firmen tun dies seit 10 Jahren. »Kaufen Sie Aktien dieser Moody-Liste, und halten Sie sie so lange, wie sie auf der Liste bleiben.«
- Kümmern Sie sich nicht um den allgemeinen Markttrend. »Marktprognosen sind wie die Wettervorhersage.«

Die deutschen Anleger:
Zwischen Risiko und Sicherheit

Kurt Ochner: Meide Toupet-Werte!

Sein Tagesablauf ist legendär: Im Sommer steht Kurt Ochner montags bis freitags täglich um 5.30 Uhr auf, im Winter sogar noch eine Viertelstunde früher. Um 6.00 Uhr verläßt er sein Haus auf dem Land im nordbadischen Mosbach, 50 Kilometer östlich von Heidelberg, mitten im Odenwald. Er fährt mit dem Auto zum Bahnhof und steigt in den Zug Richtung Frankfurt. Zwei Stunden hat er nun Zeit zum Lesen und Denken. »Morgens lese ich drei Zeitungen, abends Geschäftsberichte«, sagt Ochner. »Die An- und Abreise zwingt mich zum Arbeiten.« Noch eine weitere Regelmäßigkeit versucht er einzuhalten: »Ich möchte nicht nach 20 Uhr nach Hause kommen.« Dort warten neben seiner Frau zwei Mädchen auf ihn, 8 und 11 Jahre alt.

Die lange Fahrt zur Arbeit ist eines seiner Erfolgsgeheimnisse: »Wenn ich auf der Anreise nicht den Tag planen und überlegen kann, welche Ideen ich umsetze, dann klappt es auch nicht.« Montags ist sein Lieblingstag, weil er dann bereits die »Börsen-Zeitung« studieren kann. Die Samstagsausgabe bekommt er nach Hause geschickt, doch er rührt sie erst am Montagmorgen an, wenn das Leib-und-Magen-Blatt der deutschen Finanzszene nicht erscheint. Auf der Zugfahrt liest Ochner in Ruhe Berichte, Kurse und Kommentare. »Beim Tausch der Töchter zwischen Münchener Rück und Allianz hatte ich beispielsweise einen riesigen Zeitvorteil.« Die Analysen, Beispiele und Querrechnungen konnten andere Fondsmanager zwischen dem normalen Arbeitsbeginn bis zur Markteröffnung um 8.30 Uhr gar nicht nachvollziehen. »Das sind die kleinen Vorteile, mit denen Leistung und Arbeitseinsatz belohnt werden«, freut sich Ochner diebisch.

Der Lohn der Mühe gestaltet sich vielfältig: Kurt Ochner kommt gerade von einer Sitzung mehrerer Fondsgesellschaften zurück in sein Büro im Frankfurter Messeturm. »Eigentlich dürfte ich an diesen Sitzungen gar nicht teilnehmen, denn ich bin gar nicht groß genug«, sagt er. »Aber ich habe einen Namen.«

Den hat er. Wenn nach den besten Geldmanagern Deutschlands gefragt wird, fällt der Name Kurt Ochner stets als einer der ersten. Ochner managte den legendären SMH Special Fonds I. Wer 1988 einstieg, erlebte bis Ende 1992 einen Wertzuwachs von 75 Prozent. Der Dax stieg nur um 54,5 Prozent.

Seit Januar 1996 ist er Managing Director von Bär Capital GmbH, einem Gemeinschaftsunternehmen von Ochner mit der Schweizer Bank Julius Bär. 370 Millionen Mark hat der Julius-Bär-Fonds, der sich auf deutsche Standard- und Nebenwerte konzentriert, bereits eingesammelt; weitere 330 Millionen Mark verwaltet Ochner für andere Fonds, Banken und institutionelle Anleger. 1996 war der Julius-Bär-Fonds mit einem Plus von 34 Prozent der zweitbeste deutsche Aktienfonds – in einem Jahr, in dem zwei Drittel der deutschen Aktienfonds unter der Dax-Performance von 28,2 Prozent lagen.

Neben seinem Schreibtisch finden sich Bücher über Hedgefonds-Strategien und Lowensteins Biographie Warren Buffetts. Ochners wichtigstes Arbeitsgerät ist der Kursteil der »Börsen-Zeitung«, der aufgeschlagen auf dem Schreibtisch liegt. Zum Computer rechts von seinem Arbeitsplatz hat er eine geteilte Meinung. »Es gibt Leute, die machen Kurse, wie sie ihren Computer optimieren«, spottet er. »Ich will nicht den Reuters optimieren, ich will es wissen, bevor es dort steht.« Zwei Telefone stehen auf seinem Tisch, auf einer Leitung läuft ein Band mit, auf der anderen nicht. »Man will ja auch einmal etwas Vertrauliches austauschen«, so Ochner. Auf der ersten Leitung wird getradet: »Auch wenn es rechtlich keine Beweiskraft hat: Wenn sich einer nicht erinnert, dann kann ich ihm unsere Abmachung zumindest vorspielen.«

Demonstrativ lehnt er die Statussymbole seiner Branche ab. Die Weinkisten in seinem Schrank kommentiert er mit einer wegwerfenden Handbewegung. Später weist er auf ein abstraktes Bild, das hinter seinem Stuhl am Schrank lehnt: »Da wollte mir einer was Gutes tun, das hat bestimmt einen Haufen Geld gekostet.«

Auf dem zweiten Bildungsweg zum Star-Manager

Ochner hat sich den Weg nach oben hart erkämpft. Der Absolvent des zweiten Bildungsweges dient zwei Jahre als Zeitsoldat bei der Bundeswehr – um das Geld fürs Studium zu verdienen. Danach studiert er Betriebswirtschaft, zunächst in Heilbronn, dann in Stuttgart. Sein Professor vermittelt ihm im April 1980 seine erste Stelle bei der Baden-Württembergischen Bank in Stuttgart. Zwei Jahre arbeitet Ochner als Assistent im Fondsmanagement, dann baut er das Research auf. Er kreiert die Broschüre »Aktien aus Baden-Württemberg« und lernt das Land, in dem die mittelständische Industrie Deutschlands zu Hause ist, in- und auswendig kennen. »Daher stammt vielleicht meine Affinität zu den Small Caps, den kleinen Nebenwerten.«

1987 wechselt er zur SMH-Bank nach Frankfurt. Ihn reizte die »fachliche Herausforderung, jetzt hundert Prozent Fondsmanager sein zu können«, sagt er. In Stuttgart konnte er sich nur ein Drittel seiner Arbeitszeit um die Aktienmärkte kümmern, den Rest des Tages war er Analyst und Researcher, erstellte Ausarbeitungen für den Vorstand oder erledigte Sonderaufgaben, wie beispielsweise geschlossene Immobilienfonds zu konstruieren. Seine Performance aber zählte nur im Vergleich mit den Fondsmanagern, die sich ausschließlich ihren Portfolios widmen können. »Wenn ich mich hundert Prozent um die Fonds kümmern kann, dachte ich, müßte ich noch besser sein.«

Bei SMH entpuppte sich Ochner schnell als eine Art deutscher Peter Lynch, eines seiner Vorbilder: »Lynch zieht viele Ideen aus seinem alltäglichen Umfeld.« So auch Ochner: Er geht mindestens einmal im Monat zum Gottesdienst. Eines Tages bittet der Pfarrer um Spenden, weil im ganzen Bundesland die Gesangbücher ausgetauscht werden müssen. Ochner rechnet schon in der Kirche nach: Alle Gesangbücher? Wieviel Umsatz bedeutet das wohl? Wer produziert die Gesangbücher? Und tatsächlich: Er fand die passenden Aktien, nämlich die Stürtz AG in Würzburg, eine große Druckerei, die auch für Universitäten druckt, und die Schwabenverlag AG, einen Verlag im Kirchenbesitz.

Taktischer versus strategischer Anteil

Ochner teilt sein Portfolio in einen strategischen und einen taktischen Teil. Strategische Investments haben einen Zeithorizont von drei bis fünf Jahren. Ochner sucht Unternehmen, die langfristige Outperformance liefern, deren Wertentwicklung also deutlich über dem Markt liegt. Die Anlageentscheidung basiert vor allem auf Unternehmensbesuchen und Gesprächen mit dem Vorstand. »Ich investiere in Unternehmen mit vielversprechenden Produkten und einem erstklassigen Management, nicht nur auf der ersten, sondern auch auf der zweiten Ebene.« Das Unternehmen sollte zu den ersten drei Firmen im Weltmarkt gehören. Und es sollte in der Vergangenheit bewiesen haben, daß es auch schlechte Börsenzeiten mit einer leidlich guten Performance übersteht.

Ochner meidet Unternehmen, deren Existenz bedroht ist. »Ich habe immer darauf geachtet, keine Tot-oder-Leutnant-Aktien zu haben.« Er sucht lieber nach Aktien, die enttäuscht haben. »Der Anleger muß schlechte und enttäuschende Nachrichten unterscheiden: Bei einer schlechten Nachricht muß er in fallende Kurse weiter mitverkaufen, bei einer enttäuschenden Nachricht hat das Unternehmen vielleicht nur die hochgesteckten Erwartungen der Marktteilnehmer nicht erfüllt, da muß er in den Kurssturz hinein kaufen.«

Kriterien für strategische Investments

- Aktivitäten in Wachstumsmärkten
- führende Marktposition
- attraktive und vielversprechende Produkte sowie ein führendes Dienstleistungsprogramm
- ein beeindruckendes Management und qualifizierte Mitarbeiter

---

Ochner ist ein erklärter Vertreter der Bottom-up-Methode. Sie verlangt gründliches Primär-Research inklusive Unternehmensbesuchen und Analyse des Wettbewerbs. »Die einzige Begrenzung dieses Ansatzes liegt in den Regulierungsvorschriften, besonders den Insiderregeln«, sagt Ochner. Die Börsenaufsicht verbietet es ihm, das bei Unternehmensbesuchen erlangte Insiderwissen direkt zu nutzen. Ochner besucht etwa hundert Unternehmen im Jahr. »Was viele irritiert: Ich spreche mit dem Vorstand ohne Zettel oder Diktiergerät. Ich sage, ich möchte mich mit Ihnen unterhalten und mir kommt es weniger darauf an, ob Sie eine Zahl A oder B sagen. Wenn ich mir die Gewinnessenz nicht mehr merken kann, dann habe ich Alzheimer und muß den Beruf wechseln. Ich muß nicht nach Hause gehen, einen Bericht verteilen und die Aktie zum Kauf oder Verkauf empfehlen. Mir können Sie alles sagen. Ich werde aufgrund dieses Besuches keine Aktientransaktion machen. Ich werde doch meinen Beruf nicht aufs Spiel setzen.«

Damit erreicht Ochner eine größere Offenheit seiner Gesprächspartner. »Manchmal passiert es aber, daß ich vorher kaufen will und hinterher nicht mehr darf. Dann bin ich passiver Insider und muß erst einmal einige Zeit vergehen lassen.« Eine der wichtigsten Fragen, die Ochner bei seinen Unternehmensbesuchen zu klären versucht, ist die Ehrlichkeit des Managements. »Wenn der Vorstandschef ein Toupet trägt, dann kaufe ich die Aktie nicht«, sagt er. Dr. Jürgen Schneider läßt grüßen.

Taktische Investments. Ein Drittel von Ochners Anlagen sind taktische Investments. Diese Trades basieren auf Tagesentscheidungen, Branchentrends, politischen Einflüssen, Analystenempfehlungen. Wenn Ochner den »first call« bekommt, jenen berühmten ersten Anruf des Brokers mit exklusiven Vorabinformationen, plaziert er seine Orders sofort.

Auf der Internationalen Anlegermesse im November in Düsseldorf spielt Kurt Ochner »Wetten, daß ...«: »Wetten, daß Kurt Ochner Ihnen jede Frage über den deutschen Kapitalmarkt beantworten kann und die Bilanzdaten der wichtigsten Unternehmen kennt?« Natürlich schafft er es. Ein Messebesucher aber hat es auf die Spitze treiben wollen, sagt Ochner: »Nennen Sie mir doch die Verschuldung von Bayer.« Seine Antwort: »Ja, aber Sie müssen mir sagen, in welchem Kalenderjahr, welcher Währung und welcher Laufzeit.«

Ochner selbst macht zwei Schlüssel für seinen Anlageerfolg aus:»Wir beherrschen die Summe der Analysemethoden, fundamental und technisch.« Es gibt keine Monostruktur. Der zweite Schlüssel ist die breite Datenbasis. Als Ochner vor 17 Jahren im Anlagemanagement begann, hat er bei A angefangen, die Geschäftsberichte aller deutschen Aktiengesellschaften zu lesen. Und er hat bis Z durchgehalten. Heute kennt Ochner die groben Bilanzdaten der 400 größten Firmen, das Produktprogramm, den Wert der Firma, Marktkapitalisierung, Umsatz, Gewinn und Börsenkurs.»Bei den ersten 200 Firmen kenne ich auch noch die Verantwortlichen.« Bei mehr als 50 Neuemissionen während seiner Laufbahn war er von Anfang an dabei.»Ich bin einfach schneller. Wenn mir ein Paket angeboten wird, kann ich sofort etwas dazu sagen.«

Kriterien für taktische Investments

- Ausnutzung kurzfristiger Trends, beispielsweise Broker- und Research-Empfehlungen
- Beachtung der Anteile und Aktivitäten großer institutioneller Investoren
- internationale Sektortrends (MSCI-Indizes)
- Entscheidung der Fiskalpolitik und steuerliche Veränderungen
- politische Einflüsse, beispielsweise Gesundheits- und Rentenreform
- saisonale oder wetterabhängige Faktoren, beispielsweise für Kleidung, Getränke, Bau und Versicherungen
- militärische Konflikte, politische Krisen
- Wahlen, Regierungswechsel
- Übernahmen und Fusionen, beispielsweise Globalisierungstrends in der pharmazeutischen Industrie und im Finanzsektor
- Zentralbankentscheidungen

Die Suche nach Veränderungen

Täglich setzt Ochner neue Ideen um. »Der Fondsmanager ist im Grunde ein Informationsmanager«, sagt Ochner. Seine Aufgabe ist es, jeden Tag aufs neue die besten Aktien zu finden. »Es bringt nichts, das Portfolio für das nächste halbe Jahr zu planen.« Ob es einen Tag gibt, an dem er gar nichts tut, weder kauft noch verkauft? »Nein«, sagt er. Ein extrem ruhiger Tag sei, wenn er nur fünf Transaktionen mache. Ein hektischer Tag beginne mit 50 Orders. »Und wir sind ein kleinerer Teilnehmer: Noch haben wir mehr Ideen als Geld.«

Ochner beobachtet aufmerksam jede Veränderung von Rahmenbedingungen. Bei seinen Analysen stellt er oft einfache Fragen: Welche Unternehmen bevor- oder benachteiligt die Steuerreform? Wer leidet am meisten, wenn die Abschreibungsraten gekürzt werden? Wenn er als erster die Folgen erkennt, kann er die Aktie schon mit Gewinn abstoßen, wenn der Rest des Marktes reagiert.

Beispiel Steuerreform: Was passiert, wenn der Spitzensteuersatz von 53 auf 45 oder 39 Prozent sinkt? »Da gibt es ein paar ganz naive Dinge«, sagt Ochner. Wenn die Steuern sinken, sind Firmen mit extrem hohem Cash-flow und hohen Rückstellungen gar nicht mehr so erpicht darauf, eine steuerlich optimierte Bilanzpolitik zu betreiben. Sie agieren offensiver, weil sie am Kapitalmarkt leichter Kredit aufnehmen können, ohne daß der Staat alle Gewinne wegsteuert. Unternehmen mit hohem Cash-flow oder alljährlich hohen Überweisungen in die Rückstellungen sind also im Vorteil.

Zweites Beispiel: die Auflösung der EK-56-Rückstellungen der Firmen. Früher mußten die Unternehmen das per Rücklage gebildete Eigenkapital mit 56 Prozent Körperschaftsteuer versteuern. Dann wurde der Steuersatz gesenkt – und die Unternehmen durften die zu 56 Prozent Steuern gebildeten Rücklagen wieder auflösen, neu bilden – und die Differenz zum neuen Steuersatz von 45 Prozent kassieren. »Das habe ich heruntertransformiert und -gescreent«, sagt Ochner. Wer hat sehr hohe Rücklagen im Verhältnis zum Grundkapital? Zweite Frage: Wer hat einen Aktionärskreis, der Geld nötig hat oder etwas zeigen will? Ochner kam auf 30 Werte, davon gingen 20 wunderbar auf. Diese Unternehmen nutzten die Methode EK 56 und schütteten Dividendenrenditen von 10 Prozent an ihre Aktionäre aus. Dank dieser kleinen Rechenaufgabe erzielte Ochner 1994, als der Markt um 7 Prozent fiel, ein Plus von 5 Prozent.

Taktische Investments II: Jahresend-Spekulationen

Der taktische Anleger muß wissen, bei welchem Anleger welche Pakete sitzen. Ochners beste Quelle sind die Meldungen an das Bundesaufsichtsamt für das Wertpapierwesen: Dort melden alle Inländer ihren Beteiligungsbesitz, sobald er gewisse Grenzen überschreitet. Auskunftssuchende bekommen die Listen zugefaxt. »Da haben wir uns gleich als einer der ersten Interessenten bemüht«, sagt Ochner. Er sieht sich konsequent die Rechenschaftsberichte der Unternehmen mit großem Beteiligungsbesitz an, etwa Banken und Versicherungen. Viele große Unternehmen betreiben vor Bilanzterminen Window-Dressing, so wird das »Verschönern« von Bilanzen genannt: Sie versuchen beispielsweise, eine bestimmte Bewertung ihrer Beteiligungen zu erreichen, um Performance vorzutäuschen oder Abschreibungen zu vermeiden. Für diese Stichtage bauen sie sich eigens Aktienpositionen auf, obwohl sie fundamental anderer Meinung sind. »So nach dem Motto: Der 31. Dezember kommt, da sammle ich noch ein paar Aktien, die ich im neuen Jahr gleich wieder verkaufe.« Beispiel: Ein Finanzvorstand will einen hohen Bewertungskurs für eine Beteiligung haben. Er kauft kurz vor Jahresschluß und verkauft sofort auf Termin einen Monat später zu einem fast sicheren Terminkurs weiter. Die Kurspflege funktioniert natürlich nicht bei großen Werten wie Daimler oder Siemens, aber bereits bei mittelgroßen Werten. Dort bewegt schon eine Order von einer Million Mark den Kurs. Bei einem verwalteten Vermögen von 5 oder 6 Milliarden Mark fällt selbst ein kleiner Verlust kaum ins Gewicht.

Ochners Beispiel: Die BHF-Bank hat »eine unselige Beteiligung« namens AGIV (Aktiengesellschaft für Industrie und Verkehrswesen), die sich in Maschinenbau, Energietechnik, Bauindustrie und Verkehrswesen engagiert und an der die BHF-Bank 48,7 Prozent hält. Ochner sah sich an, wie sich die Aktie Ende 1995 bewegt hatte. Und siehe da, sie war von Mitte bis Ende Dezember von 28 auf 33 Mark gestiegen. Am 10. Januar stand sie wieder bei 29 Mark. Ende 1996 dümpelte die Aktie sogar unter 20 Mark. Ochners Kalkül: Die BHF-Bank wird ihre Beteiligung nicht unter 20 Mark stehenlassen. Es ging auf, die Aktie stieg auf knapp über 20 Mark.

Ein anderes Beispiel sind regionale Werte aus Baden-Württemberg, wo bekanntlich sparsame Leute leben. Vor der Abschaffung der privaten Vermögensteuer drückte die meist schwäbischen Großaktionäre alljährlich ihre Vermögensteuer. Durch Verkäufe vor Jahresende versuchten sie, einen niedrigen Bewertungskurs zu erreichen. Denn die Vermögensteuer wurde nach dem Kurswert zum Jahresende festgesetzt.

Sicher ist das Kalkül Ochners nicht. »Die Summe macht es«, sagt er. Er baut beispielsweise zehn Jahresend-Positionen auf, und bei sieben funktioniert es. Ochner: »Das kann auch ein Privataktionär machen.«

Erfolgsfaktoren: Fleiß macht den Unterschied

»Erfolg ist harte Arbeit«, sagt Ochner. »Fleiß ist wichtig in diesem Geschäft.« Heutzutage haben alle Fondsmanager eine ähnliche Ausbildung mit Studium und Traineeprogramm. Der Fleiß macht den Unterschied: »Wenn jemand um neun Uhr kommt und um fünf Uhr geht, muß er schlechter sein als jemand, der zwölf Stunden arbeitet und auch noch am Wochenende Geschäftsberichte liest.« Wenn Ochner um acht Uhr abends nach Hause kommt, und ihm geht noch etwas im Kopf herum, dann ißt er und liest noch zwei Stunden. »Oder ich lese während der Fußballübertragung im Fernsehen. Das ist ja keine schwere Literatur.«

Um 8.30 Uhr eröffnet die Vorbörse. Eine halbe Stunde später beginnt bei Julius Bär ein Set-in, bei dem die Analysten berichten, was sie auf ihren Unternehmensbesuchen gehört haben oder wie sie die Informationen und die Berichte der Medien bewerten.

Daran nimmt meistens Ochners Kollege Hans-Peter Schupp teil. Nach der Konferenz sammeln sie die Tagesmeldungen: Was machen New York, Zinsen, Dollar und andere Eckdaten? Ändern die Vorgaben taktische Dispositionen? Gibt es neue Gelder von Anlegern – oder ziehen sie Geld ab? An normalen Tagen hängt Ochner 70 bis 80 Prozent der Zeit am Telefon. »Im Büro kann niemand einen ruhigen Gedanken fassen oder sich eine Strategie zurechtlegen. Die müssen sie mitbringen.« Ochner spricht mit Brokern, Unternehmensrepräsentanten und Analysten: »Entscheidend ist ein Netzwerk von Informationskanälen.« Bei Small Caps laufen 90 Prozent der Umsätze außerbörslich. Pakete werden ähnlich wie im Handel mit nichtbörsennotierten Schuldscheinen direkt angeboten.

Unter der Woche beschränkt sich Ochner auf fünf Stunden Schlaf pro Tag. »Am Wochenende brauche ich dann aber zweimal 10 Stunden.« Je weiter er in die Woche hineinkomme, desto mehr gehe es ihm wie einem Langstreckensportler. »Donnerstag und Freitag fällt das Aufstehen schon schwer.«

Urlaub ist in seinem Leben kein großes Thema: Er habe nur einmal in seinem Leben richtig vier Wochen Ferien gemacht – beim Wechsel von Stuttgart nach Frankfurt 1987. »Sonst immer höchstens 14 Tage, normal ist eine Woche.« Er glaubt nicht, daß ein Mensch drei Wochen Urlaub braucht, um sich zu regenerieren und Kraft zu schöpfen. »Der Beruf ist so stressig, ich brauche alle paar Monate eine Woche Urlaub.« Ihm reiche das, um einmal richtig auszuschlafen und abzuschalten. Wer als Fondsmanager mehrere Wochen weg sei, komme ganz raus. »Nach einer Woche ist der Stapel Post nicht so hoch. Ich muß nur fünf Ausgaben der ›Börsen-Zeitung‹ nachblättern.«

Nur ein Hobby leistet sich Ochner: In seiner Freizeit brennt er Schnaps, »ganz offiziell«. Ende 1989 kaufte er sich eine kleine Destillieranlage. Heute produziert er jährlich 500 bis 1000 Liter verschiedene Obstschnäpse für den eigenen Bedarf und zum Verschenken.

Zweiter Erfolgsfaktor sei »eine gewisse Grundintelligenz, zuviel aber stört«. Weil die Märkte nicht effizient seien und quantitative Methoden nicht funktionierten, »haben nicht so gescheite Leute wie ich auch eine Chance«. Ochner: »Der Anleger muß die Gabe haben, sich herunterzutransformieren, hart formuliert: auf das ›Bild‹-Zeitungsniveau.« Dazu gehöre, daß sich der Fondsmanager auch einmal in eine Art von Stammtisch-Umgebung begibt, um zu sehen, wie das breite Volk denkt. »Ich gehe zu Hauptversammlungen und mische mich dort unter das normale Anlegervolk. Ich höre zu, wie die Leute denken, was sie reden, welche Probleme sie haben, wie ihre Erfahrungen im Aktienmarkt sind.« Die Leute in Frankfurt bewegten sich immer im gleichen Kreis, auch privat, und sehen nicht mehr nach rechts und links.

Das Bad in der Menge gibt Ochner Hinweise, in welcher Phase sich der Aktienmarkt befindet. Denn die breite Anlegermasse produziert die typischen Zyklen. »Oft ist es frappierend, wie pragmatisch und einfach strukturiert und doch erfolgreich viele sind.« Viele sind Pensionäre, die in ihrem Beruf erfolgreich waren. »Sie bringen viel Know-how mit und haben eine ganz andere Denkweise als wir hochgezüchteten Frankfurter Eierköpfe.«

Der dritte Faktor ist persönliche Unabhängigkeit und Durchsetzungsvermögen. »Wer Angst um seinen Job haben muß, hat ausgespielt. Der Fondsmanager darf kein Sensibelchen sein.« Ihm dürfen Fehlschläge nicht zu nahe gehen, und niemals darf er mit seinem Schicksal hadern. Das sei wie beim Tennis, sagt Ochner: »Der nächste Ball ist immer der wichtigste.«

Erfolgsfaktor Nummer vier: »Gute Portfoliomanager sind eher Einzelgänger und Egoisten«, sagt Ochner. Ochner managt nur im Dreierteam: Hans-Peter Schupp sitzt ihm direkt gegenüber, hinter ihm handelt Sonja Strauß die Anleihen. Schupp kennt Ochner schon von SMH, dort hatte er ihn vier Jahre lang angelernt. »Wir machen hier ein doppeltes Spiel: Einer ist immer da, der andere unterwegs.« Mehr als drei Leute für den deutschen Markt seien bereits zuviel. »Viele Köche verderben den Brei.«

Nebenwerte: Geduld bringt hohe Renditen

An der Börse werden drei Arten von Aktien unterschieden: die großen Standardwerte (Big Caps), die mittleren Werte aus der »zweiten Reihe« (Mid Caps) und die kleinen Werte (Small Caps).

Die Big Caps (abgeleitet von »big capitalization«, also großer Marktkapitalisierung) sind die Schwergewichte der Börse: Sie verfügen über die höchste Marktkapitalisierung (einfach zu errechnen durch die Zahl der Aktie multipliziert mit dem Börsenkurs je Aktie). Mid Caps sind Aktien, die nicht wie die großen Standardwerte Daimler und Siemens täglich im Rampenlicht stehen. Die Werte der zweiten Reihe umfassen so solide Unternehmen wie Altana, BHF-Bank, Colonia, Fresenius, Linotype, Münchener Rück oder Südzucker. In der dritten Reihe folgen dann die ganz kleinen Nebenwerte (Small Caps): Dazu gehören Ravensberger Bau, Villeroy & Boch, Reichelbräu oder Computer 2000.

Von den 665 in Deutschland gehandelten deutschen Aktien sind 85 Prozent Small Caps, hinzu kommen knapp 10 Prozent Mid Caps. Für Ochner sind die Nebenwerte (Mid Caps und Small Caps) das interessanteste Investment: Sie versprechen größere Kurssprünge und höhere Renditen als die großen Werte. Der Preis ist das größere Risiko: Die Unternehmen sind kleiner, wichtige Ereignisse wie Großaufträge oder Innovationen wirken sich stärker auf den Kurs aus.

Schon seit einigen Jahren hinken die Nicht-Standardwerte in ihrer Breite hinter dem Dax her. Ochners Erklärung: »Wenn der große Markt mit den Blue Chips, also den großen Standardwerten, an eine Decke stößt oder seitwärts geht, wollen viele Marktteilnehmer gierig Zusatzperformance machen. Sie unternehmen dann Ausflüge in den Small-Cap- und Mid-Cap-Bereich, aber ohne den nötigen Fach- und Sachverstand zu haben.« Diese Anleger folgten einfach Brokerempfehlungen oder Modeerscheinungen. Natürlich machten sie Verluste. Das ist in den Geschäftsberichten vieler Fonds zu erkennen: Die Dax-Werte brachten 1995 Gewinne, die Nicht-Dax-Werte fast ausschließlich Verluste. Die magere Bilanz führte zu einer Umkehrreaktion: Die Fonds warfen alle Small Caps wieder aus den Portfolios. Dies passierte in der zweiten Jahreshälfte, als auch eine der größten deutschen Pensionskassen per Anweisung von oben gezwungen wurde, ihr Small-Cap-Portfolio unter Zeitdruck aufzulösen. »Wenn jemand nicht weiß, warum er die Aktie kauft, weiß er auch nicht, warum er die Aktie verkauft.«

»Viele Controlling-Chefs und Anleger haben nicht die Geduld,

Dinge auszusitzen.« Bei Nebenwerten müssen Positionen über Jahre ganz langsam aufgebaut werden, um den Kurs nicht hochzutreiben. Wenn sich der Anleger dann von den Aktien trennt, um die Gewinne zu realisieren, muß er Kurszugeständnisse machen. Ochners Lösung:»Ich versuche eine Kombination von Portfoliomanagement und Mergers & Acquisitions.« Beispiel: Der Anleger findet ein unterbewertetes Unternehmen. Er kauft, die Aktie steigt auf eine faire Bewertung. Dann ist es ideal, wenn er en bloc verkaufen kann.»Ich mache mir schon vor dem ersten Kauf Gedanken, an wen ich den Block in einigen Jahren verkaufen kann.« Was könnte den Käufer interessieren? Das kann beispielsweise eine strategische Beteiligung, eine hohe Rendite oder ein Marktzugang sein.

Neuemission: Kaufe vor der ersten Börsennotiz

In der Alten Oper lud die Deutsche Telekom vor dem Börsengang das ganze Frankfurter Anleger-Volk ein. Es war eine harmonische Veranstaltung, nur Kurt Ochner störte mit seiner Frage das Bild:»Nachdem Sie gerade Ihre Struktur privatisieren, wann kommt diese Struktur auch in den Aufsichtsrat?« Von zehn Aufsichtsräten der Kapitalseite waren fünf Beamte aus dem öffentlichen Dienst und vier Rentner, also ehemalige Vorstände. Nur ein einziger Unternehmer saß im Kontrollgremium.»Die Antwort des Telekom-Vorstands war reine Heuchelei«, sagt Ochner: Der Vorstand würde allen deutschen Unternehmen einen Aufsichtsrat wie den der Telekom wünschen.

Ochner hat dennoch das Maximum der neuen Telekom-Aktien gezeichnet. Bei voller Zuteilung hätte er 10 Prozent seines Fondsvolumens in Telekom gehabt. Als Top-1-Adresse bekam er 35 Prozent seiner gezeichneten Aktien zugeteilt.»Wir haben gleich am Anfang nachgekauft«, sagt er. Das sei ein Trick, der ebenfalls nirgendwo steht:»Die besten Preise für Nachkäufer gibt es in der Phase zwischen Bekanntgabe des endgültigen Emissionspreises und dem ersten Börsentag.« Wer nur den Zeichnungsgewinn machen will, verkauft dann. Die Preise gehen etwas runter. Am

Sonntag wurde der Emissionspreis von 28,50 Mark bekanntgegeben, am Montag gab es im grauen Markt die besten Kurse mit 32 Mark und weniger. Ochner fuhr seinen Anteil von 3,5 auf 6,5 Prozent hoch. Die erste Notiz an der Börse lag bei 34 Mark. Den Verkauf timte Ochner ebenso penibel: Er reduzierte seinen Anteil an dem Tag, als die Aktie in den Dax aufgenommen wurde. Die zweite Verkaufswelle startete er, als die Aktie in den MSCI-Index kam. Da sich viele institutionelle Anleger am Index orientieren, gibt es an solchen Stichtagen eine erhöhte künstliche Nachfrage. Die Fundamentalisten geben den Quants, also den technisch orientierten Analysten, die Aktien, sagt Ochner:»Die Quant-Gruppe ist ja leicht ausrechenbar. Ich weiß, wie die denken, aber die wissen nicht, wie ich denke. Das ist wie beim Poker: Die spielen mit einem offenen Blatt.«

Erfolgreichste Investments: SAP und Altana

Als seine erfolgreichsten Investments bezeichnet Ochner SAP und Altana. Beide hatten einen Spitzenanteil von 8,5 Prozent im SMH Special.»Wenn das so geblieben wäre, hätte ich alles an die Wand performt.« Doch das könne er nur als Privatmann machen. »Zum Glück muß ich mit meiner Frau keine Anlageausschußsitzung abhalten.«

Zum ersten Mal lernte Ochner den Unternehmenssoftware-Entwickler SAP bei der Emission im Herbst 1988 kennen, als die Gründer die ersten Aktien mit rund 800 Mark an den Markt brachten. Doch nach der Börseneinführung fiel der Kurs erst einmal. Ochner besuchte bald das Unternehmen. Am nächsten Tag stellt er sich in das allmorgendliche Stand-in bei SMH und sagt: Wenn die Aktie nicht innerhalb von drei Monaten über 1000 geht, dann werde er Hausmeister.»So zum Aufwecken«, kommentiert er heute.

Ochner ist kein Computerfreak.»Ich weiß vom Computer nur, daß man nicht ins Kabel reinbeißt, mehr nicht.« Ochner war fasziniert von der Gründermentalität, dem konsequenten Umsetzen eines Konzeptes und der Arbeitskultur. Bei SAP gibt es keine festen Arbeitszeiten, Essen und Getränke sind frei. Es ist wie eine verschworene Gemeinschaft.

Da er im Nachbarkreis des SAP-Standorts Walldorf nahe Heidelberg wohnt, hat sich sogar eine kleine Freundschaft entwickelt. In Krisensituationen geht er selbst vor Ort: Im Januar 1993 mußte SAP enttäuschende Gewinnzahlen für 1992 veröffentlichen. Zum ersten Mal wurden die Erwartungen nicht erfüllt. Statt einer Steigerung von 20 bis 25 Prozent blieben die Gewinne praktisch konstant. Und Ochner saß auf einer Million Aktien.

Aufgeregt fuhr er am Freitag nachmittag nach Walldorf. Dort tagte seit 16.00 Uhr der Aufsichtsrat. Ochner postierte sich vor der Tür und wartete. Als die Sitzung am Abend endete, hielt er die Anwesenden fest: Er bekam einen Einblick in die internen Daten und Charts. Und er sah, daß es ein einmaliger Ausrutscher war. Doch der SMH-Anlageausschuß glaubte ihm nicht. Ochner mußte seine Position mit Verlust verkaufen. Privat aber blieb er voll investiert: »Die Aktien haben sich in drei Jahren verelffacht.«

Sein zweiter Coup war die Altana Industrie-Aktien und Anlagen AG. Das Konglomerat gehört zu 50 Prozent Mitgliedern der Familie Quandt, die auch die Automobilfirma BMW besitzt. Der Rest liegt als Streubesitz bei rund 18 000 Aktionären. Bei Altana erkannte Ochner, daß der wahre Wert im Goodwill nicht sichtbar wird. Der Goodwill ist die Differenz zwischen Ertrags- und Substanzwert eines Unternehmens.

Auch bei Altana hatte Ochner eine gute Beziehung zum Management. Er erkannte, daß sich das Unternehmen auf seine Kernbereiche konzentrieren wird. »Ich habe also Altana nicht mehr als Konglomerat bewertet, sondern als Pharmaunternehmen.« Der übliche Konglomeratsabschlag fiel damit weg, das verschlafene Unternehmen wachte auf. Der Aktienkurs vervielfachte sich. »Ich war wohl der einzige, der mal dort war«, sagt Ochner.

Aus welchen Fehlern Ochner gelernt hat

- Teile und gewinne: Immer wieder bekommt Ochner Anrufe, ob er bestimmte Aktien nicht verkaufen wolle. Früher lehnte er diese Ansinnen rundweg ab, wenn er meinte, die Aktie habe ihr Kursniveau noch nicht erreicht. Heute gibt er lieber einige Stücke her: »Dann macht der Rest nicht nur relativ mehr Performance, sondern auch absolut.« Bekomme der Kollege keine Aktien, dann kauft er gar nichts. Gibt ihm Ochner dagegen ein paar Stücke, füttert er ihn an. Er kauft weitere Stücke über den Aktienmarkt und macht damit meine Performance. Ochner: »Geteilte Freude ist doppelte Freude.«
- Der Anleger darf das Einzelengagement nicht zu groß werden lassen. »In diesem Punkt habe ich aus früheren Fehlern gelernt«, sagt Ochner. Der Gesetzgeber erlaubt den Fonds, bis zu 10 Prozent des Fondsvolumens in einer Aktie zu haben. »Man muß sich aber bremsen: Das ist zwar eine tolle Idee, aber ein Prozent des Fondsvolumens reicht.«

Klage über die eigene Zunft

Ochner hat den Abstand zur eigenen Zunft behalten: »Die Kombination von charakterlicher und fachlicher Qualität ist in unserem Geschäft selten«, sagt er. »Das Geschäft verdirbt den Charakter.« Der Finanzplatz sei eine Ellenbogengesellschaft: Wer jeden Tag von acht bis acht im Haifischbecken überleben muß, ist zu Hause auch nicht das Lämmchen. »Da hilft der Abstand beim Heimfahren.«

Die Krönung seiner Karriere wäre für Ochner daher nicht der hierarchische Aufstieg, sondern etwas ganz anderes – die Leitung eines Hedgefonds, der short gehen kann. Viele Aktien seien ein glatter Verlust. »Aber mehr als null Verlust geht nicht. Zu verdienen ist daran nichts.« Mit einer Aktienleihe könnte er leer verkaufen und billiger zurückkaufen. »Damit hätte ich massiv bei Vulkan, KHD und anderen Wackelkandidaten verdient.«

Verdient hat er auch so genug, auch im privaten Portfolio. Sein schönstes Investment: 1995 kaufte Ochner 100 Porsche-Aktien zu je 600 Mark. Damit wolle er sich den neuen »Boxer« kaufen, sagte er den Porsche-Managern. Mitte 1997 stand die Aktie bei 1900 Mark – und Ochner kaufte sich den großen Porsche 911.

Wolfgang Seidel:
Immer auf der sicheren Seite

Jeden Morgen um 9.40 Uhr erklingt eine Glocke aus dem Konferenzraum des Frankfurt-Trust (FT) im Grüneburgweg 104, Turm A, 15. Stock: Zeit für den Jour fixe. Acht Fondsmanager diskutieren die Frühtrends an den internationalen Finanzmärkten – den Börsenschluß der vergangenen Nacht an der Wall Street ebenso wie den letzten Stand des Tokioter Parketts, das am frühen Morgen geschlossen hat. Die FT-Manager tragen Kauf- und Verkaufsideen für Einzelwerte vor, die Laufzeitenstruktur der festverzinslichen Anlagen wird kurz angerissen. Oft reden auch die Analysten der BHF-Bank mit, der Muttergesellschaft der Investmentgesellschaft. Sonst referiert ein Teammitglied die neuesten Einschätzungen und Ideen aus dem Research.

Nach 20 bis 30 Minuten – je nach Börsenentwicklung – geht die Runde wieder auseinander. »Die morgendliche Sitzung soll dem Team neue Ideen aus dem Research vermitteln«, sagt FT-Geschäftsführer Wolfgang Seidel. Sein Credo: Im Anlageschäft steht und fällt alles mit der absoluten Bereitschaft, zu informieren und zu kommunizieren. Die Vielschichtigkeit der Kapitalmarktentwicklung erfordere Kommunikation – und sei es nur, um zu wissen, was die großen Player wie Goldman Sachs, Merrill Lynch oder Morgan Stanley denken. »Neue Informationen müssen sofort weitergegeben werden.« Allerdings habe die Informationsflut dafür gesorgt, daß Auswahl und Verarbeitung von Informationen immer wichtiger werden. Früher hat Seidel zum Frühstück mit Spannung zuerst zum Wirtschaftsteil der Tageszeitung gegriffen, heute kennt er die meisten Meldungen schon aus den aktuellen Nachrichtendiensten in seinem Büro und sieht daher zuerst einmal in die Sportseiten.

Der Frankfurt-Trust ist mit seinen rund 80 Publikums- und Spezialfonds und einem Volumen von mehr als 16 Milliarden Mark die Nummer sechs der deutschen Investmentgesellschaften. Mit dem deutschen Aktienfonds FT Frankfurt Effekten und dem internationalen Aktienfonds FT Interspezial gehört das Team um Geschäftsführer Seidel zu den erfolgreichsten Fondsmanagern. Der Frankfurt Effekten ist über 20 Jahre mit einer jährlichen Rendite von mehr als 12 Prozent der beste deutsche Aktienfonds. Die Anlagephilosophie ist teamorientiert. Eine entscheidende Rolle spielt der mit Experten der BHF-Bank, der Muttergesellschaft des FT, besetzte Anlageausschuß. Wolfgang Seidel ist ein typischer Banker vom Scheitel bis zur Sohle. Seine erste private Aktie kaufte er Ende der sechziger Jahre: NSU. Die Aktie des Automobilbauers wurde damals von der Phantasie um den Wankelmotor getrieben. »Der Markt sprühte nur so davon«, erinnert sich Seidel. Leider war er nicht von Anfang an dabei, sondern stieg erst auf der Mitte der Bewegung ein – aber nur kurz: Nach dem Kauf kamen ihm Zweifel, der Kurs sackte. O Donnerwetter noch einmal, sagte er sich, das kannst du dir wohl nicht leisten – und verkaufte rasch mit Verlust. »Das ist ganz gut, wenn man am Anfang etwas Lehrgeld zahlt«, sagt er heute. Er habe gelernt, daß die Aktie eine mittel- und langfristige Anlage sein muß. Fortan unterschied er zwischen Spekulation und soliden Anlagen – und entschied sich meist für die solide Variante: Er kaufte VW, Preussag und ähnliche Werte. Anfang der achtziger Jahre eröffnete er ein Konto beim Effektenfonds. »Das ist meine Altersvorsorge«, sagt er.

Seidels Erfahrungen prägen den konservativ-vorsichtigen Ansatz des FT. Er kam während seiner Lehrzeit als Bankkaufmann in Berlin Ende der sechziger Jahre erstmals in Kontakt mit der Börse. Anschließend arbeitete er einige Jahre als Börsenhändler in Berlin. Doch aus der Finanzprovinz zog es ihn zum ersten Finanzplatz Deutschlands. 1967 wechselte Seidel in die Vermögensverwaltung der Berliner Handels-Gesellschaft in Frankfurt. Dort beriet er institutionelle Kunden aus Frankreich und Holland sowie vermögende Privatkunden. Ende 1969 gründete die Bank die Investmentfonds-Gesellschaft Frankfurt-Trust. Es war auf dem Höhepunkt der IOS-Euphorie: Die Verkaufskolonnen der International Overseas Service (IOS) hatten Deutschland im Sturm mit dubiosen Fondsprodukten erobert. Die Banken reagierten mit der Gründung eigener Fondsgesellschaften. Im August 1970 kam es zur Fusion der Berliner Handels-Gesellschaft mit der Frankfurter Bank, die auf Vermögensverwaltung spezialisiert war. Kurz danach brach das von dem charismatischen Amerikaner Bernie Cornfeld geführte Unternehmen IOS zusammen, Tausende deutscher Anleger verloren ihre Ersparnisse. Für die deutsche Fondsbranche ein schwerer Rückschlag.

Der FT entwickelte sich langsam, aber stetig. Als 1974 ein Posten im Fondsmanagement frei wird, rückt Seidel in die Geschäftsführung auf. Zunächst kam der Frankfurt-Trust mit einigen Publikumsfonds auf den Markt, darunter dem FT Interspezial. 1977/78 stieg Seidel auch ins Spezialfonds-Geschäft ein, den Fonds für institutionelle Kunden wie Großunternehmen oder Versicherungen. »Zebrafunktion« nennt er diese Doppelrolle.

Vorteile der Aktie: Freiheit und Chancen

Seidel ist Optimist: »Die Welt wird in den nächsten 10 bis 15 Jahren relativ inflationsfrei wachsen.« Die Aktienanlage bietet die größten Freiheiten und Chancen: Unternehmensanteile werden die attraktivste Anlage sein. »Aktien gewinnen innerhalb der einzelnen Anlagesegmente zunehmend an Gewicht.« Institutionelle und private Anleger stellen fest, daß sie bereits genug Rentenpapiere halten. Sogar die konservativen Versicherer erkennen im Zinstal, daß sie ihre Renditeversprechen mit der bisherigen Anlagepolitik nicht halten können. Das inflationsfreie Wirtschaftswachstum macht auch Immobilien weniger attraktiv. Immobilien leben von der Inflation. Inflationsängste sorgen dafür, daß die Anleger nach der Sicherheit des Eigenheims oder der Mietimmobilie streben. Nachteil: »Eine Immobilie ist immobil, ihr Ertrag ist nicht von heute auf morgen veränderbar«, sagt Seidel. Eine Aktie dagegen kann jederzeit gegen ein besseres Papier ausgetauscht werden. Das ist zunehmend notwendig: Die stabilen Faktoren wie die Konjunktur und die Qualität der einzelnen Volkswirtschaften – Zentralstücke des Top-down-Ansatzes – verlieren an Einfluß. Die Qualität der Unternehmen – geprüft vom Bottom-up-Ansatz – entscheidet über die künftige Rendite.

Das größte Hindernis: Vor allem deutsche Anleger halten Aktien für riskant. »Nur der erste Tag der Aktienanlage ist ein ganz großes Risiko«, sagt Seidel. »Aber mit zunehmender Laufzeit baut sich das Risiko ab.« Das sei bei Zinsanlagen genau umgekehrt: Da nehme das Risiko langfristig zu.

Anlagephilosophie: Nichts geht ohne Team und Anlageausschuß

Der Frankfurt-Trust verfolgt einen teamorientierten Ansatz. »Nicht der einzelne ist der Star, sondern das Team ist der Star.« Einmal im Monat kommt der FT zu einer Asset-Allocation-Sitzung zusammen. Innerhalb des gesamten Teams gibt es klare Verantwortlichkeiten: Verschiedene Gruppen von Fondsmanagern kümmern sich um deutsche Aktien, europäische Aktien, internationale Anleihen und die Kapitalmärkte in den USA und Asien. Diese Gruppen erarbeiten Strategien, die in der Sitzung vorgetragen werden. »Was dort verkündet wird, ist eine Information, keine Handlungsanweisung«, sagt Seidel.

Anders dagegen beim Anlageausschuß für die Publikumsfonds, der alle zwei Monate zusammenkommt. Seine 10 Mitglieder stammen je zur Hälfte aus dem Frankfurt-Trust und der BHF-Bank. Stets dabei sind der verantwortliche Geschäftsführer und der Fondsmanager sowie Devisenstrategen, Volkswirte, Geldhändler, Börsenhändler und Analysten aus der Bank. Die Analysten tragen ihre Einschätzungen und Bewertungen vor. »Größer dürfte das Gremium nicht sein, sonst verschwindet die Verantwortlichkeit.«

Das Gremium legt die Schwankungsbreiten der Liquiditätsreserve fest. Beim Deutschlandfonds FT Effekten ist die Aktienquote auf 70 bis 90 Prozent festgelegt. Innerhalb dieser Quote darf sich der Fondsmanager bewegen. Der Anlageausschuß berät ihn in Sachen Länder-Allokation, also der Aufteilung der Anlagen auf die einzelnen Länder. Beim internationalen Aktienfonds FT Interspezial wird diskutiert, in welche Länder und Branchen investiert wird. Nur die Einzelauswahl der Titel bleibt dem Fondsmanager überlassen. »Wir haben festgestellt, daß uns in einem größeren Gremium mehr Ideen kommen«, sagt Seidel.

Weitergehende Vorgaben lehnt Seidel ab: »Wir diskutieren nicht über Einzeltitel, sondern nur über Länder und Branchen.« Der Grund: »Bei den einzelnen Titeln gibt es immer einen Konsens, ob der Fonds beispielsweise VW kaufen oder verkaufen soll«, sagt Seidel. Dieser Mehrheitsmeinung müsse sich der Fondsmanager aber entziehen, so Seidel. Doch das ist schwierig: Wenn der Fondsverantwortliche weiß, daß der Konsens »VW kaufen« lautet, neigt er dazu, dies auszuführen. Sonst hat er beim nächsten Mal einen Riesenärger, wenn der VW-Kurs kräftig zugelegt hat.

Doch auch bei der Einzelauswahl muß der Fondsmanager festen Regeln folgen: Es gibt eine Art »masterlist« mit etwa 100 Werten, die er kaufen darf. Die Einhaltung der Liste wird streng kontrolliert, so Seidel: »Wenn Werte heruntergenommen werden, müssen die aus den Portfolios verschwinden. Das muß kontrolliert werden.« Andererseits könne ein Fondsmanager auch darauf drängen, einen chancenreichen Wert auf die Masterliste zu nehmen.

Erfolgsgeheimnis: Nie voll investiert

Das Erfolgsmodell des FT ist der Frankfurt Effekten, der ein Volumen von mehr als 2 Milliarden Mark umfaßt. Der Grund, so Seidel: »Wir haben mit dem FT Effekten nie Extrempositionen bezogen und waren nie voll investiert.« Kritiker haben daher den Fonds als Mix aus Aktien und Cash verspottet. Richtig ist: Der Fonds hatte nie 95 oder 100 Prozent Aktien im Portfolio. Das sei eine Grundphilosophie. »Wir glauben, daß sich konjunkturelle Abläufe in Zyklen bewegen«, sagt Seidel. Märkte unterliegen bestimmten Abläufen und damit Risiken. »Wer voll investiert ist, kann nicht so gut auf Entwicklungen am Markt reagieren.« Wer 100 Prozent investiert sei, müsse recht haben. Liegt er falsch, muß er 5 bis 10 Prozent seines Portefeuilles verkaufen. »Das möchten wir gerne vermeiden.«

Diese Abläufe nutzt der Frankfurt-Trust aus. Zentraler Bestandteil dieser Strategie ist das Halten einer gewissen Liquiditäts- und Cash-Reserve als strategische Einsatzgröße und Reserve. Ein Teil des Portfolios wird also als Tages- oder Festgeld angelegt. »Wenn mir der Markt den Gefallen tut, zu fallen, dann kann ich die Hand aufhalten.« Er wählt die ihm attraktiv erscheinenden Werte aus. Dank dieser Strategie hat Seidel starke Kursrückgänge besser überstanden als andere Fonds: Die Liquiditätsreserve bremst, der billige Einkauf sorgt für günstige Einstiegspreise beim anschließenden Aufschwung. »Der Streßfaktor unseres Anlegers ist geringer.« Wem der FT Effekten zu langweilig ist, kann andere FT-Fonds wählen, die beispielsweise stets zu 100 Prozent investiert sind.

Die Sicherheit hat ihren Preis: Von steigenden Kursen profitiert der Fonds weniger, denn Liquidität rentiert sich nun einmal nicht so gut. »Unsere Philosophie ist immer dann sehr gut, wenn sich die Märkte in Zyklen bewegen«, sagt Seidel. »Aber wir haben schlechte Karten, wenn Aktienmärkte ohne Punkt und Komma steigen und steigen.«

Im jüngsten Kursaufschwung (1996/1997) geriet die Anlagephilosophie des Frankfurt-Trust in die Kritik. »1996 hatten wir Tempoverluste«, beschreibt Seidel seine Sicht der Performance der FT-Produkte. An den Märkten habe sich viel geändert: Die Globalisierung verändert die Wirtschaftswelt, die Unternehmen beginnen mit Shareholder-Value-Strategien, also Strategien zur Steigerung des Unternehmenswertes für Aktionäre, trotz steigender Arbeitslosigkeit erreichen die Aktienkurse Rekordstände. Eine nationale Wirtschafts- und Geldpolitik wird immer schwieriger. Die Aktienkurse steigen.

Seidel traut dem Anstieg nicht und bleibt vorsichtig. Er sichert sich mit Futures oder Put-Optionen auf den Dax ab. Das funktioniert so: Wenn der Dax nach einem starken Anstieg 4000 Punkte erreicht, legt Seidel lieber Put-Optionen (Verkaufsoptionen) auf den Dax, statt sein gut strukturiertes Portefeuille zu verkaufen. Sieht er beispielsweise ein Kursrisiko von 10 Prozent, sichert er sich auf 3600 Punkte in Richtung Frühling 1998 ab. Er kauft eine Put-Dax-Option, die ihm das Recht gibt, innerhalb einer bestimmten Frist zu diesem Index-Stand zu verkaufen. Die Option kostet 2 bis 4 Prozent Gebühren. »Das ist meine Feuerversicherung«, so Seidel. Seine Rechnung: Seidel hat 12 Prozent Performance erreicht, die Versicherung kostet 2 Prozent. Er schützt sich damit gegen einen »Unfall«, sichert 10 Prozent Rendite und hat den Rücken frei für die nächsten Monate. Steigen die Kurse wider Erwarten weiter, ist er immer noch dabei, da er die Aktien weiter hält.

Die billigere Alternative: Seidel sieht sich die gut gelaufenen Werte, also die am stärksten gestiegenen Papiere, an und kauft nur einzelne Put-Optionen auf die besonders rückschlagsgefährdet erscheinenden Aktien. »Ich bremse den Markt nur etwas aus.« Die Liquiditäts- und Absicherungsstrategie ist die FT-Philosophie, um mittel- und langfristig den Markt zu schlagen. Nur mit ihr können dauerhaft und zuverlässig Verluste vermieden werden, so Seidel.

In den letzten zwei bis drei Jahren sei es für einen Fonds sehr schwer gewesen, besser als der Dax zu sein. Der Kursaufschwung wurde von einzelnen Werten wie SAP oder der Chemie getragen. »Diese Renner haben wir nicht immer gehabt«, gesteht Seidel ein. Und selbst wenn er die Gipfelstürmer gekannt hätte, durfte er sie nicht kaufen: Investmentfonds dürfen laut Paragraph 8 KAGG nicht mehr als 40 Prozent in Werten haben, die mit mehr als 5 Prozent im Portfolio sind. Im Klartext: 6 Werte je 6,6 Prozent, 5 Werte je 8 Prozent oder 4 Werte je 10 Prozent. 1996 aber hätte ein Fonds 55 Prozent in wenigen Rennern halten müssen – entsprechend ihrem Gesamtgewicht im Dax. Zweite Einschränkung durch das Gesetz: Ein Fonds darf nicht mehr als 10 Prozent des Volumens in einer Aktie halten. Damit fällt Index-Schwergewicht Allianz automatisch unter den Dax-Anteil von 12 Prozent.

Aktienauswahl: Relative Stärke entscheidet

Die Einzelwerte wählt der Frankfurt-Trust mit verschiedenen Methoden aus. Neben fundamentalen Faktoren werden auch technische Indikatoren berücksichtigt. Besonderes Gewicht legt Seidel auf die relative Stärke, also wie sich Werte im Markt in Relation zu anderen verhalten. Die relative Stärke gibt an, ob einzelne Aktien stärker, gleich stark oder schwächer als der Gesamtmarkt oder der Branchendurchschnitt gestiegen oder gefallen sind.»Ein häufiger Fehler ist, daß Anleger Gewinne nicht laufen lassen«, sagt Seidel und zitiert die Börsenweisheit:»Follow the trend, the trend is your friend« (Folge dem Trend, er ist dein Freund). Statt dessen verkaufe der Anleger Aktien, die gut gelaufen sind, und schaut nach zurückgebliebenen Werten.»Ich sage: Soweit ich kein anderes Signal habe, lasse ich die Gewinne laufen.«

»Eine stabile relative Stärke zeigt, daß eine bestimmte Anzahl von Anlegern in ihren Portfolios immer wieder diesen Wert akkumulieren.« Man könne sogar sehen, wann diese Präferenz einen Knick bekommt und schließlich kippt.

Doch wieder bleibt Seidel vorsichtig: Wenn ein Wert 20 oder 30 Prozent gestiegen ist, und die Position liegt über der Marktgewichtung, verkaufe er einen Teil. Damit verpaßt er natürlich manche Haussen in Einzelwerten. Beispiel SAP:»Diese rasante Kursentwicklung haben wir nicht von Anfang an mitgemacht. Da waren andere einfach besser.«

Seit zwei Jahren sei ein neues Phänomen am deutschen Aktienmarkt festzustellen: Wie in den USA und England kommt es immer häufiger bei Einzelwerten zu Crash-Situationen. Wieder das Beispiel SAP: Der Markt hatte vom Unternehmen eine Gewinnsteigerung von 30 bis 40 Prozent erwartet. Am späten Nachmittag nach Börsenschluß kam eines Tages eine enttäuschende Gewinnmeldung. Dann fehlten am nächsten Morgen im Kurs 20 bis 25 Prozent.»Wir hatten keine Chance zu reagieren«, sagt Seidel. Der Anleger müsse nach diesem Sturz fragen: Hat sich der Trend geändert, oder ist der Sturz ein einmaliger Ausrutscher? Er hat dann die Wahl, seine Position zu halten oder Put-Optionen zu kaufen, um weitere Risiken zu vermeiden – oder er kann seine Position sogar zum niedrigeren Kurs ausbauen.»Die Einzelwertanalyse dominiert die Anlagepolitik immer stärker.« Die Globalisierung der Märkte zeige, daß eine Reihe von Unternehmen nicht mehr mithalten können. Vor drei bis fünf Jahren habe der Fondsmanager den Markt abgeklopft: Wenn Siemens und andere Standardwerte 30 Prozent gelaufen waren, die anderen großen Werte noch nicht, dann wurde einfach gekauft – ohne daß er von den vernachlässigten Werten überzeugt sein mußte. Da dies alle großen Investoren gemacht haben, stiegen die Werte nach dem Gesetz der großen Zahl. »Heute ist der Anleger anspruchsvoller, vielleicht sogar solider.« Was Seidels Mentalität sehr entgegenkommt.

Elisabeth Weisenhorn: Das wichtigste ist, daß wir Geld verdienen

Grüneburgweg 113, eine stattliche Villa in einem der edelsten Frankfurter Viertel. Nichts deutet von außen darauf hin, was in diesem Haus vorgeht: Kein Messingschild, nicht einmal ein beschrifteter Klingelknopf.»Als ich hier vor zehn Jahren zum Vorstellungsgespräch war, bin ich erst einmal vorbeigelaufen«, sagt Elisabeth Weisenhorn.

Wer durch die große Eingangstür tritt, weiß immer noch nicht, wer hier residert: Die Villa ist sorgfältig renoviert, marmorner Fußboden, Stuck an der Decke und moderne Kunst an den Wänden verschmelzen zu einer Einheit. Fondsmanagerin Weisenhorn sitzt mit ihren drei Mitarbeitern im Souterrain des Gebäudes, das vom Treppenhaus nur durch eine gläserne Schiebetür abgetrennt ist.»Es ist grün im Sommer, die Eichkätzchen laufen vorbei – und auch einige Katzen.«

Viel Geld scheut die Öffentlichkeit. In diesem Haus werden Deutschlands größte Investmentfonds gemanagt, insgesamt ein Volumen von mehr als 110 Milliarden Mark in 120 Fonds für zwei Millionen Anleger. Die Villa ist der Sitz der DWS Deutsche Gesellschaft für Wertpapiersparen, einer Tochtergesellschaft der Deutschen Bank AG. Elisabeth Weisenhorn ist in diesem Haus für die deutschen Aktienfonds verantwortlich: Die Fonds Investa, DWS Deutschland, DWS Deutsche Aktien Typ 0, GKD-Fonds, DWS Bildungsfonds, Provesta und Ring Aktienfonds DWS vereinigen insgesamt ein Volumen von 8 Milliarden Mark. Wie das Haus ist auch Elisabeth Weisenhorn außerordentlich zurückhaltend. Sie weicht lieber ins Allgemeine aus, statt Konkretes zu nennen, und verliert sich gerne in Grundsatzphilosophie über den Markt.

Die DWS ist mit einem Marktanteil von mehr als 25 Prozent nicht nur die größte deutsche Investmentgesellschaft, sondern auch eine der erfolgreichsten. Der Investa, ein deutscher Aktienfonds, verzeichnete seit 1977 ein Plus von 1031 Prozent, der von Weisenhorns Kollegen Klaus Kaldemorgen gemanagte internationale Aktienfonds Akkumula kam seither auf plus 900 Prozent. 1991 wurde Elisabeth Weisenhorn zur Leiterin des Fondsmanagements Aktien Deutschland ernannt; seit dieser Zeit ist sie für den Investa verantwortlich. Die am 7. September 1956 geborene Weisenhorn hat eine steile Karriere hinter sich: 1983 macht sie ihren Abschluß als Diplomvolkswirtin an der Universität München. Während des Studiums arbeitet sie ein halbes Jahr bei dem amerikanischen Broker Farny Stock und jobbt nebenher bei der Fiduka, der Anlagegesellschaft von André Kostolany und seinem Partner Gottfried Heller. Nach dem Studium folgt ein Trainee-Programm bei der Bayerischen Hypo-Bank mit Konzentration auf Wertpapiere. 1985 wechselt sie ins Aktienfondsmanagement der DWS. Sie beschäftigt sich mit ausländischen Märkten, besonders mit dem französischen Markt. Schließlich wird ihr der Akkumula anvertraut. Der internationale Aktienfonds (heutiges Volumen: 1,5 Milliarden Mark) hatte damals nur ein Volumen von rund 20 Millionen Mark. »In diesen kleinen Fonds bin ich als Nachwuchsfondsmanager hineingewachsen. Zuerst stimmte ich alle Entscheidungen ab, nach und nach wurde der Spielraum immer größer, bis ich allein verantwortlich war.«

Elisabeth Weisenhorn ist die einzige Frau, die in diesem Buch porträtiert wird – ein Thema, das sie gerne meidet. Viel lieber spricht sie über ihren Ansatz, den man eklektisch nennen könnte: Die Volkswirtin setzt bei den großen Trends der Wirtschaft an und kontrolliert ihre Ideen durch die Bottom-up-Analyse. Doch ebenso aufmerksam beobachtet sie Unternehmen und Veränderungen in Management und Strategie – das klassische Stockpicking.

Methode: Fundamental und strukturiert

Ein erfolgreicher Anleger, so Elisabeth Weisenhorns Credo, muß strukturiert vorgehen: Er dürfe nicht hektisch hin und her traden, sondern muß mittel- und längerfristig denken.

Typischerweise geht Weisenhorn so vor: »Ich versuche, mir eine eigene Meinung zu bilden, die ich aber immer wieder auf den Prüfstand stelle.« Es sei aber wichtig, an der eigenen Meinung nicht zu lange stur festzuhalten, nur weil es die eigene Meinung ist. »Ein Anleger muß ständig überprüfen, ob er alles einbezogen hat.« Wenn Elisabeth Weisenhorn aber eine starke Meinung hat, dann hält sie sie auch durch, selbst wenn die Entwicklung zunächst gegen sie läuft.

Der Schlüssel ihrer Investmentstrategie ist der Blick auf die fundamentalen Faktoren und wie sie sich verändern werden. Weisenhorn nähert sich dem Markt aus zwei Richtungen gleichzeitig – von unten und oben:

- Bottom up, also der Ansatz beim Unternehmen: Was kann mit dieser Firma passieren?
- Top-down, also die Beobachtung genereller Trends: Zinsen und Konjunktur bestimmen die Bewertung des Marktes. Besonders wichtig ist der Zinstrend, denn bei steigenden Zinsen werden Aktien niedriger bewertet.

Weisenhorn verbindet beide Ansätze zu einem Ganzen: Sie analysiert beispielsweise die Aktien einer ganzen Branche und vergleicht dann die Werte untereinander. »Ich hüpfe also nicht von Pick zu Pick.« Die technischen Faktoren interessieren sie nicht allzusehr, sie geht lieber von den Fundamentaldaten aus.

Mit dem Blick aus beiden Richtungen strebt Weisenhorn eine Gesamtsicht an. »Wir pflegen bei der DWS einen flexiblen Approach. Konkret: Wir arbeiten ständig an der Gesamtsicht.« Erst wenn die Fondsmanager meinen, jetzt ist der Zeitpunkt für Änderungen oder zumindest für einen Meinungsaustausch gekommen, wird ein Meeting einberufen. »Das geht relativ schnell, und dort diskutieren wir die Strategie.« Festgelegte Termine für Meetings dagegen würden diesen Treffen schnell ein Abarbeiten-Charakter geben. Der Verzicht auf Anlagekomitees sei eine der Stärken der DWS, sagt Weisenhorn: »Wir haben keine Gremien, in denen Konsensentscheidungen getroffen werden, die konkrete Einflüsse auf das Fondsmanagement haben.« Der regelmäßig tagende Anlageausschuß legt lediglich die Grobausrichtung fest.

Der tastende Ansatz

Der oberste Grundsatz der DWS-Investmentstrategie ist simpel: »Das wichtigste ist, daß wir für unsere Anleger Geld verdienen.« Die erste Frage laute also, so Weisenhorn: Wo können wir Geld verdienen? Für die Antwort sind die Makro-Daten wichtig, also die Entwicklung der Zinsen und Unternehmensgewinne. Das seien die beiden wichtigsten Faktoren. Die Gewichtung in den Portfolios folgt ebenfalls einer einfachen Frage: Wo wachsen die Gewinne am stärksten? Und wo ist eine Neubewertung möglich? Wo sieht der Markt die Papiere nicht richtig? »Das ist ein Trial-and-error-Prozeß, also Versuch und Irrtum.« Am Anfang steht die gründliche Analyse des Wertes gefolgt von einem Unternehmensbesuch oder einem Gespräch mit dem Management. »Hier geht es zu einem großen Teil um die Zukunftsperspektiven, daher bleibt immer eine Portion Unsicherheit.« In ihrer Analyse stecke sehr viel Arbeit: »Immer wieder kommen neue Teile zum Puzzle.« Schon nach der ersten Analyse und dem Gespräch mit dem Management beginnt Weisenhorn mit dem Kauf der Position. Je sicherer sie sich der Kaufentscheidung wird, desto stärker wird die Position ausgebaut. Diese Zeit zum Probieren habe der Anleger meistens. Die große Hoechst-Position von 10 Prozent Anfang 1997 im DWS-Portfolio wurde nicht über Nacht aufgebaut. Zuerst betrug der Hoechst-Anteil 6 Prozent, dann kaufte Weisenhorn langsam dazu. Viele Fondsgesellschaften fällen ihre Entscheidungen anders: Der Anlageausschuß trifft einen Beschluß, und sofort geht die Order heraus. Die Folge: Der Kurs schießt unheimlich hoch oder herunter. »Ich versuche, solche Übertreibungen zu vermeiden.« Das muß sie auch, denn mit acht Milliarden Mark Anlagevolumen muß sie anders umgehen als ein kleiner Fonds mit 400 Millionen Mark.

Der Investmentprozeß läuft so ab: Am Anfang steht die Idee. Dann sucht Weisenhorn nach der Bestätigung dieser Idee. »Finde ich sie, wächst das Vertrauen in diese Idee. Ich engagiere mich stärker.« Dann kommen weitere Puzzleteile hinzu, sie werden in den Meinungsprozeß integriert, und es wird eine große Position aufgebaut. Aber das geschieht nicht von null auf hundert, sondern in einem allmählichen Prozeß. Ob man dies einen »tastenden Ansatz« nennen könnte? »Ja, das ist richtig.«

Der Arbeitsplatz

Wenn das Portfolio wohlgeordnet ist, muß es der Schreibtisch noch lange nicht sein:»Einen leeren Schreibtisch werden Sie bei mir nicht finden«, präsentiert Elisabeth Weisenhorn ihren Arbeitsplatz. Um ihren Schreibtisch hängen von der Decke herunter Trennwände aus weißem Stoff in japanischem Stil.»Ursprünglich hatte ich mir eine Art von Reiswand vorgestellt. Aber das ging irgendwie nicht.« Die schwebenden Stoffwände sorgen dafür, daß sie direkt mit ihren Mitarbeitern kommunizieren kann und dennoch etwas geschützt sei.

Auf ihrem Schreibtisch stehen die Terminals der Nachrichtendienste Reuters und Bloomberg. Die Portefeuilles der Fonds werden über einen PC kontrolliert. Das Mikrofon führt über eine Direktleitung zur Deutsche Morgan Grenfell, der Londoner Investment- und Research-Gesellschaft der Deutschen Bank. Die DWS ist an die Morning-Meetings der Analysten angeschlossen. Über die dann geschaltete Standleitung kann Elisabeth Weisenhorn Fragen stellen.

Tagsüber ist sie auf mehreren Telefonleitungen aktiv. Einen Anrufbeantworter hat sie nicht.»Dann bin ich noch mehr mit Rückrufen beschäftigt«, sagt sie.»Wenn jemand wirklich etwas will, kommt er auch durch.« Auf dem Tisch liegt ein aufgeschlagenes Notizbuch, auf einem Papierstapel neben dem Schreibtisch ruht das handschriftlich geführte Orderbuch. Ein Karteikasten enthält die Kärtchen mit den Telefonnummern und Adressen der wichtigen Ansprechpartner.

Die wichtigsten Trends finden

Um ihr Vorgehen klarzumachen, bitte ich Elisabeth Weisenhorn, einen theoretischen Fall durchzuspielen:»Sie springen mit dem Fallschirm ab und landen in einem unbekannten Land. Was fragen Sie zuerst?« Ihre Antwort:»So im Idealfall null? Mein Gott, so kann man gar nicht anfangen.«

Also ein etwas leichterer Fall:»Wenn Sie ein Jahr lang auf dem

Mond verbringen und dann wieder nach Deutschland zurück-
kommen, worauf schauen Sie?« Ihre erste Frage sei: Wohin geht
die Weltwirtschaft? Und dann: Was sind die übergeordneten Megatrends? Welche Unternehmen gibt es? Was machen diese Unternehmen? Macht das Sinn in dem Trend-Umfeld? Welches Management führt das Unternehmen, was hat der Vorstand bisher
geleistet, was sagt er?»Da hören wir viel. Wichtig ist, ob das Ge-
sagte zügig umgesetzt wird.«

Der wichtige weltwirtschaftliche Trend im Jahr 1997: Alle europäischen Volkswirtschaften haben ein hohes Haushaltsdefizit,
das gesenkt werden muß.»Das Wirtschaftswachstum wird mittelfristig zunehmen«, folgert Weisenhorn. Wenn die Schuldenlast
reduziert werde, sinken die Zinsausgaben, die Struktur der Volkswirtschaften wird flexibler, und das sei sehr positiv. Nur kurzfristig wirkt der Sparkurs erst einmal dämpfend.

Weisenhorns Schlußfolgerung: Am besten werden mittelfristig
Unternehmen abschneiden, die flexibel, international oder sogar
global aktiv sind. Ein Unternehmen, das nur in Deutschland verkauft, kommt in Schwierigkeiten. Wer nur im Inland produziert
und ins Ausland verkauft, wird erst recht in Absatz-, Kosten- und
Preisprobleme geraten. Der entscheidende Faktor ist die künftige
Gewinnentwicklung:»Wenn sich die Situation längerfristig verbessert, dann könnten auch Unternehmen interessant sein, die
heute vernachlässigt sind.«

Von steigenden Wachstumsraten der internationalen Wirtschaft
werden zunächst die exportorientierten Großunternehmen profitieren. Schon qua Größe sind sie immer dabei. Dann kommen
Konsumgüter und Investitionsgüterunternehmen, die eher bin-
nenorientiert sind, Maschinenbau im allgemeinen. Banken und
Versicherungen kämpfen weiter mit Überkapazitäten und der in-
tensiven Konkurrenz.»Kein Aktionär will in eine Branche einsteigen, in der Preiswettbewerb und Verdrängungswettkampf
herrscht.« Der beste Zeitpunkt zum Einstieg ist, wenn der Kampf
vorbei ist und die Konsolidierung beginnt.»Aber da schlägt auch
niemand die Glocke.«

Typischer Arbeitstag

»In unserem Geschäft muß man sich täglich in Frage stellen«, sagt Elisabeth Weisenhorn. Gilt das, was der Fondsmanager gestern gedacht hat, auch heute noch? Jeden Tag strömen viele Fakten auf einen Anleger ein: Konjunktur- und Unternehmensdaten, Erfindungen, Studien, Analysen, Prognosen. »Das Infragestellen ist das Grundprinzip der erfolgreichen Geldanlage.«

Wenn Elisabeth Weisenhorn morgens das Büro betritt, sieht sie zuerst nach, was über Nacht passiert ist. Danach beschäftigt sie sich mit den deutschen und internationalen Medien. Für den deutschen Markt ist ihr die »Börsen-Zeitung« das liebste Blatt. »In den anderen Tageszeitungen stehen oft mehr oder weniger die gleichen Fakten.« Für die internationale Berichterstattung, besonders für Europa, bevorzugt sie die »Financial Times«. Weitere Informationen liefern Mitarbeiter und Kollegen. Den ganzen Tag über laufen über den Bildschirme die Nachrichtendienste von Bloomberg und Reuters mit internationalen Meldungen und mit Neuigkeiten aus Deutschland.

Täglich gibt es ein Morning-Meeting von Fondsmanagern und Analysten. Danach rufen Broker, Banken und Analysten fremder Häuser an und geben ihre Kommentare und Empfehlungen ab. Um 8.30 Uhr beginnt die Vorbörse, um 10.30 Uhr der offizielle Parketthandel. »Das Programm für den Tag steht schon zur Vorbörse fest, und ich weiß, was ich kaufen und was ich verkaufen will.« Weisenhorn gibt ihre Aufträge weiter. Zwischendurch verschwindet sie immer wieder zu Unternehmenspräsentationen – im oder außer Haus. Nicht immer gelingt es ihr, diese Termine auf den Nachmittag zu legen, also nach 15 Uhr. Ihre liebste Zeit beginnt, wenn der deutsche Markt um 17 Uhr schließt, und es langsam ruhiger wird.« Dann vereinbart Weisenhorn Termine, arbeitet Liegengebliebenes auf oder analysiert – immer mit Blick auf die amerikanische Wall Street – die Akten mit Geschäftsberichten und Analysen interessanter Unternehmen.

Gegen antizyklisches Handeln

Altmeister André Kostolany lehrt das antizyklische Handeln: Der Anleger macht am meisten Gewinn, wenn er gegen den Strom investiert. Über diese einfache Theorie der Antizyklik hat Weisenhorn heute jedoch eine andere Meinung:»Antizyklik kann sehr gefährlich sein. Der Anleger muß ganz genau wissen, was er tut.« Damit stellt sie sich gegen eines der am häufigsten genannten – und erfolgreichsten – Anlagerezepte.»Mit guten Gründen«, sagt sie:»Wer sich um jeden Preis gegen den Trend stellen will, kann schnell gegen die Wand laufen.« Es gibt eine Reihe von fundamentalen Trends, die oft lange wirken.»Wer sich dagegen stellt, ist tot – oder zumindest angeschlagen.« Diese Trends sind oft schwer zu erkennen, denn die Börse ist ein Vorlaufindikator: Sie nimmt Entwicklungen vorweg, noch bevor sie deutlich geworden sind.

Als Beispiel für das Versagen der Antizyklik nennt Weisenhorn Bärenmärkte:»Hier ist Antizyklik grundfalsch, denn der Anleger kauft meist zu früh.« Dies gelte für einzelne Werte, aber auch für ganze nationale Aktien- oder Rentenmärkte. Beispiel amerikanischer Rentenmarkt: Viele große Investoren glaubten 1996, daß die Renditen ihren Tiefpunkt erreicht hätten und daß die Zinsen im Laufe des Jahres nach oben gehen müßten. Doch sie blieben unten. Auch für den japanischen Aktienmarkt waren die Hoffnungen 1996 groß, doch sie erfüllten sich nicht.

Die Antizyklik basiert oft auf dem Value-Ansatz, in dem der antizyklische Gedanke in seiner idealen Form verwirklicht wird: Der Anleger kauft Aktien, weil sie keiner will und sie einen Value haben. Das funktioniere aber nur, wenn der Value tatsächlich vorhanden ist und nicht weiter vernichtet wird, sondern die Gewinndynamik nach oben dreht, so Weisenhorn.»Es gab viele scheinbare Value-Werte, deren Wert immer mehr verfiel. Zum Schluß war gar nichts mehr da.«

Weisenhorns Rezept: Sie wartet, bis sie ganz sicher ist, daß der Tiefpunkt erreicht ist und der Trend wieder nach oben dreht. »Nur wenn ich eine ganz starke Meinung zur fundamentalen Situation habe, kaufe ich bereits auf dem Weg nach unten ein.«

Gefahr von Kursstürzen: Beispiel SAP

Wie aber schafft es Elisabeth Weisenhorn, die Trendwende an der Spitze nicht zu verpassen? Die Gefahr: Der Trend kippt bereits wieder, während sie immer noch zukauft. »Oben schaffe ich es meist, das Kippen zu erwischen, und gehe heraus.« Als der Kurs des Softwareherstellers SAP im Herbst 1996 von 280 auf 220 Mark fiel, wurde auch sie überrascht: »Wir hatten angefangen zu verkaufen, leider aber nicht genug.« Bei SAP konnte sie nichts unternehmen, denn die Meldung von den enttäuschenden Gewinnzahlen kam erst nach 17 Uhr, als auch die Nachbörse dicht war. Der Kurssturz vollzog sich binnen ein oder zwei Stunden. Am Morgen danach war schon alles vorbei.

Wenn die SAP-Meldung früher am Tag eingetroffen wäre, hätte Weisenhorn noch reagiert. »Dann handele ich meistens sehr schnell.« Andererseits sei es sinnvoll, sich eine klare Meinung zu bilden, bevor der Anleger in hektische Aktivitäten verfiel. Ihr Portefeuille bestehe aus einer Kernposition, der sogenannten Core Position, und einem zusätzlichen Trading-Anteil. »Diesen Teil hätte ich schnell verkauft, aber bestimmt nicht die ganze Position.« Benchmark-Gründe seien dafür nicht entscheidend: »Natürlich stellt die Benchmark das Gerüst dar, doch ich halte Positionen, weil sie mir gewinnbringend erscheinen und nicht weil sie in der Benchmark enthalten sind.« Die Performance eines Aktienfonds wird fast immer an der sogenannten Benchmark gemessen, einer Meßlatte, die zeigt, wie gut oder schlecht der Fondsmanager gearbeitet hat. Für Aktienfonds ist es meist ein Index, bei deutschen Aktienfonds der Deutsche Aktienindex (Dax).

Nach dem SAP-Kurssturz gab es besonders viele Telefonkonferenzen mit dem Unternehmen, denn viele Häuser mußten ihre optimistischen Prognosen rechtfertigen. An diesen oft von Investmentbanken organisierten sogenannten Conference Calls sind Analysten und große Investoren beteiligt, das Management steht Rede und Antwort. Erst trägt der Vorstand vor, dann werden Fragen gestellt. Insgesamt kann ein Conference Call ein bis zwei Stunden dauern. Goldman Sachs organisierte sogar zwei Conference Calls mit SAP, einmal mit dem Unternehmen, das zweite Mal mit dem zuständigen Analysten. Die Standardfragen von

Weisenhorn bei solchen Gelegenheiten zielen mehr auf die Strategie als auf konkrete Zahlen. »Die reinen Zahlen werden von den Analysten meist gut aufgearbeitet.« Im Falle SAP fuhr Weisenhorn nach dem Kurssturz selbst zum Unternehmen. Nach dem Gespräch mit dem Management kaufte sie wieder Aktien zu. Nur wenige Monate später hatte das Papier die Kursverluste wieder wettgemacht.

Auch wenn im Fall SAP kurzfristig nichts zu machen war: Ein typischer Anlegerfehler ist es, den Punkt zu verpassen, an dem der Trend kippt. »Dafür gibt es zwar kein Patentrezept, aber Anzeichen wie Kursverlauf und Kursbewegungen, ein Wechsel im Management, Schwierigkeiten oder Unstimmigkeiten im Vorstand.« Meistens habe der Anleger mehrere Chancen, wolle aber oft die Trendumkehr am Markt nicht sehen. Mit diesem Problem kämpfe sie auch gelegentlich selbst, gibt sie zu: »Wenn sich der Anleger sehr stark mit einem Unternehmen beschäftigt, ist er von der Strategie überzeugt und ist geneigt, kleinere Abweichungen zu tolerieren.« Der Anleger übersehe, daß das ganze Gebäude bereits nicht mehr stimmig ist. »Wenn die Kurse immer tiefer und immer tiefer rutschen, bekommen viele Anleger unten die größte Angst – und verkaufen endlich, aber zum Tiefstkurs.«

Die Grundregel: Wert oder Wachstum

Die Grundregel der erfolgreichen Geldanlage ist ganz einfach, sagt Elisabeth Weisenhorn: Der Anleger muß in ein Unternehmen investieren, das entweder Wachstum oder Wert (Value) aufweist. Beim Unternehmen mit dem Substanzwert muß dieser Wert aber wirksam werden, sonst bleibt er ein reiner Buchwert. Beispiel: Einer Bank helfen die besten Beteiligungen nicht, wenn sie nur die Erträge daraus kassiert. Der bilanzielle Vermögenswert ist nur eine Absicherung, falls das Geschäft ganz schlecht läuft. Die entscheidende Frage für Anleger sei: Was muß passieren, um den Value darzustellen? Es müßte ein Manager oder neuer Eigentümer kommen, der die Beteiligungen steuergünstig auflöst. Genau diese Wertsteigerungsstrategie passiert seit Ende 1995 in der

Chemie- und Pharmaindustrie: Die großen Konzerne wie Ciba, Sandoz, ICI und Hoechst brachten weitere Unternehmensteile – beispielsweise Pharmatöchter – an die Börse oder verkauften sie. Damit realisierten sie Werte und reduzierten den Konglomeratsabschlag. Denn Konglomerate (Mischkonzerne), also stark diversifizierte Riesengebilde aus verschiedenen Geschäftsfeldern, werden von Anlegern eher verschmäht. Sie bevorzugen es, wenn sich ein Unternehmen nach dem Motto »Schuster, bleib bei deinen Leisten« auf seine sogenannten Kernkompetenzen konzentriert, also die Geschäftsfelder, in denen es wirklich stark ist und über einen Wettbewerbsvorsprung verfügt.

Bei Wachstumsunternehmen ist entscheidend, wie sich das Wachstum entwickelt, in welchen Märkten das Unternehmen tätig ist, welche Marktposition es hat, ob es die Marktführerschaft hat, wie es Preise durchsetzen kann und wie die Konkurrenzsituation aussieht. »Und ob das Management auch hinter dem steht, was es tut«, sagt Weisenhorn.

Diversifizierung. Zur erfolgreichen Anlage gehört für Weisenhorn auch die Diversifizierung. Die Streuung der Anlagen verringert das Risiko. »Diversifizierung taugt auch für den erfahrenen Anleger: Wir alle handeln unter Unsicherheit.« Der Anleger kann das Management nicht direkt beeinflussen. Die Diversifizierung ist sogar eine der Kerndienstleistungen eines Fonds: »Wir bieten dem Kunden ein diversifiziertes Portefeuille, das an der Branche und der Region partizipiert.«

Turnaround-Werte. Der Schlüssel für Turnaround-Kandidaten ist die Substanz. 1993 war Weisenhorn in vielen Turnaround-Werten engagiert, beispielsweise KSB und Klöckner. Bei Kugelfischer stieg sie ein, als klar war, daß sie nicht pleite gehen würden. »Der Grund für meinen Optimismus: Wir kamen aus einem tiefen Tal, und die Unternehmen hatten noch Substanz. Wichtig ist die Unterscheidung zwischen konjunkturellen und strukturellen Problemen: Die Konjunktur bessert sich irgendwann, bei strukturellen Problemen dagegen weiß niemand, wo das endet.«

Was macht sie besser als andere?

Elisabeth Weisenhorn erscheint fast als ein Hansdampf in allen Gassen: Sie geht top down vor, aber auch bottom up; sie sucht nach Megatrends, betreibt aber auch Stockpicking. »Unser Ansatz ist in gewisser Weise eklektisch«, sagt sie. »Wir verfolgen nicht nur eine einzige Strategie. Und das finde ich richtig. Wir können doch nicht sagen, wir finden nur diese Unternehmen interessant, und was sonst in der Welt passiert, darum kümmern wir uns nicht.« Und was macht sie besser als andere?

Ihre Vermutung: »Vielleicht folgen wir unseren Entscheidungen konsequenter als andere.« Ihr Beispiel: Anfang 1996 kündigte der Pharmakonzern Fresenius eine Akquisition an und erklärte auf einem Analysten-Meeting, wie der Kauf ablaufen könnte. Weisenhorn rechnete nach, welches Unternehmen gekauft werden könnte und wieviel Fresenius danach wert wäre. Sie sprach mit Analysten und kaufte anschließend »ganz, ganz große Positionen«.

Auch die Neubewertung der Chemieunternehmen – allen voran Hoechst – erkannte Weisenhorn rechtzeitig. »Es war deutlich, daß das neue Management das Unternehmen verändern wollte. Das ging aus meinen Gesprächen mit dem Vorstand klar hervor.« Weisenhorn analysiert die Branche mit besonderem Blick ins Ausland. In den USA und der Schweiz war die Chemie bereits neu bewertet worden.

Entscheidend seien Schnelligkeit, Fleiß – und Mut. An der Börse sei im Grunde alles bekannt. »Auch wir haben kein Insiderwissen, wir müssen Phantasie haben.« Wenn Fresenius eine Akquisition plant, wird eine Reihe von Fragen aufgeworfen: Wie kann das kombinierte Unternehmen bewertet sein? Wie sind die Wachstumsaussichten? Ist die Einschätzung des Managements richtig? Wie laufen andere Beispiele solcher Unternehmenskäufe? Weisenhorn bestätigt den Spruch, ein Fondsmanager brauche Phantasie und Analytik. Er muß erst die Idee haben und dann die analytischen Fähigkeiten, die Gültigkeit dieser Idee zu prüfen. »Und er darf sich auch nicht in den Details verlieren.«

Ob Mann oder Frau, das mache keinen Unterschied im Anlageverhalten. »Jeder Fondsmanger muß sich und anderen beweisen, daß er etwas kann, daß er es will und daß er es durchhält.«

Erfolgstips von Elisabeth Weisenhorn

1. Die einmalige Gelegenheit ist ein Mythos. Es gibt fast immer mehrere Chancen.
2. Der Anleger muß in ein Unternehmen investieren, das entweder Wachstum oder Value hat.
3. Value-Werte müssen wieder auf einen Gewinnpfad kommen, der Value muß herausgelöst und realisiert werden.
4. Bei Wachstumsunternehmen ist entscheidend, wie sich das Wachstum entwickelt. In welchen Märkten ist das Unternehmen aktiv? Welche Marktposition hat es? Am besten ist die Marktführerschaft. Wie gut kann es Preise durchsetzen? Wie sieht die Konkurrenzsituation aus? Und steht das Management wirklich hinter dem, was es sagt?
5. Diversifizierung ist gut und taugt auch für den erfahrenen Anleger. Diversifizierung ist immer eine Streuung des Risikos. Wir alle handeln unter Unsicherheit.

DIT: Mit Schema F zum Erfolg

»Nein, bitte ...« Sie mögen keine Personifizierung. Die Daten zur Person geben die beiden Fondsmanager für deutsche Aktien, Hans-Jürgen Segbers und Josef Schopf, nur als »Hintergrundinformation« heraus. Indidvidualität spielt für die Anlagestrategie des Dresdner Investment Trust keine Rolle. »Manchmal glaube ich, es kommt gar nicht darauf an, ob ich hier arbeite oder nicht«, stöhnt ein Fondsmanager, der lieber ungenannt bleiben will.

Freie Künstler sind beim DIT, der Fondsgesellschaft der Dresdner Bank, unerwünscht. Die viertgrößte deutsche Investmentgesellschaft setzt ganz auf Schemata, Quantifizierung und formelle Entscheidungsprozesse. Die Anlageentscheidungen werden von Größen wie Alpha, Beta und relativer Stärke bestimmt.

Nur soviel zu den Personen: Das Duo Segbers und Schopf managt die deutschen Aktienfonds des DIT. Schopf kümmert sich vor allem um die Spezialwerte, Segbers um die Standardwerte aus Dax 30 und 100. Und nebenbei promoviert der frühere SMH-Mann Segbers über »Asset Liability Management bei Lebensversicherungen«, die simultane Bilanzierungsoptimierung auf der Aktiv- und der Passivseite der Bilanz. Daher kommt er nur drei Tage in der Woche in die DIT-Zentrale in der Frankfurter Marienstraße.

Der Investmentprozeß

Die DIT-Fondsmanager sind weder Hasardeure noch Indexierer. Das Performance-Ziel der DIT-Fonds: »Wir wollen konsistent 1 bis 1,5 Prozentpunkte pro Jahr besser sein als der Markt«, sagt Segbers. »Wenn wir das schaffen, sind wir gut.« Sein Job sei also lediglich eine relative Aufgabe. Im Unterschied zur Konkurrenz ist ein DIT-Aktienfonds stets voll investiert. Wer als Kunde einen Aktienfonds kauft, soll auch Aktien bekommen – und nicht, wie anderswo, bis zu 30 oder 40 Prozent Cash.

Merkmale der DIT-Strategie

- Branchen: Top-down-Ansatz führt zur Branchengewichtung
- Einzelwerte: fundamentaler Bottom-up-Ansatz, unterstützt durch eine Analyse der relativen Stärke
- Portfolio: integrativer Gebrauch von quantitativen Techniken
- disziplinierter, risiko-kontrollierter Anlageprozeß

Standardwerte: Auswahl per Branche

Die DIT-Fondsmanager sind fundamentale Anleger. Ihr Ansatz unterscheidet zwischen Standard-, Mid und Small Caps. Im DIT Concentra – einem reinen Standardwertefonds – verfolgt der DIT einen Sektoransatz: Über einen Top-down-Ansatz wird im wesentlichen nur die Branchengewichtung entschieden. Die Auswahl der deutschen Standardwerte ergibt sich dann oft von selbst. Wer Bauwerte übergewichtet, kommt an Holzmann und Hochtief kaum vorbei.

Die Brancheneinschätzung orientiert sich an den Zahlen des Münchener Ifo-Instituts für das Geschäftsklima – und der relativen Stärke. Diese Daten werden zu einer Reihe zusammengeführt. Beispiel: Für die Automobilindustrie untersucht der DIT unter anderem die Faktoren Konsumklima, Dollar, Zins, Ifo-Geschäftssituation und Geschäftslage Auto relativ zum Gesamtmarkt des produzierenden Gewerbes sowie die Geschäftserwartungen. Die Daten werden über eigene Methoden zu einem Gesamtindikator zusammengefaßt.

»Natürlich ergänzen sich Branchengewichtung und Einzelwerte-Auswahl«, sagt Segbers: Wer die Autobranche optimistisch einschätzt, sollte auch bei den Einzelwerten ein oder zwei gute Papiere finden. »Das ist zugleich ein qualitativer Quercheck: Finden sich keine guten Werte, kann die Branchenanalyse nur schwer davon abweichen.« In den wichtigen Branchen prägen die Großunternehmen die Branchenkonjunktur. Nur in heterogenen Branchen wie Maschinenbau oder Konsum kann es vorkommen, daß die Sektorkonjunktur positiv aussieht, der Analyst aber keine guten Werte findet. Oft sind wichtige Unternehmen nicht börsennotiert, oder einzelne Werte haben eine besonders gute oder schlechte Sonderkonjunktur. Der Blick auf die Branche hat aber auch in diesen Industriezweigen einen Vorteil: Er läßt oft bereits früh das bevorstehende Ende einer Rezession erkennen. Während die einzelnen Unternehmen noch pessimistisch sind, zeigt das Gesamtklima schon nach oben.

Die Auswahl der Aktien

Je weiter sich der DIT von der Welt der Standardwerte in Richtung mittlere und kleinere Werte entfernt, desto wichtiger werden Einzelüberlegungen, also das klassische Stockpicking.

Vor dem Stockpicking aber hat der DIT einen weiteren Filter eingebaut: Die Fondsgesellschaft geht bei der Auswahl der Aktien ganz systematisch vor. Die rund 650 in Deutschland börsennotierten Aktien werden nach zwei Kriterien sortiert:

- Liquidität: Wieviel Volumen wird in diesem Wert gehandelt? Der DIT fordert eine Mindestliquidität von 10 Millionen Mark täglich Handelsvolumen bei den Dax-30-Werten, 1 Million Mark bei den M-Dax-Werten und 250000 Mark in Small Caps. Der Grund: Unterhalb dieser Werte ist der Markt zu eng, der Fonds kann die Aktien nur schwer wieder verkaufen. Damit fallen mehr als 400 Werte heraus, die dieses tägliche Handelsvolumen nicht erreichen.
- Konkurswahrscheinlichkeit: Seit Mitte 1996 analysiert eine eigene Abteilung namens Buy Side Company Research nach angelsächsischem Muster die restlichen 200 Unternehmen. Aufgabe des »fundamentalen Gewissens« (Segbers) ist die Feststellung der Konkurswahrscheinlichkeit. Beispiel: 1996 war die Metallgesellschaft für DIT-Fonds tabu, weil die Eigenkapitalquote zu gering war.

Übrig bleibt ein Working Universe (Arbeitsuniversum) von 120 Werten. Die DIT-Manager besuchen 80 bis 100 Unternehmen jährlich. Josef Schopf: »Wir wollen selbst vor Ort sein, nicht nur ein Analystentreffen besuchen.« Bei den 30 großen Dax-Werten seien Besuche weniger wichtig als bei Mid Caps. »Da waren schon 50 Analysten vor mir da«, sagt Schopf. »Bei Mid Caps bin ich Nummer drei oder vier.« Die meisten Unternehmen zeigen sich dem DIT recht aufgeschlossen, denn zusammen mit der Bank im Hintergrund halten die Fonds oft einen hohen Anteil am Grundkapital.

Der Unternehmensbesuch ist entscheidend für die Einschätzung der Aktie. Der DIT-Fondsmanager bewertet die Fundamentalien mit Noten von 1 bis 9. Die 120 Aktien des Arbeitsuniversums werden in drei Gruppen eingeteilt: positiv (übergewichtet), neutral und negativ (untergewichtet). Die Einschätzungen werden anhand der relativen Stärke geprüft. Meist stehen rund 30 Aktien auf der Positivliste, 10 auf der Negativliste.

Bewertung von Aktien

1. Marktstellung und Markteinschätzung/Wettbewerbssituation: Ist der Markt gesättigt? Agiert das Unternehmen in einem Wachstumsmarkt? Gibt es Preisdruck, oder hat es Preiserhöhungsspielräume? Ist das Unternehmen in seinem Markt führend, Mitspieler oder auf den hinteren Rängen?
2. Managementqualität: Unternehmensstrategie, Bilanzqualität, Anreizsysteme wie Aktienoptionen.
3. Gewinnwachstum: Welche Wachstumsrate ist mittelfristig möglich?
4. Bewertung der Aktie im Markt.
Alle vier Kriterien werden mit jeweils 25 Prozent gewichtet. Es werden Noten von 1 (sehr schlecht) bis 9 (sehr gut) vergeben. Die jeweiligen Einzelnoten werden mit dem Faktor 25 multipliziert: Maximal sind 900 Punkte erreichbar.

Ob denn die DIT-Methode nicht gar zu schematisch ist? »Die Urteile über das Management sind individuell«, sagt Josef Schopf. Segbers verteidigt die strenge Anlagedisziplin: »Es ist wichtig, nicht ständig die Analysemethoden zu wechseln.« Ein schlechter Analyst, der kontinuierlich seine Arbeit mache, sei besser als ein chaotischer Analyst, der vielleicht alle zwei Jahre ein phantastisches Unternehmen ausgräbt. »Der Chaot kriegt nie eine konstante Performance hin, weil man nie weiß, wann er die nächste tolle Aktie findet.« Die starke Disziplin verhindere eine selektive Wahrnehmung: Typischerweise würden Fondsmanager und Anleger dazu neigen, bestimmte Faktoren überzubewerten.»Wer zu oft bei Small Caps vor Ort ist, verliebt sich schnell in das Unternehmen.«

Der Wert der relativen Stärke

Ein zentraler Baustein der DIT-Strategie ist die relative Stärke. Diese Kennzahl der technischen Aktienanalyse gibt an, ob eine einzelne Aktie stärker, schwächer oder gleich stark wie der Branchendurchschnitt oder Gesamtmarkt gestiegen oder gefallen ist. Die Analysten vergleichen die Verläufe der Aktienkurse, Branchen- und Gesamtindizes.

Für die DIT ist die relative Stärke der Kontrollmechanismus zur fundamentalen Einschätzung.»Wer rein fundamental vorgeht, läuft Gefahr, die Börse aus den Augen zu verlieren«, sagt Segbers. Sein Beispiel: Ein Value-Anleger fährt zum Unternehmen und erkennt, die Aktie ist unterbewertet. Danach kauft er das Papier – ohne Rücksicht auf den Zeitpunkt. Doch die Aktie steigt nicht. Segbers:»Die Analyse kann richtig sein, aber das hilft nicht, wenn die Börse das nicht erkennt.« Value-Manager kaufen gute Aktien oft Monate zu früh. In Deutschland müsse der Anleger stets prüfen, ob sich der Value irgendwann in steigenden Kursen niederschlägt. In Amerika sei das anders: Wenn sich der Value nicht in den Börsenkursen auswirkt, dann wird das unterbewertete Unternehmen früher oder später übernommen. Die deutschen Familiengesellschaften, besonders im Mid-Cap-Bereich, werden durch einen hohen Anteil im Festbesitz geschützt. Nur ein kleiner Anteil am Unternehmen wird an der Börse gehandelt. Der Value muß daher von der Börse – der»Community«, also der Allgemeinheit der Verwalter deutscher Fonds oder Gelder – erkannt werden.

»Die relative Stärke ist keine Wunderwaffe, sondern nur die graphische Darstellung des Marktgeschehens, eine Aufbereitung von Marktdaten«, sagt Segbers. Wer regelmäßig die relative Stärke von 200 Aktien analysiere, bekomme ein Gefühl für den Markt. Die relative Stärke, so Schopf, liefere auch Denkanstöße. »Bei kleinen Werten müssen wir unsere Kaufentscheidung noch genauer prüfen als bei Big Caps«, so Segbers. Wenn ein großer Fonds für Siemens »bullish« ist, also mit steigenden Kursen rechnet, kann es ihm relativ egal sein, was die Börse darüber denkt. Liegt er falsch, kommt er problemlos wieder aus der Aktie heraus. Fehlentscheidungen sind also einfach zu revidieren. Bei kleinen Werten dagegen kann der Ausstieg eines Fonds aus der Aktie Wochen dauern. Das Risiko: Bei überraschenden Unternehmensmeldungen kann er nicht reagieren. Der Fondsmanager sitzt in der Falle. Segbers: »Bei international operierenden Mittelständlern kann schnell eine Meldung über den Ticker laufen, daß in Brasilien Riesenverluste aufgelaufen sind.« Die meisten kleinen und mittleren Unternehmen informieren ihrer Aktionäre nicht regelmäßig, so daß die Überraschung groß sein kann.

Segbers verdeutlicht den Hintergrund der relativen Stärke: Irgendwann will niemand eine bestimmte Aktie haben, beispielsweise die Meier AG für 520 Mark. Die Aktie sei nichts, heißt es. Die relative Stärke fällt und konsolidiert aus. Dann beginnt die Aktie scheinbar unmotiviert bis auf 580 Mark zu steigen, und nur wenige kennen den Grund. Dann kommt die positive Überraschungsmeldung, beispielsweise Meier tut etwas für die Aktionäre, betreibt also eine Shareholder-Value-Strategie. Der Kurs geht weiter in Richtung 650 Mark und steigt stetig weiter. Wenn er schließlich bei 1200 Mark angelangt ist, sagt jeder, das ist eine tolle Firma. Dann kommt eine positive Unternehmensmeldung, doch der Kurs ist bereits ausgereizt. Er beginnt wieder zu fallen. »Dieser Prozeß dauert Monate, der Anleger hat genügend Zeit zu reagieren«, sagt Segbers.

Quantitative Methoden: Optimierung mit Alpha

»Früher hatte der Fondsmanager noch relativ viele Freiheiten, wie er sein Portfolio zusammensetzen wollte«, erinnert sich Segbers. »Nur die gesetzlichen Vorschriften, also Höchstgrenzen für einzelne Aktien mußten beachtet werden. Viele Fondsmanager warfen allenfalls einen Seitenblick auf den Index, die Gewichtung war handgestrickt.« Zumindest beim DIT sind die romantischen Zeiten der Anlage-Haudegen vorbei: »Heute entsteht hier kein Portefeuille, ohne daß am Ende eine Portfolio-Optimierung steht.«

Der DIT ergänzt die fundamentale Analyse mit quantitativen Methoden: Sie werden zur Optimierung von Portefeuilles eingesetzt. Das selbstentwickelte Verfahren der Dresdner Bank setzt stark auf den Alpha-Faktor. Die Faustregel: Was in der Vergangenheit gut war, bleibt gut. Eine Aktie mit positivem Alpha bleibt gut. Alpha ist das nicht von der Marktentwicklung bestimmte Kursrisiko einer Aktie. In der Regel wird es durch individuelle Unternehmensnachrichten bestimmt.

»Alpha soll größer als Null sein, das ist für uns sehr wichtig«, sagt Schopf. Der Beta-Faktor sollte zwischen 0,8 bis 1,2 liegen, der Tracking Error zwischen 2 und 3 Prozentpunkte jährlich. Doch diese Berechnung ist nicht ohne Tücken, so Segbers: »Ein Tracking Error von 1,5 Prozent gaukelt wenig Risiko vor und kann trotzdem ein großes Risiko darstellen.« Beispiel: Wenn VW nicht im Portfolio ist, aber BMW und Daimler, dann errechnet sich aus der Gegenüberstellung des Standardwerte-Portfolios gegen die 30 Dax-Werte ein kleiner Tracking Error. »Pech hat der Anleger aber, wenn sich nur VW verdoppelt – und die beiden anderen nicht.« Dennoch: »Wir wollen kein Portfolio ohne Optimierung und ohne diese Kennzahlen haben«, gibt Segbers die strikte Linie vor.

Rat an den Anleger: Verluste vermeiden und auf Wiedervorlage kaufen

Zwei Köpfe, zwei gute Ratschläge: »Die oberste Regel lautet: Der Anleger sollte Verluste vermeiden«, sagt Josef Schopf. Er erläutert seine Philosophie mit einem Bild vom Fußballplatz: Statt zu versuchen, nach vorne zu rennen und 5:0 zu gewinnen, spielt der rationale Anleger erst einmal auf Unentschieden – und schießt dann in den letzten 10 Minuten ein Tor. Für die Verlustvermeidung sprechen zwei Argumente:

• der Zinseszinseffekt: Je länger die Unterperformance dauert, desto stärker muß später die Outperformance ausfallen.

• der Aufholeffekt: Wer von 100 Mark auf 50 Mark abstürzt, muß sein Restvermögen verdoppeln, um wieder auf 100 zu kommen.

Schopf ist ein gebranntes Kind: »Mein größter Verlierer war Linotype. Nach der Einbringung von Hell Anfang der neunziger Jahre hatten wir nicht richtig verstanden, was bei Produkten passiert und wie sich die Märkte entwickeln. Wir dachten, es kommt zum Quantensprung und das Unternehmen wird den Markt noch stärker dominieren.« Schopf stieg zwischen 500 und 600 Mark ein. Er erwartete, daß der Kurs sein All-time-High, den höchsten jemals erreichten Kurs, von 1000 Mark wieder erreicht. Doch weit gefehlt. Die ersten schlechten Nachrichten steckte er noch weg und hoffte weiter auf die Wende. Erst nach rund drei Jahren verkaufte er die Aktie – zum Kurs von 370 Mark.

Für Hans-Jürgen Segbers ist der größte Fehler bei diesem Investment nicht die Fehleinschätzung zu Beginn, sondern das Festhalten über drei Jahre. Er rät daher zum Kauf auf Wiedervorlage: Der private Anleger sollte sich die Gründe für den Kauf einer Aktie aufschreiben und den Zettel alle vier Wochen ansehen. Wenn die Gründe nicht mehr gelten und es keine neuen Argumente gibt, sollte er verkaufen. »Das schaffen wir auch nicht immer«, sagt Segbers. Sein Wiedervorlage-Tip wappnet den Anleger gegen die natürliche menschliche Neigung, Fehlentscheidungen zu verdrängen. Oft würde eine Aktie zunächst gekauft, weil das Management überragend sei. Wenn die Aktie nicht läuft und die Versprechungen des Managements nicht erfüllt werden, heißt es drei Monate später, die Aktie sei wegen ihrer Bilanzqualität so überzeugend.

»Ich warne vor Leuten, die ständig ihre Methodik wechseln«, sagt Segbers. Tauchen Probleme auf, brauche jeder Mensch erst einmal eine Problemverdrängungsphase. Erst danach beschäftige er sich wirklich mit diesen Problemen. »In unserem Geschäft müssen wir die Verdrängungsphase möglichst kurz halten, denn

die kostet Geld«, sagt Segbers. »Deshalb haben wir das Team.«
Der Fondsmanager selbst bringt oft nicht die Kraft zur Korrektur
des Fehlers auf – oder er braucht zu lange. Segbers: »Es ist unser
Job, möglicherweise Fehlentscheidungen zu treffen, aber sie auch
möglichst rasch zu korrigieren.«

Die internationalen Anleger:
Unentdeckte Werte

John M. Templeton:
Der globale Schnäppchenjäger

Als im September 1939 der Zweite Weltkrieg ausbrach, war der 26jährige Templeton überzeugt, daß die zehnjährige Baisse der Aktienkurse vorüber sei: Alle Werte würden boomen. Wenn jedes Land alle seine Kräfte auf die Produktion konzentriert, floriert die Wirtschaft. So gab er dem Broker Fenner & Beane im gleichen Monat einen äußerst ungewöhnlichen Auftrag: Er sollte alle Aktien kaufen, die bei weniger als einem Dollar notierten. Er bekam 104 Aktien, jeweils mit einem Volumen von 100 Dollar. 37 Unternehmen gingen bankrott, doch insgesamt vervierfachte sich der Wert seines Portfolios innerhalb von vier Jahren auf mehr als 40 000 Dollar. Nur vier Unternehmen war wertlos geworden. Die 10 000 Dollar, die sich Templeton von seinem Chef geliehen hatte, konnte er schon nach einem Jahr zurückzahlen.

Doch der richtige Riecher ist für Templeton nur die eine Seite des erfolgreichen Umgangs mit Geld. Auf die Frage, wie er zu seinem großen Reichtum gekommen ist, gibt Sir John Templeton stets eine ganz einfache Antwort: »Sparen, sparen, sparen.« Nach der Hochzeit vereinbarten seine Frau und er, von jedem verdienten Dollar 50 Cent auf die hohe Kante zu legen. Templeton: »Wir haben das konsequent durchgehalten.«

Als Anleger mehrte er diese 50 Cent vielfach: Im November 1954 startete Templeton den Templeton Growth Fund. »Mr. T.«, wie er respektvoll genannt wird, schaffte bis Anfang 1987 einen jährlichen Gewinn von 15,4 Prozent. Wer ihm 1954 10 000 Dollar

227

gegeben hätte, hätte beim Abtritt Templetons im Sommer 1992 rund 2 Millionen Dollar besessen.

Im täglichen Leben wie in der Geldanlage war Templeton ein Schnäppchenjäger. Als Junge bastelte er aus zwei kaputten Autos ein neues zusammen, als Anleger sucht er nach Aktien, die deutlich weniger kosten, als sie wert sind. Templeton war der erste globale Anleger: Seine Schnäppchensuche betrieb er weltweit.

John Marks Templeton wurde am 29. November 1912 in Winchester, Tennessee, geboren. Er war der zweite Sohn von Harvey Maxwell Templeton und Vella Handly Templeton, einer eifrigen presbyterianischen Kirchgängerin. Sein Vater besuchte nie ein College, er bildete sich autodidaktisch zum Rechtsanwalt fort. Da er in der 2000-Einwohner-Stadt nicht allein von Rechtsstreitigkeiten leben konnte, verkaufte er nebenbei Versicherungspolicen und betrieb eine Baumwollspinnerei, in der für 2 Dollar je Ballen in einer Saison bis zu 2000 Ballen Baumwolle verarbeitet wurden.

Templetons Vater verstand nicht viel von Aktien. Er bevorzugte Immobilien. In den zwanziger Jahren kaufte er günstig auf Zwangsversteigerungen – bis 1925 sechs Farmen. Mit billigen Arbeitskräften baute er auf den Gütern rund zwei Dutzend Häuser, die er vermietete. Das brachte Gewinn und der Familie neuen Wohlstand: Templetons waren die zweite Familie am Ort, die Telefon und ein Auto besaß.

Templetons Mutter hatte am Winchester Normal College Mathematik, Griechisch und Latein studiert. Sie arbeitete erst als Kinderbetreuerin, dann in einem Laden ihres Bruders. Erst im Alter von 30 Jahren, für die damalige Zeit also schon fast eine alte Jungfer, heiratete sie Harvey Templeton.

Sohn John Marks erweist sich schon mit vier Jahren als äußerst geschäftstüchtig: Er pflanzt im heimischen Garten Bohnen an und verkauft sie an den örtlichen Laden. Sein zweiter Coup: Am 4. Juli und um die Weihnachtszeit wurden traditionell Feuerwerke veranstaltet, aber kein Laden in Winchester verkaufte Feuerwerkskörper. Also ordert der achtjährige Templeton eine größere Menge mit Rabatt und verkauft sie zum vierfachen Einkaufspreis an seine Klassenkameraden.

Als Teenager spielte er mit Freunden in einem Heuschober, etwa eine Meile von seinem Haus entfernt. Dort stand ein alter kaputter Ford. John fragte den Bauern, ob er den Wagen abgeben wolle. »Ja, für 10 Dollar gehört er dir.« John plünderte seine Ersparnisse und kaufte den Wagen. Seine Idee: Zwei kaputte Wagen ergeben ein funktionierendes Fahrzeug. Im ganzen Land suchte er nach einem zweiten Ford – und erstand auch ihn für 10 Dollar. Sechs Monate lang arbeiteten John und seine Freunde jeden Nachmittag am Wagen: Sie lasen beim örtlichen Ford-Händler die Handbücher, fragten Automechaniker um Rat. Endlich sprang der Wagen an. Fortan fuhren John und seine Freunde mit dem Ford zur Schule und zu den Auswärtsspielen ihres Baseballteams. Erst nach vier Jahren gab der Wagen endgültig den Geist auf.

In der Schule zeigte John Mark früh Ehrgeiz: Ihn wurmte schon bei der ersten Klassenarbeit, daß eine Mitschülerin namens Ruby Silvertooth besser als er gewesen war. Er strengte sich noch mehr an und bekam in seinem ersten Zeugnis lauter Einser. Diese und andere Erfahrungen führten ihn zur Lehre von der Extra-Unze. Seine Beobachtung: Menschen, die durchschnittlich erfolgreich sind, arbeiten fast soviel wie die außergewöhnlich erfolgreichen. Der Unterschied war klein, die Extra-Unze. Aber die Ergebnisse waren dramatisch verschieden.

Sein Vater förderte den Eifer des Sohnes noch, indem er ihm ein Geschäft vorschlug: Für jedes Zeugnis voller Einser schenkte er ihm einen Ballen Baumwolle. War auch nur eine Note schlechter, mußte er seinem Vater einen Ballen geben. Nach elf Schuljahren schuldete sein Vater ihm 22 Ballen.

Templeton wollte am Elite-College Yale studieren. Eine der Voraussetzungen für die Aufnahme waren vier Jahre Mathematikunterricht, die Winchester High School bot jedoch nur drei Jahre Mathematik. John überredete vier seiner Freunde, mit ihm Mathematik zu lernen. Der Rektor war einverstanden, aber es fehlte noch der Lehrer. Ganz einfach: Templeton leitete den Unterricht selbst – und war so zugleich Schüler und Lehrer.

1930 wurde er in Yale aufgenommen, wo er zu den besten zehn Studenten seines Semesters gehörte. Im Sommer 1931 eröffnete ihm sein Vater, daß er die Studiengebühren nicht mehr zahlen konnte. Die Depression hatte das Baumwollgeschäft ruiniert. Yale gab John ein Stipendium und einen Job. Doch es reichte nicht:

John, in dessen Studentenwohnheim Rauchen und Alkohol verboten waren, mußte sein Geld durch Pokern mit seinen Kommilitonen verdienen. Doch er spielte mit begrenztem Risiko: Die Gewinne kamen auf ein eigenes Konto. Dort blieb immer eine Sicherheitsreserve von 100 Dollar. Erst mit 24 Jahren gab John das Pokern auf – und spielte nie wieder.

John schloß 1934 als Zweitbester seines Jahrgangs in Ökonomie ab. Er hatte seine Berufsentscheidung getroffen: Investmentberater. Doch zunächst ging er als Cecil-Rhodes-Stipendiat nach Oxford, um dort Jura zu studieren. Ihn interessierten die verschiedenen internationalen steuerlichen und rechtlichen Rahmenbedingungen für die Investmentberatung.

Zurück in Amerika wählte John unter zwei Angeboten den weniger gut bezahlten Job bei Fenner & Beane, einem Aktienbroker, der später zu Merrill Lynch Pierce Fenner & Smith, Inc. wurde. Wall Street litt noch unter den Nachwirkungen des Crashs von 1929. Doch Templeton blieb nur drei Monate: 1937 stieg er in die National Geophysial Company ein, eine Ölbohrgesellschaft in Dallas, in der ein Oxford-Kommilitone, George C. McGhee, später Multimillionär und US-Botschafter in Bonn, arbeitete. Er erhielt 500 Dollar im Monat, mehr als das Dreifache seines bisherigen Gehaltes.

1939 kaufte Templeton für 5000 Dollar ein Büro mit acht Angestellten. In den ersten beiden Jahren mußte er auf Gehalt verzichten, dann begann das Geld zu fließen.

Der Templeton Growth Fund

Templeton startete seinen eigenen Templeton Growth Fund im November 1954. Wieder hatte er den richtigen Riecher: Gleich zu Beginn investierte er 76 Prozent seiner Gelder in Kanada. Dank seiner riesigen Ressourcen boomte Kanada in den fünfziger Jahren. In den Sechzigern kaufte Templeton Luftlinien, die gerade die Propeller- durch Düsenmaschinen ersetzen. Diese Maschinen verringerten Flugzeiten und -preise und öffneten den Luftraum für Touristen. Umsätze, Gewinne und Aktien stiegen rasant. Als

China 1965 in Indien einfiel, fielen die britischen Teeaktien. Doch Templeton war sicher, daß die Chinesen nicht die Teefelder besetzen würden. Er behielt recht: Die Chinesen zogen sich wieder zurück.

Templeton lag auch bei der Einschätzung der Gesamtmärkte richtig: Ende der sechziger und Anfang der siebziger Jahre investierte er 62 Prozent seines Fonds in Japan. In den späten siebziger Jahre erkannte er, daß die amerikanischen Aktien billig waren. Im Dezember 1980 hatte er 60 Prozent dort investiert. Dann begann die Wall-Street-Hausse der achtziger Jahre.

Das Schnäppchenjäger-Prinzip

»Die Suche nach einem guten Investment ist nichts anders als die Suche nach einem Sonderangebot.« (John Templeton)

Im Grundkurs Volkswirtschaft in Yale gewinnt Templeton die Überzeugung, daß die großen Kursschwankungen der Aktien nichts mit dem wahren Wert des Unternehmens zu tun haben. Er will das ständige Auf und Ab des Kurses und die wechselnde Differenz zwischen Wert und Kurs nutzen – und geht auf die Jagd nach Bargains (Sonderangeboten oder Schnäppchen): Bei diesen Schnäppchen liegt der Kurs unter dem tatsächlichen Wert. Der Schnäppchenkauf sei nicht nur die rentabelste Anlagestrategie, sondern diene auch der Sicherheit des Anlegers: »Wer ein Papier für die Hälfte oder ein Viertel des Wertes kauft, geht weniger Risiko ein als jemand, der den vollen Wert bezahlt.«

Wie findet Templeton einen Bargain? Sein wichtigstes Hilfsmittel ist die quantitative Analyse, deren Pionier er wurde und die er zu einem der Grundsteine seines Erfolges machte. Als er mit der Analyse der nackten Unternehmenszahlen begann, wendete seines Wissens kein anderer Analyst diese Methode an. Die damaligen Analysten stellten vor allem qualitative Fragen: Ist das Unternehmen in einer Wachstumsbranche? Ist es finanziell solide? Wird es gut geführt? Steht es in hartem Wettbewerb? Doch die Vergleiche zwischen den Unternehmen und Branchen waren höchst oberflächlich.

Die qualitative Analyse basiert auf Worten, die quantitative Analyse auf Zahlen. Templeton konzentriert sich auf die Kennzahlen. Wieviel Prozent verdient das Unternehmen auf das investierte Kapital? Wie hoch ist die Wachstumsrate? Wie groß ist der Marktanteil? Diese harten Zahlen verschiedener Unternehmen verglich er anschließend. Sein beliebtestes Anlagerezept: Er sucht die Aktien mit dem niedrigsten KGV. Genauer gesagt schätzt er die Ergebnisse in fünf oder zehn Jahren – und bestimmt dann den korrekten Preis der Aktie neu.

Gleichwohl gibt es keine einfache Formel, um die Attraktivität von Aktien einzuschätzen. Das Urteil hängt vom gründlichen Research und gesundem Urteil ab. Bei Öl- und Gasunternehmen zum Beispiel achtet Templeton auf den Cash-flow. Der Finanzstrom liefert eine verläßlichere Information über die Qualität der Ölproduzenten, denn die ausgewiesenen Nettogewinne werden durch Bilanzierungsmethoden und die Kosten für Explorationsprogramme verfälscht. Bei Lebensmittelhändlern achtet Templeton auf die Nettogewinne. Bei Bergbauunternehmen ist die Zeit entscheidend, bis die Mine ausgebeutet sein wird.

Im zweiten Schritt wird die Qualität des Managements eingestuft. Auch hier bleibt Templeton konkret bei den Zahlen: Konnte der Marktanteil gesteigert werden? Nimmt die Rendite zu? Berühmt wurden seine Interviews mit Top-Managern: Seine wichtigsten Fragen betreffen nicht mehr die Vergangenheit, sondern die Zukunft. Wie sehen die langfristigen Pläne aus? Wie wird sich der Gewinn entwickeln? Wie will das Management seine Ziele erreichen? Für die Vergangenheit bevorzugte er andere Quellen wie Zeitungsartikel oder Geschäftsberichte.

Beispiel: Unter den 100 Aktien, die er im September 1939 für weniger als 1 Dollar je Stück kaufte, waren die Vorzüge von Missouri Pacific, einer Eisenbahnlinie. Sie waren einst für 100 Dollar emittiert worden und zahlten damals 7 Dollar Dividende. Als Templeton einstieg, war die Linie bereits mehrere Jahre unter Konkursverwaltung, die Aktien kosteten nur 12 Cent. Doch Templeton glaubte, daß die Verkehrsbranche nach dem Kriegsausbruch in Europa boomen würde. In weniger als zwei Jahren stiegen die Aktien auf erst 2, dann 3 und schließlich 5 Dollar. An diesem Punkt verkaufte Templeton – zu früh. Danach stiegen die

Aktien noch auf mehr als 100 Dollar. Warum verkaufte er so früh? Bei 5 Dollar, so Templeton, stellte sich das Risiko des Kursverlustes wieder ein. Außerdem sei der Sprung von 12 Cent auf 5 Dollar weit größer als von 5 Dollar auf 100 Dollar.

Natürlich, sagte er später, habe er im Grunde zu früh verkauft: »Niemand schafft es, genau im Tief einzusteigen und an der Spitze auszusteigen. Die Idee ist, immer das Billigste zu kaufen. Wenn das Investment so weit gestiegen ist, daß etwas anderes billiger ist, sollte der Anleger die erste Aktie verkaufen und in das billigere Papier wechseln.« Seine Regel: Die zweite Aktie sollte wenigstens 50 Prozent wertvoller sein. Beispiel: Der Wert zweier Aktien liegt bei 200 Mark. Eine Aktie notiert bei 130 Mark, die zweite Aktie bei 100 Mark. Dann sollte der Anleger die erste Aktie behalten. Erst wenn die Aktie A auf 150 Mark steigt oder das zweite Papier auf unter 90 Mark fällt, sollte der Anleger in das zweite Papier wechseln.

Erfolgsrezepte

Unpopuläre Investments

>Wer die gleichen Aktien kauft wie alle anderen, hat auch die gleiche Performance.«
(John Templeton)

Wer Bargains sucht, muß nach unpopulären Papieren schauen. Ein gutes Ziel sind Unternehmen, die vorübergehend in Schwierigkeiten stecken. Die wichtigste Erfolgsregel, so Templeton: Kaufe nicht das, was die anderen kaufen. Kaufe das, was andere wegwerfen. Seine Beobachtung: »Wenn zwölf Wertpapieranalysten übereinstimmen, kann man sicher sein, daß die Entscheidung falsch ist. Denn ihre Meinung ist bereits in den Marktpreisen enthalten.«

Diversifikation

»Der einzige Investor, der nicht diversifizieren sollte, ist derjenige, der immer 100 Prozent richtig liegt.«
(John Templeton)

Templeton empfiehlt jedem Anleger, mindestens 10 Aktien zu halten. Selbst wer Investmentfonds hält, sollte mindestens zwei oder drei kaufen. Sein Rat: Suche die 25 besten Fonds der vergangenen zehn Jahre und kaufe die drei, die am geeignetsten für die individuellen Zwecke erscheinen, also je nach Risikoneigung und Anlageziel. Der Grund der Diversifikation: Kein Anleger und auch kein Fondsmanager liegt immer richtig. »Investment ist vom Charakter her so schwierig, daß man nicht erwarten kann, bestenfalls öfter als etwa zwei Drittel der Zeit richtig zu liegen.«

Globale Anlage

»Wer über 20 oder 30 Jahre die besten Ergebnisse erzielen will, muß flexibel sein.«
(John Templeton)

Templeton ist der Altmeister der globalen Geldanlage: Der breite Blick ist einer der Gründe seines Erfolges. Wenn die Aktien eines Landes immer höher bewertet werden, investiert er in ein anderes Land. In unterbewerteten Märkten engagiert er sich massiv: 1971 hatte er 50 Prozent seines Fondsvermögens in Japan investiert, nach 1978 die meisten Gelder in den USA.

Berühmt ist Templetons enge und wechselvolle Beziehung zu Japan: Er war einer der ersten ausländischen Investoren, die nach dem Krieg in Japan investierten. Die Aktienkurse im ausgebombten Land waren niedrig. Damals durften Ausländer zwar japanische Aktien kaufen, doch wenn sie wieder verkauften, mußten sie das Geld in Japan lassen. Das schreckte die meisten Ausländer ab. Templeton zog aus seinem Studium der japanischen Mentalität und Geschichte den Schluß, daß dieses Volk nicht resignieren, sondern wieder hochkommen würde. Die Sparrate war hoch, die Arbeitskultur diszipliniert.

Templeton fand einen japanischen Broker, der des Englischen mächtig war. Mit seiner Hilfe sammelte er Informationen über die

Unternehmen. So stieß er auf manchmal ganz offensichtliche Fakten: Beim Versicherer Yasuda Fire and Marine Insurance entdeckte er, daß der Wert seiner Beteiligungen beim Fünffachen des Aktienkurses lag.

Vor allem aber fiel Templeton die ungewöhnliche Art der Japaner auf, ihre Gewinne zu bilanzieren. Die USA verstehen unter »Gewinn« die konsolidierten Gewinne des ganzen Unternehmens. In Japan wurden nur die Gewinne der Muttergesellschaft ausgewiesen. Beispiel: Ein Unternehmen hat verschiedene Töchter, eine Tochter verdient 1 Million Mark, reicht aber nur 100 000 Mark an die Mutter weiter. Von den 100 000 Mark gibt die Mutter 90 000 Mark wieder aus. Dann sieht der Investor nur die 10 000 Mark als Gewinn in der Bilanz der Mutterfirma.

Templeton suchte nach den Unternehmen mit der größten Differenz zwischen konsolidierten und ausgewiesenen Gewinnen. Er stieß auf den Elektronikproduzenten Hitachi, der auf den 2,5fachen konsolidierten Gewinn kam. Nur scheinbar betrug das KGV 16; gemessen am konsolidierten Gewinn lag es nur bei 6. Templeton kaufte – und behielt recht. Bald danach verpflichtete die japanische Regierung die Unternehmen sogar zum Ausweis der konsolidierten Gewinne.

Templeton hat eine recht einfache Philosophie, um die Länder für seine Investments auszuwählen:»Investiere nicht in Ländern mit viel Sozialismus oder einer Regulierung der Wirtschaft. Die Wirtschaft hängt von einem starken System des freien Unternehmertums ab.« In diesen Ländern besteht keine Gefahr von Nationalisierungen oder starken Preiskontrollen. Templeton studiert die politische und soziale Situation genau. Er lehnte selbst in den USA jede Regulierung ab, daher kaufte er beispielsweise keine Versorger.

Templetons beste Länder-Picks:

• Bis Anfang der siebziger Jahre galten die japanischen Unternehmen als»copycats«, die nur billige Imitationen von US-Produkten liefern können. Doch Templeton sah mehr in Werten wie Sony oder Nomura. Die Kurse stiegen Anfang der siebziger Jahre, fast die Hälfte seines Fonds war in japanischen Aktien engagiert. Er kaufte die besten Unternehmen für ein KGV von drei.

- Mitte der achtziger Jahre konzentrierte sich Templeton auf die USA. Den japanischen Aktienmarkt hält er inzwischen für überbewertet. »In Japan gibt es keine Sonderangebote mehr.« Er verpaßte den Kursanstieg in Japan und mußte zwei Jahre lang magere Renditen in Kauf nehmen – doch danach begann der Crash, der den Nikkei-Index von 40000 Punkten auf unter 15000 Punkten sacken ließ.
- 1990 erreichten Hongkong-Aktien einen Tiefpunkt. Templeton stieg ein.

Flexibilität

> »Die meisten Anleger passen ihren Anlagestil nicht den Umständen an.«
> (John Templeton)

Templeton agierte immer flexibel. Die meisten Anleger bevorzugen eine bestimmte Art von Investment, seien es Nebenwerte, amerikanische Unternehmen oder andere Anlagekategorien. Statt dessen wechselt Templeton den Anlagestil – auch schon, sobald er nur merkt, daß zu viele andere Anleger ihm folgen.

Geduld

> »Ich habe immer versucht, die Welt mit einem Horizont von 20 oder 25 Jahren zu sehen.«
> (John Templeton)

Die meisten Anleger suchen nach kurzfristigen Gewinnen. Falsch, sagt Templeton: »Oft bleibt ein Bargain jahrelang ein Bargain.« Der Anleger muß warten, bis sich die kurzfristigen Aussichten bessern und andere Anleger die Aktie kaufen. Das bedeutet aber nicht, daß die Haltedauer nicht verkürzt werden kann. Wenn Templeton die Wahl unter mehreren guten Bargains hat, vergleicht er ihre Preismuster. Wenn ein Wert schon eine Aufwärtsbewegung begonnen hat, ist er attraktiver. Templetons durchschnittliche Haltedauer lag bei sechs Jahren.

Rückzug auf die Bahamas

1963 verläßt Templeton mit seinem damaligen Vermögen von
5 Millionen Dollar die USA, um mehr Ruhe und Muße zu finden.
Er beschränkt seine Tätigkeit für das Investmentgeschäft auf
50 Prozent seiner Arbeitszeit: »Ich habe immer geglaubt, daß
nichts real ist außer Gott.« Er siedelt in den luxuriösen Lyford
Cay Club mit Golfplatz und Swimmingpool auf die zu Großbritannien gehörenden Bahamas um, wird britischer Staatsbürger
(seit 1987 Sir John Templeton). Bei Nassau baut er sein Traum-
haus – innen und außen weiß, mit Säulen an allen vier Seiten.
Und er frönt regelmäßigen Vergnügungen: Jeden Morgen um elf
Uhr geht er im Meer schwimmen.

1992 zieht sich der damals 80jährige ganz aus dem aktiven Geschäft seiner Templeton-Gruppe zurück, übergibt das Fondsmanagement an Mark Holowesko und verkauft das Unternehmen
für 913 Millionen Dollar an die Franklin-Gruppe, einen Spezialisten für Rentenfonds, damals die fünftgrößte amerikanische
Fondsgesellschaft mit Sitz im kalifornischen San Mateo.

Seine religiöse Bindung setzt Templeton durch eine Reihe von
Stiftungen in die Wirklichkeit um. Das Templeton Foundation
Programme of Prizes for Progress in Religion (Stiftungsprogramm
für Fortschritte in der Religion) vergab Preise von mehr als 1 Million Dollar an Mutter Teresa, Billy Graham und Alexander Sol-
schenizyn. 1984 gründete Templeton mit einer Spende von 4 Millionen Dollar das Templeton College of Management in Oxford;
heute ist es das drittgrößte unter den 36 Colleges in Oxford. »Das
wichtigste, was diese Schulen lehren können, ist Ethik«, sagt Templeton. Auf den Bahamas rief er das Templeton Theological Se-
minar ins Leben, und er vergibt den John Templeton Reporter of
the Year Award, einen Journalistenpreis für herausragende Berichterstattung über religiöse Angelegenheiten.

Noch ein Erfolgsrezept Templetons verdient Erwähnung – die
Eingebung von oben: »Wir eröffnen unsere Meetings immer mit
einem Gebet. Das fördert die Verbundenheit, und wir machen anschließend weniger Fehler.«

Michael Keppler:
Billige Werte bringen Gewinn

Michael Kepplers Büro in der 57. Straße Manhattans ist seit Monaten eine Baustelle. »Wir bauen gerade um«, sagt er, als ich ihn besuche. Das hatte er schon bei meinem ersten Besuch vor vier Monaten gesagt. Die Bitte um einen Blick in seine Werkstatt lehnt er jedoch erneut ab: Nein, sagt er, ihm sei es doch lieber, wenn der Gast unten in dem großen Konferenzraum auf den eisernen Stühlen bleibt. Dann geht er – im legeren Hemd und Pullover –, um einige Papiere in seinem Büro zu suchen. Sieht es im Büro der Keppler Asset Management wirklich so schrecklich aus – oder ist Keppler nur ein übervorsichtiger Geheimniskrämer?

Vorsicht ist jedenfalls die Grundlage seiner Anlagephilosophie, mit der Keppler seit 1992 äußerst erfolgreich an den Emerging Markets anlegt. Der Begriff bezeichnet jene jungen und risikoreichen Aktienmärkte der Schwellenländer – also Länder wie Brasilien, Thailand oder China, die mehr oder weniger kurz vor dem Durchbruch zur Industrienation stehen. Dort kann der Anleger ebenso viel gewinnen wie verlieren. Kepplers Global Advantage Emerging Markets High Value, ein Aktienfonds für Schwellenländer, steht eindeutig auf der Gewinnerseite: 1996 schlug er mit einem Plus von 22,7 Prozent den Index (17,8 Prozent) und hängte im Dreijahresvergleich sogar den Templeton-Star Mark Mobius ab – mit einem stolzen Vorsprung von 17 Prozentpunkten. »Es gab in den letzten drei Jahren keinen besseren Emerging-Market-Fonds, der international anlegt«, sagt Keppler.

Mittlerweile ist Keppler Asset-Management-Investmentberater für mehr als 500 Millionen Mark. Das Geld ist je zur Hälfte in den Aktienmärkten der Industrie- und der Schwellenländer investiert. Kepplers zweiter Fonds ist der Global Advantage Major Markets High Value, ein globaler Aktienfonds für Industrieländer, der seit Mai 1993 ein Plus von mehr als 70 Prozent machte.

Keppler ist keiner jener schillernden Anlagegurus, die Börsensendungen und Anlegerseminare bevölkern. Seine Bewunderung für die begnadeten Rhetoriker, wie den ehemaligen Deutschbanker und heutigen New Yorker Fondsmanager Heiko Thieme, ist grenzenlos: »Wie er das macht«, entfährt es ihm, und dann lacht er. Sein breiter bayerischer Akzent schlägt im Englischen durch. Keppler ist ein bedächtiger Formulierer, ein Sucher nach Worten wie nach Aktien. Er investiert in die riskanten Emerging Markets auf eine Art, die das Risiko minimiert. Dadurch erreicht er hohe Renditen.

Verhinderter Dirigent

Ursprünglich wollte der 1949 geborene Keppler etwas ganz anderes machen: Dirigent werden. Jedenfalls wollte er auf keinen Fall die elterliche Gärtnerei in Ingolstadt übernehmen. Um die Gärtnerlehre kam er dennoch nicht herum. Doch gleich danach ging er Ende der sechziger Jahre zum Musikkorps der Marine. Dort blies er Tuba und Sousaphon, eine Tuba in Rundform, die vom amerikanischen Marschkomponisten Sousa entwickelt worden war. Während der vier Jahre Bundeswehr absolvierte er ein Teilstudium am Bremer Konservatorium und übte vor allem Klavier. »Doch in der Kunst reicht ein gewisses Können nicht«, erkannte er. Da ihm der entscheidende Schuß musikalischer Genialität fehlte, entschloß er sich – inspiriert von ersten spekulativen Erfolgen mit Aktien – zum Studium der Betriebswirtschaft in Regensburg. »Mit meinen Aktieninvestments war ich erfolgreich, ohne zu wissen, warum«, sagt er heute. »Die Frage ist: Was ist Glück, was ist Können? Der Anleger ist immer versucht, sich nach Erfolgen auf die Schulter zu klopfen.«

Die Versuchung schwand, als sich Keppler mit drei anderen Studienkollegen an den Warenterminmärkten engagierte. Sie erlebten Anfang der siebziger Jahre heftige Turbulenzen, nachdem die Inflation zweistellige Ziffern erreichte. Für Keppler & Co. hagelte es Verluste: »Wir waren long in Kartoffeln, und die Dinger gingen zwei Wochen lang jeden Tag limit-down.« Limit-down bedeutet, daß der Kurs täglich um das von der Börse festgelegte Maximalmaß sank. Es fanden sich keine Käufer mehr, alle warteten auf den nächsten Tag, um dann noch billiger zu kaufen. »Bei einem so starken Abwärtstrend gibt es nur noch Verkäufer«, sagt Keppler. Wegen der hohen Transportkosten der Kartoffeln waren Arbitragegeschäfte an anderen Börsen – also ein rascher Verkauf als Gegengeschäft – nicht möglich. Keppler: »Wir saßen in der Falle und mußten zusehen, wie die Kurse abkrachten.« Seine Lehre aus den Verlusten: »Nun wußte ich, was Risiko bedeuten kann. Zum Glück passierte die Fehlspekulation mit wenig Kapital. Solche Kursausschläge machen Millionäre, bringen aber auch Leute ins Armenhaus.« Dann schon lieber Millionär: »Ich hatte die Wahl: Entweder ich beschäftige mich noch intensiver mit der Materie, oder ich mache lieber etwas anderes.«

Michael Keppler packte der Forscherdrang: Was ist möglich an den Kapitalmärkten? Gibt es zuverlässige Prognosen, oder ist alles nur Zufall? Sein Credo: »An den Kaptialmärkten muß mehr machbar sein, als nur über Glück oder Pech zu Gewinnen und Verlusten zu kommen.«

Der beste Einstieg ist der Analystenjob, sagte sich Keppler. Nach dem Abschluß als Diplomkaufmann ging er 1980 als Wertpapieranalyst zur Commerzbank. Es war die Phase des Rohstoffbooms: Im Januar 1980 erreichte Gold mit 850 Dollar je Unze den Zenit, danach begann eine wüste Achterbahnfahrt auf 300 Dollar Mitte 1982 – und wieder zurück in Richtung 500 Dollar. »Damals war ohne viel Wissen mit wilder Spekulation viel Geld zu verdienen.« In diesen turbulenten Zeiten war Keppler zuständig für Edelmetall- und Rohstoffmärkte, also vorwiegend Kanada, Südafrika und Australien und deren Aktienmärkte. 1982 finanzierte er sich mit den Gewinnen aus einer Goldminenaktie, die von 4 auf 50 Dollar gestiegen war, einen englischen Sportwagen, Typ Morgan V 8.

Doch Keppler erlebte auch, wie sein Portfolio nach einem Rückgang des Dow Jones Index um 10 Prozent nur noch die Hälfte wert war. »Mir wurde klar, daß das Kapitalmarkt-Know-how in Frankfurt auch nicht ausgeprägter als in Regensburg war.« Es drängte ihn in die USA. Mit Erfolg: Die Commerzbank schickte ihn 1983 für zwei Jahre zu befreundeten Wertpapierhäusern, unter anderem zu Morgan Stanley unter dem berühmten Chefstrategen Barton Biggs und zu Donaldson, Lufkin & Jenrette.

Mitte 1985 kehrt Keppler nach Frankfurt zurück und übernimmt die Leitung der Anlagestrategie für den US-Kapitalmarkt sowie die Rohstoffmärkte. Als die Commerzbank 1987 eine eigene Investmentbank in Amerika gründet, schickt sie Keppler wieder nach New York. Keppler baut das Geschäft der Commerzbank Capital Markets Corporation mit auf. Dort ist er schließlich zuständig für institutionelle Kunden, globale Anlagestrategie und Portfoliomanagement.

Doch 1990 kommt es zum Bruch. Einige Monate nach dem Fall der Mauer im November 1989 rät Keppler seinen amerikanischen Kunden zum Verkauf deutscher Aktien. Die Aktien seien hoch bewertet, das Risiko groß. Die Frankfurter Zentrale gibt dagegen die Losung aus, die nächsten 20 Prozent am deutschen Aktienmarkt seien sicher verdient. Keppler:»Noch ein Vierteljahr ging es nach oben, der März-Höchststand wurde Ende Juni noch einmal kurz überschritten, im Juli fing der Golfkrieg an. Von dort an ging es bergab.«

Rechthaber sind in den uniformen Banken wenig beliebt. Die Commerzbank reduzierte Kepplers Kompetenzen auf die Prognose des US-Marktes. 1992 trennte sich Keppler von der Bank und gründete die Keppler Asset Management. Nach einem Jahr hatte er die ersten Vermögen angeworben. Zusammen mit der State Street Bank und Trust Co. in Boston, der mit 3 Billionen Dollar größten Depotverwahrungsgesellschaft der Welt, legte er im Mai 1993 die Global Advantage Funds auf. Heute berät er neun internationale Aktienfonds, vornehmlich für institutionelle Kunden.

Warum Aktien die beste Anlage sind

> »Wir haben kein einziges Rentenpapier –
> nur Aktien.«
> (Michael Keppler)

Keppler liebt Zahlen, Relationen und Charts. Zu Beginn unseres Gespräches zeigt er sein Lieblingsdiagramm, einen Vergleich der Erträge von Aktien, Anleihen und Festgeld. Sie basieren auf Zahlen des US-Marktes. Im Gegensatz zum deutschen Markt liefert er zuverlässige Daten für einen langfristigen Vergleich über 70 Jahre. In Deutschland unterbrachen Währungsreform und Krieg die Kontinuität.

Wertentwicklung verschiedener Anlageklassen

(US-Kapitalmarkt 1926 bis 1996; Ausgangspunkt Jahresende 1925 = 1 Dollar)

		inflationsbereinigt
Aktien (Spezialwerte)	4495,00	508,20
Aktien (Standardwerte)	1370,95	155,00
Staatsanleihen	36,78	4,16
Treasury Bills	13,54	1,53
Inflation	8,85	

Quelle: Stocks, Bonds, Bills, and Inflation 1997 Yearbook, Ibbotson Associates, Chicago, die die Arbeit von Roger G. Ibbotson und Rex A. Sinquefield regelmäßig aktualisieren

---

Aktien sind mit Abstand die beste Anlage gewesen. Zunehmendes Wissen des Anlegers zahlt sich aus: Wer nur in kurzfristige Zinspapiere investiert (Treasury Bills, also dreimonatige Schatzwechsel der US-Regierung), erzielt den geringsten Ertrag. Er liegt nur wenig über der Inflationsrate. Wer dagegen bei den Aktien auf Spezialwerte setzt, kommt auf beeindruckende Renditen.

»Es ist falsch zu behaupten, die Aktie sei das riskanteste Anlageinstrument, weil sie volatil sei und große Verlustgefahren berge«, sagt Keppler. Gern zitiert wird, daß der US-Aktienmarkt 1931 einen Kurssturz von 43,4 Prozent erlebte. Doch schon 1933 legte er wieder um 53,8 Prozent zu. Schon dieses Beispiel zeigt: Die Aussage über die riskanten Aktien ist vom Anlagehorizont abhängig. Je länger der Anleger wartet, desto sicherer ist der Gewinn. In den vergangenen 70 Jahren mußte der Aktienanleger im ungünstigsten Fall nach einem Kurssturz 15 Jahre warten, bis er sein Anfangsvermögen wieder erreicht hatte: Das war in der Zeit von 1929 bis 1944, aber real hatte er gar nichts verloren. Statt Inflation herrschte Deflation, die Preise gingen also zurück. So gesehen sind Rentenpapiere eher etwas für ungeduldige Anleger: Bei Anleihen mit fünf Jahren Restlaufzeit mußte der Anleger im schlimmsten Fall drei Jahre warten, bis er nach einem Zinsanstieg wieder im Plus war. Steigen die Zinsen, fällt der Kurs der Anleihen. Bei kurzfristigen Zinspapieren (Treasury Bills) dagegen sind Verluste äußerst selten.

Halteperiode (Jahre)	Aktien (Standardwerte)	Mittelfristige Staatsanleihen	Kurzfristige Schatzwechsel
1	72	90	97
2	80	97	97
3	78	100	100
5	86	100	100
10	100	100	100
15 oder mehr	100	100	100
Jahresdurchschnittsertrag	10,7	5,2	3,7

Wahrscheinlichkeit, ein positives Ergebnis zu erzielen (in Prozent, US-Kapitalmarkt 1926–1996)

Doch wie sieht die Wahrscheinlichkeit aus, den höchsten Ertrag zu erzielen? Sie ist bei Aktien eindeutig am höchsten. Je länger der Anlagezeitraum, desto stärker geht die Wahrscheinlichkeit in Richtung 100 Prozent. Bei einer Halteperiode von einem Jahr sind es 60, bei fünf Jahren 75 Prozent, bei 21 Jahren 100 Prozent. Genau umgekehrt ist die Richtung bei Rentenpapieren: Mit zunehmender Anlagedauer wird es immer unwahrscheinlicher, daß Anleihen das beste Investment sind. Das Verlustrisiko ist also in hohem Maße von der Anlagedauer abhängig.

»Die Frage ist also, welches Vermögensziel hat der Anleger?«, sagt Keppler. Will er in 20 Jahren ein hohes Vermögen aufbauen? Dann muß er Aktien kaufen. Will er den Maximalverlust minimieren? Dann kauft er Rentenpapiere, »und ist aber wahrscheinlich in 20 Jahren ein armer Schlucker«, so Keppler. Nur wer in drei Jahren ein Haus bauen will, sollte wahrscheinlich gar keine oder nur 10 bis 15 Prozent Aktien haben.

Wahrscheinlichkeit, den höchsten Ertrag zu erzielen
(in Prozent, US-Kapitalmarkt 1926–1996)

Halteperiode (Jahre)	Aktien (Standard- werte)	Mittel- fristige Staats- anleihen	Kurz- fristige Schatz- wechsel
1	61	25	14
5	76	19	5
10	82	13	5
20	98	2	0
21 oder mehr	100	0	0
Jahresdurch- schnittsertrag	10,7	5,2	3,7

Interessant ist auch eine weitere Statistik: Mit der Zahl der Anlage-jahre geht das Risiko offensichtlich gegen null. Die durchschnitt-lichen Erträge pro Periode sind ab einer Anlagedauer von 10 Jah-ren fast identisch bei 10,7 Prozent. Sogar die durchschnittlichen schlechtesten Erträge gehen bei 20 Jahren in den positiven Be-reich über und nähern sich mit zunehmender Haltedauer dem Durchschnittsertrag. »Über 21 Jahre hat selbst der Aktienanleger, der zum ungünstigsten Zeitpunkt in diesem Jahrhundert, nämlich im Jahr 1929, eingestiegen ist, noch besser abgeschnitten als der Staatsanleihenanleger«, sagt Keppler.

Bandbreite der jährlichen Erträge von US-Aktien
(in Prozent, US-Kapitalmarkt 1926–1995)

Halteperiode (in Jahren)	Höchster Ertrag	Niedrigster Ertrag	Durch- schnitt
1	53,8 (33)	−43,4 (31)	12,5
5	23,9 (50–54)	−12,4 (28–32)	10,3
10	20,1 (49–58)	− 0,8 (29–38)	10,7
20	16,9 (42–61)	+ 3,1 (29–48)	10,7
25	14,7 (43–67)	+ 5,9 (29–53)	10,7

Quelle: Keppler Asset Management Inc., New York

Die Gefahren des Markt-Timings

Viele Anleger glauben, sie können nur erfolgreich sein, wenn sie täglich an den Börsen aktiv sind, kaufen und verkaufen. »Wir kümmern uns nicht groß um das Timing unserer Käufe«, sagt Keppler dagegen. Aktien seien langfristig die beste Anlagealternative – egal, wann der Anleger einsteigt. Der Blick auf den jeweiligen Stand der Marktbewegung sei Unsinn.

In den vergangenen 25 Jahren reichten die 20 besten Tage, um den ganzen Mehrertrag zwischen Schatzwechseln und Aktien zu erwirtschaften. »Viele Leute wissen nicht, was hier statistisch abläuft«, so Keppler. Seine pessimistische Folgerung: »Wenn ein Anleger an diesen Tagen nicht in Aktien engagiert war, ist der ganze Mehrertrag futsch.« Wenn im Zeitraum zwischen 1926 und 1995 die 32 besten Monate am Aktienmarkt abgezogen werden, stürzt der gesamte Ertrag ab: Aus einem Dollar wurden dann nicht 1114 Dollar, sondern nur 12,60 Dollar – weniger als T-Bills, die 12,87 Dollar brachten. In den vergangenen 15 Jahren mußte ein Anleger nur die 12 besten Monate versäumen, beispielsweise weil ihm Aktien ausgerechnet dann zu riskant waren. Damit verspielte er den ganzen Renditevorteil der Aktienanlage. Der Vermögenswert stürzt von 10,49 Dollar je investiertem Dollar auf 3,15 Dollar (Treasury Bills brachten 3,11 Dollar).

Optimistische Anleger dagegen ziehen den Umkehrschluß: Nach einem Vortrag Kepplers nahm ihn ein Anleger zur Seite und sagte: »Das ist ja toll, Herr Keppler, wie Sie das machen. Aber sagen Sie, wie finden Sie denn diese 20 Tage?«

Keppler präsentiert noch eine andere Berechnung zum Sinn und Unsinn von Markt-Timing: Robert Jeffrey hatte sie im Juli/August 1984 in der Harvard Business Review unter dem Titel »The folly of stock market timing« (Die Torheit des Aktienmarkt-Timings) vorgestellt. Keppler hat Jeffreys Berechnung seither regelmäßig weitergeführt. Der Wissenschaftler rechnete ein Gedankenspiel durch: Ein Anleger entscheidet sich in jedem Quartal zwischen 1926 und 1995 für die bessere Alternative – Aktien oder Staatsanleihen. Das Ergebnis: Der Glückspilz, der stets die beste Anlage findet, macht am Ende aus einem Dollar 5,6 Millionen. Der Pechvogel, der immer das Falsche macht, hat nur mehr 25 Cent übrig.

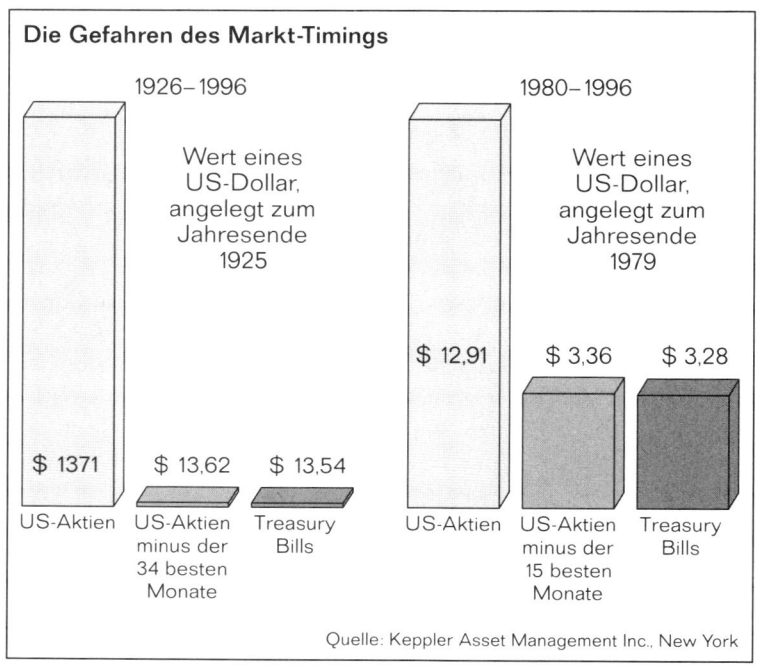

Die Gefahren des Markt-Timings

1926–1996

Wert eines
US-Dollar,
angelegt zum
Jahresende
1925

$ 1371

US-Aktien

$ 13,62

US-Aktien
minus der
34 besten
Monate

$ 13,54

Treasury
Bills

1980–1996

Wert eines
US-Dollar,
angelegt zum
Jahresende
1979

$ 12,91

US-Aktien

$ 3,36

US-Aktien
minus der
15 besten
Monate

$ 3,28

Treasury
Bills

Quelle: Keppler Asset Management Inc., New York

Der Aktienmarkt hat einen positiven Basiseffekt: Aktien steigen im Schnitt pro Jahr um 10 Prozent. »Wer nicht in Aktien engagiert ist, hat im Zweifel unrecht«, so Keppler. Durch Simulation hat er ausgerechnet, daß ohne Transaktionskosten 58 Prozent richtige Entscheidungen notwendig sind, um so gut wie der Markt zu sein. Nach Steuern und Transaktionskosten muß die Zahl weit höher sein. »Das schafft auf Dauer niemand«, so Keppler.

Welche Märkte und welche Aktien?

Keppler spezialisierte sich in seinem Studium auf Bilanzierung und Rechnungslegung. Dies prägt ihn bis heute: Der »Bilanzierungsfreak« (Keppler über Keppler) ist überzeugt, daß Aktienkursentwicklungen in hohem Maße von der Bewertung abhängen. Er prüft 25 000 Aktien in 45 Märkten weltweit fundamental auf Herz und Nieren. »Das hört sich viel wilder an, als es ist«, sagt Keppler. »Die ersten Tests überlebt nur ein Drittel der Firmen.« Das oberste Kriterium: Die Informationsqualität muß ausreichend sein. Wenn eine Firma Zahlen vorlegt, die nicht nachprüfbar sind, dann rutscht sie von der Analyseliste. Die wichtigsten Kennzahlen sind Cash-flow und Gewinne.

Keppler untersucht keine volkswirtschaftlichen Zahlen, auch keine Sentiment-Faktoren. »Trotzdem glauben viele, daß wir einen Top-down-Ansatz haben, nur weil wir in Märkten denken«, sagt er. In Wirklichkeit verfolge er eine Bottom-up-Strategie, denn er gehe von den Unternehmen aus. Erst anschließend aggregiert Keppler die publizierten Ergebnisse der Firmen zu Marktdurchschnittswerten. Von Unternehmensbesuchen – wie sie etwa Templetons Mark Mobius intensiv betreibt – sieht Keppler ab: »Es würde mir nicht helfen, die Firmen anzusehen. Ich glaube sogar, daß die Gefahr sehr groß wäre, den Zustand nicht so objektiv zu sehen, wie ich das hier kann. Wir analysieren die Unternehmen ganz nüchtern mit unseren Zahlen.« Was, nebenbei gesagt, auch die billigere Methode ist.

Die Aggregation führt Keppler zu den attraktivsten Märkten. »Wir investieren nur in Märkte, die uns den höchsten Gegenwert in Ertrag und Substanz liefern.« Er sucht nach den Märkten mit dem höchsten risikoadjustierten (also mit dem Risiko verglichenen) Ertrag auf Sicht von drei bis fünf Jahren. Seine Kombination mehrerer dieser Märkte nennt Keppler »Top-Value-Strategie«: Diese Strategie verspreche wesentlich höhere Erträge als der Markt. Der kapitalisierungsgewichtete MSCI-Weltaktienindex hat sich in den letzten 27 Jahre in etwa verzwölffacht. Ein Keppler-Top-Value-Portfolio hätte sich mehr als verhundertfacht.

Die entscheidenden Größen für die Markteinschätzung sind das Kurs-Gewinn-Verhältnis und die Dividendenrendite.

Kurs-Gewinn-Verhältnis. Das KGV zeigt Keppler, wie hoch die Aktien bewertet sind. Seine These: Je niedriger das KGV, desto besser die Ertragsaussichten für den Anleger.

Kurs-Gewinn-Verhältnis und Gesamtrendite
(Standard & Poor's 500, 1929–1995)

Kurs-Gewinn-Verhältnis	Jährliche Gesamtrendite in den folgenden fünf Jahren in Prozent
unter 7,5	20,1
7,5–9,9	17,2
10–14,9	11,2
15–20	4,7
über 20	7,5

Dividendenrendite. Keppler bevorzugt Aktienmärkte mit einer hohen Dividendenrendite. Hohe Dividendenrenditen sind oft ein Zeichen für gedrückte Aktienkurse – und damit ein Signal für Kurspotential. In der Rezession bietet die Dividendenrendite ein Sicherheitsnetz nach unten: Die Märkte sind nicht so anfällig für Kursrückgänge.

Dividendenrendite und Gesamtrendite
(Standard & Poor's 500, 1929–1995)

Dividendenrendite in Prozent	Jährliche Gesamtrendite in den folgenden fünf Jahren in Prozent
unter 3	4,0
3,0–3,9	6,8
4,0–4,9	8,0
5,0–7,4	15,7
7,5–10,0	18,9
über 10	31,5

Emerging Markets: Preisbewußt ins Risiko

Erstaunlich: Die meisten Anleger halten die Emerging Markets (Schwellenländer) für risikoreiche Investments, von denen sie besser die Finger lassen. Der sehr risikobewußte Keppler dagegen investiert rund die Hälfte der ihm anvertrauten Vermögen in die attraktivsten Aktienmärkte dieser aufstrebenden Nationen. Keppler sieht für die Emerging Markets eine attraktive Bewertung und überdurchschnittliche Wachstumsaussichten. Nur kurzfristig seien die Aktienanlagen in Schwellenländern wesentlich riskanter als die traditionellen Aktienmärkte. Der Anleger muß politische Risiken, hohe Kursschwankungen und höhere Währungs- und Inflationsrisiken in Kauf nehmen. »Die Diversifikationsvorteile sind enorm«, sagt Keppler.

»Kleine Märkte müssen besser sein als die großen«, sagt Keppler. Der amerikanische Aktienmarkt hat einen Anteil von 40 Prozent an der Weltmarktkapitalisierung, Japan kommt auf 25 Prozent, Großbritannien auf 10 Prozent. Überdurchschnittliches Wachstum sei auf Aktienmärkten – wie in der Natur – nur in jungen Jahren möglich. Die Emerging Markets müssen noch viel aufholen: Ihr Anteil am Weltbruttosozialprodukt liegt bei 48 Pro-

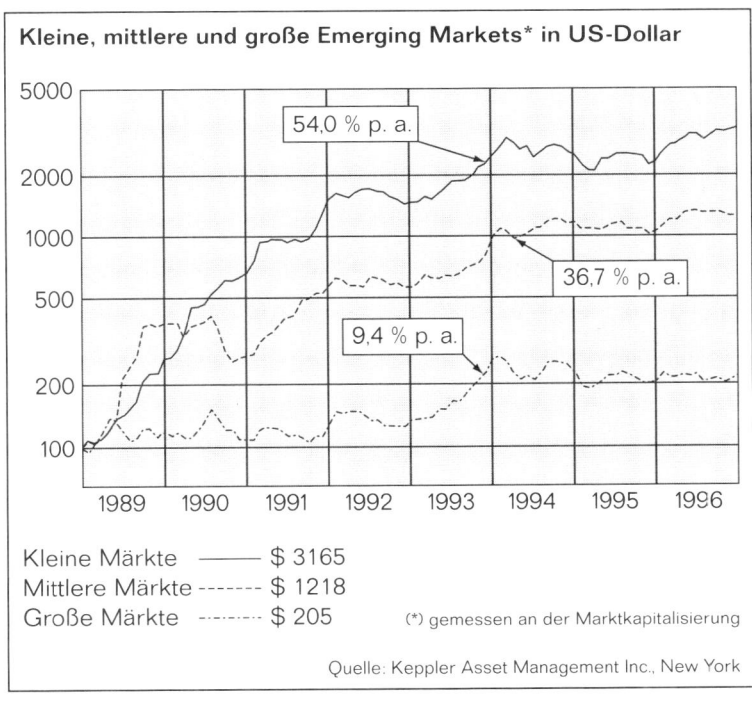

Kleine, mittlere und große Emerging Markets* in US-Dollar

54,0 % p. a.

36,7 % p. a.

9,4 % p. a.

Kleine Märkte ——— $ 3165
Mittlere Märkte ------- $ 1218
Große Märkte --·---·- $ 205   (*) gemessen an der Marktkapitalisierung

Quelle: Keppler Asset Management Inc., New York

zent (nach Adjustierung von Kaufkraftparitäten), an den Aktienmärkten stellen sie aber nur 10,1 Prozent. Die Großanleger haben
derzeit nur 1 Prozent ihrer Mittel in Emerging-Markets-Aktien
investiert. »Die Emerging Markets werden in den nächsten Jahren
deutlich stärker wachsen als die Industrieländer.« Seit 1987 lag die
Aktienrendite gemessen am IFC-Index der Emerging Markets
bei 15 Prozent jährlich – das war doppelt so hoch wie der Welt-
index der Industrieländer (MSCI-Weltaktienindex). Wer in den
großen Aktienmärkten engagiert ist, kann sich sogar über die
Emerging Markets absichern. Die Aktienrendite der Wachstums-
märkte hat mit den Bewegungen der großen Aktienmärkte wie
USA, Japan oder Deutschland wenig zu tun.

Keppler investiert mit dem gleichen Konzept in Emerging Markets wie in Industrieländern. Er achtet aber stärker auf Min-
destanforderungen für Investitionen. »Wir orientieren uns an De-
finitionen der Weltbank, die einen Index investierbarer Märkte
veröffentlicht.« Darin finden sich 26 Märkte. In der zweiten Phase
analysiert Keppler die Firmenbilanzen mit Gewinn-und-Verlust-
Rechnung.

Unternehmensbewertung: Substanz und Ertrag

Mit seinen Kennzahlen und Berechnungen agiert Keppler wie
ein klassischer Value-Anleger vom Schlage Benjamin Grahams.
Doch Graham koppelte seine Kennzahlen an absolute Normen.
Keppler dagegen relativiert alle Kennziffern. »Das ist vergleichbar
mit Einsteins Relativitätstheorie in ihrem Verhältnis zur Newton-
schen Mechanik: An den Kapitalmärkten gelten absolute Wert-
vorstellungen nur für eine bestimmte Zeit und werden dann
außer Kraft gesetzt.« Und wie findet er die richtige relative Kenn-
ziffer? Er legt die Normen zugrunde, die der Kapitalmarkt in den
vergangenen sieben Jahren gezeigt hat, und geht von einer bestimmten Effizienz des Marktes aus: Im Schnitt stimme es, was
die Börse für die Wertpapiere zahle. »Wir nutzen die Extreme,
also wenn es deutlich zu teuer wird.«

Zur Bewertung der Unternehmen nutzt Keppler die beiden

klassischen Verfahren: Substanzwert und Ertragswert. Er verweist auf eine interessante Parallele im deutschen Steuerrecht, das Stuttgarter Verfahren zur Bestimmung von nichtbörsennotierten Aktien oder GmbH-Anteilen. Es bestimmt den inneren Wert eines Unternehmens nach zwei Komponenten: Vermögenswert und Ertragsaussichten.

Substanzwert/innerer Wert. Theoretisch ist der Substanzwert der abgezinste Zerschlagungswert der Firma. Doch laut Keppler wirft dieser Ansatz zu viele Fragen auf, beispielsweise wie künftige Erträge oder der Zinssatz angesetzt werden. Ob mit 5 oder 10 Prozent abgezinst wird, verändert den inneren Wert enorm.

Der vorsichtige Keppler interessiert sich nicht für Zukunftsprognosen, sondern untersucht die Stabilität der Unternehmensergebnisse in den letzten sieben Jahren. »Diese Zahl hat vielleicht etwas mit der Bibel zu tun.« Aber im Ernst: Er hat die Wirtschaftszyklen dieses Jahrhunderts analysiert und festgestellt, daß sie im Schnitt gute fünf Jahre gedauert haben.

Keppler definiert Substanzwert als Aktiva minus Verbindlichkeiten, also den Nettosubstanzwert (net asset value). Diesen Wert setzt er in Relation zum Aktienkurs. Er berücksichtigt verschiedene Bilanzierungsmethoden. Brasilien hat ein Kurs-Buchwert-Verhältnis von 0,75, Amerika von 3,6. Das bedeutet nicht, daß amerikanische Unternehmen fünfmal so teuer wie brasilianische Gesellschaften sind, sondern vielleicht nur dreimal so teuer. Was er aber genau als Substanzwert einstuft, das läßt er offen. »Betriebsgeheimnis«, sagt er.

Kurs-Buchwert-Verhältnis und Gesamtrendite
(Standard & Poor's 500, 1929–1995)

Kurs-Buchwert-Verhältnis	Jährliche Gesamtrendite in den folgenden fünf Jahren in Prozent
unter 0,75	24,6
0,75–0,99	18,5
1,00–1,49	14,2
1,50–1,99	7,1
2,00–2,50	2,1
über 2,0	–11,6

Ertragswert. Ebenfalls über sieben Jahre betrachtet Keppler den freien Cash-flow. Die ausgewiesenen Gewinne sind unwichtig, denn sie hängen zu stark von den lokalen Bilanzierungsvorschriften ab. Sein Beispiel: Daimler wies bei der Börseneinführung in New York nach deutscher Bilanzierung einen Jahresüberschuß von mehreren hundert Millionen Mark aus, nach amerikanischer Rechnungslegung war es ein Milliardenverlust.

Der Jahresüberschuß ist eine relativ willkürliche Definition des deutschen Aktienrechts. Als internationaler Investor kann Keppler diesen Begriff nicht nutzen, wenn er Aktien aus den USA, Thailand oder Chile kauft. Ein breiteres Gewinnkonzept ist der Cash-flow. Mit seinem Verfahren kann Keppler alle Unternehmen über einen Kamm scheren. Es dient vor allem dazu, größere Fehler auszuschließen und, wie Keppler sagt, »den großen Bluff aus den Bilanzen herauszuziehen«.

Übergang zu Marktwerten. Für Keppler ist die Auswahl des richtigen Marktes wichtiger als die Wahl der richtigen Aktie. Die Durchschnittsaktie in den attraktivsten Märkten habe es viel leichter als eine Spitzenaktie in einem unterdurchschnittlichen Markt. »Das ist wie bei einem Schwimmwettbewerb, wo die einen immer stromabwärts schwimmen und die anderen immer stromaufwärts – und beide haben die gleiche Streckenlänge zu bewältigen.« Mit einer Aktie in einem überdurchschnittlichen Markt kann der Anleger weniger Fehler machen.

Keppler aggregiert die errechneten Substanz- und Ertragswerte jeder Firma zu einem Wert für den ganzen Aktienmarkt des Landes und vergleicht sie mit den Börsenkursen. Wo ist die Diskrepanz zwischen Aktienkursen und innerem Wert am größten? »Dort erhält der Anleger den größten Gegenwert in Substanz und Ertragskraft, und da engagieren wir uns.« Wo er umgekehrt den geringsten Wert erhält, steigt er nicht ein oder geht sogar short.

Konkretes Beispiel: Anfang der neunziger Jahre sorgte eine langjährige starke Trockenperiode in Simbabwe für einen Kursverfall von 85 Prozent. »So ein Kursrückgang kommt nur ganz selten vor«, wurde Keppler hellhörig. Das von Landwirtschaft, Mais- und Teeanbau geprägte Simbabwe war in einer Depression – wie die USA in den dreißiger Jahren. Bis 1993 wurde Keppler der größte Anleger in Simbabwe – obwohl er lediglich 15 Jahre zuvor einmal als Trainee der Barclays Bank kurz in diesem Land war. Jetzt analysierte er nur präzise aus der Ferne alle Unternehmen, ihre Kapitalstruktur, ihr Vermögen und ihre Schulden. Mit Erfolg: Die Kurse haben sich nach seinem Einstieg in drei bis vier Jahren verfünffacht. »Das ist kein Glück«, sagt Keppler.

Gleichgewichtung. Die Märkte werden im Portfolio gleichgewichtet. Keppler kümmert sich also nicht um die Kapitalisierung der einzelnen Aktienmärkte. »Kleine Aktienmärkte wachsen im langfristigen Durchschnitt schneller und bringen eine höhere jährliche Gesamtrendite als große Märkte«, sagt er. Vor allem bevorzugt die Kapitalisierungsgewichtung Märkte, die zuvor stark gestiegen sind. Im MSCI-Weltindex des New Yorker Brokerhauses Morgan Stanley waren japanische Aktien Anfang 1990 mit 39,6 Prozent gewichtet. Kurz danach brach die Tokioter Börse zusammen. Ende 1995 betrug der Anteil nur noch 24,9 Prozent.

Das Problem USA. In keinem Markt der Welt lag Michael Keppler mit seinen Prognosen so falsch wie seit 1995 beim amerikanischen Aktienmarkt. »Im Moment haben amerikanische Aktien nur relativ uninteressante Ertragsaussichten«, behauptet Keppler auch im Sommer 1997 unverdrossen. Da mag er recht haben – nur sind seinen Anlegern seit 1995 mehr als 100 Prozent Kursgewinne entgangen. »Wir lagen in den USA total daneben«, gesteht er. Trotz dieser Fehleinschätzung habe er aber die wichtigsten Meßlatten (Benchmarks) geschlagen, den MSCI-Weltaktienindex und auch den Index für Emerging Markets.

Keppler bleibt bei seiner Prognose, daß die Ertragsaussichten des amerikanischen Marktes auf 5 Jahre nur 2,2 Prozent betragen, auf 10 Jahre nur 2,7 Prozent. Dies begründet Keppler mit der hohen Bewertung: Ein KGV von rund 20 habe in der Vergangenheit für die nächsten fünf Jahre einen recht bescheidenen Ertrag bedeutet. Auch die aktuelle Dividendenrendite von 2 Prozent verspricht nach seiner Statistik wenig Ertrag. Die Kurse im Vergleich zum Buchwert seien sehr hoch, das deute auf einen niedrigen Gesamtertrag im Fünfjahresdurchschnitt. Bei diesen Kennzahlen betrug der durchschnittliche Ertrag 2,7 Prozent, in der Spitze waren es aber auch schon 11 Prozent.

»Mein Ansatz stellt nicht darauf ab: Mit welcher Methode kann ich in einem bestimmten Markt wie beispielsweise Amerika am meisten Geld verdienen?«, verteidigt sich Keppler. »Meine Frage ist: Wie kann ich weltweit am sichersten eine überdurchschnittliche Rendite erzielen?« Das könne auch bedeuten, nicht in einem wichtigen Industrieland wie den USA zu investieren. Vorsicht sei der Weg zum Erfolg: »Die Performance mache ich nicht in der Hausse, sondern in der Baisse.«

Zwischen Value und Growth

Keppler sieht keinen Unterschied mehr zwischen Value- und Growth-Investoren. »Wir suchen nach günstig bewerteten Aktien«, sagt er, »aber die meisten Aktien in unseren Portfolios zeigen ein hohes Cash-flow-, Dividenden- und Eigenkapitalwachstum.« Und, so schließt er: »Dann bin ich doch ein Growth-Investor.«

Value ist für Keppler nur ein Mittel zum Zweck, um die guten Wachstumschancen zu identifizieren. Mit niedrigerem Risiko habe er so einen besseren Ertrag. Das Portfolio mit dem niedrigsten Kurs-Cash-flow-Verhältnis hat eine Ertragserwartung von 20,3 Prozent pro Jahr. Das Portfolio mit dem höchsten Kurs-Cash-flow-Verhältnis dagegen hat eine fast dreimal so hohe Verlusterwartung und einen Ertrag, der etwas mehr als ein Viertel beträgt, nämlich nur 5,6 Prozent.

Risikoreduzierung und Diversifizierung sind für Keppler gleichbedeutend mit Wertzuwachsmaximierung. »Das ist der wichtigste Schlüssel zum Erfolg.« Die traditionelle Sicht ist geprägt von der Portfolio-Selection-Theorie, die behauptet, daß Ertrag und Risiko in Wechselwirkung zueinander stehen. Wer einen höheren Ertrag will, muß ein höheres Risiko eingehen. Keppler dagegen glaubt, daß es ein negatives Verhältnis zwischen Ertrag und Risiko gibt: Je weniger Ertrag zu erwarten ist, desto höher ist das Risiko. Je mehr Ertrag erwartet werden kann, desto geringer ist das Risiko. Dies gilt auch, wenn die Standardabweichung als Risikomaß herangezogen wird. Die Aktien mit dem niedrigsten Risiko sorgen also für den höchsten Ertrag.

Die Fiktion der Normalverteilung

Vor kurzem bekam Michael Keppler eine Diplomarbeit geschickt. Über den Titel lachte er herzlich: »Abnorme Erträge an den Kapitalmärkten«. Keppler: »Da frage ich mich, was ist da schon normal?«

Die Portfoliotheorie setzt Risiko mit Volatilität gleich, also schlicht dem Ausschlag der Kurse nach oben und unten. 1990 kritisierte Keppler in der Zeitschrift »Die Bank« die Theoretiker Harry Markowitz und William Sharpe, just nachdem sie für ihre Portfoliotheorie den Nobelpreis bekommen hatten. Kepplers These: Die Portfoliotheorie ist keine allgemeine Theorie, sondern sie gilt nur für Spezialfälle.

Die Portfoliotheorie geht von einer Normalverteilung der Erträge aus: Sie sieht in der Grafik aus wie eine Glocke und besagt, daß sich der Ertrag der meisten Anlagen um einen bestimmten Durchschnittswert bewegt. Je größer die Abweichung von diesem Wert, desto geringer ist die Zahl der Anlagen, für die dies zutrifft. Dauerhafte Abweichungen nach oben oder unten seien unwahrscheinlich. Ein konstant erfolgreicher Anleger ist nur ein Zufallsprodukt. Und die Theorie geht sogar noch einen Schritt weiter: Sie nimmt einen Normalertrag an, beispielsweise bei 7 Prozent. Die Portfolios weichen davon symmetrisch, d.h. in gleicher Verteilung, nach oben und unten ab. Es gibt also ebenso viele Anleger, die unter dem Normalertrag liegen, wie Anleger, die mehr erwirtschaften. Die Masse der Anleger ballt sich jedoch um 7 Prozent.

Das Problem: Keppler konnte diese Normalverteilung in der Praxis nicht erkennen. Seine Grafik zeigt die Häufigkeitsverteilung zwischen einem gleichgewichteten Weltaktienportfolio und dem kapitalisierungsgewichteten Portfolio. Für jede Abweichung wird die Renditedifferenz in jedem Quartal gezeigt, jede positive Differenz steht einer negativen gegenüber – ganz wie es die Portfoliotheorie vorhersagt. Allerdings gibt es viele Ausnahmen – die dunkel schraffierten Felder. Diese dunklen Felder weichen positiv von der Normalverteilung ab. Die Erträge liegen also über dem Normalertrag. Die Abweichung ist nicht zufällig, sagt Keppler, sondern systematisch.

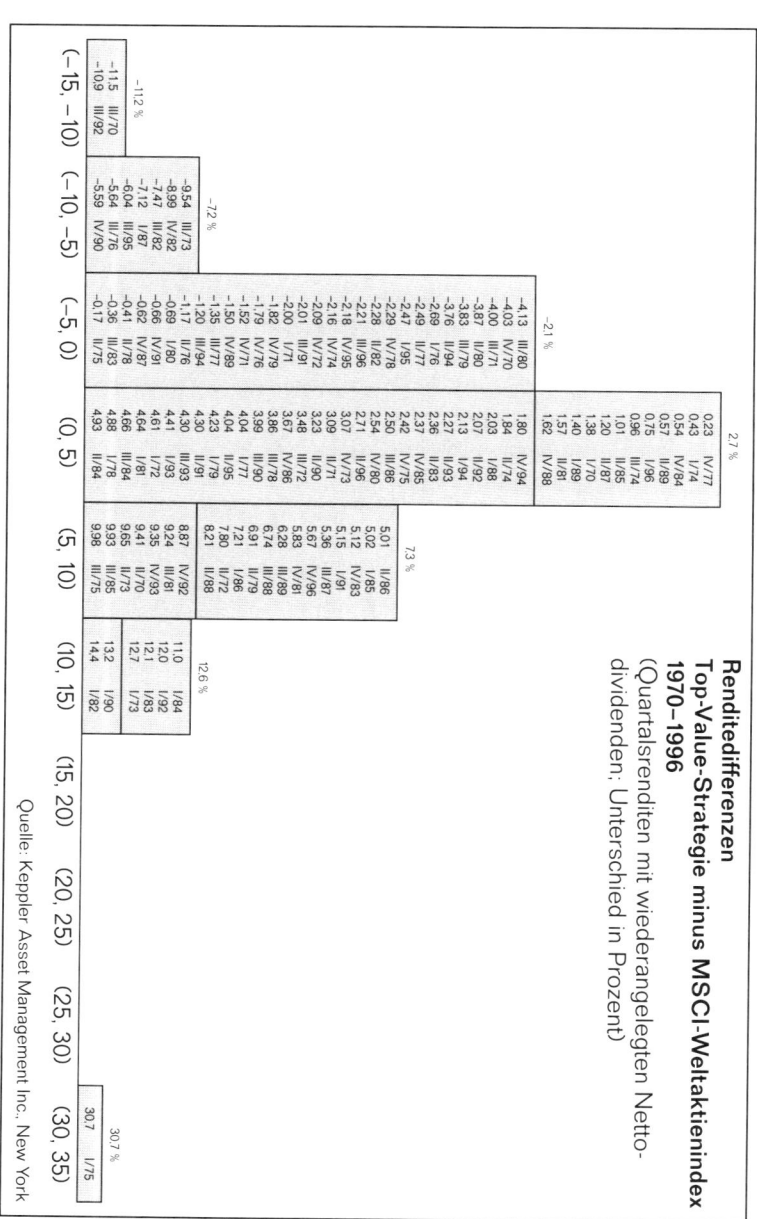

Renditedifferenzen
Top-Value-Strategie minus MSCI-Weltaktienindex
1970–1996
(Quartalsrenditen mit wiederangelegten Netto-
dividenden; Unterschied in Prozent)

Quelle: Keppler Asset Management Inc., New York

256

Eine zweite Überlegung Kepplers bestätigt dies: Die Verteilung kann gar nicht symmetrisch sein, weil am Aktienmarkt nie mehr als 100 Prozent verloren werden können, aber mehr als 100 Prozent Gewinn locken.

Aus der Fiktion der Normalverteilung folgt, daß die Portfoliotheorie Risiko falsch definiert: Für sie ist Risiko nicht der Verlust, also die negative Abweichung von der Normalrendite, sondern die Volatilität, also das Maß der Schwankungen des Ertrages um den Durchschnittswert – nach oben und unten. Die Portfoliotheoretiker messen die Volatilität mit der Standardabweichung oder dem Beta-Faktor, also über die Schwankungen der Aktie im Vergleich zum Gesamtmarkt. Je größer die beiden Werte, desto höher ist das Risiko. Keppler wendet ein, daß in einem steigendem Markt eine hohe Volatilität zugleich hohe Gewinnchancen bedeutet.

Die Portfoliotheorie belohnt Underperformer, also Anleger mit einer unterdurchschnittlichen Rendite, wenn ihre Ausschläge nicht stark sind. Beispiel: Ein Aktie steigt um 20 Prozent in einem Monat, dann um 2 Prozent und im dritten Monat um 15 Prozent. Nach der Theorie ist sie riskanter als eine Aktie, die konstant jeden Monat um 5 Prozent gefallen ist. »Ein risikoloser Verlust ist ein schlechter Trost«, sagt Keppler.

Die Portfoliotheorie führe zu schweren Anlagefehlern: Ihre Adepten waren Anfang 1990 im japanischen Aktienmarkt stark engagiert – just bevor er eine Talfahrt bis auf unter 15000 Punkte unternahm. Im Durchschnitt der vorangegangenen fünf Jahren hatten japanische Aktien nämlich eine sehr niedrige Volatilität. Nur leider waren sie völlig überbewertet. Der japanische Aktienmarkt sackte in den ersten neun Monaten 1990 um knapp 47 Prozent.

Sharpe-Ratio versus Keppler-Ratio

Die Sharpe-Ratio (Durchschnittsertrag geteilt durch Standardabweichung) ist die wichtigste Kennzahl der modernen Portfoliotheorie. Laut Keppler steht sie für den volatilitätsadjustierten Ertrag. Seine eigene Kennzahl – Keppler-Ratio – dagegen mißt den risikoadjustierten Ertrag. Die Formel ist: Durchschnittsertrag vs. Erwartungswert eines Verlustes. Diese Ratio verwendet Keppler für die Risikoanalyse einzelner Aktien, ganzer Branchen und Märkte.

Eine geeignete Risikokennzahl muß seiner Meinung nach den Erwartungswert eines Verlustes widerspiegeln. Entscheidend sind die Wahrscheinlichkeit und die potentielle Höhe des Verlustes:

Eintrittswahrscheinlichkeit eines Verlustes (Zahl aller Verlustperioden innerhalb des Untersuchungszeitraums dividiert durch die Zahl der untersuchten Perioden)

× Durchschnittsverlust pro Verlustperiode (Summe aller Verluste geteilt durch die Zahl der Verlustperioden).

Als weiterer Indikator kommt der maximale Drawdown in Frage, also der maximale Wertverlust gemessen am vorherigen Höchststand.

Die Chancen der Privatanleger

»Viele grundlegende Dinge an den Kapitalmärkten finden in Deutschland wenig Beachtung«, sagt Keppler. Er habe vor kurzen den Leiter einer führenden deutschen Discountbank getroffen und ihn nach der durchschnittlichen Haltedauer in den Depots gefragt. Die Umschlagrate betrage 20 im Jahr, antwortete der. »Aber dann verlieren doch alle ihre Kunden Geld?« so Keppler. Die lakonische Antwort: »Ja, so ist es.«

Keppler kann es bis heute nicht fassen: »Viele Anleger glauben, nur schnelle Information und eine ganze Fülle von Informationen entscheide über den Erfolg an den Kapitalmärkten. Doch das ist eine Illusion.« Weder die Quantität noch die Schnelligkeit der Übermittlung sei für den Normalanleger von Bedeutung. Es sei geradezu umgekehrt: Eine einzige qualitativ gute Information, die ganz langsam übermittelt wird, sei tausendmal soviel wert wie Millionen von Informationen, die sekundenschnell beim Anleger sind. Börsenfernsehen und Presse suggerierten, daß an der Börse schnelles Handeln wichtig sei. Das sei nur der »Lärm« des Tagesgeschäftes. Beim Versuch, mit den Profis mitzuhalten, werde sehr viel Kapital vernichtet. »Wer auf die Grundprinzipien der richtigen Anlage achtet, dem schlägt keine Stunde.«

Peter E. Huber:
Antizykliker aus Leidenschaft

In Erdgeschoß eines modernen Bürogebäudes in der Oberurseler Feldbergstraße empfängt Frau Huber höchstselbst. »Sie sind mit meinem Mann verabredet?« fragt sie. »Er kommt gleich.«

Es ist offensichtlich: Die PEH Wertpapier AG ist ein Familienunternehmen. Ihr Kopf, Chef und Eigentümer ist Peter E. Huber. Er managt den besten internationalen Rentenfonds Deutschlands, den PEH-Universal-Fonds IR. Im Dreijahresvergleich erzielte er mit 9,2 Prozent jährlich fast zwei Prozentpunkte mehr Rendite als der Zweitplazierte. Aus bescheidenen Anfängen sind innerhalb von gut 15 Jahren drei Unternehmem mit einem Dutzend Fonds und einem Volumen von rund 400 Millionen Mark geworden. Die PEH ist die größte bankenunabhängige Fondsgesellschaft in Deutschland. Ihre Spitzenprodukte sind neben dem internationalen Rentenfonds der deutsche Aktienfonds PEH-Universal-Fonds I und der Rohstoff- und Gold-Fonds PEH-Universal-Fonds Miro.

Huber lädt den Besucher in seinen großen Audi und fährt zu seinem Lieblings-Italiener, wo er als Stammgast begrüßt wird und gleich nach den Nieren fragt. »Das ist zwar höchst ungesund, aber ich esse es einfach gern«, sagt er. Solche Risiken geht Huber sonst äußerst ungern ein: Unter den erfolgreichen Geldmanagern in diesem Buch ist er einer der konservativsten und vorsichtigsten Anleger. Er ist ein Zinsanleger aus Berufung: Im Auf und Ab der Zinsbewegungen versucht er, die beste Zeit zum Ein- und Ausstieg zu finden. Ihm geht es nicht um nominale Renditen, sondern um steuerfreie Kursgewinne. Er engagiert sich in exotischen Kombinationen und in internationalen Märkten. Sein Beispiel zeigt, wie ein Anleger mit Rentenpapieren zweistellige Renditen erzielen kann.

Der sparsame Huber

Hubers Vater war Kaufmann; er stammte aus ärmlichen Verhältnissen. Seine Mutter heiratete nach Scheidung der ersten Ehe einen Zöllner, der nur ungern vom Alkohol ließ, wie sich Huber erinnert. Sein Vater wäre gerne Ingenieur geworden, mußte aber die Technische Hochschule wieder verlassen, weil seine Familie das Schulgeld nicht aufbringen konnte. Als Kaufmann kam er schließlich zu einem bescheidenen Vermögen. »Es ging uns nicht schlecht«, erzählt Huber. »Aber unser Haushalt war sehr materiell ausgerichtet, denn der Neuanfang bei Null hat viel Kraft gekostet.«

Sein Vater starb früh, gerade als Peter Huber das Studium begonnen hatte. Seine Mutter strich prompt aus Angst, im Alter unversorgt zu sein, sämtliche finanzielle Beihilfen. Sein ganzes Leben danach hat Huber nur einmal Geld von seiner Familie bekommen – 5000 Mark zur Hochzeit, um sich ein neues Schlafzimmer zu kaufen. Sein Vater lehnte ein Taschengeld für seine Kinder ab, sie sollten jobben. Schon als Schüler arbeitete Huber regelmäßig in den Ferien, das Studium finanziert er durch die Arbeit bei Banken und auf Messen. »Ich habe mir jede Mark hart verdient«, sagt er. Entsprechend geht er damit um: »Ich habe noch heute Horror, Geld auszugeben für etwas, wofür ich keinen entsprechenden Gegenwert bekomme.«

Huber bezeichnet sich als »Mensch, der keine großen Ansprüche stellt«. Und dann erzählt er die Geschichte vom Boß bei der Bank. »Der war voll im Schickimicki, Rotary Club und so. Er hat zwar gut verdient, aber er war von der Familie her nicht so begütert. Seine Freunde aber flogen am Wochenende auf die Bahamas, einfach mal so zum Golfen. Und das mußte er natürlich mitmachen und immer frohgelaunt Champagnerrunden schmeißen. Er hatte immer eine Stinklaune, wenn er am Montag in die Bank kam.« Huber lacht: »Ein schöner Waldspaziergang ist mir lieber, als so einen Firlefanz zu machen.«

1968 kam Huber zum ersten Mal mit der Börse in Berührung: Einer seiner Bekannten spekulierte in Orangensaft und verlor fürchterlich viel Geld. Huber war fasziniert, lieh sich von ihm ein paar Bücher über Anlagestrategien und verschlang sie in einem

Zug. »Ich habe die Börse als intellektuelle Herausforderung gesehen, nicht als Weg, um möglichst schnell viel Geld zu machen«,
sagt Huber, ein leidenschaftlicher, aber mangels Training eher
leidlich guter Schachspieler. »Die Börse ist mit dem Schachspiel
vergleichbar. Auf dem Schirm stehen die gleichen Informationen
wie bei tausend anderen Anlegern in der gleichen Sekunde. Es
gibt keinen Informationsvorsprung: Die Kunst ist, die Faktoren
und Informationen richtig zu werten und zu gewichten.«

Nach der Lektüre kaufte er seine ersten Aktien, »AEG und was
so damals im Schwange war«. Während der Bundeswehr arbeitete er sich weiter ein und entschied, die Börse zu seinem Beruf zu
machen. Er ging nach Zürich, doch als Nichtschweizer blieb ihm
die Laufbahn als Börsenhändler oder Fondsmanager verschlossen. Er zog nach Mannheim und studierte Betriebswirtschaft mit
Schwerpunkt Finanzierung. Seine Diplomarbeit schrieb er über
die Zusammenhänge zwischen Konjunktur und Börse, er gründete ein paar Aktienclubs und belegte einige Jahre hintereinander
im »Capital«-Börsenspiel einen der vorderen Plätze.

Nach dem Studium trat er seinen ersten Job 1978 bei der renommierten Frankfurter Privatbank SMH Schröder, Münch-
meyer, Hengst & Co als Wertpapieranalyst an. »Dort habe ich das
Geschäft von der Pike auf gelernt, in der Praxis.«

Nach gut drei Jahren machte sich Huber 1981 als Vermögensverwalter selbständig. Doch als Wertpapieranalyst hatte er keine
Kundenkontakte: Wer sollte ihm schon sein Geld anvertrauen?
Huber fand eine geschickte Lösung. Er übernahm die Chefredak-
tion des »Börsen-Journals«, einer Aktionärszeitschrift mit einer
Auflage von 8000 Stück, die später im »Wertpapier«, der Zeitschrift der Anlegervereinigung Deutsche Schutzgemeinschaft für
Wertpapierbesitz, aufging. Er nutzte das Journal zur Werbung für
seine Vermögensverwaltung. In drei Jahren wuchsen die Invest-
mentaktivitäten so stark, daß Huber die Redaktion wieder aufgab.

Im April 1984 gründete er die PEH Wertpapier Research
GmbH, die er im April 1997 in PH Capital Management GmbH
umbenannte. Den endgültigen Durchbruch sollte 1989 der Vor-
stoß ins Fondsgeschäft bringen. »Der Einstieg war fürchterlich«,
erinnert sich Huber. Er wollte etwas Neues machen. Der erste
Fonds PEH Universal I war nach amerikanischem Vorbild als

Fund of Managers konstruiert: Vier Vermögensverwalter betreuten je ein Viertel des Volumens – mit katastrophalen Ergebnissen, nicht zuletzt weil der japanische Markt kippte. Der Kurs der Fondsanteile stieg im ersten Jahr von 50 auf 70 Mark und fiel dann zurück auf 43 Mark. Huber zog die Notbremse, übernahm selbst die Betreuung, verkaufte alle ausländischen Wertpapiere und machte aus dem Universal I einen Deutschlandfonds, damit er einfacher zu managen war.

Der zweite Reinfall war der Optionsschein-Fonds PEH-Universal-Fonds OS, der im August 1989 erste seiner Art in Deutschland. Der von zwei Partnern Hubers – Michael Kölmel, ehemals Chefredakteur der Zeitschrift »Börse Online«, und Gerd Weger – gemanagte Fonds zeigte ebenfalls katastrophale Ergebnisse. Wenige Monate nach der Auflage brach die japanische Börse ein. Der »Effecten-Spiegel« nannte Huber »Vermögensvernichter Huber«. »Nie wieder mit Externen«, schwor sich der so Verspottete und trennte sich von den beiden.

Peter Huber besann sich auf seine Stärke, die konservative Geldanlage: 1990 legte er den internationalen Rentenfonds Universal I R auf. Der internationale Rentenfonds wurde schnell das Flaggschiff des Unternehmens PEH. 1991 kam der Q-Discount in Luxemburg hinzu, ein offener Fonds, der in geschlossene Fonds und Investmenttrusts investiert. Im Gegensatz zu offenen Fonds werden die Anteile von geschlossenen Fonds nicht täglich von den Investmentgesellschaft neu ausgegeben oder zurückgenommen. Die Anteile werden einmal ausgegeben, der Handel findet anschließend über die Börse statt. Vorteil für Anleger: Da der Fonds keine Rückgaben zu fürchten hat, muß er keine Liquidität halten, sondern kann immer voll investiert sein. Über den Umweg Luxemburg vermeidet Huber die steuerliche Benachteiligung der geschlossenen Fonds in Deutschland: Bisher müssen Anleger in »closed-end funds« jährlich 10 Prozent ihres Anlagevolumens versteuern – unabhängig davon, ob der Fonds Gewinn oder Verlust gemacht hat. Mit einem extrem konservativen Konzept – im Durchschnitt 35 Prozent liquide Mittel – liegt Hubers offener Fonds im Vergleich internationaler Aktienfonds in der Spitzengruppe.

Anleihenstrategie: Die Fehler der Bundesbank

Als die Umlaufrendite Ende 1993 bei 5,3 Prozent lag, verschickte Huber eine Zinsanalyse an alle Zeitschriften und Zeitungen: »Die Zinsen drehen, jetzt Anleihen verkaufen«, riet er. Es war genau eine Woche, bevor die Zinsen tatsächlich wieder stiegen. Das »Handelsblatt« brachte einige Wochen später einen Bericht über den Zinspropheten, erzählt er stolz.

Laut Huber gibt es in der Geldanlage drei Schwierigkeitsstufen:

- Devisenkurse: Sie sind am schwierigsten prognostizierbar, weil die realen Warenströme nur rund 2 Prozent des Umsatzes an den Devisenmärkten ausmachen. Die Wechselkurse werden von taktischen Überlegungen und spekulativen Geldern bestimmt. Makroökonomische Faktoren spielen keine Rolle. »Wir zahlen viel Geld für einen Dienst, der täglich Devisensignale liefert«, so Huber. »Aber das hilft uns in unserer internationalen Rentenanlage überhaupt nicht.«

- Aktien: Investments in Unternehmensanteilen sind der zweitschwierigste Bereich. Die Kurse werden von einer Vielzahl von realwirtschaftlichen Faktoren bestimmt, aber auch monetäre und psychologische Einflüsse prägen den Kurs. Diese Faktoren müssen richtig erfaßt und bewertet werden. Hinzu kommt die technische Verfassung des Marktes, seine Über- und Untertreibungen. Huber: »Auch wenn ein Markt bereits überbewertet ist, kann er noch einmal 30 Prozent steigen – obwohl alle monetären und realwirtschaftlichen Faktoren in die andere Richtung weisen.« Für Aktien gelte Kostolanys Spruch: »In 51 Prozent aller Fälle liege ich richtig, zu 49 Prozent greife ich daneben. Und von den zwei Prozent Unterschied lebe ich.« Der Fondsmanager profitiere glücklicherweise vom Basiseffekt des langfristigen Anstiegs des Aktienmarktes: Über längere Zeiträume sind die Kurse bisher stets gestiegen.

- Anleihen: Die Zinsfaktoren lassen sich am besten analysieren und in den Griff kriegen, erzählt Huber: »Bei den Zinsen habe ich meine höchsten Trefferquoten.« Die Zinsen werden von makroökonomischen Faktoren bestimmt: Wie läuft die Konjunktur? Was macht die Bundesbank? Wie entwickeln sich die Inflationsraten? Gibt es Preisdruck über die Löhne?

Huber ist mit Leib und Seele Anleiheninvestor: »Bei Renten ist unheimlich viel zu machen mit beschränktem Risiko«, schwärmt er. »Mit Anleihen kann der Anleger kaum Geld verlieren, aber schöne Gewinne einfahren.« Selbst wenn die Zinsen drastisch sinken, fällt der Anleihenkurs nicht um mehr als den Zinskupon. Spätestens nach einem Jahr ist der Anleger also wieder plus/minus null.

Schon seit 1981 strukturiert er seine individuellen Kundendepots als gemischte (balanced) Portfolios. Seine Grundsätze:
- immer eine Mischung aus Aktien und Anleihen halten. Nur das Verhältnis variiert je nach Börsenlage.
- keine Kredite,
- keine spekulativen Anlagen wie etwa Optionsscheine,
- als Beimischung ein paar Goldminenaktien. »Damit sinkt das Gesamtrisiko des Depots, denn Minenaktien haben teilweise einen negativen Beta-Faktor«, erläutert Huber. »Wenn es an den Aktienmärkten kracht, gehen Goldminen oft gegen den Trend hoch.« Allerdings hat er damit in den letzten 15 Jahren nur Performance verloren, gibt er zu. Der Goldpreis sackte in dieser Zeit von 500 auf 350 Dollar je Unze. Gleichzeitig verlor auch noch der US-Dollar an Wert.

Nur ein schwarzes Rentenjahr erlebte Huber bisher: das Jahr 1994, eine »extreme Ausnahme«, wie er sagt. Ende 1993 erreichte die Umlaufrendite einen historischen Tiefpunkt. Die Mehrzahl der Experten aber sah für das neue Jahr 1994 weiter sinkende Zinsen. Die Kombination dieser beiden Faktoren sorgte bei Huber für Vorsicht: Seine Langläufer lagen mit hohen Kursgewinnen in den Depots. »Selbst wenn der Zins noch ein wenig heruntergeht, müssen die anderen auch noch etwas verdienen«, sagte er sich. Die anderen Anleger nahmen seine Papiere gerne ab: Wären die Zinsen weiter gesunken, hätten die Anleihenkurse neue Rekordstände erreicht. Mit dem Verkauf seiner Langläufer traf Huber exakt den Tiefpunkt der Zinsen. »Einer meiner größten Anlageerfolge«, sagt er. Im Februar 1994 hob der amerikanische Notenbankchef Alan Greenspan überraschend die amerikanischen Geldmarktzinsen an. Das sorgte für einen »Renten-Crash« an den internationalen Anleihenmärkten. Alle rechneten nun mit steigenden Zinsen, es fanden sich keine Käufer für alte Papiere mit niedrigem Zins. Die vom Bund Ende 1993 zu 100 Mark auf den Markt gebrachte »Sylvester-Anleihe« mit 30 Jahren Laufzeit und einem Zins von 6,25 Prozent fiel in acht Monaten auf 80 Mark.

Huber jedoch hatte den Anteil des Fondsvermögens in Tagesgeld auf fast 50 Prozent gesteigert: Ende 1994 kaufte er seine Papiere günstig zurück und nahm die Renten-Rallye 1995 voll investiert mit, berichtet er stolz. »Aber ich kann Ihnen ja viel über die Vergangenheit erzählen«, lacht er gleich danach.

Der Fonds IR kam mit einem Minus von knapp 1 Prozent aus dem schwarzen Rentenjahr 1994, durchschnittlich büßten die international anlegenden Rentenfonds 8,4 Prozent ein. »Wer die Verluste in Grenzen hält, nützt dem Anleger langfristig am meisten, denn das bringt die entscheidenden Performance-Vorteile«, erläutert Huber seine Philosophie. »Ob ich in der Aufwärtsbewegung ein Prozent mehr oder weniger habe als die Konkurrenz, ist letztlich nicht so wichtig.« Diese Philosophie kommt der Mentalität des typischen Rentenanlegers entgegen: Nichts fürchten die Zinsinvestoren so sehr wie Verluste.

Im Gegensatz zu den meisten anderen Rentenfonds betreibt Huber eine aktive Zinsstrategie. Der durchschnittliche Rentenfonds setzt schlicht auf eine gestaffelte Laufzeitstruktur: Jedes Jahr erreicht ein Teil der Anleihen im Portefeuille die Endfälligkeit, die Laufzeit ist also zu Ende, der Emittent der Anleihe zahlt das Geld zurück. Dieses Geld wird einfach zu den aktuellen Marktkonditionen reinvestiert. Diese Strategie verringert das Zinsänderungsrisiko, die jährliche Gesamtrendite des Fonds bewegt sich nur langsam nach oben oder nach unten. Dieses Vorgehen ist für den Fondsmanager und die Bank sicherer, aber der Fondsanleger kann sich zu Recht fragen, warum er dafür Ausgabeaufschlag und Managementgebühren zahlen soll. A la longue erhält er nur die durchschnittliche Marktrendite minus Kosten.

Das ist Huber zuwenig: »Wir wollen mit den Anleihen steuerfreie Kursgewinne erzielen.« Die Anleger in seinen Fonds liegen fast alle über dem Zinsfreibetrag von 6100 (Ledige) oder 12200 Mark (Verheiratete). »Was nützen dem Anleger 8 Prozent, wenn er 4 Prozent an den Fiskus überweisen muß?« Huber versucht, die Zinszyklen auszunutzen – ein Zinssurfer. In Zeiten fallender

Zinsen hält er möglichst das gesamte Depot in langen Laufzeiten. Fallen die Zinsen, steigen die Kurse der Anleihen, die noch mit einem höheren Zins an den Markt kamen. Je länger die Laufzeit, desto stärker ist der Kursgewinn bei sinkenden Zinsen. Steigen die Zinsen dagegen, wandert Hubers Geld im Idealfall komplett in kurze Laufzeiten. Dort ist er vor Kursverlusten relativ sicher.

Geldpolitik der Bundesbank. Der wichtigste Faktor für die deutsche Rentenanlage ist die Zinspolitik der Bundesbank. »Stelle dich nie gegen die Bundesbank«, lautet die Börsenweisheit, die auch Huber beherzigt. Die Bundesbank mache einen entscheidenden Fehler, der von Rentenanlegern ausgenutzt werden kann: »Sie fährt eine sehr zögerliche Stop-and-go-Politik, aber sie greift niemals der Entwicklung vor.« Ist die Konjunktur überhitzt, tritt die Bundesbank erst spät auf die Bremse, aber anschließend bremst sie sehr lange. Im umgekehrten Fall senkt sie die Zinsen erst spät, um die Konjunktur zu stützen – und bleibt lange dabei. Die Bundesbankpolitik – und der von ihr beeinflußte kurzfristige Zins – ist daher ein wichtiger Faktor, um die künftige Zinsentwicklung abzuschätzen. »Wenn die Bundesbank nach einer langen Abwärtsphase zum ersten Mal die Leitzinsen erhöht, dann ist es immer besser, vorsichtshalber die Laufzeiten zu verkürzen«, gibt Huber seine Regel wieder. »Eigentlich ganz einfach.«

Preisentwicklung. Der zweite wichtige Faktor ist der Preistrend. Huber verfolgt alle Einflüsse, die auf die Inflationsrate – also Lebenshaltungskosten oder Großhandels- und Erzeugerpreise – wirken. Das sind realwirtschaftlichen Größen wie Lohnentwicklung, Produktivität, Mieten und Immobilienpreise. Einen eigenen Indikator oder ein mathematisches Prognosemodell hat er nicht entwickelt: »Ich gewichte nicht einen Faktor mit 60 Prozent, den nächsten mit 25 Prozent und den Rest mit 15 Prozent.« Nicht jeder Indikator habe in jedem Zyklus die gleiche Wirkung. »Sonst wäre ja jeder Idiot Millionär. Ich müßte alle Daten nur in einen Computer speisen, drücke auf den Knopf und bekomme meine Börsengewinne.«

»Aktuell haben wir einen ganz klar deflationären Trend«, sagt er. Die realen Löhne steigen nicht, und die Staatsverschuldung hat inzwischen einen so hohen Anteil am Staatshaushalt, daß schon die Zinszahlungen bei weitem höher sind als das Volumen der neu ausgegebenen Anleihen. »Solange die Regierungen in einer ohnehin schwachen Konjunktur mit Zwangssparen versuchen, die Maastricht-Kriterien zu erfüllen, kehrt die Inflation nicht zurück.«

Die Einführung des Euro werde aus zwei Gründen weiter deflationär wirken: Die Notenbanken müssen in der Anfangsphase restriktiv sein, um Vertrauen in die Währung zu schaffen. Zweitens fällt die Möglichkeit der Abwertung weg. Bisher haben wirtschaftlich schwache Länder in Europa, meistens die Südländer, aber auch Großbritannien, durch Abwertung der eigenen Währung ihre Wettbewerbsfähigkeit wiederhergestellt. Mit der billigeren eigenen Währung wurden ihre Produkte am Weltmarkt preiswerter. Was passiert, wenn dieses Regulativ wegfällt? Im einheitlichen Währungsgebiet USA wird die unterschiedliche Entwicklung der Bundesstaaten durch die Mobilität der Arbeitskräfte ausgeglichen. Doch in Europa gebe es sprachliche und kulturelle Barrieren, und die Leute seien ohnehin nicht so mobil, sagt Huber: »Nicht einmal innerhalb Deutschlands.« Die zweite Ausgleichsmöglichkeit sind Transferzahlungen, also Subventionen oder andere Unterstützungsgelder. Doch dies sei ebenfalls nur beschränkt möglich, da die Deutschen nicht noch mehr Geld an den EU-Haushalt überweisen werden.

Wirtschaftlich schwache Länder haben in der Europäischen Währungsunion nur noch eine Möglichkeit: Sie müssen Kosten senken, vor allem die Löhne – so weit, bis sie wieder wettbewerbsfähig sind. Dann bekommt ein anderes Land Probleme und muß die Kosten drücken. »Wir geraten in einen Deflationswettlauf«, meint Huber.

Die Konsequenz: Auf längere Zeit werden die deutschen Zinsen niedrig bleiben. »Das Zinstal wird andauern – allerdings unter starken Volatilitäten«, glaubt Huber. Die Zinsen werden aber auch einmal ein halbes Prozent nach oben und unten schwanken. Dafür wird allein schon die Unsicherheit über das Ob und Wie der künftigen Währungsunion sorgen. Die einzige Gefahr: Die Sparpolitik läßt die Arbeitslosigkeit weiter steigen. Sollten die Politiker dann umschwenken, beispielsweise vor Wahlen, und massive Beschäftigungsprogramme einläuten, muß der Anleger sofort umschalten, empfiehlt Huber: Raus aus Anleihen, rein in Immobilien.

Ohne eine panische Kehrtwende der Politik werden Immobilien als Geldanlage zunehmend unattraktiv. Die Wertentwicklung von Immobilien wird von Inflationsängsten getrieben. Ein deflationärer Trend drückt auch den deutschen Immobilienmarkt. Die Deutschen hätten 50 Jahre lang in Häuser überinvestiert, oft mit Hypothekenkrediten. Der Markt kippe nun: Die Arbeitslosigkeit nimmt nicht nennenswert ab, die Mieten seien rückläufig. Die Steuerreform wird die Immobilienanlage benachteiligen: Höhere Grunderwerbsteuer, niedrigere Abschreibung, steigende Erbschaftsteuer (Einheitswert wurde durch Ertragswert ersetzt) zehren an der Rendite. »Nichts spricht für steigende Preise«, ist Huber überzeugt.

Erfolgsgeheimnis: Anlage gegen das Gefühl

Huber nennt sich selbst einen »Antizykliker aus Leidenschaft«. »Der gute Börsianer ist ein Einzelgänger«, zitiert er einen Börsenspruch. Beeindruckt habe ihn eine Anekdote um den berühmten amerikanischen Anleger Bernard Baruch: Wenn Baruch auf der Straße seinen Banker traf, und der wollte ihm in bester Absicht einen Börsentip geben, hat Baruch ihn einfach stehenlassen. Er wollte grundsätzlich nicht hören, wie andere den Markt sehen.

Von sich selbst erzählt er eine andere kleine Geschichte: Zwei- bis dreimal im Jahr trifft er sich in Frankfurt mit acht bis zehn ehemaligen Arbeitskollegen, die heute auch Fondsmanager sind. Zu Anfang jeden Jahres schließen sie eine Wette ab aufs Jahr für Dow Jones, Dollar, Gold, Dax und Umlaufrendite. Jeder gibt seinen Tip ab, dann wird zusammengefaßt: Japan – alle positiv. Nur Huber macht einen Pfeil nach unten: »Kollegen, das geht dieses Jahr runter.« Dann USA – alle negativ: Hubers Pfeil zeigt nach oben. »In den letzten drei Jahren zeigte der Pfeil für die USA nach oben, denn alle haben erwartet, daß der Dow Jones fällt«, sagt Huber. Und in der Tat: Die Aktienkurse an der Wall Street stiegen weiter und weiter.

»Da sind wir bei der Crux der Banken«, erzählt er weiter. »Jede kleine Klitsche trifft eine Komitee-Entscheidung.« Fast alle Banken haben einen Anlageausschuß, der meist einmal im Monat zusammenkommt. »Das ist schon einmal hanebüchen, was die Flexibilität betrifft.« Auf dem Treffen werde diskutiert, und dann finde sich irgendein fauler Kompromiß, mit dem sich die Mehrheit anfreunden kann. Doch wie könne ein Anlageausschuß eine gute Performance erreichen, wenn die Mehrheit meist falsch liegt? 80 Prozent der Fondsmanager schneiden schlechter ab als der Markt. Sie seien eine Herde, die massenpsychologischen Faktoren unterliegt. »Mein erstes Buch zur Börse, das ich als Jugendlicher gelesen habe, war Le Bon, ›Psychologie der Massen‹«, erinnert sich Huber. Gustave Le Bons Klassiker von 1895 beschreibt die Kennzeichen der Massenseele, etwa Beeinflußbarkeit und Leichtgläubigkeit, Überschwang und Einseitigkeit.

Sentiment-Faktoren. Wenn der Markt übertreibt, sollte der Anleger den Mut zu antizyklischem Handeln haben. Die Huber-Rentenregel lautet: In den langen Zwischenphasen muß der Anleger mit dem Trend laufen, in extremen Über- und Untertreibungsphasen gegen den Trend. Normale Marktbewegungen, Euphorien oder Paniken erkennt Huber aus dem Bauch heraus, im Gespräch mit anderen Investoren oder durch Sentiment-Faktoren. »Ich bin ein großer Fan dieser Sentiment-Indikatoren.« In den Vereinigten Staaten werden diese Indikatoren schon seit Jahrzehnten von Diensten wie Investor's Intelligence gemessen und in Anlegerzeitungen wie »Barron's« veröffentlicht. Die Indikatoren messen den Anteil der positiv gestimmten Berater, der pessimistischen Börsenbriefe, die Zahl der Anzeigen in »Barron's« und die Put-Call-Ratio.

Huber beobachtet diese Indikatoren genau: »Wenn bestimmte Extremwerte erreicht werden, wird es kritisch.« Und zwar im umgekehrten Sinn: Wenn 55 Prozent der Börsenberater positiv sind und weniger als 30 Prozent negativ, dann sei der Markt extrem gefährdet. In den vergangenen Jahren stiegen die Aktienkurse in New York in schwindelnde Höhe, doch die ganze Zeit warteten alle auf die Korrektur. Die Sentiment-Zahlen zeigten große Skepsis, keiner hat dem Anstieg getraut. »Das war gut für den Markt«, so Huber. Allerdings habe auch er selbst sich in der Sentiment-Falle verfangen: »Ich habe zu früh verkauft.«

Die Sentiment-Faktoren gelten auch für den Rentenmarkt.

Ende 1996 hatten die Zinsen wieder ein Rekordtief erreicht. Aber die Umfrage des ZEW (Zentrums für Europäische Wirtschaftsforschung, Mannheim), die »Handelsblatt«-Umfrage und die Befragung der Banken zeigten, daß die Mehrheit der Anleger deutlich steigende Zinsen für 1997 erwartet. Hubers Schluß: »Es besteht also keine Gefahr, daß die Zinsen wirklich deutlich steigen.« Wenn die Mehrheit der Meinung ist, die Zinsen fallen, nimmt Huber genau das Gegenteil an.

Mit den Sentiment-Faktoren überprüft Huber seine eigenen Anlageentscheidungen: »Ich bin kein Heiliger, sondern Teil der Massenmeinung. Ich habe die gleichen Empfindungen von Furcht und Gier wie jeder Anleger.« Wenn er optimistisch für den Dollar sei, aber auch 80 Prozent der Berater bullish sind, dann mache er vorsichtshalber nichts. »Wenn sehr viele positiv sind und hoch engagiert, wer soll da noch kaufen?« Schon erste Negativmeldungen führen dann zu Verkäufen, die eine Lawine auslösen können.

Investiere immer so, daß du dich irren kannst!

Schon früh hat sich Huber eine andere Grundregel eingeprägt: 1973 stieg er bei Control Data ein, die von 130 auf 22 Dollar gefallen waren. Die Aktien fielen weiter auf 19 Dollar, Huber kaufte zu. Sie sackten weiter auf 17 Dollar, Huber kaufte weiter ein. Schließlich standen sie bei 9 Dollar. Nach den Zukäufen steckte Hubers gesamtes Vermögen in Control Data. »Das war eine Katastrophe für mich, ich konnte nicht mehr ruhig schlafen«, sagt er. Er hatte Glück. Die Aktie stieg wieder, und er konnte sie mit einem schönen Gewinn verkaufen. Doch er zog daraus eine Lehre: »Gestalte deine Anlagestrategie immer – ich wiederhole: **immer!** – so, daß du dich auch irren kannst.« Auch wenn der Anleger einmal den Trend falsch einschätzt, muß er diesen Fehler wegstecken können – selbst wenn es teuer wird. Der einzig richtige Weg heißt Diversifikation: Auch wenn Huber sicher erscheinende Sonderchancen sieht, investiert er nur ein paar Prozent. Wieder zitiert er Bernard Baruch. Einer von dessen Grundsätzen lautete: »Halte immer Pulver trocken.« Das schlimmste für den Anleger ist eine Situation, in der er keinen Reaktionsspielraum mehr hat. Spekuliere daher nicht auf auf Kredit, und lege nicht das ganze Geld in einzelnen Werten an.

Strategien im Zinstal: Gewinn in fremden Währungen

Über die Laufzeitenstruktur sei heute keine Outperformance mehr zu machen, sagt Huber: »Wir müssen über die Währungen gehen, auch wenn dies der schwierigste Anlagebereich ist.«

Doch es ist leichter, Gewinne zu machen, seit der Wert der D-Mark gegenüber anderen Währungen sinkt. Die Zeit der extremen Überbewertung der D-Mark sei zu Ende. Amerika ist nach dem Fallen des Eisernen Vorhangs die einzige Weltmacht, militärisch und wirtschaftlich. Die Amerikaner haben aber auch technologisch wieder die Marktführerschaft von den Japanern übernommen. Amerikanische Produkte sind plötzlich wieder in. Das stärkt den Dollar.

Auf der anderen Seite schwächen einige Faktoren die D-Mark. Die multinationalen Unternehmen verlagern Produktionsstätten ins Ausland. Die Sparpolitik dämpft die Nachfrage und damit die Konjunktur. Die hohen Handelsbilanzüberschüsse sind auf Dauer nicht aufrechtzuhalten. Die Leistungsbilanz rutschte schon 1991 ins Minus. Erfahrungsgemäß beginnen sich Leistungsbilanzentwicklungen mit ein paar Jahren Verzögerung auf die Währung auszuwirken.

Im Oktober 1996 verkaufte Huber seine Lire-, Peseten- und Schwedenkronen-Anleihen mit großen Kursgewinnen. Allein seine Lire-Anleihen brachten ihm einen Gewinn von 700 000 Mark. Huber sah, daß die Zinsunterschiede zwischen der D-Mark und diesen Währungen dahinschmolzen. Die hohen Zinsen für Lire, Peseten und Schwedenkronen sanken, das trieb die Kurse der Anleihen herauf. Das einzige Risiko: Sollte die Euro-Angst zurückkehren, würden die Zinsen in diesen Ländern wieder sprunghaft steigen. Obwohl er zu früh verkaufte, verdankte er diesem Zug seine Outperformance 1996: Er wechselte in Pfund- und Dollar-Anleihen mit fünfjähriger Laufzeit.

Huber setzt stark auf den amerikanischen Dollar: »In vier bis fünf Jahren wird der Dollar über zwei Mark liegen.« Dann führt er eine kurze Break-even-Analyse vor: Diese Technik wird genutzt, um über die Attraktivität von Fremdwährungsanlagen zu entscheiden. Anleihen in fremden Währungen sind interessant, wenn sie eine höhere Rendite als heimische Papiere bieten. Auf der Risikoseite steht der Wechselkurs, der nicht unter einen bestimmten Punkt (Break-even) fallen darf. Beispiel: Wenn der Anleger auf zwei Jahre für Dollar 2 Prozentpunkte mehr Zinsen bekommt, darf der Devisenkurs des Dollar in dieser Zeit maximal gut 4 Prozentpunkte gegenüber der D-Mark verlieren.

Warum geht ausgerechnet der vorsichtige Peter Huber in Währungen, frage ich. Hubers ehrliche Antwort: »Weil mir nichts anderes übrigblieb, um eine Chance auf eine zweistellige Rendite zu wahren.«

Spezielle Instrumente:
Zerobonds, Reverse Floater, Annuitätendarlehen

Um besser zu sein als der Markt, nutzt Huber eine Reihe spezieller Instrumente wie Zerobonds, Reverse Floater oder Annuitätenanleihen. »Diese Spezialitäten werden oft zu niedrig gehandelt«, sagt er.

Reverse Floater. Mitte 1995 setzte Huber massiv auf D-Mark-Reverse-Floater (»Umgekehrte« Floater). Ein Floater ist eine Anleihe mit variablem Zins: Wer als Zinsanleger steigende Zinsen erwartet, kauft Floater, weil der Zins dieser Papiere mit dem Markt steigt. »Umgekehrte« Floater funktionieren genau andersherum: Sie sind ideal für Anleger, die auf sinkende Zinsen setzen. Meist ist der Zins für die erste Zeit festgelegt, danach orientiert sich der Zins wie beim Floater am Markt – jedoch umgekehrt: Wenn die Zinsen fallen, steigt der Zins des Reverse Floater. Entscheidend ist meist der Libor (London interbank offered rate); das ist der Zins unter den Banken in London für Geldmarktpapiere in D-Mark bei Laufzeiten von beispielsweise drei oder sechs Monaten: Der Reverse Floater bietet einen festen Zins, von dem der Libor-Satz abgezogen wird. Beispiel: Der Reverse Floater bietet 10 Prozent Zinsen minus Libor. Liegt der Libor bei 4 Prozent, erhält der Anleger 6 Prozent Zins.

Diese umgekehrten Floater waren damals falsch bewertet: »Es herrschte eine Art Panikstimmung, keiner wollte die Dinger mehr«, erzählt Huber. Bei ihrer Einführung waren Reverse Floater nach den kurzfristigen Zinsen bewertet worden. Als die kurzfristigen Zinsen fielen, stiegen die Kurse der Reverse Floater nicht wie erwartet, sondern sanken ebenfalls.

Das Rätsel war bald gelöst: Die Rentenexperten stellten plötzlich fest, daß die Kurse der umgekehrten Floater von den langfristigen Zinserwartungen abhängen. Diese Erwartungen können über Swap-Sätze gemessen werden. Bei einem Zinsswap tauschen zwei Partner ihre Zinsverpflichtungen, beispielsweise wird ein fester Zinssatz (etwa aus einer Anleihe) gegen einen variablen Zins (etwa aus einem revolvierenden, also sich immer wieder erneuernden Kredit) getauscht. Die Sätze für diesen Tausch orientieren sich an der Entwicklung der langfristigen Zinsen.

Als die Anleger ihren Irrtum erkannten, fielen die Kurse der Reverse Floater in den Keller. Danach geriet der Rentenmarkt in eine Situation extrem hoher Renditen, aber deutlich sinkender Geldmarktzinsen. Huber kombinierte scharf: Steigende Arbeitslosigkeit und niedrige Inflation in einem Zinstal halten die kurzfristigen Zinsen gedrückt. Dann müßte er mit den Reverse Floater eine traumhafte Rendite erzielen. Er kaufte beispielsweise bei 88 Prozent den DG Bank Reverse Floater 20 Prozent minus zweimal Sechsmonatslibor. Anfang 1997 brachte er eine laufende Verzinsung von 13,5 Prozent: Der Kurs stand bei 122 Prozent, die Gesamtrendite bei 9 Prozent. Hubers Schlußfolgerung: In einer Situation, in der der Anleger über einen längeren Zeitraum niedrige kurzfristige Zinsen erwartet, können Reverse Floater vom Markt falsch bewertet werden, weil sie sich an der Erwartung langfristig steigender Zinsen orientieren.

Zerobonds. Bei Nullkuponanleihen oder Zerobonds entfällt die jährliche Ausschüttung von Zinsen: Der Anleger erhält null Zinsen. Statt dessen werden die Nullkuponanleihen zu einem niedrigen Kurs verkauft und am Ende der Laufzeit zum Nominalwert von 100 Prozent eingelöst. Die Differenz zwischen diesem Preis und dem Rückzahlungswert stellt den Ertrag des Anlegers und damit den Zinsersatz dar. Die Nullkuponanleihen ähneln also abgezinsten Sparbriefen, nur mit längerer Laufzeit. Bei einer Rendite von 8 Prozent wird eine zehnjährige Anleihe für rund 46,50 Prozent ausgegeben.

Huber nutzt Zerobonds regelmäßig zur Spekulation. Als 1996

überall die Zinsen sanken, fragte er sich: Wo sind die Zinsen oben geblieben? Er stieß auf Südafrika, wo die Zinsen in der heimischen Währung Rand sogar auf 15 bis 16 Prozent stiegen. Das Land am Kap ist kaum im Ausland verschuldet, weil ihm vor dem Ende der Apartheid kein anderer Staat Geld geliehen hat. Die von der südafrikanischen Regierung emittierten D-Mark-Anleihen bringen nur unwesentlich mehr Rendite als deutsche Anleihen, 7 statt 5,5 Prozent. Die Differenz zwischen 7 und 15 bis 16 Prozent kann bei gleichem Emittenten nur ein Ausgleich für das Währungsrisiko sein. Der Markt erwartete also einen weiter stark fallenden Rand.

»In dieser Situation ist ein Zerobond ideal, weil der Kapitaleinsatz dank des eingebauten Zinseszinseffekts am geringsten ist«, sagt Huber. Er kaufte eine 2001er Nullkuponanleihe zum Kurs von 40. Die Break-Even-Analyse: »Wir haben ausgerechnet, daß der Rand von 38 auf 13 Pfennig fallen muß, bis das Papier schlechter rentiert als eine Bundesanleihe. Da stimmt das Risikoverhältnis.« Seine Regel: In einem Land mit Währungsrisiko, aber hoher Verzinsung, wo tendenziell sinkende Zinsen erwartet werden, ist ein Zerobond ideal.

Nullkuponanleihen eignen sich gleichzeitig für spekulative und konservative Anleger. Dem spekulativen Anleger bietet der Zerobond einen interessanten Hebel: Sinken die Zinsen, steigen die Kurse der Anleihen. Die Kursbewegung ist um so stärker, je geringer die nominale Verzinsung der Anleihe ist. Bei Nullkuponanleihen ist die Kursbewegung am größten, da der Nominalzins null ist. Der Zinseszinseffekt verstärkt die Kursbewegung weiter.

Konservativen Anlegern bieten Zerobonds den Vorteil, keine jährlichen Zinszahlungen versteuern zu müssen. Der Ertrag der Nullkuponanleihen muß bei Verkauf oder am Ende der Laufzeit versteuert werden. Zu versteuern ist aber lediglich der Zins- und Zinsesanteil, der vom Finanzamt aus der Emissionsrendite errechnet wird. Dies ist die Rendite zum Zeitpunkt der Emission des Bonds. Bis zur Versteuerung kann der Anleger einen Zinsstundungseffekt nutzen. »Der Zerobond ist die einzige Anlage, bei der die Zinsen erst bei Verkauf oder Endfälligkeit anfallen«, so Huber. Der Anleger kann Zinseinnahmen in Zeiten mit geringerem Steuersatz verlegen, beispielsweise in den Ruhestand. »Allein durch den Steuerstundungseffekt auf zehn Jahre kann ich wahnsinnig viel Geld sparen«, freut sich Huber. Besonders attraktiv sind in Zeiten hoher Zinsen Zerobonds mit einer niedrigen Emissionsrendite.

Annuitätenanleihen. Der Automobilkonzern BMW lancierte vor einigen Jahren sogenannte Annuitätenanleihen. Das sind Nullkuponanleihen, die nicht mit einem Schlag zurückgezahlt werden, sondern über einen bestimmten Zeitraum in gleichbleibenden Jahresraten (Annuitäten). BMW zahlt fünf Jahre lang konstante Beträge inklusive der aufgelaufenen Zinserträge an die Anleger zurück. Diese Annuitätenanleihen werden oft zu falschen Kursen gehandelt. »Rufen Sie doch einmal bei Ihrer Bank an, die sollen Ihnen die Rendite sagen«, schlägt Huber vor. »Da wissen die nicht mehr weiter.« Selbst das »Handelsblatt« nennt im Kursteil keine Rendite für die Annuitätenanleihen. Huber nutzte die Chance zum Einstieg und wartete dann, bis der Markt den Kurs korrigierte.

Seine Papiere findet Huber übrigens ganz einfach über den Informationsdienst Bloomberg. Dort gibt es einen »schönen Suchlauf«, sagt er: Der Anleger gibt Währung, gewünschte Laufzeit, (Mindest-)Rendite und Rating ein, und das System spuckt wenige Sekunden später die passenden Anleihen heraus. Diese Auswahl untersucht Huber dann weiter.

Hubers Erfolgsregeln

- Finanzmärkte sind keine Casinos. Der Anleger hat eine deutlich bessere Chance als 50:50.
- Es gibt kein Erfolgsrezept. Jeder Zyklus ist anders.
- Der Anleger muß Querdenker sein, Konsensmeinungen mißtrauen und alles in Frage stellen, was er hört.
- Die Anlagegrundsätze sind einfach:
  - Nicht in eine Euphorie hineinkaufen!
  - Panikphasen zu Käufen nutzen!
  - Denke langfristig!
  - Streue international und über mehrere Anlagegebiete!
- Investiere so, daß du dich auch irren kannst.

Privates Geldmanagement:
Traue niemandem ohne Aktien!

Wir sind inzwischen beim Nachtisch angelangt. Zeit für eine letzte Anekdote – über die private Geldanlage von Fondsmanagern. Als sich Huber vor 17 Jahren selbständig gemacht hat, traf er einen bekannten Fondsmanager: »Herr Huber, im Vertrauen, ich kaufe schon lange keine Aktien mehr. Das einzige, womit ich bisher schönes Geld verdient habe, ist meine Briefmarkensammlung.«

»Würden Sie so jemanden Ihr Geld anvertrauen? Ich nicht«, empört sich Huber. Er kenne auch jemanden, der wöchentlich in einer Börsensendung auftrete und dort als Chart-Doktor die Kurssignale deute. Mit ihm ging Huber einmal essen: »Bei Ihrer Bekanntheit sollten wir für Sie einen Fonds auflegen.« Die entsetzte Antwort: »Um Himmels willen, ich investiere doch kein Geld in Aktien.«

Womit Huber wieder bei seinem anderen Thema ist – und seinem größten Problem: »Warum fragt mich eigentlich keiner nach meiner Meinung zu Aktien? Da habe ich doch auch gute Ergebnisse.« Und er erzählt von seinen Telefonaten mit der Bad Homburger Vermögensverwaltung Feri: »Wenn die anrufen, fragen sie mich immer nur nach Renten. Ich sage dann manchmal, daß wir auch in Aktien investieren. Ja, sagen die dann, aber da fragen wir andere.« Und, nach einer Pause: »Das kratzt natürlich.«

Michael Stammler:
Die besten Fonds für große Vermögen

Michael Stammler kann sich noch lebhaft an eine Präsentation gleich zu Beginn seiner Tätigkeit als Geschäftsführer von Feri Trust erinnern: Gemeinsam mit seinen Wirtschaftsforscher-Kollegen vom Feri Institut demonstrierten sie Ansatz, volkswirtschaftliche Prognosen und Ertragserwartungen für Aktien und Anleihen in Finanzmärkten wie Frankfurt, London, Paris, Rom, New York und Tokio. »Der Kunde war sehr angetan von unseren Schlüssen und Empfehlungen«, sagt Stammler. Dann leitete Feri-Geschäftsführer Jochen Sauerborn auf das eigentliche Thema über, die neue Tochter: »Jetzt zeigt Ihnen Herr Stammler, wie wir unsere Strategie mit Fonds umsetzen.« Den Kunden riß es vom Stuhl: »Was soll ich denn mit diesen Lieschen-Müller-Produkten? Wollen Sie mir die etwa empfehlen?« Damit war die Präsentation vorbei, Stammler konnte gleich sitzen bleiben.

Der Präsentationsflop ist heute Schnee von gestern: »Wir haben den Kunden trotzdem gekriegt, und irgendwann hat er sogar Fonds gekauft«, grinst Stammler. Er hat gut lachen: Fünf Jahre danach tauschen Angebot und Nachfrage schon gelegentlich die Rollen. Stammler stand gerade auf dem Parkplatz vor der »Capital«-Redaktion, als ihn ein Kunde aufgeregt über das Autotelefon anrief. Es sei dringend, fünf Millionen Mark Minimumeinlage seien kein Problem, und er rufe an, weil Feri über Fonds anlegt. »So hat sich die Welt gedreht«, sagt Stammler.

Heute zählt die 1990 gegründete Feri Trust GmbH mit 100 Kunden und einem Anlagevolumen von mehr als 2 Milliarden Mark zu den größten deutschen Vermögensverwaltern. Die Anlagestrategen für die millionenschwere Kundschaft bestechen durch einen fundierten makroökonomischen Ansatz und eine gründliche Analyse aller Investmentfonds. Die Grundidee der Feri Trust mit Sitz in Bad Homburg bei Frankfurt wird mittlerweile von vielen Banken und Fondsgesellschaften kopiert: Vermögensverwaltung mit Fonds. Allerdings zielen Banken und Fonds meist auf kleine Vermögen ab 30000 Mark, bei Feri dagegen beträgt der Mindesteinstand 5 Millionen Mark. Und während die Performance bei Banken und Fonds wegen der Beschränkung auf hauseigene Produkte und der hohen Gebühren häufig sehr bescheiden ist, kann Feri auf die besten Fonds setzen und dank des großen Volumens Gebühren drücken.

Über die Performance hüllt sich Stammler freilich in Stillschweigen. Feri verfolgt eine relativ konservative Anlagepolitik. »Wir haben festgestellt, daß es gar nicht nötig war, zu jedem Zeitpunkt voll in Aktien mitzufahren«, sagt Stammler. Er will absolute Performance produzieren. »Unser Ziel sind 8 bis 10 Prozent Nachsteuerrendite.« Die Hochs und Tiefs der Märkte sollen dem Anleger erspart bleiben: »Wenn das Vermögen minus 20 Prozent macht, dann ist die Familie am Ende.«

Das Konzept: Anlage großer Vermögen in Fonds

»Für uns arbeiten mehr Anlageexperten als für die Deutsche Bank«, verblüfft Stammler seine Zuhörer. Der Grund: »Wir haben 3000 Fondsmanager da draußen, und die arbeiten wie die Wilden. Wir bezahlen aber nur die 50, denen wir tatsächlich Geld geben.«

Feri beschränkt sich auf die Asset Allocation, also die Aufteilung des Vermögens auf die aussichtsreichsten Kapitalmärkte. Stammler analysiert die einzelnen Märkte und ihre Chancen, spricht mit dem Kunden über seine Risikobereitschaft und übergibt das Geld dann einem Fondsmanager. »Wir machen die Hausaufgaben, gucken, wie die Strategie ins Anlagevermögen paßt, und dann suchen wir die besten Spezialisten für die Märkte.«

Feri Trust ist eine Tochter der Financial and Economic Research International (Feri) GmbH, die der Harald-Quandt-Gruppe gehört, hinter der wiederum eine der reichsten deutschen Familien steht. Die Quandt-Familie ist mit 48,1 Prozent unter anderem Hauptaktionäre von BMW. Die Gesellschaft residiert im Bad Homburger Harald-Quandt-Haus, mitten im Grünen, wo im

Sommer die Eichhörnchen im Garten tollen. »Das ist wie ein Familienbetrieb«, sagt Stammler. Der jetzige Koch war früher der Butler, als der Betrieb noch 25 Leute zählte. Die Erbinnen haben noch ein Büro im Haus, ein Teil der Familie lebt im Ausland. Höhepunkt des Jahres ist für alle Mitarbeiter die Weihnachtsfeier mit den Quandts.

Feri versteht sich als unabhängige Gesellschaft für Finanzplanung und strategische Vermögensberatung von Privatkunden. Geschäftsführer Sauerborn kam aus dem Bereich großer Vermögen. Sein Geschäftsführerkollege, der Volkswirt Dr. Rainer Rau, vorher bei Chase Econometrics, wollte sich mit einer Gesellschaft für volkswirtschaftliche Prognosen selbständig machen. Sauerborn und Rau gründeten 1987 gemeinsam die Feri als strategische Vermögensberatung und volkswirtschaftliches Forschungsinstitut. Das Ziel: Eine Anlagestrategie, die sich nach volkswirtschaftlichen Daten richtet. Aus den individuellen Voraussetzungen und Rendite-Risiko-Vorstellungen der Kunden und den volkswirtschaftlichen Rahmendaten entwickelt Feri individuelle Anlagekonzepte für große Vermögen. Dabei werden auch Entnahmen und Cash-flow-Planungen berücksichtigt.

Heute ist das Feri Institut das größte private Wirtschaftsforschungs- und Prognose-Institut in Deutschland. Die Prognosen und anderen Dienstleistungen gehen an 650 institutionelle Kunden, 550 im Inland, davon die Hälfte Banken. Zum Wirtschaftsinstitut sind eine Reihe von Ablegern gekommen: die Buchhaltungstochter Feri Systems, Gesellschaften in Frankreich und USA, die Immobilientochter Feri Real Estate als Gemeinschaftsgründung von Feri und Feri Trust und die Feri Institutional Management für institutionelle Kunden.

Feri Trust bietet einen umfangreichen Vermögensservice. Der Kunde bekommt eine detaillierte Buchhaltung als Prüfungsunterlage für Steuerberater und Wirtschaftsprüfer, eine steuerliche Einordnung und erhält vierteljährlich einen Bericht über die Wertentwicklung. Das hat seinen Preis: Die jährliche Betreuungsgebühr beträgt für das Mindestvermögen von 5 Millionen Mark 0,8 Prozent, also 40 000 Mark. Hinzu kommt ein 10prozentiges Erfolgshonorar auf die Performance nach Steuern und Kosten oberhalb vereinbarter Zielwerte, beispielsweise 5 Prozent. Von 10 Prozent

Performance kassiert Feri also 0,5 Prozentpunkte. Die Kunden zahlen es gerne, sagt Stammler: »Ich habe einen Anleger, der ist extrem gebührenorientiert. Der schrieb den Scheck über ein Erfolgshonorar von 250000 Mark aus und sagte: Und das zahle ich gerne.«

Kleine Psychologie der Wohlhabenden

Die Anlage großer Vermögen per Fonds war eine kleine Revolution. »Am Anfang haben wir uns sehr schwer getan«, sagt Stammler. Viele Kunden glaubten, ihr Vermögen von 10, 15 oder 20 Millionen Mark sichere ihnen jeden Service einer Bank und stets den roten Teppich. Wer mehr wollte, engagierte einen Vermögensverwalter, der sich ums Geld kümmert. Das hatte einen gewissen Snob-Appeal. Der Kunde hatte das beruhigende Gefühl, ein maßgeschneidertes Portfolio und Zugang zu einer Elite von Geldmanagern zu haben. Für den Geldmanager war es oft entscheidender, das Cocktailglas richtig zu halten, als Performance zu zeigen – denn daran mangelte es häufig.

Doch viele Wohlhabende machten schlechte Erfahrungen mit Banken und Geldmanagern. Sie mißtrauten fortan allen und legten ihr Geld in Eigenregie an. »Die meisten Eigenanleger, die zu uns kommen, haben noch nie eine Aktie gekauft«, sagt Stammler. »Komisch, da arbeiten die Leute erst hart für ihr Geld, und dann lassen sie es einfach irgendwo liegen.«

Die Reichen, meist konservativeren Gemüts, trauten sich nicht auf das Börsenparkett – aus lauter Angst, ihr Geld zu verlieren. Schließlich erkennen sie, daß die Märkte zulegen, nur ihr Portfolio nicht. Dann laufen sie in die Zyklikfalle: »Viele Anleger verhalten sich prozyklisch«, sagt Stammler. »Der Kunde macht lange nichts, dann guckt er ein oder zwei Jahre: Ach, wie das läuft. Er steigt kurz vor dem Höhepunkt des Marktes ein – und verliert gleich 20 Prozent. Als gebranntes Kind steigt er aus und bleibt wieder für lange Zeit abstinent.«

»Viele Anleger haben dieses merkwürdige Gefühl, es einfach nicht richtig machen zu können.« Also versuchen sie es doch noch einmal mit einem anderen Verwalter oder einer anderen Bank. Doch die meisten Banken funktionieren nach dem gleichen Prinzip, sagt Stammler: Es werden in erster Linie Transaktionskosten produziert, nicht Kundenertrag.

Beim gemeinsamen Abendessen mit befreundeten Ehepaaren hören sie dann, was die anderen gemacht haben. Nirgendwo werde so viel geschummelt wie bei den eigenen Anlageerfolgen, sagt Stammler: »Stolz erzählt da jemand, er habe den Dollar richtig eingeschätzt, doch der hat vielleicht nur ein paar Dollar von der Urlaubsreise übrig gehabt.« Die Anleger berichten nur über Erfolge, nicht aber, wieviel sie in dubiosen Immobilienprojekten versenkt haben.

Techniker als Anlagespezialisten

Feri mag Außenseiter: Die 65 Feri-Mitarbeiter haben vorzugsweise Logik, Statistik oder Mathematik studiert. Nur wenige waren zuvor bei Banken oder anderen Finanzdienstleistern. Auch Stammler ist gelernter Elektroingenieur. »Techniker sind naturgemäß eigentlich sehr unbelastet vom Geschehen in der Wirtschaft«, sagt er.

Der am 4. Juli 1955 geborene Stammler wollte erst ein technisches Fach studieren und sich dann die kaufmännischen Grundlagen aneignen. »Mit der einfachen Ausbildung, das ist alles halb und halb. Ich mußte etwas lernen, von dem ich gar nichts verstand, also Elektrotechnik bei Siemens«, schildert er seine damaligen Motive. Seine ersten Aktien waren 1980, natürlich, Siemens-Anteile. »Die habe ich gekauft in völligem Unverständnis, was ich da eigentlich habe. Aber die gab es für Mitarbeiter mit Rabatt, und da mußte ich ja zugreifen.«

1982 begann er ein zweites Studium – Betriebswirtschaft – und begann sich gleichzeitig am Aktienmarkt zu engagieren. Er kaufte Hoechst und andere Aktien »in der schönsten aller Phasen«. Freunde wurden auf seine Erfolge aufmerksam und vertrauten ihm ihr Erspartes an. Ein Freund hatte gerade sein Unternehmen verkauft und wuppte damit Stammlers Portfolio über eine Million Mark. Stammler erstellte ein eigenes Buchhaltungsprogramm.

Nach dem Zweitstudium erhielt er ein Angebot der Unternehmensberatung Roland Berger: Mit zwei Qualifikationen sei er ideal zum Berater geeignet. Stammler nahm an: Dort könne er lernen, wie Wirtschaft funktioniert, sagte er sich, und vielleicht lerne er schon den einen oder anderen Kunden kennen. Denn er wollte in jedem Fall in die Vermögensverwaltung zurück. »Das erste Jahr bei Berger war eine Tortur«, erinnert er sich. Stammler mußte viele neue Dinge lernen: Wie präsentiere ich? Wie arbeite ich etwas schnell auf den Punkt aus? Nach drei Jahren stieg er zum Projektleiter auf.

Über einen Studienkollegen, der bei Feri eingestiegen war, kam Stammler dazu, dort ein neues Geschäftskonzept zu präsentieren: keine Beratungsfirma, sondern eine Vermögensverwaltung, die bereits Vermögen ab 5 Millionen Mark nimmt (die Feri-Grenze liegt bei 100 Millionen Mark) – und die dann auf Fonds setzt. »Die Feri-Leute sagten ja und haben sich beteiligt, leider mehrheitlich.«

Immer noch kann sich Stammler über die großen Vermögen beinahe kindlich freuen. Eines Tages bekam er einen Anruf, erzählt er: »Wir brauchen einen Fonds, der mindestens 1 Milliarde Mark groß ist.« – »Ja, warum denn?« – »Wenn wir uns an einer französischen Investmentgesellschaft beteiligen, darf unser Kunde nicht mehr als 10 Prozent haben.« Stammler: »Das ist spannend.«

Das typische Feri-Konzept

Feri-Kunden sind anspruchsvoll. Jeder Kunde bekommt daher von Stammler und seinen Kollegen eine kleine, spiralgeheftete Mappe mit Schaubildern – die Unternehmensberatererfahrung von Stammler schlägt durch. Um sein Konzept zu erläutern, geht er mit mir durch eine typische Präsentationsmappe.

Das Konzept

Asset Allocation	Aus den volkswirtschaftlichen Rahmendaten und mittels ökonometrischer Prognosemodelle entwickelt Feri eine Asset Allocation: Die grundlegenden Anlageentscheidungen werden getroffen, die Makrostruktur des Portfolios festgelegt.
Asset-Optimierung	Zweiter Schritt ist die Analyse der allgemeinen Finanzmarktdaten. Die Zinsmodelle und Aktienmarktmodelle werden untersucht. Daraus folgt die Asset-Optimierung. Die Anlagestruktur wird verbessert, detaillierte Risiko- und Ertragserwartungen werden formuliert.
Fondsselektion	Als dritten Schritt wählt Feri aus den Investmentfondsdaten die geeigneten Zielfonds aus. Die Mikrostruktur des Portfolios wird festgelegt.
Portfolio-management	Die Anlagestrategie wird umgesetzt. Individuelle Anlegerziele werden berücksichtigt. Risiko und Kosten werden unter Kontrolle gehalten.

Oberstes Ziel der Anlage großer Gelder ist der Vermögenserhalt. Stammler zeigt Schaubilder, wie sich die verschiedenen Anlagen entwickelt haben. Mit Festgeldanlagen war der Vermögenserhalt zwar nominell zu schaffen, aber real hat der Anleger seit 1970 mit dieser ganz sicheren Anlage sein Geld ebenso sicher vernichtet. Anleihen schnitten nur wenig besser ab. Mit Aktien stimmt die Rechnung zwar am Ende, aber wer ausgerechnet im Spätherbst 1987 – also nach dem Crash – an sein Geld mußte, war ein halbes Vermögen ärmer.

Daher darf der Anleger nicht allein auf eine Anlageform setzen, folgert Stammler. Auch die holzschnittartige klassische Drittelung (ein Drittel Festgeld, ein Drittel Anleihen, ein Drittel Aktien) ist nicht optimal. Sie verbessert das Ergebnis zwar bereits deutlich, aber noch nicht genug. »Wir wollen mit möglichst wenig Risiko diesen Wert überschreiten.« Das passive Portfolio aus gleichgewichteten Geldmarkt-, Renten- und Aktienanlagen schaffte seit

1970 ein reales Plus von 64,85 Prozent. Das aktive Portfolio mit maximal 25 Prozent Aktien dagegen 115,16 Prozent.

Ein ganz wichtiger Erfolgsgrundsatz lautet: Meide Verluste. Feri hat ausgerechnet, was aus 10 Millionen Mark über 30 Jahre wird, wenn das Kapital jährlich um 8 Prozent wächst. Bei verlustfreier Anlage werden daraus mehr als 100 Millionen Mark. Erleidet der Anleger dagegen beispielsweise im 3., 10. und 21. Jahr einen Verlust von 10 Prozent, kommt er nur auf knapp 60 Millionen Mark. »Einen richtigen Verlust holt der Anleger nie mehr ein. Der Zinseszinseffekt wird gewaltig unterschätzt.«

Absolute Performance. Feri setzt auf die absolute Performance. Der private Anleger will individuelle Renditeziele erreichen, er will Verlustphasen vermeiden und eine stetige Wertentwicklung erzielen.

Das Konzept der absoluten Performance

- Identifikation aussichtsreicher Anlagekategorien und -märkte
- Berechnung detaillierter Ertragserwartungen
- Risikoklassifikation des Anlageumfeldes
- Bildung einer optimierten Portfoliostruktur
- Risikokontrolle durch auf bestimmte Situationen abgestimmte Szenario- und Sensitivitätsanalysen

---

Die Grundentscheidung über den Anlageerfolg fällt in der Asset Allocation, also der Verteilung des Vermögens auf verschiedene Anlageobjekte, glaubt Stammler: »Die Performance vor dem Komma entscheidet sich in der Asset Allocation. Die Auswahl des richtigen Fonds allein bringt uns nicht den Effekt.«

Feri betrachtet zuerst das Makroszenario, also die großen Trends von Zinsen und Konjunktur. Die Feri GmbH untersucht detaillierte Daten aus mehr als 50 Ländern. Das Prognosemodell ist stark schematisch: »Wir wollten weg von der Geldanlage nach Gefühl. Die Methode muß einfach, systematisch und nachvollziehbar sein.« So erkenne man auch Fehler und könne sie korrigieren. »Die Organisation lernt.«

Das Feri-Prognosemodell ist stark zinsgetrieben. Feri prognostiziert kurzfristige und langfristige Zinsen, die Konjunktur und damit auch die Gewinne. Die These: Die Geldpolitik der Notenbanken bestimmt den Geldmarkt, die Inflationserwartungen den Rentenmarkt und die (aus der Konjunktur abgeleiteten) Gewinnerwartungen der Unternehmen den Aktienmarkt. »Wir wissen nicht, ob die Notenbanken im nächsten Monat den Zins erhöhen«, sagt Stammler. »Wir erarbeiten nur das Umfeld.« Soll heißen: Besteht überhaupt die Notwendigkeit oder Möglichkeit für die Notenbank, den Zins zu ändern? Dann formuliert Feri eine Prognose. Dies ist die Geldmarkterwartung: Was ist in nächster Zeit in Festgeld zu verdienen?

Die aktuelle Inflation und die Entwicklung der Faktoren, die die Inflation bestimmen, machen das Inflationsumfeld aus. Steigt die Inflation oder droht sie zu steigen, sind die Anleger weniger bereit, sich am Rentenmarkt zu engagieren – und wenn, dann nur zu höheren Zinsen. Zusammen mit der Geldpolitik ergeben sich die Zinsprognosen.

Die Zinsen fließen zum Teil in die Aktienmärkte. Stammler lehnt die Substanz-Wert-Theorie (also die Frage: Was ist der Wert des Unternehmens bei Zerschlagung?) ab. Der Aktienkurs ist ungleich stärker vom Zinssatz abhängig, also vom Gewinn oder dem Gewinnwachstum. Für die Bewertung eines Aktienmarktes ist die Notenbankpolitik zusammen mit der Konjunkturerwartung, die die Gewinne bestimmt, entscheidend.

Der typische Zyklus der Wirtschaft sieht aus Stammlers Sicht so aus: Noch lange vor dem Höhepunkt der Konjunktur erhöhen die Gewerkschaften ihre Lohnforderungen. Die Zinsen steigen, weil alle investieren. Auch Unternehmer verhalten sich sehr prozyklisch. Bis zum Höhepunkt der Konjunktur sind die Zinsen stark gestiegen. Jetzt kommt der Aktienmarkt unter Druck, denn hohe Zinsen machen die Bewertung rechnerisch unattraktiv. Wenn die Konjunktur ihren Höhepunkt überschritten hat, leiden die Gewinne. Die Kosten steigen, die Gewinne fallen. Deshalb sorgen fallende Rentenkurse mit einer kurzen Verzögerung auch für fallende Aktienkurse. Das setzt sich recht munter fort: Die Investitionen sind nicht zu stoppen, die Löhne steigen weiter. Die Kostenschere läuft auseinander, die Läger werden voller und voller. Nun gerät die Konjunktur richtig ins Trudeln, sie stürzt in die Rezession.

Irgendwann nach dem Einschwenken auf den Rezessionskurs fangen die Zinsen langsam wieder an zu fallen, die Anleihenkurse steigen wieder. Die Bundesbank gibt ihre Bremspolitik auf. Sinkende Zinsen sind für die Bewertung der Aktien positiv. Die Pleitewelle ist abgeebbt. Die Unternehmen haben saniert. Die bessere Konjunktur sorgt für steigende Gewinne. Dank der Zinsentwicklung steigt der Aktienmarkt bereits, obwohl die Konjunkturmeldungen noch negativ sind. 1993 war ein Musterbeispiel: In der schwersten Rezession stiegen die Aktienkurse um 50 Prozent.

In dieser Phase ist es wichtig, den Standort im Konjunkturzyklus zu bestimmen. Das Problem ist: Im Tal, kurz vor Sonnenaufgang, ist es am dunkelsten. Die konjunkturellen Meldungen kommen mit drei bis sechs Monaten Verspätung. Dann ist die große Gewinnphase an den Renten- und Aktienmärkten aber bereits gelaufen. »Die Gefahr ist groß, prozyklisch hereinzugehen, noch einen Teil mitzunehmen, mehr oder weniger eine Scheinblüte, und dann wieder rasiert zu werden.« Deswegen ist die Bestimmung der konjunkturellen Situation so wichtig. Die wichtigsten Faktoren sind der OECD-Frühindikator, die Industrieproduktion, Inflationsrate und die Währung relativ zur D-Mark.

In der Summe formuliert Feri Land für Land einen erwarteten Ertrag nach Steuern. Diese Ertragserwartung ergibt sich bei Anleihen aus:

aktueller Rendite
+/− erwarteter Kursveränderung
+/− erwarteter Devisenänderung
−   Steuerlast
_____
=   erwarteter Ertrag nach Steuern

Aus dieser Ertragsbewertung folgt die Asset Allocation. Feri beachtet aber auch noch zwei technische Faktoren:
• Liquidität. Die Märkte sind in vielen Phasen stark abhängig von der verfügbaren Liquidität. Als die Liquidität 1994 knapp wurde, gerieten die Märkte ins Trudeln.
• Anlegerverhalten. Feri setzt auf sogenannte Behavioral-Finance-Modelle. Die Finanztheorie besagt: 80 Prozent der Zeit reagieren die Märkte rational, 20 Prozent der Zeit überschie-

ßend. Auf der Informationsebene gibt es ökonomische Fundamentaldaten. Der Anleger verknüpft diese Informationen subjektiv (Anlegerebene). Er reflektiert sie durch seine Anlageentscheidungen zurück in den Markt, also auf die anderen Anleger, über Marktpreise und -reaktionen (Marktebene). Diese beiden Ebenen koppeln sich zurück und verstärken sich. Der Anleger hört Gutes und will nur noch Gutes hören. Schlechte Meldungen werden verdrängt, der Kurs steigt immer noch. Diese Rückkopplungseffekte verstärken sich so stark, daß Märkte in einer elliptischen E-Funktion verlaufen und richtig hoch- und überschießen und dann ganz abrupt abbrechen. »Das endet oft in einer spekulativen Blase, wie schon 1636 in der Tulpenkrise oder 1987 in Japan. 1994 waren wir auch schon an einem Punkt, wo sich die Kurse bereits hochgeschaukelt hatten«, sagt Stammler.

Anhand der Makroanalyse schlägt Feri eine konkrete Vermögensaufteilung mit präzisen Ertragserwartungen vor. Die einzelnen Anlagemärkte werden mit ein bis drei Sternchen für geringes, mittleres und hohes Prognoserisiko gekennzeichnet.

Das schwarze Jahr 1994. »1994 haben auch wir Verluste gemacht«, gibt Stammler zu. Feri lag sogar schlechter als viele Aktienfonds – was das Haus ins Nachdenken darüber stürzte, ob die vorsichtige Ausrichtung immer richtig ist. Der Chef-Volkswirt verteidigte sich, der Zinsanstieg sei ökonomisch unbegründet. Er passe nicht in die Landschaft, es gebe keinen Grund für höhere Zinsen, dahinter stünden nur falsche und überzogene Erwartungen. »Aber das nützt ja nichts, der Markt prügelte die Kurse herunter.« Die Renditen der 30jährigen Staatsanleihen kletterten über 8 Prozent. »Das waren richtige Sonderangebote, da mußten wir wieder kaufen.«

Feri hielt durch. Auch als der Zins bei 8,5 Prozent lag, setzten die Volkswirte weiter auf sinkende Zinsen, weil sie eine niedrigere Inflation erwarteten. Anfang 1995 waren die Bad Homburger eines von zwei Instituten, die gesagt hatten, die Zinsen fielen nachhaltig. »Und das hat natürlich 1995 so richtig gut getan.«

Schwieriger ist der Umgang mit den Kunden. Zuerst müsse man sich fragen, ob ein grundsätzlicher Fehler gemacht wurde.

Dann kommt der Gang zum Kunden, das Eingeständnis der Verluste und das Räumen der Position. Stammlers Spruch: »Es tut mir leid, Sie haben Geld verloren, ich Reputation.« Die wichtigste Regel sei: Lasse den Kunden mit seinen Verlusten nicht allein. Damit haben viele Banken ihre Kunden vergrätzt. Dieses Denken führte zu einem neuen Zulauf für Feri. In den USA festigte die Fondsgesellschaft Fidelity ihren guten Ruf, weil sie ihre Telefone nach dem Renten-Crash besetzt hielt. Die Mitarbeiter konnten die Kunden beruhigen.

Stammlers Fazit: »Wir haben manche Fehler erkannt. 1994 in der Form passiert uns nicht mehr. Punkt.«

Die Umsetzung über Investmentfonds

Vorteile von Investmentfonds

- weltweite Expertise zu vertretbaren Kosten
- bessere Ergebnisse als bei traditioneller Verwaltung
- geringere Risiken als in der Direktanlage
- steuerfreie Realisierung von Kursgewinnen im Fonds innerhalb der Spekulationsfrist
- Diversifikation
- bei vielen Fonds tägliche Performance-Daten in Zeitungen

Die Vorteile der Umsetzung der Asset Allocation durch Fonds-Picking liegen für Stammler auf der Hand:

Preiswerte Kompetenz. Wenn Feri glaubt, daß Frankreich der Markt der nächsten zwölf Monate ist, kann das Geld in den besten Fonds gehen. Wenn Frankreich wieder out ist, wird das Geld wieder abgezogen. Der Fondsmanager muß also nicht ständig beschäftigt werden, sondern nur, wenn sein Anlagegebiet besonders attraktiv ist.

Transparenz. Fonds und ihre Performance sind extrem transparent. Zweimal im Jahr müssen sie über die Wertentwicklung berichten und ihre Bestände offenlegen. Die Suche nach Spezialisten als Vermögensverwalter ist aufwendig, teuer und in der Verwaltung schwer zu handhaben. »Der Anleger weiß nie, ob sie wirklich bei den besseren sind, und er kommt auch nicht so leicht heraus.« Wenn der Anleger einmal ein Mandat vergeben hat, dann nimmt er das nicht nach einem halben Jahr heraus, weil der Verwalter ein bißchen schlechter ist als der Markt. Bei Fonds dagegen ist ein Wechsel problemlos. Echte Transparenz gibt es nur, wenn zwei Konten nebeneinanderher gefahren werden, am besten in der gleichen Größenordnung.

Automatische Diversifikation. Wer sein Geld auf verschiedene Fonds verteilt, diversifiziert automatisch. »Es hilft nicht, die besten fünf Europa-Aktien zu kennen. In unserer Größenordnung von fünf Milliarden Mark können wir uns niemals auf nur fünf Aktien konzentrieren.«

Steuerliche Vorteile. Ein Fonds muß sich nicht um die Einhaltung der Spekulationsfrist von sechs Monaten kümmern. Hauptsache, der Anleger hält die Fondsanteile länger als ein halbes Jahr.

Günstige Gebühren. »Anfangs wollten die Fonds nicht runter mit den Gebühren.« Heute zahlen Feri-Kunden einen Ausgabeaufschlag.

Gute Fonds sind besser als der Markt. Auch wenn Feri zu wissen glaubt, welche Märkte gut laufen, sorgen die Fonds durch eine gute Einzelauswahl für bessere Ergebnisse. Ein guter Europa-Aktienfonds schafft 30 Prozent pro Jahr.

Die Auswahl des richtigen Fonds

Die Fondsauswahl folgt logisch aus der vorgegebenen Anlagestruktur. Beispiel: Feri hält deutsche Aktien für attraktiv, besonders die Nebenwerte. Das schränkt die Auswahl auf wenige Fonds ein. Eventuell bevorzugt Feri auch noch eine bestimmte Branche.

Feri analysiert die Struktur der in Frage kommenden Fonds. Die spannende Frage ist: Will der Fondsmanager diese morgen ändern? »Wir sind zwar große Investoren, oft sogar die größten in dem einen oder anderen Fonds, aber wir reden dem Fondsmanager niemals in die Anlagestruktur hinein.« Feri verlangt nur, über

Strategieänderungen rechtzeitig informiert zu werden. Er sieht das Verhältnis zu den Fondsmanagern als wechselseitiges Lernen. »Wenn wir die Anlagestrategie nicht zu straff formulieren, können die Fondsmanager Teile unserer Fehler etwas abfedern.«

Oft kontert Feri dann die Strategien der Fondsmanager. Vor der Währungskrise 1992, die auf die Volksabstimmung in Dänemark über den Euro folgte, kostete die Absicherung der Währung an den europäischen Märkten praktisch nichts. Der Ecu galt als sicherer Währungsverbund. Stammler sprach mit einem Rentenfondsmanager, bei dem ein hoher Anteil des Feri-Vermögens lag. Der hielt die Ängste für Nonsens. Stammler ließ sich seine Struktur zeigen und sicherte nach diesen Quoten Franc, Pfund und Lira ab. Einen Monat später kam die Währungskrise. Der Fondsmanager rief an und war froh über die Devisenkurs-Sicherung, denn damit blieben zumindest diesen Kunden herbe Verluste erspart.

Die besten Fonds: A oder V?

»Es gibt nicht den Generalisten-Überflieger, der alles kann«, sagt Stammler über die erfolgreichsten Fondsmanager. Wer erfolgreich ist, hat eine Methode gefunden, um immer wieder attraktive Aktien im Portfolio zu haben. Dahinter steht sorgfältige tägliche Arbeit und nicht das den-Gerüchten-Hinterherlaufen oder das Springen auf das Marktmomentum. »Ich habe mehr Vertrauen zu diesen fundamentalen Ansätzen. Alles, was Trendfolge ist und Technik, ist per saldo längerfristig nichts, denn der kriegt ja keine Kurve mit.« Die erfolgreichen Fondsmanager sind analytisch ausgerichtet oder rein indexorientiert, sie machen keine Modeerscheinungen mit.

»Die Frage ist, ob der Fondsmanager den langen Atem hat«, sagt Stammler. Die namhaften Unternehmen sind immer Eigentümerunternehmen gewesen, ob Pioneer, Fidelity oder Templeton. »Der Fondsmanager muß eine klare Strategie haben, und sein Haus muß das auch zulassen.«

Stammler hat keine Fondsgesellschaft, die er bevorzugt. »Nur wenige Fondsgesellschaften haben mehrere Top-Fonds.« Die besten drei Fonds aus 18 Kategorien, insgesamt also 54 Fonds, verteilen sich auf 34 Kapitalanlagegesellschaften (KAG). Im Schnitt hat jede KAG also knapp 1,6 Spitzenprodukte.

Performance von Fonds. In Aufschwungphasen sind die besten Fonds oft deutlich besser als der Markt. »Natürlich ist der Durchschnitt der Fonds schlechter als der Index«, sagt Stammler. »Aber wer will denn den Durchschnitt kaufen?« Typischerweise schneiden zwischen 15 und 25 Prozent der Fonds besser ab als der Index. Feris Aufgabe ist es, einen dieser Outperformer zu finden. »Fondsmanager sind risikoscheu«, sagt Stammler. »Die ziehen zum Teil frühzeitig die Bremse, haben oft Kasse, also Fest- und Tagesgeld.« Oder sie halten in kritischen Börsenzeiten Aktien, die nicht so stark fallen.

»In jedem Markt gibt es Outperformer«, sagt Stammler. Bei deutschen Aktien sind es 20 Prozent der Fonds, bei Aktien in Europa 25 Prozent, bei Aktien weltweit 15 Prozent. Um die künftigen Outperformer zu finden, untersucht Feri alle in Deutschland und Österreich zum Vertrieb zugelassenen 3000 Fonds. Zu den Fonds finden sich insgesamt 120 000 Kursdaten.

Die Fondsanalyse

Quantitative Analyse
- Kontrolle von Performance und Risiko
- Nachhaltigkeit der Outperformance
- Verhalten in Auf- und Abschwung
- Abschätzung der Verlustrisiken

Qualitative Analyse
- Interviews mit Fondsmanagern
- Überprüfung methodischer Konzepte
- Analyse des Managementstils
- Permanenter Dialog

Stammler betrachtet die Performance des Fonds gegen den Index. Daraus kann er schon oft die Grundstrategie erkennen: Wie stark ist er gegen Rückschläge abgesichert? Wie nah operiert er am Index? Wer sich an den Index anlehnt, ist oft sehr groß oder risikoscheu. Manchmal steckt dahinter aber auch nur eine schlechte Performance in der Vergangenheit: »Wenn alles nicht funktioniert hat, hängt sich der Fonds an den Index.«

Durch den Vergleich der Fonds-Performance in verschiedenen Marktphasen versucht er festzustellen, ob die Strategie eher aggressiv oder defensiv ist. Sein System:

- V-Fonds: Der Fonds geht nach oben, wenn der Markt aufwärts geht, und nach unten, wenn es abwärts geht. Er ist ein Outperformer in beiden Richtungen. Der aggressive Fonds schießt hoch, wenn es läuft, und runter, wenn es schiefgeht.
- A-Fonds: Typischerweise zeige der Fonds Outperformance in der Abschwungphase und Underperformance im Aufschwung. Der Grund ist die Kassehaltung. Diese Fonds mit stark defensivem Charakter seien für unsichere Börsenzeiten ideal.

»Der perfekte Fonds wäre im Aufschwung etwas besser als der Index, in der Abschwungphase dagegen sehr viel besser als der Index.« Die guten Fonds zeichnen sich durch eine Gemeinsamkeit aus: Die deutlichen Rückschläge in vielen Märkten machen sie nicht voll mit, sie sind aber voll dabei, wenn es aufwärts geht.

Feri prüft die Strukturen des Fonds genau. Bei seinem Lieblings-Europa-Fonds für langfristige Anleger, Comgest Europa, kennt Stammler alle 20 Aktienpositionen von Fondsmanager Wedig von Gaudecker. Feri analysiert die Wertentwicklung, die Performance relativ zum europäischen Aktienindex von Morgan Stanley MSCIEUR, die gleitende Dreimonatsperformance, das Ranking der gleitenden Dreimonatsperformance und die Elastizität in Auf- und Abschwungphasen.

Der Reiz des großen Geldes

Stammler macht es sichtlich Spaß, mit dem vielen Geld umzugehen, selbst wenn es nicht sein eigenes Vermögen ist. Lachend erzählt er die Anekdote, wie er mit der Erfolgsbilanz und der Abrechnung zum Kunden fährt. Beim gemeinsamen Mittagessen sagt die Frau des Kunden auf einmal zu ihm: »Also dieses ganze Geld, damit habe ich ja überhaupt nichts am Hut. Aber Ihnen

scheint es richtig viel Spaß zu machen, viel mehr als uns selbst.«
Das sei typisch, so Stammler: »Für unsere Kunden ist das Geld
oft lästig, die wissen gar nicht, was sie damit machen sollen.«
Viele seien ganz bescheidene Leute: Ein Kunde sitze in einem
fensterlosen Büro, habe aber 25 Millionen auf der Kasse. »Und
er war nicht geizig«, sagt Stammler. Der typische Feri-Kunde
habe 5 bis 10 Millionen Mark und lebe weiter unauffällig. Meist
wüßten nicht einmal die Nachbarn oder Verwandten, daß er so
viel Geld habe.

Die High-Tech-Anleger:
Option auf schnelle Gewinne

Lawrence Hite:
Mit dem Computer in Futures

Eines Tages kam Larry Hite zu früh – »ein ungewöhnliches Ereignis im sonst meist unpünktlichen Amerika« – zu seinem Augenarzt im New Yorker Stadtteil Brooklyn. Der Arzt schickte ihn noch einmal auf eine Runde um den Block, die Heimat seiner Jugend. Hite erinnerte sich an alte Zeiten und fragte sich: »Wo ist die Verbindung zwischen dem Jungen, der rund um diese Häuser spielte, und der Person, die ich heute bin?«

Sechs Monate lang dachte Larry Hite nach. Dann hatte er die Antwort: »Ich hatte das Leben meines Onkels reproduziert, inklusive seiner Familie.« Jedes Wochenende hatte er bei seinem Cousin im Haus seines Onkels verbracht. Das prägte: »Ich wollte wirklich und ernsthaftig so wohlhabend wie er sein.« Als Larry fünf Jahre alt war, fragte ihn der Vater eines Freundes, was er werden wolle. Hite: »Ich sagte, reich wie mein Onkel Heini.«

Der frühe Wunsch von Lawrence Hite ging in Erfüllung: Nach einem wechselvollen Lebensweg wurde er einer der erfolgreichsten Anleger an den als besonders riskant geltenden Waren- und Terminmärkten. In den achtziger Jahren war sein Fonds Mint Management lange Jahre der erfolgreichste Warentermin-Fonds überhaupt. Vom Beginn im April 1981 bis Mitte 1988 erreichte Hite eine durchschnittliche jährliche Rendite von mehr als 30 Prozent. Die Schwankungsbreite lag lediglich zwischen 13 und 60 Prozent. Der größte Verlust lag bei 15 Prozent innerhalb von sechs

Monaten und bei weniger als 1 Prozent in zwölf Monaten. Sein Erfolgsgeheimnis: strikte Risikokontrolle.

Umwege zum Reichtum: Drehbuchautor und Rockbandmanager

Lawrence Hite wurde am 14. April 1941 in Brooklyn geboren. Wegen Geburtskomplikationen kam er mit einer Behinderung auf die Welt: Er ist auf einem Auge blind, seine Bewegungskoordination ist beeinträchtigt. »Weil die Dinge für mich schwieriger sind, machte ich viele negative Erfahrungen. Es war also sehr einfach für mich, zu verstehen, wie ich mit Risiko umgehen muß.« Er zog sich am liebsten aus der realen Welt zurück: »Ich liebte es, Radio zu hören.«

»Ich wollte nicht reich werden, um reich zu werden«, sagt Hite. »Ich wollte einfach nicht zerquetscht werden.« Wer mit einer Behinderung geboren werde, strebe nicht nach Reichtum, um Macht über jemanden zu haben. Es gebe Menschen, die auf allen Gebieten gut sind, im Sport und in der Schule. »Sie sind auserwählt.« Und es gebe Leute, die es nicht sind: »Ich war kein guter Sportler und auch kein guter Student, also lernte ich viel über Verlieren.« Wer eine Behinderung hat, ist leicht verletzlich. »Ich habe diesen Teil meiner Biographie noch nie erzählt. Es gibt eine große Angst, und Angst ist ein großer Motivator.«

Auf dem Weg zum Reichtum schlug Hite zunächst einige Umwege ein. Er war zuerst ein schlechter Schüler, dann ein schlechter Student. In den sechziger Jahren versuchte er sich als Schauspieler, Manager von Rock-'n'-Roll-Bands, Konzertveranstalter und Autor von Drehbüchern – alles mit mäßigem Erfolg. Eines Tages hörte Hite den texanischen Milliardär H. L. Hunt im Radio, der beschrieb, wie er ein Vermögen machte, indem er billige Öloptionen kaufte. »Er investierte nur, wenn er das Geld in einem Jahr verdoppeln konnte«, erinnert sich Hite. Schon auf dem College hatte er staunend von den Finanzmärkten gehört. Sein Professor erklärte nacheinander die einzelnen Anlagemärkte: Aktien, Anleihen und Devisen. Und dann sagte er: »Nun kommen wir zum verrücktesten Markt überhaupt – Waren und Rohstoffe. Diese Leute traden mit einem 5-Prozent-Einschuß – und die meisten borgen sich auch den noch.«

Hite war beeindruckt und neugierig. War das der Königsweg, um reich zu werden? 1968 begann er als Aktienbroker bei Edwards & Hanley, um dort das notwendige Wissen zu erwerben. »Geld machen ist einfach, wenn man hingeht, wo Geld zu machen ist.« Sein Beispiel: Wer einen guten Job macht, verdient als Buchhalter 150 000 Dollar im Jahr, ein Investmentbanker 700 000 Dollar. »Beide machen im Grunde das gleiche – ihre Arbeit gut.«

Hites erstes Vorstellungsgespräch fand in einem jener auf Gediegenheit getrimmten Büros einer alten Wall-Street-Firma statt. »Mein Gesprächspartner sagte, sein Haus kaufe für seine Kunden nur Blue Chips.« Hite nickte verständnisinnig, doch damals wußte er nicht einmal, was Blue Chips sind. Zu Hause schlug er die Bedeutung nach und lernte, daß dies die Farbe der teuersten Chips in Monte Carlo war. Damit hatte er das seiner Meinung nach Wichtigste herausgefunden: Am Finanzmarkt wird im Grunde gezockt. Er legte seinen Band »Security Analysis« von Benjamin Graham und David Dodd zur Seite und kaufte ein Buch mit dem Titel »Beat the Dealer«, zu deutsch: »Sei besser als der Börsenhändler«. Seine Idee: Erfolgreiches Investieren ist eine Sache der Wahrscheinlichkeit. Wer die Wahrscheinlichkeit richtig kalkuliert, kann den Markt schlagen.

1973 wechselt Hite als Broker in die Warenterminmärkte und beginnt, auf eigene Rechnung zu handeln. Nach sieben Jahren entscheidet er, sich selbständig zu machen und seine eigene Fondsgesellschaft zu gründen, die Mint Investment Management Company. Doch sein mathematisches Verständnis reicht nicht aus, er braucht eine wissenschaftliche Fundierung seiner Ideen: Er engagiert den promovierten Statistiker Peter Matthews, damals ebenfalls Commodity-Trader, als Partner und stellt Michael Delman ein, einen Entwickler von Computersystemen bei einem Hersteller von Militärelektronik. Matthews und Delman lieferten den Beleg, daß Hites Trading-Konzepte statistisch richtig sind.

Im April 1981 beginnt Mint mit einem Anlagevolumen von 2 Millionen Dollar. 1988 verfügt Hite bereits über 800 Millionen Dollar, heute sind es mehr als 1 Milliarde Dollar mit Geldern aus

Europa, Asien und dem Mittleren Osten. Damit ist Hite einer der größten Commodity Trading Advisers (CTA) an der Wall Street. Futures Funds – auch Commodity Funds genannt – werden von CTAs geführt. Sie müssen bei der amerikanischen Commodity Futures Trading Commission (CFTC) registriert sein, die den Commodity- und Financial-Futures-Markt übersieht.

50 Prozent von Mint gehörte beim Start den drei Partnern, die anderen 50 Prozent E. D. & F. Man, einem 200 Jahre alten britischen Zuckerhandelsunternehmen. Im September 1995 verkauft Hite seine restlichen Anteile an E. D. & F. Man und zieht sich aus dem aktiven Geschäft zurück.

Die Methode: Risiko kontrollieren

Eines Tages war Larry Hite in London bei einem der größten Kaffee-Trader der Welt eingeladen. Der Spekulant hatte alle Bücher über Kaffee gelesen. Beim Dinner fragt er Hite, der mit seinem Kaffee-Engagement erfolgreicher gewesen war: »Wieso weißt du mehr über Kaffee als ich?«

Hites Antwort: »Ich weiß gar nichts über Kaffee. Ich trinke nicht einmal welchen.«

Die erstaunte Nachfrage: »Und wie tradest du dann?«

Hite: »Ich schaue mir nur das Risiko an.«

Nach einigen Monaten hörte Hite, daß der Kaffee-Experte 100 Millionen Dollar verloren hatte.

Risikokontrolle. Hite zielt nicht auf den maximalen Gewinn, sondern auf die beste Rendite, die mit extrem strenger Risikokontrolle erreicht werden kann. Um das Risiko zu minimieren, verzichtet er sogar auf Gewinnmöglichkeiten. Ihm geht es also um den Ertrag relativ zum Risiko. »Eine gute Methode ist nur eine notwendige, keine hinreichende Bedingung, um Gewinn zu machen. Wer im Trading überleben will, muß das Marktrisiko respektieren.«

»Ich bin vor allem Risikomanager«, sagt Hite. »Ich glaube, daß alles Risiko ist.« Er stürzte sich in einen der riskantesten Märkte – die Futures. Mit Optionen kann der Käufer das Recht erwerben, bestimmte Wertpapiere innerhalb eines festgelegten Zeitraums zu einem vereinbarten Preis zu kaufen oder zu verkaufen. Futures sind Börsentermingeschäfte, die für Großanleger konzipiert sind. Der entscheidende Unterschied von Optionen und Futures: Bei Optionen kann der Käufer wählen, ob er sein Kaufrecht ausüben will oder nicht. Sein Verlustrisiko beschränkt sich auf den Preis des Optionsrechts, das er verfallen läßt, wenn sich die Einlösung nicht lohnt. In die Pflicht genommen wird nur der Verkäufer der Option: Er muß das Wertpapier liefern, wenn der Käufer es verlangt. Als »Stillhalter« bekommt er dafür eine Prämie. Der Verkäufer setzt darauf, daß der Käufer das Optionsrecht nicht ausüben wird. Ein Future (Termingeschäft) ist dagegen für Käufer und Verkäufer verbindlich: Die Verluste sind also nicht begrenzt. Im Gegensatz zu Optionsgeschäften müssen Termingeschäfte wirklich erfüllt werden. Das kann schmerzlich sein, wenn sich die Kurse anders entwickeln als erwartet. Der Ursprung der Futures-Märkte ist der Handel mit landwirtschaftlichen Produkten. Heute gibt es sie für alle wichtigen Marktsegmente: Zinssätze (T-Bonds), Aktienindizes, Währungen, Edelmetalle, Energie (Rohöl) und landwirtschaftliche Produkte (Soja, Mais, Weizen).

Hite war der erste, der mit Simulationen bei Futures gearbeitet hat. Niemand könne die Zukunft vorhersagen, auch er nicht, trotz aller Simulationen, mit denen er bestimmte Anlagetechniken anhand von historischen Datenreihen testet. Doch letztlich beweist jeder Test nur, wie die Technik in der Vergangenheit funktioniert hätte. Dennoch scheint sich seine Hypothese zu bestätigen: Die Verhaltensmuster der Menschen ändern sich nicht. Die großen Crashs und ihre Muster wiederholen sich in unregelmäßigen Abständen: Tulpenkrise 1637, der große Crash 1929, der Absturz von Texas Instruments 1961 oder der Zusammenbruch des Silbermarktes 1980.

Doch diese Erkenntnis reicht noch nicht zur Prognose. »Man kann nichts prognostizieren, es sei denn in sehr großen Bandbreiten. Ich habe noch keinen Menschen getroffen, der irgend etwas vorhersagen konnte.« Auch er selbst nicht: »Ich habe ebenso große Chancen, richtig vorherzusagen, was der Markt morgen machen wird, wie dieser Stuhl dort.«

Die Schlußfolgerung: Wenn der Anleger nichts vorhersagen

kann, muß er seine Irrtumsanfälligkeit durch die Kontrolle des Risikos ausgleichen. Hite stellt eine listige Frage, um seine Philosophie zu verdeutlichen: Der Anleger hat 10000 Dollar. »Wieviel würden Sie einsetzen, wenn Sie am Jahresanfang die Preise von fünf Waren am 31. Dezember kennen?« Der Anleger kann soviel Kredit aufnehmen, wie er will.

Die natürliche Antwort sei: »Soviel wie möglich.« Leider falsch: Wer sich mehr als 40000 Dollar leiht, geht pleite. Zwischen dem 1. Januar und dem 31. Dezember sinkt der Kurs zuerst um 25 Prozent, bevor er um 100 Prozent nach oben schießt.

Es gibt nur vier wesentliche Fragen für Anleger, sagt Hite:
- Wieviel Gewinn ist möglich?
- Wie groß ist die Wahrscheinlichkeit?
- Wieviel Verlust ist möglich?
- Wie groß ist die Wahrscheinlichkeit?

Die dritte Frage ist am wichtigsten, so Hite: Er selbst vergleicht immer den möglichen Verlust mit seinem tatsächlichen Vermögen. Das Gewinnen fange mit dem Verlieren an. »Denn ich glaube, daß ich verliere. Also rechne ich besser damit.« Im Talmud heiße es: Der Anfang der Weisheit ist das Gefühl für Gott. Hite: »In der Geldanlage ist es das Gefühl für den Verlust.«

Hite ist notorischer Pessimist: »Ich glaube, es kann stets das Schlimmste passieren. Das muß nicht einmal aus logischen Gründen geschehen.« Der Fall der englischen Investmentbank Barings, wo das Aus ganz unvermittelt durch die milliardenschweren Fehlspekulationen des Traders Nick Leeson in Singapur verursacht wurde, ist eine Warnung: »Das kann immer passieren.«

Im Leben wie im Trading gelten zwei grundlegende Gesetze:
1) Wer nichts riskiert, kann auch nicht gewinnen.
2) Wer alle seine Chips verliert, kann nichts riskieren.
Seine oberste Regel: »never bet your lifestyle«, zu deutsch: Setze nie deinen Lebensstandard aufs Spiel.

Das gelte besonders für Futures: Bei Mais setzte Hite einst auf scheinbar sichere fundamentale Faktoren, als die Lagerbestände ein Zwanzigjahrestief erreichten. »Das sah wie ein wunderbarer Deal aus.« Es herrschte eine Dürre, doch einige Wochen später setzte ein Dauerregen ein. Die schon abgeschriebenen vertrockneten Felder blühten auf und produzierten die größte Maisernte der Geschichte. Hite hatte Glück: Er stieg kurz vor dem großen Regen wieder aus, weil sich der Preis nicht bewegte.

Aktien sind weniger riskant als Futures. Der Kurs kann sinken, aber wenn der Anleger richtig gekauft hat, wird er wieder steigen. Die Papiere werden durch die Qualität des Unternehmens und seine Gewinne abgesichert. Coca-Cola verlor 30 Prozent im Crash 1987. Hite saß an diesem Tag im Büro von E. D. & F. Man in London. Auf den Monitoren sah er den Crash um die Welt gehen. »Doch die Leute tranken weiter Coca-Cola.«

Effizienter Markt. Die Theorie des effizienten Marktes ist für Hite wenig überzeugend: »Ich stellte schnell fest, daß alle Vertreter dieser Theorie arm sind.« Der Anleger verliere um so mehr Geld, je intelligenter die Leute sind, mit denen er redet. Es gibt Tausende von Autounfällen unter Alkoholeinfluß jedes Jahr, die Scheidungsrate liegt bei 50 Prozent, die Mordrate ist hoch, viele Menschen sterben an Krebs, weil sie rauchen oder Übergewicht haben. »Wie viele Leute haben Sie schon getroffen, die rational sind?«

Weil die Anleger nicht rational sind, können die Märkte geschlagen werden, sagt Hite. Der Grund: »Nicht jeder Anleger, nicht einmal die Mehrheit ist im Markt, um Geld zu machen.« Sie seien engagiert wegen sozialer Rücksichten, die sie zu bestimmten Portfolios zwingen. Wenn der Manager Geld mit IBM verliert, ist er sicher, besonders wenn er sich auf eine Empfehlung verlassen hat. Aber er bekommt Ärger, wenn er in die kleine Newco – eine Abkürzung für »new company«, also ein neues, meist unbekanntes Unternehmen – investiert hat. »Die Märkte sind wundervoll, sie bringen das Schlechteste aus jedem heraus.«

Nur wenige Anleger denken selbständig, so Hite. Der Aktienmarkt wird von Brokern kontrolliert, sie entwickeln die wichtigsten Ideen. Ein Freund von ihm sei Broker, erzählt er: Sein Job sei es, institutionelle Anleger dazu zu bringen, ihre Meinung zu ändern – und dann für sie zu kaufen oder zu verkaufen. Erfolgreiche Fondsmanager seien normalerweise Einzelkämpfer: Allein gegen die Welt zu stehen sei eine einzigartige amerikanische Philosophie. Dahinter stehe das Bild des Cowboys.

Kaufregeln

Kaufe keine Story, sondern Zahlen!

Hite kauft keine Story, ihm ist es egal, wer die anderen Käufer einer Aktie oder einer Commodity sind. »Ich kaufe vor allem Zahlen.« Aktien kauft er so, wie ein Geschäftsmann ein Unternehmen kauft. Die beiden Prüffragen: Würde ich die ganze Gesellschaft zu diesem Preis kaufen? Würde ich mein ganzes Geld in diese Gesellschaft investieren? Aktien sind für Hite wie permanente Anleihen – nur ohne Zinskupon. Entscheidend ist der Cash-flow.

Kaufe Value oder Momentum!

Waren und Rohstoffe haben keinen Value. »Eine Commodity ist genausoviel wert, wie dafür gezahlt wird.« Es gibt keinen Liquidationswert, das Handelsobjekt kann nicht durch gutes Management oder eine Strategieänderung einen Turnaround schaffen wie beispielsweise ein Unternehmen oder eine Goldmine.

Auf den Waren- und Rohstoffmärkten wird das Momentum selbst zum Wert. Beispiel: Kaffee steigt von 1,20 auf 1,25 Dollar je Pfund, Hite springt auf diese Bewegung. Er kauft keinen Value, sondern eine Kursbewegung. Beim Traden sei übrigens auch der günstige Einkauf wichtig: Wer auf einen Anstieg auf 42 Cent setzt und den Rohstoff für 40 statt 40,5 Cent bekommt, hat schon einen Gewinn von 25 Prozent gemacht.

»Die meiste Zeit kaufe ich Waren und Rohstoffe nur, weil sie hochgegangen sind.« Wer auf einem neuen Hoch kauft, wird in 60 Prozent der Fälle Geld verlieren. Aber in den anderen 40 Prozent macht er mehr Gewinn als in allen anderen Fällen Verlust. Das Gesetz der großen Zahl arbeitet für Hite. Es ist wie in der Versicherung: Keiner weiß, ob ein Achtzigjähriger nächstes Jahr sterben wird, doch bei 100 000 greift die Statistik. Mints durchschnittlicher Verlust je Trade beträgt 0,5 Prozent; in 55 Prozent der Fälle verliert der Fonds. Doch die 45 Prozent Gewinner bringen das Geld, denn der durchschnittliche Gewinn beträgt 1 Prozent. Die strenge Verlustbegrenzung bringt erstaunlich beständige Gewinne: Mint war fast immer in den schwarzen Zahlen und erzielte meist eine Rendite von mehr als 20 Prozent.

»Beim Momentum kann ich nicht so viel riskieren, ich springe nur einfach drauf.« Es gibt keine Waren oder Rohstoffe, die er besonders bevorzugt: »Alles ist nur eine Wahrscheinlichkeitsnummer. Gold, Silber, Orangensaft – das ist nur eine Wette.« Seine Momentum-Ideen bekommt er durch simples systematisches Screening: »Ich schaue mir die Zahlen in meiner eigenen Datenbasis an.«

Mit dem Blick auf das Momentum hat Hite die Chance, die besten Anlagen zu erwischen: »Wenn ein Rohstoff von 10 auf 100 steigt, geht er zuerst durch elf.« Das Momentum schafft eine Art von Wert, denn sogar Banken akzeptieren. Heute leihen die Banken Anlegern Geld zum Aktienkauf. Als der Aktienmarkt 1981 bei einem KGV von 6 stand, wollte niemand einem Anleger Geld leihen. Der Kursanstieg hat die Aktien »bankable« (»bankfähiger«) gemacht. »Dieses Momentum nährt sich selbst, bis es sich umkehrt.« Doch es ist erstaunlich, denn im Grunde sind Aktien durch die hohe Bewertung riskanter geworden. »Das Momentum ist wie ein Surfboard. Der Anleger muß die Welle erwischen und auf der Welle bleiben. Ein Surfer ist nur so gut wie die Welle.« Wie aber entgeht er dem Punkt, bei dem er ins Meer fällt? Hite: »Ich nehme immer an, daß ich im nächsten Moment ins Wasser falle.«

Folge festen Regeln!

Hite kann nicht viele Stories von seinen erfolgreichen und oder auch nicht erfolgreichen Trades erzählen. Er nutzt im wesentlichen Trendfolgesysteme. Beinahe religiös folgt er einem computerisierten System. Alle Anlageentscheidungen von Mint werden von zwei Mainframe-Computern getroffen, zwei mit eigener Software bestückten Data-General-Super-Minicomputern, die nur auf Preisbewegungen achten.

Mint verfolgt einen mechanistischen Ansatz, der auf winzigen statistischen Vorteilen beruht. Der durchschnittliche erfolgreiche Trade wird drei Monate und länger gehalten – eine lange Haltedauer in den volatilen Futures-Märkten. Eine Verlustposition wird meist schon nach sechs bis acht Wochen aufgelöst. Durch die unterschiedliche Haltedauer wird das hektische Traden reduziert, die Transaktionskosten sind niedriger. Hite hat ein außergewöhnliches Vertrauen in den Computer: »Ich überstimme nie die Entscheidung des Computers.« Es gibt einen schriftlichen Vertrag zwischen den Partnern: Wenn einer von ihnen von den Trading-Regeln abweicht, ist der Partner draußen und verliert alle Gewinne.

»Ist die strenge Methode nicht langweilig?« frage ich ihn. Seine Antwort: »Ich trade nicht, weil es spannend ist, sondern weil ich Gewinn machen will.«

Gehe in asymmetrische Wetten!

Bei Aktien wirft Hite auch einen Blick auf die Fundamentalien. »Das habe ich erst in den letzten Jahren gelernt.« Als die US-Bank Wells Fargo unter ihrem Buchwert notierte und das KGV bei 3 lag, griff er zu und investierte 2 Prozent seines Vermögens. »Ich sprang auf den Zug, nachdem Buffett 9 Prozent kaufte. Ich sagte mir, er würde doch keine Bank kaufen, die bankrott geht – auch wenn alle anderen dies fürchten.« Hite kaufte auch für seine Frau 2000 Aktien für je 45 Dollar, doch die war entsetzt: »Ich mußte 1000 wieder verkaufen.« Heute steht die Aktie bei 350 Dollar.

Hite sucht nicht nur bei Aktien nach asymmetrischen Hebeln: »Immer wieder gibt es Zeiten, wo das Risiko und die Belohnung außer Gleichgewicht geraten.« Beispiel: 1990 kaufte er Morgan Stanley, als der Markt den Glauben an das Unternehmen verlor. »Ich dachte, das sind kluge Leute, die finden einen Weg.« Hite investierte 5 Prozent seines Vermögens in Morgan-Stanley-Aktien. Kurz danach saß er neben einem Morgan-Stanley-Partner in der Concorde. »Der sagte, ich sei verrückt.« Hite fragte: »Glauben Sie, daß Morgan Stanley 15 Prozent Eigenkapitalrendite im Jahr machen kann?« Er sagte: »Wir machen 30.« Hite: »Dann zeigen Sie mir mal eine Anleihe mit 15 Prozent Rendite.«

Die Aktie von Morgan Stanley verfünffachte sich später. »Das war ein asymmetrisches Spiel«, sagt Hite. »Ich konnte nur 5 Prozent meines Vermögens verlieren, aber um deutlich mehr als 5 Prozent zulegen.« Und er sagt auch: »Ich bin kein großer Spekulant, sonst hätte ich mit einem Hebel gearbeitet.«

Es gebe eine Formel, wie Leute reich werden:

$$\frac{\text{möglicher Gewinn x Wahrscheinlichkeit} \quad - \quad \text{möglicher Verlust x Wahrscheinlichkeit}}{\text{Kapital des Anlegers}}$$

Hites Beispiel: Ich lege eine Planke quer durch den riesigen Handelsraum und eine Planke zwischen den beiden Türmen des World Trade Center. Ich biete 1 Million Dollar, um die Planke zu überqueren. Natürlich würde jeder durch den Handelsraum gehen, aber wahrscheinlich keiner auf das Brett zwischen den Türmen. Der Grund: Jeder Plankengeher würde mehr verlieren können, als die Million Dollar wert ist. Er hat vielleicht ein Risiko von 10 Prozent, sein Leben zu verlieren. Das Leben ist aber ungleich mehr wert als eine Million Dollar.

$$\frac{1\,000\,000 \times 0{,}9 - \text{Leben} \times 0{,}1}{100\,000}$$

Das Eingehen asymmetrischer Wetten hat nichts mit Spielen zu tun. »Ich war ein Spieler«, erinnert sich Hite. Als Kind verkaufte er Eiskrem am Strand. »Es war schrecklich, die Füße taten mir weh, es war heiß.« Doch er schleppte sich und die große Kiste am Trageriemen durch den Nachmittag. Als er mit den Einnahmen zurückkam, sah er zehn weitere kindliche Eiskremverkäufer, die Poker spielten. »Das wurde mein neuer Sommerjob: Statt Eiskrem zu verkaufen, spielte ich zwei- oder dreimal die Woche Poker.« Auch beim Poker kalkulierte Hite das Risiko: Wo kann ich wenig Geld riskieren, um viel Geld zu gewinnen? »Ich erinnere mich an einen Kerl namens Munty, der einen großen Gewinn machte.« Hite sah, daß Munty eine 1-zu-50-Chance riskiert, mit 2 Dollar Einsatz 20 Dollar gewinnt und anschließend glaubt, daß er alles kann. »Das ist jemand, mit dem man gerne Poker spielt.«

Diversifiziere!

Nicht einmal den eigenen Computern traut Hite. Die Fonds, die Mint managt, werden zwischen sechs verschiedenen unabhängigen Computerprogrammen mit eigenen Trading-Systemen aufgeteilt. Das soll Verluste reduzieren, begrenzt aber auch die Gewinne.

Keine Wette darf mehr als 1 Prozent des Kapitals ausmachen. Mint streut das Risiko noch weiter, indem in über 50 Märkte investiert wird, darunter viele außerhalb der USA. Mint shortet

Weizen, geht long in Aktienindex-Futures, in Währungen gegen den Dollar, gegen Gold und Platin und hält Positionen in Soja, Aluminium, Sperrholz und Vieh. Der durchschnittliche CTA investiert nur in 30 Märkte und vor allem in den USA.

Hite verfolgt keine ausgefallenen Strategien: Er meidet den Einsatz von Optionen, Hedges, Strangles oder Spreads. Im Gegensatz zu Hedgefonds kommt er ohne einen starken Hebel aus. Im allgmeinen hält er nur 20 oder 30 Prozent des Anlagevolumens in Positionen mit einem Einschuß. Nie nehmen diese Einschußpositionen ein Volumen von mehr als 50 Prozent ein. Der Grund: Fällt das Kapital des Terminfonds unter 50 Prozent der gehaltenen Positionen, wird der Fonds automatisch geschlossen.

Setze großzügige Stop-loss-Marken!

Viele Futures-Fondsmanager nutzen enge Stop-loss-Marken, um das Risiko zu kontrollieren. Mint nutzt weite Marken: Wenn der Anleger bei 400 kauft, fällt der Kurs schnell einmal um 10. Wenn bei 390 ein Stop-loss gesetzt wurde, wird die Position automatisch verkauft. Nach diesem Durchhänger würde ein langfristiger Anstieg dem Anleger entgehen. Mint setzt daher großzügigere Stop-loss-Marken.

Damit sich Hite dennoch erlauben kann, lange in den Positionen zu bleiben, wird das Einzelengagement auf 1 Prozent begrenzt. Beispiel: Gold wird zu 400 Dollar je Unze gehandelt. Der Computer hat errechnet, daß Mint bei 360 Dollar rausgehen sollte. Da Gold in 1000-Unzen-Kontrakten gehandelt wird, bedeutet dies einen potentiellen Verlust von 40 000 Dollar. Wenn die Firma 100 Millionen Dollar managt, dann wird maximal 1 Million Dollar aufs Spiel gesetzt. Mint kauft also 25 Kontrakte.

Investiere auch in Futures langfristig!

Eines von Hites erfolgreichsten Investments war Kaffee. Hite sah, daß Kaffee unter den Produktionskosten von 80 Cent je Pfund notierte. »Kaffee kann nicht bei 60 Cent bleiben, sonst stirbt das Kaffeegeschäft. Ich weiß nicht, wann, aber irgendwann: Effizienz in den Märkten hat mit Geduld zu tun.« Es dauerte 18 Monate, bis aus Hites 500 000 Dollar 15 Millionen Dollar wurden. Das ist neben dem Momentum seine zweite Strategie am Futures-Markt:

»Manchmal finde ich heraus, daß Waren oder Rohstoffe unter den Produktionskosten notieren oder daß die Lagerbestände sehr niedrig sind.«

Wenn Hite erstmals eine Position eröffnet, hält er sie, bis der Computer das Ende des Trends vermeldet. Er erhöht die Position nicht (Pyramidisieren), noch nimmt er – was viele andere Firmen auch machen – frühzeitig Gewinne mit.

Je kürzer der Zeithorizont, desto mehr arbeitet die Zeit gegen ihn, sagt Hite. »Dieses Geschäft ist so großartig, weil niemand wissen kann, was morgen passiert. Aber der Anleger kann viel leichter recht behalten, was langfristig passiert.« Heute denken die Anleger viel kurzfristiger: Für Fonds gibt es monatliche Ranglisten. Selbst erfolgreiche Trades wirken nur kurzfristig: Nachdem seine Kaffee-Position von 500 000 Dollar auf 15 Millionen geklettert war, fiel sie auf 11 Millionen – ein Verlust von 26 Prozent. Die Monatsperformance zeigt nun einen klaren Verlust. In der Rangliste sah Hite trotz seines stolzen Gewinns auf einmal ganz schlecht aus.

Der Computerspezialist Delman hatte die Idee, Halteperioden als Maßstaß der System-Performance zu nehmen. Damit gab Mint den dominierenden Ansatz auf, die willkürliche Periode der Kalenderjahre zu nehmen. 90 Prozent aller 6-Monats-Perioden, 97 Prozent der 12-Monats-Perioden und 100 Prozent der 18-Monats-Perioden waren profitabel. Nach sieben Jahren Trading waren es 90, 99 und 100 Prozent.

Die eisernen Regeln von Larry Hite

1. Riskiere niemals mehr als 1 Prozent deines gesamten Vermögens bei einem Trade.
2. Folge immer dem Trend, und weiche nie von deiner Methode ab.
3. Diversifiere in Märkten und Systemen, um das Risiko zu senken.
   Hite handelt in fast sechzig Märkten weltweit, nicht nur in den USA, sondern auch in fünf anderen Ländern. Und er handelt nach verschiedenen Anlagemethoden in Aktienindizes, Zinsen, Währungen, Rohstoffen und landwirtschaftlichen Produkten.
4. Achte auf die Volatilität.

Wenn die Volatilität eines Marktes so groß wird, daß sie die erwartete Rendite/Risiko-Ratio beeinträchtigt, stoppt Hite das Trading in diesem Markt. Die Volatilität wird über 10 bis 100 Tage gemessen. Hite hat drei Signale in der Akzeptanz der Trading-Signale:
- Grün: Wir prüfen alle Signale.
- Gelb: Wir liquidieren existierende Positionen bei einem Trading-Signal, aber fügen noch neue Positionen hinzu.
- Rot: Wir liquidieren automatisch alle Positionen, und wir gehen keine neuen Positionen ein.
5. Trade nie gegen den Markttrend – ohne Ausnahme.

Privatinvestor Hite

Mit seinem privaten Portfolio schafft Hite in den ersten 15 Monaten nach seinem Rückzug eine Performance von 45 Prozent. Mint legte nur um rund 30 Prozent zu. »Ich nehme von mir keine Gebühren, und es ist leichter, große Gewinne mit einem kleinen Portfolio zu machen.« Mint kassiert 6 Prozent Managementgebühr jährlich plus 4 Prozent für Brokerkosten und 15 Prozent Gewinnbeteiligung.

Sein privates Kapital separiert Hite in zwei Teile: Das Anfangskapital, mit dem er das Jahr begonnen hat, und das Gewinnkapital, das er im Laufe des Jahres verdient hat. »Wenn ich mit einem Dollar starte, ist dieser Dollar sehr wichtig für mich.« Steigt der Wert auf 2 Dollar und fällt dann zurück auf 1,50 Dollar, kann er damit gut leben. »Ich kann das nicht kontrollieren.«

Seine aktuelle große Wette ist Silber. »Silber ist eine der wenigen Waren und Rohstoffe, die einen wirklichen Nutzen haben. Es gibt keine Computer oder Fernseher ohne Silber.« Im Sommer 1995 investierte er 5 Prozent seines Vermögens in langfristige Silber-Optionen. »Ich bin sicher, daß ich meinen Einsatz verzwanzigfachen kann.« Doch es sei ein Geduldsspiel: »Bisher liege ich völlig falsch.«

David Shaw: Profitable Algorithmen

Im 39. Stock eines Wolkenkratzers am New Yorker Times Square sitzen vier Jungs im College-Outfit mit Baseballkappen in einem kleinen, zum Flur hin offenen hexagonalen schwarzen Raum vor einer Wand von Bildschirmen. Leise klicken sie mit ihren Mäusen, zeigen auf Zahlen, diskutieren flüsternd miteinander oder geben Anweisungen per Telefon. Wohl niemand würde auf den Gedanken kommen, daß diese Jungs für bis zu fünf Prozent des Tagesumsatzes an der New Yorker Aktienbörse verantwortlich sind.

D.E. Shaw & Company ist keine gewöhnliche Investmentbank. Es gibt keinen großen Handelsraum mit viel Lärm und Geschrei, wie er sonst an der Wall Street dominiert. Auch die typischen holzgetäfelten Wände und altenglischen Möbel fehlen. Bei David Shaw, dem Chef und Gründer des Unternehmens, ist nichts antik, alles ist neu und modern. »Wir wollen nicht aussehen wie eine normale Wall-Street-Firma«, sagt David Shaw. »Und wir sind es auch nicht.« Die Eingangshalle bei D.E. Shaw ist nach oben offen. Das indirekte Licht und die lichte Höhe gibt ihr den Charakter einer Kathedrale. Es ist keine Kathedrale des Geldes, sondern der Technik. Photos der wie eine Kunstgalerie gestalteten Arbeitsräume, der schwarzen Flure und der beleuchteten Computerchip-artigen Muster in den Wänden waren bereits im New Yorker Museum of Modern Art zu sehen.

David Shaw ist kein gewöhnlicher Investmentbanker: Der ehemalige Professor für Informatik an der Columbia-Universität kennt oft nicht einmal die Symbole der Aktien. Seine Firma D.E. Shaw ist eine der geheimnisvollsten Mächte an der Wall Street. Der »Quant shop« – das sind Firmen, die sich auf quantitative Anlagetechniken spezialisiert haben – wird von Mathematikern und Computerexperten dominiert. Unablässig screenen sie die Finanzmärkte der Welt, immer auf der Suche nach neuen Ineffizienzen, die sie mit komplexen Trading-Strategien ausnutzen können.

David Shaw besitzt heute die technologisch führende Trading-Firma der Welt. Er beschäftigt mehr als 600 Angestellte in Büros in mehreren Ländern, verfügt über mehr als 1,2 Milliarden Dollar Bruttokapital und zählt zu den 15 größten Wertpapierunternehmen der USA. Seine Rendite ist eindrucksvoll: stabile 15 bis 20 Prozent pro Jahr. Und das bei geringem Risiko: Als die meisten Hedgefonds 1994 Geld verloren, erzielte Shaw 26 Prozent Plus.

Hedgefonds-Manager gelten als verschlossen, doch ihre Verschwiegenheit ist nichts gegen die des David Shaw. »Der Handel auf eigene Rechnung ist sehr geheimhaltungsbedürftig. Die Konkurrenz soll nicht zu schnell auf die richtige Spur kommen.« Alle Mitarbeiter müssen Schweigeverpflichtungen unterschreiben – obwohl die meisten keine Ahnung haben, wie die Computerprogramme funktionieren. Sie erfahren stets nur das Notwendigste, nämlich was sie zum Arbeiten brauchen.

Vom Supercomputer an die Wall Street

Der 1951 in Chicago geborene Shaw wuchs in einem akademisch und künstlerisch geprägten Milieu in Los Angeles auf – nicht nur geographisch 4700 Kilometer von der Wall Street entfernt. Sein Vater arbeitete in der theoretischen Physik und war mit der Untersuchung von Plasmaströmungen beschäftigt. Die Leidenschaft von Davids Mutter, ebenfalls Professorin, war die Kunst: Skulpturen, Zeichnungen und Photographie. Seine Eltern ließen sich scheiden, als er zwölf Jahre alt war. Shaws Stiefvater wurde Irving Pfeffer, ehemals Professor für Finanzen an der University of California (UCLA). In mehreren Aufsätzen lieferte er empirische Beweise für die Theorie der effizienten Märkte: Der Aktienmarkt sei in einem so stabilen Gleichgewicht, daß kein Anleger ihn schlagen kann.

In seiner Karriere verschmolz Shaw alle drei Einflüsse zu einer Mischung aus Kunst, Physik und Finanzen. Sein Ziel ist zunächst das Studium der Meeresbiologie, er muß aber feststellen, daß dies an der University of California in San Diego erst nach dem

Grundstudium möglich ist. Also schreibt er sich in kognitiver Psychologie ein: Er will das menschliche Denken verstehen, also Gedächtnis, Aufmerksamkeit und Wahrnehmung. »Schon der erste Kurs erzeugte eine ungeheure Spannung. An der High-School hatte ich dagegen noch keine große Lust zum Lernen: Alles kam aus dem Lehrbuch, das die Entdeckungen der Vergangenheit beschrieb ohne Diskussion der aktuellen Grenzen der Wissenschaft.« Shaw fasziniert die Welt der Informationstheorie und der mathematischen Modelle zur Erkennung von Mustern. Er entdeckt neuronale Netzwerke, einen Typ der künstlichen Intelligenz. Das sind Computerprogramme, die die parallelen Prozeßkapazitäten des menschlichen Verstandes nachahmen und lernfähig sind.

1973 beginnt er an der Graduate School in Stanford ein Studium der Computer Science (Informatik). Zu seinen Studienkollegen gehören Andy Bechtolsheim (Gründer von Sun Microsystems), Jerry Kaplan (Go, Onsale) und Jim Clark (Silicon Graphics, Netscape). Der bis dahin in Computerdingen unerfahrene Shaw holt den Vorsprung seiner Kollegen schnell auf.

Wie seine Kollegen zeigt er in der berühmten Gründerkultur des Silicon Valley nahe San Francisco früh unternehmerischen Geist. Nach dem Master's Degree 1975 gründet er die Stanford Systems Corp., mit der er Software für Minicomputer produziert. 1978 verkauft er die Firma wieder und kehrt an die Universität Stanford zurück, um 1980 seinen Ph.D. in Computer Science zu machen.

Shaw wechselt die Küste und wird Assistant Professor für Computer Science an der Columbia-Universität in New York. Zusammen mit einigen Kollegen baut er den Prototyp eines Computers, der die passende Hardware-Plattform für künstliche Intelligenz werden soll. »Wir waren die ersten, die mehr als einen Computer in einem einzigen Chip integrierten – in der Spitze brachten wir es bis auf acht.« Das Projekt wird von der Defense Advanced Research Projects Agency finanziert, dem Teil des amerikanischen Verteidigungsministeriums, der für Forschungsprojekte mit militärischen und zivilen Anwendungen gleichzeitig zuständig ist. Shaws Ziel ist der Bau eines Supercomputers mit einem parallelen Prozessor-Design. Einer seiner Computer sollte auf 256000 einzelnen Prozessoren basieren. Damit könnte er viele Kalkulationen gleichzeitig ausführen und – theoretisch – schneller sein als alle bisherigen Rechner. Doch der Kapitalaufwand war zu groß: Shaw hätte 30 Millionen Dollar für die Gründung einer Produktionsfirma und 100 Millionen Dollar benötigt, um bis zum Break-even durchzuhalten.

1986 wirbt ihn die Investmentbank Morgan Stanley ab und macht ihn zum Mitglied einer geheimen Arbeitsgruppe, die Möglichkeiten finden soll, um die Anomalitäten der Aktienkursbewegung auszunutzen. Sie bieten dem damals noch langhaarigen und bärtigen Südkalifornier das sechsfache Gehalt und reichlich finanzielle Mittel für die neue Aufgabe. Shaw nimmt Abschied von Bart und Maschine und wechselt auf die Anwenderseite. »Es war nicht nur das Geld, sondern auch eine intellektuelle Herausforderung, ein völlig neues Feld.«

Morgan Stanley setzte damals auf eine Technik namens »pairs trading« (Paar-Handel). Die Annahme: Die Kurse von verbundenen Aktien sind korrelliert. Die Chemieunternehmen Hoechst und Bayer tendieren beispielsweise dazu, auf bestimmte Nachrichten ähnlich zu reagieren. Wenn Bayer hinter Hoechst zurückbleibt, kann der Trader dies ausnutzen: Ein Hedgefonds steigt in Bayer ein und verkauft Hoechst. Statistische Modelle helfen, die Kursentwicklung abzuschätzen. Das Duo Bayer und Hoechst ist natürlich ein einfaches Beispiel, in Wirklichkeit sind die Beziehungen zwischen Aktienkursen, Zinsen, Wechselkursen und wirtschaftlichen Entwicklungen weit komplexer. Aufgabe von Shaw ist es, ein Computersystem zu konstruieren, um diese Korrelationen ausnutzen zu können. Gleichzeitig entwickelt er Algorithmen, die weitere Gewinnchancen ausfindig machen können.

Das Projekt ist erfolgreich und schon bald für einen großen Teil der Gesamtgewinne von Morgan Stanley verantwortlich. Die damaligen Strategien von Morgan Stanley würden jedoch heute nicht mehr funktionieren, weil sich die Märkte verändert haben. »D.E. Shaw hat nie Pairs Trading gemacht. Diese Ineffizienz hat eine Zeitlang funktioniert, aber dann stiegen zuviele Anleger darauf ein.«

Schon nach 18 Monaten verläßt Shaw Morgan Stanley wieder: Der Wissenschaftler, so wird kolportiert, ging den Kollegen auf die Nerven, weil er dauernd Fragen stellte und Vorschläge machte, wie die anderen ihre Arbeit verbessern konnten. Shaw gründet 1988 seine eigene Firma, D.E. Shaw & Co., in Form eines Hedgefonds, also einer Investment-Partnership, die alle Anlageinstrumente nutzt. »Ich wollte eine andere Art Trading machen, aber das konnte ich bei Morgan Stanley nicht verwirklichen.« An Geld fehlt es diesmal nicht. Shaw beginnt gleich mit 28 Millionen Dollar Startkapital. Es stammt von Donald Sussman von Paloma Partners, ein Fund of Funds – einer Art Dachfonds anderer Investmentfonds – in Greenwich, Connecticut, der mehr als 1 Milliarde Dollar verwaltet, und drei von Sussmans Freunden, darunter Continental Casualty Co., die zur Loews Corp. gehört.

Shaw startet mit sechs Mitarbeitern in einem Loft nahe Greenwich Village – direkt über einem marxistischen Buchladen. Er wählt eine andere Methode als Morgan Stanley – eine besondere Methode des algorithmischen Tradings, das winzige Preisunterschiede zwischen mehreren internationalen Märkten ausnutzt. Algorithmen – Rechenvorgänge in Computern, die sich zyklisch wiederholen – sind die Basis dieser Art von Trading. Beispiel: Eine Aktie wird in New York und Hongkong zu einem anderen Preis gehandelt. Dabei müssen Wechselkurse und Transaktionskosten beachtet werden. Schon sechs Monate nach dem Start startet die Firma den ersten Trade.

Die Strategien: Mosaik der Relationen

D. E. Shaw & Co. ist nicht billig. Er kassiert bis zu 20 Prozent der Gewinne plus 1 bis 1,5 Prozent Managementgebühr plus eine zusätzliche Beteiligung an den laufenden Kosten der Firma. Seine Investitionen seien so hoch, verteidigt er seine Gebühren: In den ersten acht Jahren habe die Firma rund 100 Millionen Dollar für die Technologie ausgegeben. »90 Prozent unseres Tuns ist reine Experimentiererei.«

Das Ergebnis der Experimente sind esoterische Techniken, eine Art schwarze Kunst, nur noch für eine Minderheit von Anlegern verständlich. Alle Fragen nach Details seiner Technik lehnt Shaw ab: »Das kann man nicht erklären, und selbst wenn es möglich wäre, würde ich es nicht tun.« Ein Wunder, daß ich vor dem Interview keine Schweigeerklärung unterschreiben mußte.

»Alle einfachen Dinge haben die Märkte schon ausprobiert, sie funktionieren nicht mehr.« Beispiele sind Regression oder neuronale Netze. »Manchmal finden wir nur ein statistisches Artefakt, das hohe Verluste verursachen kann.« Dazu zähle auch das populäre Momentum-Investing, das er »positive serielle Autokorrelation« nennt. Zwar habe die Positiv-Korrelation eine Zeitlang im Futures-Markt existiert, doch als immer mehr Anleger diesen Stil praktizierten, hagelte es plötzlich hohe Verluste, weil die Kurse nicht mehr in eine Richtung gingen, sondern in einer Bandbreite hoch- und runterschwankten.

Auch wenn Shaw Auskünfte über seine Technik verweigert, so ist manches doch nach außen durchgesickert: Shaw betreibt quantitatives Trading. Seine quantitativen Analysten (Quants) versuchen per Mathematik, Statistik und Computer Gewinnsysteme zu entwickeln. Grundlage ist der Glaube an Regelmäßigkeiten in der Verrücktheit der Märkte. Quants suchen unablässig nach Beziehungen zwischen den Märkten und Wertpapieren – und seien sie noch so kompliziert und komplex. Beispiel: die Beziehung zwischen der Daimler-Kursentwicklung und der Quadratwurzel des Siemens-Kurses. Diese Beziehung muß der Anleger nicht verstehen, sie braucht auch nicht zu allen Zeiten vorhanden sein, aber sie muß statistisch signifikant sein. »Es geht um Beziehungen, nicht Korrelationen«, betont Shaw. Wer darauf setzt, muß lediglich in der Mehrzahl der Fälle auf der Gewinnerseite sein. Auch Fundamentalien interessieren ihn nicht, nur Relationen: »Wenn wir General Motors traden, kümmern wir uns nicht um Geschäftsberichte. Wir kennen oft nicht einmal das Handelssymbol.«

Arbitrage. Eine der Grundlagen von Shaws Strategien ist Arbitrage, der Traum jedes Anlegers, denn diese Technik verspricht risikofreie Gewinne. Die einfache Arbitrage funktioniert so: Die Aktie von Daimler wird in Frankfurt für 130 Mark gehandelt, in New York für 129 Mark. Der Arbitrageur kauft in New York und verkauft gleichzeitig in Frankfurt. Der risikofreie Gewinn beträgt 1 Mark je Aktie minus Transaktionskosten. Der Sinn der Übung, so die Ökonomen: Der Arbitrageur korrigiert »Marktineffizienzen«. Doch die moderne Computertechnik hat diese Preisunterschiede und ihre Dauer auf ein Minimum reduziert.

Die statistische Arbitrage geht einen Schritt weiter: Sie nutzt winzige Preisunregelmäßigkeiten, die mit statistischer Wahrscheinlichkeit in der Zukunft auftreten werden. Ein Beispiel: Die Daimler-Aktie wird in New York in Dollar gehandelt. Die Währungsunsicherheit sorgt für Kurse zwischen 128 und 131 Mark. Nun kommt der Währungsexperte und hedgt die Dollar-Mark-Bewegung mit Währungsoptionen. Damit wird die Kursschwankung ausgeglichen. Der Preis bewegt sich fortan in New York um 129,50 D-Mark. Die Aktie ist also günstiger als in Frankfurt (nach Transaktionskosten). Selbst wenn der Dollar ein wenig oder für kurze Zeit steigen sollte, macht der Anleger Gewinn. Die statistische Arbitrage liefert jedoch keine garantierten Gewinne, denn vielleicht steigt der Dollar stark und dauerhaft. Aber statistisch gesehen wird der Kurs irgendwann die Gewinnschwelle für den Arbitrageur überschreiten. Shaw: »Erfolgreiche Strategien erfordern nicht, jedesmal richtig zu liegen. Wir müssen nicht immer gewinnen – aber die meiste Zeit.« Ein Casino in Las Vegas könne auch nicht den einzelnen Black Jack vorhersagen, aber wenn genügend Kunden lange genug spielen, macht es Gewinn. Die Gewinnquote der Casinos – der »house advantage« (Hausvorteil) – sei weit höher als seine Quote, sagt Shaw: »Wir wären mit 50,0001 Gewinn und 49,99999 Verlust zufrieden, solange wir nicht zu viel Kapital benötigen.«

Shaw baut in seinem Portfolio komplizierte Beziehungen zwischen Aktien, Optionen, Anleihen, Futures, Warrants, Wandelanleihen, Zinsen und Wechselkursen auf. Über seine Investments wacht ein Computer, der mit Hilfe von Sharpe-Ratios und anderen traditionellen Risikokennzahlen ein risikoneutrales Mosaik konstruiert. Shaws Trader nutzen alle Mittel von Leverage (Hebel) bis zu Shortselling, um das Risiko zu reduzieren. »Wir tendieren dazu, marktneutral zu sein, aber nicht risikofrei«, sagt Shaw. Erfreuliches Ergebnis: »Die Schwankungen unserer Rendite sind niedriger als die des S&P 500.« Übrigens: Wenig bekannt ist, daß sich Shaw sehr stark in Anleihen engagiert.

Der Computer dominiert den Handel bei D.E. Shaw. Die Trader sehen nur die isolierten Trades, ohne die Gesamtstrategie zu durchschauen, manchmal wissen sie nicht einmal, wie der einzelne Trade funktioniert. Der Computer sagt: Wenn Wertpapier X zu diesem Preis zu haben ist, kaufe diese Menge. Oder der Trader fragt, dieses Paket sei für diesen Preis zu bekommen, dann sagt der Computer ja oder nein. »Wir würden auch noch den Trade automatisieren, wenn wir könnten. Aber wir brauchen Menschen, um herauszufinden, was im Markt geschieht, und um über Preise zu verhandeln«, sagt Shaw.

»Die Trader müssen Taktiker sein, sie müssen das gewünschte Papier zum besten Preis bekommen. Selbst ein Hundertstel Cent macht für uns einen Riesenunterschied und kann über Verlust oder Gewinn entscheiden.« Ein schlechter Trader könnte bei David Shaw Verluste produzieren, selbst wenn der Computer die richtigen Orders gibt. Die Trader sind zudem eine Fundgrube für Hypothesen, die die Researcher anschließend überprüfen. Und Trader speisen Informationen in das System, die andernorts nicht zu bekommen sind: Was und wieviel wird zu welchem Preis angeboten?

Niedrige Transaktionskosten. Zweites Merkmal der Shawschen Strategien: Er braucht viel Geld und Umsatz, um viel Gewinn zu machen. »Der Gewinn auf jeden einzelnen Trade ist oft unglaublich klein.« Dennoch kann er nicht unbegrenzt Gewinn machen. »Der Markt ist ungeheuer effizient, unsere Nische wird immer kleiner. Wir könnten gar nicht mehr Kapital in diese Strategien stecken, sonst würden wir Verlust machen.« In vielen Bereichen sind die Gewinne so klein geworden, daß Shaw nur dank »der vermutlich geringsten Transaktionskosten der Welt« profitabel ist.

Shaws Hauptmärkte sind die USA, Japan und die großen westeuropäischen Länder. Wachsende Bedeutung gewinnen Lateinamerika und Südostasien. »Manche Märkte, die kurz vor dem Aufstieg in die erste Liga stehen, erforschen wir als ein Investment in die Zukunft. Dann brauchen wir nicht noch zwei Jahre, wenn diese Märkte reif für uns sind.« Kleine, noch wenig entwikkelte Märkte sind für Shaw keine Alternative: »Es gibt zwar mehr Ineffizienzen, aber die Gelegenheiten sind nicht groß genug, weil es weniger Transaktionsvolumen gibt. Und die Transaktionskosten sind dort viel höher.« Mit seinem Volumen lohne es kaum, die Ineffizienzen am äthiopischen Aktienmarkt zu erforschen.

Daten. Immer wieder bekommt Shaw Besuch von hellen Köpfen, die mit mathematischen Trading-Ideen zu ihm kommen. Sie zeigen beispielsweise eine Datenreihe mit der Performance Monat für Monat. Shaw und seine Leute sehen, daß er nach seiner Methode im Dezember 1990 einen großen Gewinn gemacht hätte. Ihre Frage: »Haben Sie im Januar 1991 einen Teil wieder verloren?« Die Antwort: »Ja.« Nächste Frage: »Und Sie haben im Juli 1990 schon einmal besonders viel gewonnen?« Wieder ein Ja. »Okay«, heißt es dann. »Das ist die Datenbasis, die Sie benutzt haben, und das sind die Fehler.«

»Fast immer basiert das auf falschen Zahlen. Wir sehen immer wieder die gleichen Fehler«, sagt Shaw. Meist könne er sogar sagen, in welchem Monat diese Methode Gewinn oder Verlust gebracht hat. Ein typischer Fehler sei der »survivorship bias« (»Überlebensfaktor«): Wenn ein Unternehmen bankrott geht, werden in einigen Datenbanken alle Daten dieses Unternehmens gelöscht – auch die Performance vor dem Konkurs. Diese Daten fehlen in der Datenbasis. Dadurch erscheint die Gesamtheit der Unternehmen, die in Schwierigkeiten geraten und beispielsweise mit niedrigem KGV notieren, oft besser als sie tatsächlich sind. Gewertet werden nur die Unternehmen, die überleben – mit ihnen macht der Anleger hohen Gewinn. Die Flops – die Unternehmen, die liquidiert werden – werden aus der Datenbasis entfernt. »Wenn wir diese Art der statistischen Fata morgana erklären, verdüstert sich das Gesicht schlagartig.« Manchmal erscheinen auch falsche Kurse in der Datenbasis – oder die Werte konnten gar nicht zu diesem Preis gekauft werden. Ein häufiger Fehler sei der »steel price« (Stahlpreis): Der gezeigte Kurs wird nicht aktualisiert, wenn der Markt nach oben geht. Das geschieht vor allem bei kleinen Werten, die kaum Umsatz aufweisen. Shaw und seine Mitarbeiter reinigen daher die Daten. »Daten zählen zu unseren Hauptkosten.« Für seine Methode braucht Shaw unter anderem die exakten Verlaufsdaten der Kurse.

Revolutionär der Finanzdienstleistungen

David Shaw beschränkt sich längst nicht mehr auf algorithmisches Trading. Schnell expandierte er auch in andere Märkte. Er ging ins »basket trading«: den Handel von milliardenschweren Aktienportfolios zwischen großen Investoren, die diese Positionen schnell loswerden wollen.

Er eroberte auch den »dritten Markt«, den außerbörslichen Handel von börsennotierten Aktien. Statt wie andere Market Maker Kommissionen zu kassieren, zahlt er den Brokern sogar 1 bis 2 Cent je Aktie. Er selbst verdient am Unterschied zwischen Geld- und Briefkurs, also Kauf- und Verkaufskurs. Heute ist er der größte Market Maker für japanische Optionsscheine und Wandelanleihen, äußerst komplexe Produkte.

Wohin er schaut, sieht David Shaw Chaos und Unordnung. »Wenn Computerwissenschaftler die Welt designt hätten, sähe sie anders aus.« Nun ist er dabei, zumindest die Finanzwelt neu zu designen: »Viele Finanzprodukte sind fürchterlich antiquiert, mechanische Dienste werden zu überhöhten Preisen verkauft.« Informatiker, die zum ersten Mal die Welt der Finanzen betrachten, sagten oft: Das ist ein blöder Weg, diese Aufgabe zu erledigen.

Im Grunde seien Finanzprozesse reine Informationsaustausch-Prozesse. Viele Vorgänge in der Finanzwelt basieren auf historischen Traditionen. Computerwissenschaftler dagegen denken in Algorithmen und Informationen in abstracto. »Wir zeichnen ein Diagramm, welche Informationen getauscht werden und welche Transaktionen stattfinden.« Das führe oft zu guten Ideen darüber, was Computer mit Gewinn erledigen könnten.

Shaw bietet mit FarSight einen Online-Finanzdienstleister mit Bank-, Broker- und anderen Finanzdienstleistungsangeboten. Der Aktienhandel ist automatisiert, die Kunden haben Zugang zu Geldautomaten. »Die kleinen Kunden bekommen einige der gleichen Dienstleistungen, wie sie institutionellen Investoren vorbehalten waren.« Sein Dienst soll die Finanzwelt revolutionieren, denn er schaltet die traditionellen Mittler wie Merrill Lynch & Co. aus. Shaw nennt das »disintermediation«: »Ich finde die Finanzwelt höchst amüsant. Die Leute in den feinen Anzügen veranstalten eine Menge Hokuspokus.«

Noch eine andere Leidenschaft des früheren Vietnam-Protestlers bricht im Gespräch durch: sein politisches Engagement. Er kennt Präsident Bill Clinton noch aus dessen Zeit als Gouverneur des kleinen US-Staates Arkansas, engagierte sich als Berater in seiner Wahlkampagne und formulierte einige Positionspapiere zu Technologiethemen. Shaw hat bereits eine Reihe von Berichten für den Präsidenten geschrieben, beispielsweise zur Nutzung von Technologie in der Bildung, wie das Commerce-Department neu organisiert werden kann oder wie die Agentur für Verteidigungsprojekte, die ihn einst finanzierte, mehr für die zivile Forschung tun kann. »Mir geht es um den Versuch, die amerikanische Politik in eine positive Richtung zu bewegen.«

Erfolgsgeheimnisse:
Mit den besten Köpfen früh starten

Shaw selbst nennt als Schlüssel zum Erfolg eine Zweierkombination: »Erstens, wir haben eine wissenschaftliche Methode richtig angewendet. Zweitens, wir waren früh da.« Vor zehn Jahren gab es am Markt mehr Ineffizienzen als heute. Heute wären die Anfangsinvestitionen viel höher. »Wenn wir heute beginnen würden, hätten wir wahrscheinlich gar keinen Erfolg.«

Einen dritten Erfolgsfaktor nennt er erst später: »Wir heuern die besten mathematischen und wissenschaftlichen Köpfe an, die wir bekommen können. Dann paaren wir sie mit Kapital und produzieren Wert.« Shaw beschäftigt zwanzig Mitarbeiter, deren einzige Aufgabe es ist, möglichst früh die fähigsten Mathematiker, Physiker oder Informatiker an den Universitäten auszumachen. »Finanzen kann man später lernen«, sagt er.

Shaw zahlt sehr hohe Gehälter, selbst gemessen an den ohnehin hohen Wall-Street-Standards. »Wir sind sehr großzügig, aber wir wollen die Besten. Sie leisten für uns mehr als jemand, der durchschnittlich ist und durchschnittlich verdient.« Das Gehaltssystem ist wie üblich leistungsbezogen.

Im Klima hat sich Shaw einiges von einer universitären Umgebung bewahrt. Es gibt keine Kleidervorschriften, Jeans und Baseballkappen dominieren. Es gibt auch keine Urlaubspläne. »Meine Mitarbeiter können in der Regel Urlaub nehmen, wann immer sie wollen, und es gibt keine Grenze dafür.« Und sie nehmen ihn tatsächlich, durchschnittlich jeweils über zwei Wochen, was in etwa dem amerikanischen Normalmaß entspricht.

Shaw arbeitet heute beim Trading fast nur noch mit Kundengeld. »Ich habe mehr als die Hälfte meines Vermögens im Unternehmen investiert.« Shaws Anleger müssen ihr Geld langfristig festlegen. Sie kaufen eine Art Anteil – wie sie Aktien von IBM kaufen. »Von ihrem Geld werden auch Gehälter bezahlt.«

Nur eines macht Shaw Sorge: »Wir bewegen uns auf einen effizienten Markt zu.« Irgendwann werde die Theorie des effizienten Marktes recht behalten. Die Folge: Die Anbieter mit den niedrigsten Kosten werden die besten sein. Und die Rendite für die Anleger wird sinken.

Money makes the world go round: »Ich würde nicht einmal für fünf Milliarden verkaufen«

Als Professor mußte sich Shaw sorgen, ob er genug Geld für die Ausbildung seiner Kinder und den Ruhestand haben würde. »Ich habe immer gewußt, mehr Geld ist besser als weniger Geld.« Sein geschäftlicher Erfolg brachte ihm ungeahnten Wohlstand. Doch sein persönlicher Lebensstil habe sich kaum verändert, sagt er: »Meine Frau und ich haben kein besonderes Interesse an großen Mengen von Geld zu unserem eigenen Gebrauch. Wir haben keine Yachten, wir haben keine teuren Hobbies, wir fahren nicht Ski an exotischen Orten, wir jetten auch nicht um die Welt, wir bevorzugen es, zu Hause zu bleiben.« Seine Freunde sind Akademiker oder Künstler.

Shaw schätzt das Geld heute aus einem anderen Grund: »Wir können mehr und größere Projekte starten.« Eines seiner Interessen gilt Spin-offs, besonders der Nutzung von Computern zur Erkennung von medizinischen Wirkstoffen und neuen Medikamenten. Er hat mehreren Firmen Kapital gegeben. Eines dieser Unternehmen entwickelt neue Medikamente am Computer und nicht mehr im teuren Labor. Mitten in unserem Interview ruft der Chef eines Unternehmens im Schnittbereich zwischen Computer und Biotechnologie an, das kurz vor dem Aus steht. Shaw prüft, ob er Mitarbeiter oder Ergebnisse kauft.

Den ursprünglichen Trading-Bereich überläßt er mehr und mehr seinen Mitarbeitern. »Heute kann ich über die Details aller unserer Strategien nicht mehr auf dem laufenden sein.« Aber: »Ich würde meine Firma nicht einmal für fünf Milliarden Dollar verkaufen. Ich hatte noch nie so viel Spaß.«

Der Rat für den durchschnittlichen Anleger

David Shaw, selbst großzügig bei seinen Kosten, ist privat äußerst gebührenbewußt: »Die wichtigste Regel für den Privatanleger ist: Zahle keine hohen Gebühren und Kommissionen an deine Bank oder deinen Broker!« Fonds mit Ausgabeaufschlag stehen auf der schwarzen Liste, überall sucht Shaw nach den niedrigsten Gebühren. »Selbst ein Bruchteil eines Prozents jährlich macht über die Jahre mit Zins und Zinseszins einen großen Unterschied.«

»Ich empfehle meiner Famile und meinen Freunden, ihr Geld in Vanguard-Fonds zu investieren«, sagt er. Diese Fondsgruppe ist bekannt für ihre niedrigen Gebühren und eine niedrige Umschlagrate. »Meine Frau und ich haben einen beträchtlichen Teil unseres Geldes in Index-Fonds.«

Zusammenfassung:
Was erfolgreiche Geldanleger ausmacht

Warren Buffett lehnt Investments in den Einzelhandel ab. Dort könne ein Unternehmen nur über den Preis operieren, ein Franchise – also eine singuläre Marktposition, beispielsweise durch eine Marke – bilde sich nicht. Buffetts Kollege Peter Lynch behauptet gerade das Gegenteil: Er streunt unentwegt durch die Einkaufszentren, immer auf der Suche nach dem nächsten Wal-Mart, einer amerikanischen Discountkette, oder dem nächsten Home Depot, einem erfolgreichen Baumarkt. Diese Unternehmen hätten ein starkes Franchise, das leicht landesweit zu multiplizieren sei, so Lynch.

Ebenso beim Stichwort Antizyklik: Peter E. Huber wettet am liebsten gegen die Mehrheitsmeinung. Wenn die Mehrheit der Volkswirte glaubt, die Zinsen steigen, dann setzt er auf fallende Zinsen. Elisabeth Weisenhorn dagegen warnt davor, früh auf die Gegenfahrbahn zu wechseln. Der Anleger könne vom herrschenden Trend schnell überfahren werden.

Nächster Streitpunkt: Diversifizierung. Warren Buffett lehnt das Prinzip der Streuung der Anlagen völlig ab. »Wenn der Anleger 100 Aktien kauft, ist es wie bei der Arche Noah. Er bekommt zwei von allem und hat schließlich einen Zoo.« Doch John Templeton tat im September 1939 genau dies, sogar ohne genau zu wissen, welches Unternehmen er kaufte, und vervierfachte seinen Einsatz.

Sogar über die Bedeutung der großen Markttrends sind die erfolgreichen Anleger uneins: Michael Stammler betont die makroökonomischen Faktoren und hat damit Erfolg, Mario Gabelli und Peter Lynch halten dies für vertane Zeit und suchen lieber im direkten Gespräch mit Unternehmenschefs die attraktivsten Aktien. Und nicht einmal über die Frage, ob der Anleger kurz- oder langfristig agieren soll, sind sich die Goldfinger einig: Warren Buffett investiert einmal fürs ganze Leben, Peter Lynch und Larry Hite dagegen agieren teilweise extrem kurzfristig.

Was ist nun richtig? Sind Geldanleger schlimmer als Juristen? Ganz nach dem Motto: Zwei Juristen, drei Meinungen? Es gibt viele Gemeinsamkeiten erfolgreicher Anleger – und natürlich auch einige Unterschiede, besonders im Anlagestil.

Investmentregeln im Vergleich

Langfristige Anlage	Kurzfristige Anlage
• Suche nach langfristigen Trends.	• Suche nach kurzfristigen Veränderungen.
• Engagiere dich langfristig.	• Das Portfolio muß immer in Bewegung bleiben.
• Stehe kleinere Rückschläge durch.	• Nutze gegenläufige Kursbewegungen als Verkaufschance.
	• Stoße ab, was nicht läuft.
• Vertraue auf den Zinseszinseffekt.	
• Der Einstiegspreis ist nicht so wichtig. Über fünf oder zehn Jahre spielt er keine Rolle.	• Der Preis ist entscheidend für den Gewinn aus Kauf und Verkauf.
• Entwickle eine eigene Investmentphilosophie und bleibe dabei.	• Halte die Augen offen und bleibe flexibel.
• Entwickle Formeln und Regeln.	• Folge keinen fertigen Formeln.
• Setze auf wenige Aktien.	• Diversifiziere so weit wie möglich.
	• Wisse vieles über alles.
• Versuche alles über wenige Unternehmen zu erfahren.	
• Versuche jedes einzelne Unternehmen gründlich zu verstehen.	• Eine Anlageidee reicht, um zuzuschlagen.
• Lerne das Management kennen.	• Was interessiert mich das Management?

Die beste Anlagemethode: Die Rotation der Stile

Die Welt dreht sich, und mit ihr sind manche Anlagestile zu bestimmten Zeiten erfolgreicher oder weniger erfolgreich als andere. Einmal liegen Wachstumsanleger besser als Value-Anleger – und im nächsten Jahrzehnt ist es umgekehrt. Selbst die aktive Geldanlage ist nicht immer erfolgreicher als die Indexierung: In den achtziger Jahren verpaßten viele aktive Fondsmanager den großen Bullenmarkt. Es boomten nämlich vor allem die großen Unternehmen, aktive Investoren aber bevorzugen meist kleinere Werte.

Wenn wir die 18 erfolgreichen Anleger in diesem Buch Revue passieren lassen, können wir drei erfolgreiche Anlagestrategien unterscheiden:

1. Value-Werte: Kaufe »billige« Aktien mit niedrigem KGV und hoher Substanz.
2. Wachstumswerte: Kaufe Aktien von Unternehmen, die wachsen, wachsen und wachsen – und halte sie.
3. Trend-Anlage: Entdecke ein neues Investment-Feld, neue Trends – oder einen Markt, der in Vergessenheit geraten ist oder den noch niemand wahrgenommen hat.

Value-Werte: Ohne Fleiß kein billiger Preis

Benjamin Graham, Warren Buffett, Mario Gabelli und Shelby Davis verfolgen den Value-Ansatz. Sie betreiben intensives Research, um die verborgenen Juwelen am Kapitalmarkt zu finden, jene Unternehmen, deren versteckte Vermögenswerte noch nicht erkannt wurden. Billige Aktien sind nur durch aufwendige Recherche und Kalkulationen zu erkennen. Dieser Ansatz ist sinnvoll für fleißige Anleger, die Bilanzstudium treiben können und wollen. Value-Anleger müssen über alles Bescheid wissen: die Abschreibungsrate, die Gewinnspannen, die Entwicklung der letzten 10 bis 15 Jahre und das Durchschnittsalter der Fabriken und Maschinen.

Value-Anleger lieben schlechte Nachrichten und die Übertreibungen des Marktes. Nach einer schlechten Nachricht (die Quartalsgewinne des Unternehmens liegen unter den Erwartungen) kann sich der Aktienkurs leicht halbieren. Umgekehrt übertreibt der Markt auch oft die guten Nachrichten: Die High-flyer stürzen unsanft ab.

Value-Ansatz: Was attraktive Werte ausmacht

- niedriges Kurs-Gewinn-Verhältnis
- Kursnotierung mit Abschlag vom Buchwert
- hohe stille Reserven
  Beispiel: Grundstücke, Beteiligungen …
- Katalysator:
  ein Faktor, der den Kurs steigen lassen wird
- vom Markt vernachlässigt
  falsch eingeschätzte Branche
  zyklische Industrie, die kurz vor dem Turnaround steht
  Unternehmen mit Problemen in der Vergangenheit, die durch ein neues Management, neues Kapital, ein neues Produkt oder mehrere dieser Elemente verändert werden.

Wachstumswerte: Entdeckerlust am Aktienmarkt

Die Investment-Slaloms von Peter Lynch und Kurt Ochner sind legendär: Beide sind stets auf der Suche nach neuen Perlen auf dem Aktienmarkt, nach unentdeckten Unternehmen. Ihr Ziel ist es, so früh wie möglich in erfolgreiche Unternehmen einzusteigen.

Peter Lynchs Methode der Aktienauswahl basiert auf der Beobachtung, und zwar bereits im nahen Umfeld: Welche Unternehmen sind erfolgreich? Welche Produkte sind »in«, im Gespräch und »trendy«? Auch Kurt Ochner nutzte sein Umfeld beispielsweise beim Softwarehaus SAP, das in seiner unmittelbaren geographischen Nachbarschaft residiert, oder während des Gottesdienstbesuches. Lynch stieg bei einigen Franchise-Unternehmen ein, die in Neuengland starteten. Home Depot dagegen verpaßte er, weil es in Atlanta begann.

Entdeckt der Wachstumsanleger ein interessantes Unternehmen, treibt er einen erheblichen Aufwand, um Informationen
über dieses Unternehmen zu bekommen. Diese Arbeit ist wichtig, denn ein Engagement in Wachstumswerte ist weit riskanter als
in Value-Werte. Das KGV von Wachstumsaktien ist höher und
schwankt stärker als der Durchschnitt des Marktes. Manche
empfehlen gleichwohl eine einfache Strategie für Durchschnittsanleger: Kaufe 20 Aktien bekannter Unternehmen, deren Gewinne jährlich um 15 Prozent wachsen. Wenn die Wachstumsrate
über ein oder zwei Jahre unter 15 Prozent fällt, wird die jeweilige
Aktie verkauft und durch ein anderes Papier ersetzt.

Wachstumsansatz: Was attraktive Werte ausmacht

- angemessenes Kurs-Gewinn-Verhältnis
- attraktive Branchenaussichten
  Wachstumsperspektiven
  dominierende oder aufstrebende Position in der Branche
- hohe Wachstumsrate von Gewinn und Umsatz
  Branchenwachstum ist doppelt so hoch wie Wirtschaftswachstum
  Unternehmenswachstum zählt zu den höchsten der Branche
- gutes Management
  nachweisbare Erfolge entweder bei diesem oder bei früheren
  Unternehmen

Erfolgsregeln für Wachstumsaktien

Regel 1: Das Unternehmen sollte die Nr. 1 oder 2 in seinem
Markt sein. Damit ist es weniger anfällig für Marktveränderun-
gen. Sie treffen zuerst die kleinen Firmen.

Regel 2: Das Unternehmen sollte möglichst wenig Schulden
haben. Damit ist es unempfindlicher gegen kurzfristige Rückschläge.

Regel 3: Gewinne und Umsätze sollten wenigstens mit einer
Rate von 20 Prozent jährlich wachsen. Wichtig: Auch die
Umsätze müssen mitwachsen. Wenn nur die Gewinnspannen

wachsen, zieht das Geschäftsfeld hungrige Wettbewerber an. Daher sollte der Anleger beim ersten Zeichen einer Wende verkaufen.

Wie Sie Wachstumsunternehmen finden

Methode 1: Suche eine Branche mit glänzender Zukunft und kaufe die besten Unternehmen.

Dieses einfache Rezept ging in der Vergangenheit bei Computern, amerikanischen Fernsehsendern und im Mobilfunk auf.

Methode 2: Finde spezialisierte Wachstumsunternehmen, auch in langweiligen Branchen.

Musterbeispiel dieser Strategie ist UST, früher U. S. Tobacco, der Marktführer bei Schnupftabak. Das Unternehmen hat zwei entscheidende Wettbewerbsvorteile: Es darf seine Produkte (Copenhagen und Skoal) weiter im Fernsehen bewerben – den anderen amerikanischen Tabakunternehmen ist dies bereits seit 1964 verboten. Zweiter Vorteil: Die Markteintrittsbarrieren für Konkurrenten sind hoch. Der feuchte Schnupftabak muß schnell ins Regal und zum Kunden. Ein Marktführer ist daher kaum zu verdrängen und genießt ein Quasi-Monopol.

Ähnliche Spezialunternehmen sind:
- Great Lakes Chemical, der führende Produzent von Brom, das beispielsweise als Grundstoff für Filmmaterial verwendet wird.
- State Street Bank of Boston, die als Treuhänder für internationale Investmentfonds tätig ist und u.a. mit Michael Keppler zusammenarbeitet.
- Schlumberger, ein Spezialist für Ölbohrungen.

In Deutschland allerdings sind solche Wachstumswerte rar. Genannt werden können neben SAP, das sich allerdings in einer Boombranche bewegt, beispielsweise Gehe, ein deutscher Pharmagroßhändler.

Neue Trends: Der Investor-Kolumbus

Immer wieder haben die erfolgreichsten Anleger neue Märkte entdeckt oder neue Techniken erfunden. Beispiele:

- Benjamin Graham entwickelte eine Reihe von Regeln dafür, wie der Anleger normale Aktien so billig einkaufen kann, daß er kein Geld damit verliert. Doch bald hatte er so viele Nachfolger, daß die billigen Aktien rar wurden.
- Nach dem Zweiten Weltkrieg entdeckte eine Handvoll Anleger Japan, das auf dem Sprung zu einer der großen Industrienationen der Welt war. Damals notierten einige der größten Unternehmen noch mit einem KGV von drei oder vier.
- Jim Rogers entdeckte eine Reihe von Emerging Markets.

Unter den Entdeckern suchen die Verfechter des Top-down-Ansatzes ständig nach Trendwechseln, von denen sie profitieren können. Sie fahnden nach Erfindungen, Umsatzwachstum, neuen Märkten, oder sie fragen, was neue Gesetze bewirken. Jim Rogers las Dutzende von Zeitungen und Zeitschriften aller Art – immer in der Hoffnung, irgendwo einen Artikel zu finden, der einen neuen Trend beschrieb. Anschließend suchte er das passende Wertpapier. Damit verfolgte er den klassischen Top-down-Ansatz: Suche eine aussichtsreiche Branche, analysiere die Unternehmen darin, baue Spreadsheets, prüfe die Kennzahlen, und konzentriere dich auf zwei bis fünf Unternehmen. Die Vertreter des Bottom-up-Ansatzes dagegen besuchen die Unternehmen direkt. Sie hoffen, unmittelbar vom Management zu erfahren, welche Trendwechsel bevorstehen.

Unter den wichtigen Trends der nächsten Jahre dürften sein:

- Marken: Der steigende Wohlstand macht die Verbraucher wählerischer. Sie setzen auf Marken wie Coca-Cola, Daimler oder Sony, die für Qualität stehen. In den Industrieländern treiben die Babyboomer die Nachfrage an, in den Schwellenländern strebt der sich entwickelnde Mittelstand nach den Gütern, die er aus dem Fernsehen kennt.
- Kommunikation: Die Welt wird zum globalen Dorf. Telekommunikation und Medien boomen.
- Gesundheit: Die Bevölkerung der Industrieländer altert. High-Tech-Medizin und neue Medikamente verlängern das Leben.

Auch in den Entwicklungsländern verbessert sich die medizinische Versorgung.

- Emerging Markets: Die Industrienationen wachsen nur noch langsam. In Südostasien, Lateinamerika und Osteuropa dagegen wächst die Wirtschaft mit zweistelligen Raten. Die multinationalen Konzerne sind bereits vor Ort vertreten – und profitieren.
- Energie: Die Schwellenländer steigern die Nachfrage.

Fragen an ein Unternehmen

- Umsatz: Wie hoch ist der Umsatz des Unternehmens?
- Umsatzwachstum: Wie stark ist der Umsatz in den letzten Jahren gewachsen?
- KGV: Wie hoch ist das Kurs-Gewinn-Verhältnis des Unternehmens? Grundlage sollte der Gewinn des nächsten Jahres sein. Wie liegt das KGV im Vergleich zu anderen Unternehmen dieser Branche?
- Marktkapitalisierung: Wie hoch ist die Marktkapitalisierung des Unternehmens?
- Bruttomargen: Wie hoch sind die Gewinnspannen des Unternehmens? Wie liegen sie im Vergleich zu anderen Unternehmen dieser Branche?
- Verschuldungsquote: Wieviel Schulden hat das Unternehmen? Wie liegt es im Vergleich zu anderen Unternehmen dieser Branche?
- Management: Wie lange ist der Vorstand im Amt? Wie erfolgreich hat er bisher seine Ziele verfolgt?
- Wettbewerb: Wie groß sind die Eintrittsbarrieren in dieses Geschäft? Wer sind die Hauptwettbewerber?
- Timing: Wie hat sich der Aktienkurs entwickelt?

Entwickeln Sie Ihren eigenen Investmentstil!

Die erfolgreichen Geldanleger haben ihren eigenen Stil gefunden. Ob sie nun auf Standardwerte, Wachstumsaktien oder Nebenwerte setzen, ist weniger wichtig. Entscheidend ist es, überhaupt einen Anlagestil zu haben.

Die Investmentphilosophie der erfolgreichsten Fondsmanager ist prägnant. Die Strategien der Banken sind dagegen viel allgemeiner und verwaschener. Die amerikanischen Fondsgesellschaften pflegen ein Star-System, in dem einzelne erfolgreiche Fondsmanager über die Medien und teilweise sogar in der Werbung promotet werden. In Deutschland gilt dies als unbotmäßig bis gefährlich. Wenn der Fondsmanager zuviel Freiheit genieße, stelle er womöglich nur Dummheiten an, lautet das Argument. Zudem plagt die deutschen Banken die Sorge, daß ihre besten Fondsmanager abgeworben werden könnten. Die Angst vor Einzelgängern nivelliert die Ergebnisse: Die besten Fondsmanager sind schlechter, die schlechten Fondsmanager besser, als sie es ohne Gängelung wären. Handeln gegen die Mehrheit – wie es beispielsweise Peter E. Huber zu tun pflegt – wäre bei den meisten Bankenfonds nicht möglich. Besonders der Anlageausschuß ist eine höchst gefährliche Einrichtung: Die meisten Ausschüsse sind nicht homogen besetzt, sondern es sitzen dort Vertriebsleute, Branchenanalysten, Volkswirte und Betriebswirte beieinander. Jeder will seine Sicht berücksichtigt sehen, fast jede Entscheidung wird mit einem »Aber« getroffen. Oft werden Entscheidungen aufgeschoben, weil ja noch Zeit sei. »Es gibt immer sehr viel mehr Gründe, eine Investition nicht zu machen, als sie zu machen«, sagt Keppler. Der Versuch, den größten gemeinsamen Nenner zu finden, endet mit einer Durchschnittsentscheidung. Dabei sind Entscheidungen im Gremium gefährlicher als Einzelentscheidungen: Die Gruppendynamik sorgt dafür, daß viel leichter Euphorie oder Depression entsteht.

Zum Glück braucht sich der Privatanleger nicht um Anlageausschüsse zu kümmern. Wie Kurt Ochner richtig sagt: »Zum Glück muß ich mit meiner Frau keine Anlageausschußsitzung abhalten.« Der Investmentstil ist eine sehr persönliche Wahl, abhängig von den eigenen Erfahrungen und dem eigenen Lebensweg. George Soros' Strategie ist sehr philosophisch geprägt, Elisabeth Weisenhorn ist eine entschieden rationale Volkswirtin, Larry Hite gewann die Philosophie des Verlierens aus seinem Leben, Kurt Ochner ist stolz auf seine Karriere über den zweiten Bildungsweg und stellt sich gerne gegen das Establishment.

Fragen Sie sich: Mit welcher Person in diesem Buch können

Sie sich identifizieren? Oder, wenn Sie bereits Anlageerfahrung haben: Mit welchen Aktien waren Sie bisher am erfolgreichsten? Die meisten Anlageratgeber machen den Fehler, dem Anleger alle Arten von Aktien nahezulegen. Doch wenn nicht einmal die erfolgreichsten Anleger der Welt dies schaffen, wie soll es dann dem Durchschnittsanleger gelingen? Blicken Sie zurück auf Ihr eigenes Leben und Ihre bisherigen Anlageerfolge. Meist kommen Sie dann Ihrem ureigenen Stil auf die Spur. Er muß keineswegs ausgearbeitet sein, sondern Sie können ihn in Ruhe entwickeln.

Ein wichtiger Faktor ist die Risikotoleranz. Viele Anleger überschätzen sich. Sie glauben, daß sie eine hohe Risikotoleranz haben. sie investieren langfristig, sagen sie, sie wüßten, daß der Markt kurzfristig nicht vorhersagbar und unberechenbar ist. Doch sobald ihre Aktien nur 10 Prozent in den Keller rauschen, fangen sie an zu zittern. Die ehrlich zu beantwortende Frage ist: Können Sie einen Verlust von 20 Prozent aushalten?

Allerdings verstößt die Konzentration auf einen Investmentstil gegen die Empfehlung der Diversifikation. Wenn Sie sich dies nicht zutrauen, dann sollten Sie die Diversifikation einfach anderen überlassen, sprich einen Fonds kaufen.

Die neun Gemeinsamkeiten der erfolgreichen Geldanleger

Erfolgreiche Anlage ist harte Arbeit. Der Aktienmarkt wimmelt von Teilnehmern, die nur ein Ziel haben: Sie wollen möglichst viel Geld verdienen. Den erfolgreichen Investoren unter ihnen wird nichts geschenkt. Glückstreffer sind selten. Und auch das Lesen von klugen Artikeln oder tiefschürfenden Studien reicht alleine nicht aus.

1. Starker Wille. Erfolgreiche Anleger wollten erfolgreich werden. Die meisten großen Anleger haben arm begonnen – von Buffett über Larry Hite bis zu Kurt Ochner und Peter E. Huber. Oft ähnelt ihre Karriere dem alten Märchen »Vom Tellerwäscher zum Millionär«. Wenn sie ihr Ziel, den Reichtum, erreicht ha-

ben, steigen sie oft vorzeitig aus dem Investmentgeschäft aus. Peter Lynch zog sich ebenso vorzeitig zurück wie Michael Steinhardt, Jim Rogers und George Soros.

2. Disziplin. Die erfolgreichsten Anleger folgen einem bestimmten und klar definierten Stil. Nichts hat die Zufälligkeit vom »Fähnchen im Wind«, das sich mit den Märkten dreht. Sie sind eher einem Golfspieler vergleichbar, der immer den gleichen Schwung ausführt. Er wechselt nur den Schläger, um die Schlagweite zu steuern.

3. Geduld. Die erfolgreichsten Anleger bleiben am Ball. Sie sind überzeugt von sich und ihrer Strategie. Aber niemals zu lange: Wenn sich die Umstände ändern, neue Argumente auftauchen, drehen sie sich in nicht einmal einer Minute um 180 Grad. John Templetons durchschnittliche Haltedauer betrug vier Jahre, Buffett hält die meisten Aktien für immer. Shelby Davis vertraut ganz auf den Zinseszinseffekt. Eine wichtige Faustformel ist die »72er-Regel«: Damit wird die Zeit geschätzt, die ein Investment bis zur Verdoppelung seines Wertes braucht. Die Zahl 72 wird durch die Zinsrate oder die jährliche Rendite geteilt. Bei 12 Prozent braucht die Anlage sechs Jahre, um sich zu verdoppeln (72 : 12 = 6).

4. Fleiß. Die erfolgreichsten Anleger verbringen viel Zeit mit dem Aktienmarkt. Sie versuchen über die Lektüre von Zeitungen, Brokerreports und Geschäftsberichten die besten Unternehmen zu finden. Jim Rogers bringt es auf den Punkt: »Je mehr Hausaufgaben ich mache, desto mehr Glück habe ich. Wenn ich viel arbeite, dann habe ich einfach Glück. Mit halb soviel Arbeit habe ich oft Pech.«

5. Hingabe. Fleißig sein genügt nicht. Vielen Fondsmanagern fehlt das letzte Quentchen zum Erfolg, jene »Extra-Unze«, von der John Templeton sprach. Der Arbeitseinsatz von Kurt Ochner oder Peter Lynch ist legendär.

6. Einzelgänger. Die großen Anleger sind Einzelgänger. Sie besitzen großes Selbstvertrauen, das es ihnen erlaubt, unabhängig von der Masse zu handeln.

7. Spieler. Gute Spieler sind gute Spekulanten. Buffett spielt leidenschaftlich gern Bridge, Hite und Templeton haben in ihrer Jugend gepokert. Sie haben keine Angst vor zeitweiligen Ver-

lusten, denn sie kleben nicht zu sehr am Geld. Sie sehen den Finanzmarkt als großen Spielplatz. Hite hat beeindruckt, daß die großen Standardwerte Blue Chips genannt werden, wie die Roulettespielsteine in Monte Carlo.

8. Realismus. Einer der wichtigsten Erfolgsfaktoren ist die Kontrolle des Risikos der Geschäfte. Das ist kein Widerspruch zur fehlenden Angst vor Verlusten: Wer eine Performance wie ein Jo-Jo hat, ein Jahr oben, das nächste Jahr unten, wird langfristig keine überdurchschnittliche Wertentwicklung vermelden können. Alle großen Anleger legen daher Wert auf Risikokontrolle und die Begrenzung der möglichen Verluste. Selbst Hedgefonds-Manager wie George Soros oder Michael Steinhardt achten auf ihr maximales Risiko. Lieber verzichten sie auf einige Prozentpunkte Zusatzrendite, als ein hohes Verlustrisiko in Kauf zu nehmen.

9. Methode. Erfolgreiche Geldanleger haben eine eigene Investmentphilosophie.

Die wichtigsten Fehler von Anlegern

1. Wechsel der Ziele. Viele Anleger wissen nicht, was sie wollen. Wer nicht weiß, was er will, wird sein Ziel nie erreichen. Bauen Sie einen kohärenten Plan, setzen Sie ihn um und bleiben Sie dabei. Der Fehler ist, nicht stetig zu bleiben und eine gute Strategie zu verlassen, nur weil sie gerade nicht funktioniert.

2. Unrealistische Erwartungen. Viele Anleger hegen unrealistische Erwartungen, welche Renditen in welcher Zeit erreichbar sind. Selbst Profis wie Mario Gabelli, Warren Buffett oder Michael Stammler streben nicht mehr als 10 bis 15 Prozent pro Jahr an. Gute Investments brauchen Zeit und Geduld. Erfolg ist der addierte Effekt von konstantem Investment, der Korrektur von Fehlern und dem Reinvestieren von Kapitalgewinnen, Dividenden und Zinsen. Wer diesen Zusammenhang nicht sieht, verfällt oft in das sogenannte Overreaching, eine Art von Hyperaktivität. Er spielt zu riskant, auf Kredit oder mit Optionen – und verliert auf Dauer meist.

3. Fehlender Plan. Viele Anleger haben keinen Gesamtplan für ihre Investments. Der Grund ist oft, daß die Arbeit oder das Leben im allgemeinen den Investor so beschäftigt, daß er nicht noch die Zeit findet, seine Finanzen zu planen. Merkwürdig, findet beispielsweise Michael Stammler: »Da arbeiten die Leute erst hart für ihr Geld, und dann lassen sie es einfach irgendwo liegen.«

4. Fehlender Fleiß. Viele Anleger wählen ihre Investments spontan und ohne große Recherche aus. Sie hören einen Tip und greifen zu. Peter Lynch: »Der Anleger sollte wenigstens soviel Zeit und Mühe investieren wie beim Kauf einer Waschmaschine.«

5. Zu langes Festhalten an schlechten Investments. Fehlgriffe sind normal, doch viele Anleger gestehen sie sich zu spät ein. Erfolgreiche Anleger ziehen Sicherheitsnetze ein, wenn sie sich bei der Auswahl eines Wertes geirrt haben. Das kann schon bei 5 Prozent Verlust sein oder erst bei 10 Prozent. In jedem Fall darf der Anleger den Verlust nicht weiterlaufen lassen.

6. Überdiversifikation. Viele Anleger kaufen wahllos eine Reihe von Aktien zusammen. »100 Aktien«, so Warren Buffett, »sind kein Portfolio, sondern ein Zoo.«

7. Unterdiversifikation. Das andere Extrem: Ein Anleger hält nur ein einziges Investment. Oder aber: Er hält nur deutsche Werte. Ein Portfolio sollte nach Stil (Wachstum und Wert) sowie Größe (groß und klein) diversifiziert werden. Deutsche Aktien machen nicht einmal 10 Prozent des Weltmarktes aus. Die Performance ausländischer Märkte ist oft besser. Dort finden sich viele junge Unternehmen, die noch stark wachsen. Die beiden wesentlichen Vorteile der Auslandsanlage:

• Der Anleger hat eine größere Auswahl an Aktien. Die Unternehmen werden zunehmend international.

• Diversifikation. Der vorsichtige Anleger streut seine Investments über eine Reihe von Wertpapieren. Wer zusätzlich in verschiedenen Ländern investiert, zieht ein weiteres Sicherheitsnetz ein. Die Märkte bewegen sich oft unabhängig voneinander. Was in Dänemark eine schlechte Nachricht ist, läßt Singapur völlig unbeeindruckt. Die Diversifikation über verschiedene Länder reduziert die Wertschwankungen eines Portfolios.

8. Falsche Sicht der Anleihen. Viele Anleger sehen Anleihen als sicheres Investment. Falsch: Historisch gesehen nutzten die Portfoliomanager in den Vermögensverwaltungen der Banken Anleihen, um ein Portfolio zu stabilisieren. Anleihen sollten konstantes Einkommen geben, auch in den Untiefen der Aktienmärkte. Doch Anleihen sind heutzutage fast so riskant wie Aktien. 1994 sackten die Kurse um rund 15 Prozent. Bei diesem Kurssturz verloren die Anleger weltweit mehr Geld als beim Aktien-Crash 1987. Und wenn die Zinsen in den nächsten Jahren wieder steigen sollten, werden die Anleihenkäufer erneut erhebliche Verluste hinnehmen müssen. Wer aus Geld Geld machen will, kann nicht auf Anleihen setzen. Rentenpapiere können dazu dienen, ein regelmäßiges Einkommen zu garantieren, aber sie sind ungeeignet, um ein Vermögen aufzubauen.

Die erfolgreichsten Anleger der Welt sind mit Aktien reich geworden. Das kann auch der Privatanleger, sagt Peter Lynch: »Ein Amateur, der mit geringem Aufwand Firmen aus Industriezweigen studiert, von denen er etwas versteht, kann 95 Prozent der Fondsmanager übertreffen – und dabei auch noch Spaß haben.«

Glossar

72er-Regel. Die Zahl 72 wird durch die jährliche Anlagerendite in Prozent geteilt. Das Ergebnis ist die Zahl der Jahre, die es dauert, bis sich das angelegte Kapital verdoppelt hat.

Aktienanalyse. Es gibt zwei Hauptarten der Analyse von Unternehmensanteilen: Die Fundamentalanalyse bewertet wirtschaftliche Daten aus dem Unternehmensbereich (Bilanzstruktur, Absatzperspektiven, Ertragsentwicklung) sowie wirtschaftliche Rahmendaten wie Konjunkturlage und Politik der Bundesbank. Die technische Analyse basiert auf Daten aus dem Börsenhandel mit den Aktien des Unternehmens, also vor allem Kursen und Umsätzen. Sie werden in Charts veranschaulicht. Als dritter Zweig kommt die psychologische Analyse hinzu. Sie versucht aus dem Konsumverhalten, dem Geschäftsklima und der Stimmung unter den Börsenteilnehmern (→ Sentiment-Faktoren) die künftige Kursrichtung zu prognostizieren.

Aktienindex. Statistische Kennzahl, die auf einer Auswahl bestimmter Aktien basiert, die die Kursentwicklung des Marktes oder eines Teilmarktes widerspiegeln soll. Die wichtigsten Aktienindizes sind der Deutsche Aktienindex (Dax) für Deutschland und der Dow Jones Index und der umfassendere Standard-&-Poors-500-Index für die USA.

Aktives Management. Praxis der Aktienauswahl, die auf Research und Analyse beruht und zum Schluß führt, daß eine bestimmte Aktie billig ist und stärker steigen müßte als eine durchschnittliche Aktie.

All-time-High. Deutsch: Allzeithoch. Der höchste Kursstand aller Zeiten.

Alpha-Faktor. Das nicht von der Marktentwicklung abhängige Kursrisiko einer Aktie, in der Regel bestimmt durch individuelle Unternehmensnachrichten.

Analyst. Professioneller Aktienexperte, der die Anlagequalität eines Wertes und die Kursentwicklung von Geldanlagen nach möglichst objektiven Kriterien prüft.

Annuität. Konstanter jährlicher Betrag für Zinsen und Tilgung einer Schuld.

Arbitrage. Nutzt Preisunterschiede zwischen verschiedenen Märkten zur gleichen Zeit aus.

Asset Allocation. Top-down-Ansatz zur Verteilung des Vermögens auf verschiedene Anlagealternativen. Die strategische Asset Allocation beginnt mit der Verteilung auf grobe Kategorien, beispielsweise als Dividenden- oder Zinspapiere. Danach folgt die Feingliederung nach Ländern, Branchen und Unternehmen.

Baisse. Dauerhafter Kursrückgang.

Bärenmarkt. Bären schlagen mit ihrer Tatze von oben nach unten, daher stehen sie für sinkende Kurse.

Benchmark. Meßlatte für die Wertentwicklung eines Portfolios. Für Aktienfonds wird meist der Index herangezogen.

Beta-Faktor. Das von der Marktentwicklung bestimmte Risiko eines Wertpapiers.

Big Caps. Große Aktienwerte, auch Standardwerte oder Blue Chips genannt.

Blue Chips. Aktien der ersten Güteklasse. Anteile von großen und international bekannten Unternehmen.

Bottom up. Investment- und Analysestil, der bei der Qualität des einzelnen Unternehmens ansetzt. Gegensatz: Top down.

Börse. Amtlicher Markt für Wertpapiere. Dort stellen vereidigte Makler während der Börsenstunden Kurse für Wertpapiere fest. Diese Preise ergeben sich aus den vorliegenden Kauf- und Verkaufsaufträgen.

Break-even-Point. Gewinnschwelle oder allgemein kritischer Punkt, beispielsweise ein Kurs oder ein Volumen, das überschritten werden muß, damit Gewinn gemacht wird.

Broker. Angelsächsische Bezeichnung für Aktienhändler oder Makler, die allein berechtigt sind, Börsenaufträge anzunehmen und auszuführen. Für seine Dienste erhält der Broker eine Maklergebühr (brokerage fee). Im Gegensatz zum deutschen Börsenmakler dürfen Broker auch Privatkunden betreuen.

Buchwert. Vermögen und Schulden in der Bilanz eines Unternehmens, die nach den Anschaffungs- oder Herstellungskosten bewertet werden. Dieser Wert wird um die Abschreibungen und Zuschreibungen je nach handels- und steuerrechtlichen Vorschriften korrigiert. Wenn der Buchwert deutlich über dem Aktienkurs liegt, gilt das Papier als unterbewertet. Faustregel für deutsche Aktien: Der Buchwert sollte doppelt so hoch sein wie der Aktienkurs, wenn nur er der Grund für den Einstieg ist.

Bullenmarkt. Bullen stoßen mit ihren Hörnern von unten nach oben, daher stehen sie für steigende Kurse.

Buy-and-hold-Strategie. Der Kapitalanleger stellt das Ziel der langfristigen Vermögensbildung vorneweg. Er kauft einmal Wertpapiere und hält sie bis zum Ende der von ihm gewählten Anlageperiode.

Call. Verkaufsoption.

Cap. Vom Emittenten einer Floating Rate Note maximal gezahlter Jahreszinssatz.

Cash-flow. Zugang von flüssigen Mitteln bei einem Unternehmen innerhalb eines bestimmten Zeitraums. Vielgebrauchte Kennzahl zur Bewertung der Finanz- und Ertragskraft eines Unternehmens.

Charts. Graphische Darstellung von Kurs- und Umsatzbewegungen.

Collar. Zinsmarge zwischen einem vertraglich festgelegten Mindest- und einem Höchstzinssatz (Kombination aus Cap und Floor).

Computerbörse. Die Börsenteilnehmer sind nicht mehr selbst auf dem Parkett anwesend. Die Abschlüsse werden über Computer getätigt.

Conference Call. Telefonkonferenzen von Aktiengesellschaften mit Analysten und Großanlegern, entweder veranstaltet vom Unternehmen selbst oder von Investmentbanken.

Cost-Average-Verfahren. Anlagemethode zur Erzielung günstiger Durchschnittseinstandspreise beim Kauf von Aktien oder Investmentanteilen. Nach dieser Methode werden bei der Anlage regelmäßiger und fester Beträge bei höherem Kurs weniger oder bei tieferem Kurs mehr Wertpapiere erworben. Der Anleger muß auch eine Baisse durchstehen, also bei fallenden Kursen die regelmäßigen Einzahlungen beibehalten. Jeder Baisse folgt eine Hausse, und je mehr Anteile in der Baisse erworben wurden, um so mehr Investmentsubstanz nimmt an der nachfolgenden Hausse teil. Der Vorteil der Strategie: Der durchschnittliche Einstandspreis je Anteil liegt in der Regel unter dem durchschnittlichen Marktpreis.

Dax. Abkürzung für Deutscher Aktienindex. Der Dax wird aus den Kursen der 30 umsatzstärksten Aktien berechnet. Seine Basis per 31. Dezember 1987 betrug 1000.

Depot. Verwahrung und Verwaltung von Wertpapieren bei einer Bank.

Derivate/Derivative. Keine eigenständigen Anlageinstrumente, sondern Rechte, deren Kurs sich nach Preis und Preiserwartungen des zugrunde-liegenden Basisinstruments ableitet. Dies können Aktien, Anleihen, Devisen oder Zinsen sein. Zu den Derivaten zählen Optionen, Futures und Swaps sowie die sogenannten hybriden Instrumente.

Devisen. Ausländische Währungen als Guthaben oder Wertpapiere. Ausländisches Bargeld wird Sorten genannt.

Diversifikation/Diversifizierung. Streuung der Anlagen. Durch Anlagen in verschiedene Wertpapiere, Branchen, Laufzeiten und Länder soll eine Risikostreuung erreicht werden, die den Anleger gegen extreme Verluste schützt.

Dividende. Teil des Gewinns einer Aktiengesellschaft, der an die Aktionäre ausgeschüttet wird.

Dividendenrendite. Kennzahl, wie sich das angelegte Kapital beim aktuellen Aktienkurs und einer bestimmten Dividende verzinst.

Dow Jones Index. Seit 1896 täglich errechneter Index der Kursentwicklung der 30 führenden amerikanischen Industrieunternehmen (inkl. einer Finanzgesellschaft).

Effizienter Markt. Theorie, die behauptet, daß Aktien immer den richtigen Preis haben, weil alle verfügbaren Informationen in dem Marktpreis enthalten sind. Es wird unterschieden:
- schwache Effizienzthese: Die Kurse spiegeln alle Informationen wider, die aus Vergangenheitsdaten ermittelbar sind.
- mittlere Effizienzthese: Die Aktienkurse enthalten alle verfügbaren Informationen über ein Unternehmen.
- starke Effizienzthese: Die Aktienkurse enthalten auch alles, was in der Zukunft liegt.

Emerging Markets. Auch Schwellenländer genannt. Dieser Begriff wurde von der Weltbank-Tochter International Finance Corporation (IFC) geprägt. Damit werden aufstrebende Volkswirtschaften bezeichnet, deren Bruttosozialprodukt pro Kopf bei maximal 8625 Dollar liegt. An den Finanzmärkten wird dies nicht so eng gesehen. Dort gelten auch Singapur und Hongkong als Emerging Markets. Wichtiger ist, daß die Kapitalmärkte funktionieren.

Emission. Ausgabe neuer Wertpapiere, meist auch mit Unterbringung (Plazierung) im Publikum und Einführung im Börsenhandel.

Eröffnung. Börsenbeginn. Der Eröffnungskurs ist der erste festgesetzte Kurs des Tages.

Eskomptieren. Ein erwartetes Ereignis im Kurs vorwegnehmen, beispielsweise Dividendenerhöhung, Gewinnsteigerung oder Umsatzwachstum.

Exposure. Englisch für Lage oder Bloßstellung. Maß, in dem ein Portfolio einem Risiko ausgesetzt ist.

Floating Rate Notes (FRN). Schuldverschreibungen mittlerer bis langer Laufzeit mit variabler Verzinsung. Grundlage ist der Interbankensatz für kurzfristige Einlagen. Der Zins wird alle drei bis sechs Monate angepaßt.

Floor. Vereinbarter Mindestzins bei FRN oder Krediten, Gegensatz: Cap.

Franchise. Konzession. In Warren Buffetts Anlagephilosophie die Einmaligkeit der Marktposition eines Unternehmens. Ein starkes Franchise beschreibt die privilegierte Position eines Unternehmens. Es schützt gegen Konkurrenz und gibt ihm eine Preissetzungsmacht.

Freiverkehr. Nicht amtlicher Handel, der ausschließlich in den Händen von Banken und freien Maklern liegt.

Frontrunning. Ein Börsenhändler erfährt im voraus von einem größeren Kauf oder Verkauf eines Aktienpakets, der den Kurs der Aktie beeinflussen wird, und kauft, um von der Transaktion zu profitieren.

Futures. Standardisierte börsengehandelte Terminkontrakte. Sie werden über die Clearingstelle der Börse abgewickelt und verrechnet.

Geldmarkt. Im engeren Sinn kurzfristige Geldausleihungen zwischen Banken des In- und Auslandes zum Liquiditätsausgleich sowie An- und Verkauf von Geldmarktpapieren (besonders Schatzwechseln und U-Schätzen).

Genußscheine. Wertpapiere in der Mitte zwischen Aktien und festverzinslichen Wertpapieren. Sie bieten keine Mitverwaltungsrechte am Unternehmen, jedoch eine gewinnabhängige Ausschüttung, die meist höher als die Rendite von Anleihen ist.

Gewinnmargen.

$$\text{Reingewinnmarge (net profit margin)} = \frac{\text{Reingewinn} \times 100}{\text{Umsatz}}$$

$$\text{Cash-flow-Marge} = \frac{\text{Cash-flow} \times 100}{\text{Umsatz}}$$

$$\text{Innenfinanzierungsgrad (Cash-flow in \% des Kapitaleinsatzes)} = \frac{\text{Cash-flow} \times 100}{\text{Investitionen}}$$

Glattstellung. Beendigung oder Auflösung eines Long- oder Short-Geschäftes. Grund für die Glattstellung sind meist die Transaktionskosten, die beim Ausüben der Option entstünden. Gegenteil: Eröffnung.

Goodwill. Geschäfts- oder Firmenwert. In der traditionellen Unternehmensbewertung der Unterschied zwischen Ertrags- und Substanzwert.

Hausse. Über längere Zeit steigende Kurse.

Hedgegeschäft. Englisch »to hedge« = einzäunen, einschränken, sich gegen Verlust sichern. Der Anleger begrenzt das Risiko, indem er ein Gegengeschäft eingeht. Beispiel: Er kauft Baumwolle und sichert sich mit einem Baumwolltermingeschäft gegen das Preisrisiko ab. Ganz allgemein ist Hedging eine Form der Risikominderung, wobei ein Risiko durch ein zweites kompensiert, mindestens zum Teil ausgeglichen werden soll.

Hybride Instrumente. Gemischte oder aus Verschiedenem zusammengesetzte Instrumente. Hier: Finanzierungs- und Anlageinstrumente, die Elemente des Geld-, Kredit- und Kapitalmarktes miteinander verbinden.

Junk Bonds. Schrottanleihen. Hochverzinsliche Anleihen von Schuldnern schlechterer Bonität.

Konsolidierung: Beruhigung eines Kurses nach einer Aufwärts- oder Abwärtsbewegung. Der Grund: Die Anlegergruppen, die den Kurs hoch- und heruntergetrieben haben, haben ihr Anlageziel erreicht. Der Kurs verliert daher erst einmal seinen Trend, bis ein neuer Trend entsteht.

Korrelation. Kennzahl, die beispielsweise die Kursentwicklung eines Wertpapiers im Vergleich zum Gesamtmarkt beschreibt. Die Korrelation liegt zwischen – 1 und + 1. Bei einer Korrelation von + 1 bewegt sich die Aktie gleichförmig zum Index, bei – 1 genau gegenläufig. Eine Korrelation von 0 weist auf einen vom Markt unabhängigen Verlauf der Aktie hin.

Kursausbruch. Der plötzliche Ausbruch eines Kurses aus einer Kurszone. Man spricht von einer Bärenfalle, wenn auf einen kurzen Kursausbruch nach unten ein viel stärkerer Kursausbruch nach oben folgt. Umgekehrt nennt man es eine Bullenfalle, wenn einem kurzen Kursausbruch nach oben eine kräftiger Ausbruch nach unten folgt.

Kurs-Cash-flow-Verhältnis. Aktueller Börsenkurs, dividiert durch den Cash-flow je Aktie. Ähnlicher Aussagewert wie das KGV.

Kurs-Gewinn-Verhältnis (KGV). Quotient aus Kurs, geteilt durch Reingewinn je Aktie, auch Price/Earnings-Ratio (PER) genannt. Diese Kennzahl ist eine der wichtigsten Beurteilungsgrößen für die Preiswürdigkeit einer Aktie. Sie zeigt an, mit dem Wievielfachen des Jahresgewinns eine Aktie bezahlt wird.

Kurszettel. Das Gebetbuch des Börsianers. Die von jeder Börse tägliche Bekanntmachung aller ermittelten Kurse und Preise. Er wird von den Tageszeitungen publiziert.

Laufzeiten. Bei Anleihen die Zeitdauer zwischen Emission und Tilgung. Für statistische Zwecke von der Bundesbank definiert:
a) kurzfristig: längstens ein Jahr
b) mittelfristig: mehr als ein Jahr, weniger als vier
c) langfristig: vier und mehr Jahre
»Längerfristig« wird als mittel- bis langfristig übersetzt.

Leverage. Hebel.

Leveraged Buyout. Ein mit hoher Kreditaufnahme arbeitender *Auskauf* der bisherigen Unternehmenseigentümer bei einer Übernahme.

Libor. »London interbank offered rate«; Zinssatz, den Banken am Londoner Eurogeldmarkt für kurzfristige Ausleihungen an andere Banken verlangen.

Limit. Angabe, welchen Höchstkurs der Anleger bezahlen möchte. Angabe tagesgültig oder bis Ultimo (Monatsende). Ein Ultimo-Auftrag empfiehlt sich bei limitierten Aufträgen, besonders bei Aktien, die fortlaufend oder variabel notiert werden.

Limit-down. Bei Termingeschäften die maximal zulässige tägliche Preisschwankung von Kontrakten nach unten. Gegenteil: Limit-up.

Long. Der Anleger ist »long«, das heißt, er besitzt die Papiere tatsächlich.

Makro-Hedge. Absicherung einer Gesamtposition durch Hedging. Mit einem Mikro-Hedge wird lediglich eine Einzelposition gesichert.

Margin. Einschuß. Sicherheitsleistung für eine eingegangene Verpflichtung (Short-Position).

Market Maker. Eine Bank oder eine andere Person, die den Markt »macht«: Sie stellt auf eigene Rechnung ständig verbindliche Geld- und Briefkurse und steigt stets verbindlich in angebotene Geschäfte ein.

Marktenge. Umsatzschwacher Markt.

Marktkapitalisierung. Börsenwert einer Aktiengesellschaft. Ergibt sich aus einfacher Multiplikation des Aktienkurses mit der Anzahl der Aktien.

Maximaler Drawdown. Die Höhe des maximalen Wertverlusts, also die Spanne vom maximalen Hoch bis zum minimalen Tief. Daneben ist auch die Länge der Verlustphase und der Erholung – also die Zeit bis zum vollständigen Ausgleich des Verlusts – wichtig. Je kürzer die Erholungszeit und je kleiner der maximale Drawdown, desto besser ist die Leistung des Managements.

Mid Caps. Mittelgroße Aktienwerte.

Momentum. Wachstumsrate, die den Trend und die Kraft eines Kurses messen soll. Ein rückläufiges Momentum zeigt, daß ein Kurstrend an Kraft verliert.

MSCI. Morgan-Stanley-Capital-International-Indizes. Der MSCI-Weltaktienindex ist der wichtigste weltweite Index.

Nennwert. Auf dem Wertpapier aufgedruckter, in Währung lautender Betrag. Der addierte Nennwert aller Aktien ist das Grundkapital. Deutsche Aktien lauten auf einen bestimmten Nennbetrag, mindestens 5 Mark, meist 50 Mark.

Neuemission. Ein noch nicht börsennotiertes Unternehmen bringt seine Aktien an die Börse.

No-load-Funds. Bezeichnung für Investmentfonds, die ohne Ausgabeaufschlag verkauft werden.

Nullkuponanleihen (Zerobonds). Anleihen, die keinen Zinskupon tragen, also keine laufenden Zinsen auszahlen. Sie werden unter dem Nennwert ausgegeben und am Ende der Laufzeit zum Nennwert eingelöst. Statt vom Zins profitiert der Anleger von der Differenz zwischen Anschaffungskurs und Rückzahlungskurs.

Optionen. Termingeschäft. Der Anleger erwirbt das Recht, während einer bestimmten Zeit (Optionsfrist) eine bestimmte Anzahl von Aktien oder festverzinslichen Wertpapieren zu einem vereinbarten Preis (Optionspreis) entweder zu fordern oder Papiere zu liefern.

Outperformance. Der Kurs eines Wertpapiers steigt deutlich stärker als der Markt.

Passives Management. Das Gegenteil des aktiven Managements. Einzelne Aktienkurse werden für nicht vorhersehbar gehalten, daher sollte der Anleger nur in Märkte als Ganzes investieren. Damit wird sichergestellt, daß er die Marktrendite bekommt. Die Unterschiede in der Rendite beruhen auf den größeren oder geringeren Risiken, die beim Kauf bestimmter Typen von Aktien eingegangen werden.

Performance. Wertentwicklung.

Plazierung. Unterbringung neu emittierter Anleihen, insbesondere durch Verkauf an das Publikum, aber auch durch Übernahme von anderen Anlegern (Kapitalsammelbecken, Konsortium).

Portefeuille/Portfolio. Bestand an Wertpapieren einer einzelnen Person oder Gesellschaft.

Portfolio-Analyse. Bestimmung der optimalen Zusammensetzung eines Wertpapierportefeuilles. Wichtigste Kriterien sind die erwartete Rendite und das Risiko. Außerdem werden die Einflüsse der Wertpapiere untereinander berücksichtigt.

Portfolioversicherung. Alle Arten von Portfolios können heute über Derivate abgesichert werden. Bei einem Aktienportfolio werden Aktienindex-Futures gekauft. Der Verkäufer eines Future-Kontraktes verpflichtet sich, zu einem bestimmten Termin eine bestimmte Menge Aktien zu einem bestimmten Preis zu kaufen. Wenn die Aktien im Portfolio fallen, ist der Besitzer nun abgesichert: Der Kurs der Futures steigt entsprechend.

Put. Kaufoption.

Random-Walk-Theorie. Die Theorie besagt, daß Aktienkurse keinen vorhersehbaren Verhaltensmustern folgen.

Rating. Bewertung eines Staates oder eines Unternehmens nach seiner Bonität (Kreditwürdigkeit). Die Klassifizierung reicht von AAA (allerbeste Bonität) bis D (schlechteste Bonität).

Realzins. Nominalzins minus Inflationsrate.

Rentabilitätskennziffern.

$$\text{Eigenkapitalrendite (return on equity)} = \frac{\text{Reingewinn} \times 100}{\text{durchschnittliches Eigenkapital}}$$

$$\text{Gesamtkapitalrendite (return on assets)} = \frac{(\text{Reingewinn} + \text{Fremdkapitalzinsen}) \times 100}{\text{durchschnittliches Gesamtkapital}}$$

Research. Analyse der Kurschancen eines Wertpapiers, der Ertragskraft eines Unternehmens oder andere auf Rendite gerichtete Untersuchungen.

Sentiment-Faktoren. Indikatoren, die die Marktstimmung erfassen sollen.

Shareholder Value. Diese Unternehmensstrategie definiert als vorrangiges Ziel einer Aktiengesellschaft, Wert (Value) für die Eigentümer, also die Aktionäre (Shareholder), zu schaffen. Konkret: Die Aktienkurse müssen langfristig steigen, die Dividendenpolitik ist anlegerfreundlich.

Sharpe-Ratio. Die Differenz von Periodenertrag und einem als risikolos anzusehenden Zinssatz im Verhältnis zur Standardabweichung. Die Sharpe-Ratio beschreibt die Zusatzrendite im Verhältnis zum Risiko, das eingegangen wurde. Grundlage ist der Interbankensatz für den entsprechenden Anlagezeitraum. Je größer die Sharpe-Ratio ist, desto besser ist das Verhältnis von erzielter Rendite und eingegangenem Risiko.

Short. Der Anleger ist »short«, das heißt, er besitzt die Papiere gar nicht, sondern hat nur geliehene Papiere verkauft.

Shortselling. Der Anleger verkauft Wertpapiere, die er gar nicht besitzt, sondern nur geliehen hat in der Hoffnung, diese Papiere später zu einem niedrigeren Kurs zurückkaufen zu können.

Small Caps. Kleine Aktienwerte mit geringer Marktkapitalisierung und niedrigem Umsatzvolumen.

Split. In den USA übliches Verfahren der Aktienteilung. Dem Unternehmen erscheint der eigene Aktienkurs zu hoch, daher werden weitere Aktien ausgegeben und gleichzeitig der Nennwert der Aktie herabgesetzt. Bei einem Split 1 zu 1 erhält jeder Aktionär für eine Aktie eine weitere Aktie. Der Kurs halbiert sich dadurch.

Split up. Zerschlagung eines Unternehmens, meist Zerlegung eines Konglomerats in seine Einzelteile, weil die Teile mehr wert sind als das Ganze.

Spread. Unterschied zwischen An- und Verkaufspreis eines Wertpapiers. Auch Unterschied zwischen zwei Zinssätzen.

Spreadsheet. Datenblatt in Tabellenform.

Standardabweichung. Maßzahl für die Schwankung der Monatserträge um ihren Durchschnitt. Sie soll das Risiko einer Anlage quantitativ ausdrücken. Anders gesagt zeigt sie die Stabilität der Erträge in der Vergangenheit.

Standard-&-Poor's-500-Index (S & P 500). Erstmals 1923 von Standard & Poor's veröffentlichter Aktienindex. Seit Februar 1957 umfaßt er die Kurse von 500 Aktien.

Standardwerte. Große und wichtige Aktien von Unternehmen, die sich durch guten Ruf, stabile Erträge und hohe Börsenumsätze auszeichnen.

Stockpicking. Die sorgfältige Auswahl einzelner Aktien statt des Kaufs ganzer Branchen oder Märkte.

Stop-loss-Aufträge. Auftrag, Wertpapiere automatisch ohne weitere Rückfrage zu verkaufen, sobald ein bestimmter Kurs erreicht oder unterschritten wird. Damit werden Gewinne abgesichert oder Verluste begrenzt.

Strangle. Form des Optionsgeschäftes, bei dem Calls und Puts miteinander verbunden werden.

Taktische Asset Allocation. Hinter diesem Begriff verbergen sich eine Reihe von Techniken. Ihre Gemeinsamkeit: Sie ermitteln systematisch Kennziffern und setzen sie in Umschichtungen um. Sie versuchen Übertreibungen auszumachen und schichten aus teuren in billige Märkte um. Die einfachste Form ist der Vergleich von Dividenden- und Anleiherendite. Ist die Dividendenrendite niedrig, werden Renten gekauft, sonst Aktien.

Termingeschäft. Geschäft, das nicht bei Vertragsabschluß, sondern erst zu einem späteren Zeitpunkt zu erfüllen ist.

Top down. Investmentstil oder -analyse, die bei den makroökonomischen Faktoren wie Zinsen oder Konjunktur ansetzt. Gegensatz: Bottom up.

Turnaround. Das, was jeder Börsianer als erster wissen möchte. Eine Umkehrsituation: das Unternehmen ist auf dem Tiefpunkt angelangt, nun ist es auf dem Wege der Besserung. Der Kurs steigt daher schnell.

Übergekauft: Der Markt reagiert nicht mehr auf gute Nachrichten.

Überverkauft: Eine Börsensituation, in der nichts mehr geht und der Markt nicht mehr auf schlechte Nachrichten reagiert.

Volatilität. Maß für die Stärke von Kursschwankungen eines Basiswerts in Prozent. Eine Volatilität von 20 Prozent zum Beispiel bedeutet, daß bei einem Kurs des Basiswerts von 100 Mark die Schwankungsbreite zwischen 84 und 116 Mark liegt.

Warrant. Englisch für Optionsschein.

Wertpapierkredit. Kredit zum Kauf von Wertpapieren, Devisen und börsenmäßig gehandelten Waren aus spekulativen Gründen.

Zerobond. Nullkuponanleihe, Anleihe ohne Zinskupon. Der Anleger erhält also keine laufenden Zinszahlungen. Seine Rendite besteht aus der Differenz zwischen dem niedrigen Ausgabewert und dem höheren Rücknahmewert am Ende der Laufzeit.

Literatur

Bruck, Connie: The World According to Soros, New Yorker, 23. Januar 1995, S. 51–74

Cottle, Sidney/Murray, Roger F./Plock, Frank: Graham and Dodd's Security Analysis, New York: McGraw Hill 1988

Donnelly, Douglas J.: The money monarchs. The secrets of 10 of America's best investment managers, Burr Ridge, III.: Business One Irwin 1994

Ellis, Charles D./Vertin, James R.: Classics. An investor's anthology, Homewood, III.: Dow Jones-Irwin 1989

Fisher, Kenneth L.: 100 minds that made the market, Woodside, Calif.: Business Classics 1995

Fisher, Philip: Common Stocks and Uncommon Profits, New York: Harper & Brothers 1958

Gates, Bill: What I learned from Warren Buffett, Harvard Business Review Nr. 1, 1996; dt.: Mein Freund und Mentor Warren Buffett, Harvard Business Manager 3, 1996, S. 9–14

Graham, Benjamin: »The Intelligent Investor«, New York: Harper & Row 1965/4th rev. ed. 1973/1985

Graham, Benjamin: The Memoirs of the Dean of Wall Street, New York: McGraw-Hill 1996

Graham, Benjamin/Dodd, David L.: Security Analysis. Principles and Technique, 5th ed., New York: McGraw Hill 1988

Graham, Benjamin/McGolrick, Charles: The interpretation of financial statements, 3. ed., New York: Harper & Row 1975 (zuerst: Graham/Meredith, Spencer B., 1937)

Grossman, Peter Z.: The Great Investors of the 20th Century, Financial World, June 15, 1982, pp. 22–23

Hagstrom, Robert G. Jr.: The Warren Buffett Way. Investment Strategies of the World's Greatest Investor, New York: John Wiley & Sons 1994; dt.: Warren Buffett. Sein Weg. Seine Methode. Seine Strategie, Kulmbach 1996

Kilpatrick, Andrew: Of permanent value. The story of Warren Buffett, Birmingham, Ala.: AKPE 1994

Kilpatrick, Andrew: Warren Buffett. The good guy of Wall Street, New York: Donald I. Fine 1992

Koenen, Krisztina: George Soros im Gespräch mit Krisztina Koenen, Frankfurt am Main: Eichborn 1994

Loomis, Carol: Inside Story on Warren Buffett, Fortune, 11. April 1988

Lowe, Janet: Benjamin Graham On Value Investing. Lessons from the Dean of Wall Street, Chicago, Ill.: Dearborn Financial Pub 1994

Lowenstein, Roger: Buffett. The Making of an American Capitalist, New York: Random House 1995

Lynch, Peter/Rothschild, John: Beating the Street, New York: Simon & Schuster 1993; dt.: Aktien für alle, Kulmbach 1992

Lynch, Peter/Rothschild, John: Learn to Earn. A Beginner's Guide to the Basics of Investing and Business, New York: Simon & Schuster 1995; dt.: Lynch 3. Der Weg zum Börsenerfolg, Kulmbach 1996

Millman, Gregory J.: Der heimliche Raubzug. Wie Geldhändler die Notenbanken ausplündern, Reinbek 1995

Morton, James: Investing with the Grand Masters, FT Putnam 1997

Proctor, William: The Templeton touch, Garden City, NY: Doubleday 1983

Rogers, Jim: Investment Biker. Around the World with Jim Rogers, Holbrook, Mass.: Adams 1994

Rosenberg, Claude N.: Investing with the best. What to look for, what to look out for in your search for a superior investment manager, New York: Wiley 1986

Rubenfeld, Alan: The super traders. Secrets & successes of Wall Street's best & brightest, Chicago: Probus 1992

Schwager, Jack D.: Market Wizards. Interviews with Top Traders, New York: NYIF; dt.: Magier der Märkte. Interviews mit Top-Tradern der Finanzwelt, Kulmbach 1992

Schwager, Jack D.: The New Market Wizards. Conversation with America's Top Traders, New York: Harper Collins 1992

Slater, Robert: Soros. The Life, Times, and Trading Secrets of the World's Greatest Investor, New York: Irwin Professional Publication 1995

Soros, George: The Alchemy of Finance, New York: Touchstone 1988; dt.: Die Alchemie der Finanzen, Kulmbach 1994

Soros, George: Soros on Soros. Staying Ahead of the Curve, New York: Wiley 1995; dt.: Soros über Soros. Börsenguru und Mäzen, Frankfurt: Eichborn 1994

Soros, George: Underwriting democracy, New York: The Free Press 1992 (rev. enl. ed. of: Opening the Soviet System, 1990)

Staley, Kathryn F.: The Art of Short Selling, N. Y.: John Wiley/Marketplace 1997

Tanous, Peter J.: Investment Gurus, New York: Prentice Hall 1997

Train, John: The craft of investing, New York: Harper Business 1994

Train, John: The Midas Touch. The Strategies That Have Made Warren Buffett America's Pre-eminent Investor, New York: Harper & Row 1987